KB069521

학교효과론

한국교원대학교 교수
김병성

학지사
WWW.hakjisa.co.kr

머리말

1980년 6월까지 미국 미시간 주립대학교에서 학위과정을 이수하면서 부르코버(Willber. B. Brookover) 교수의 지도를 받는 동안 그 분이 수년간 디트로이트 근교에 있는 빈민학교에서 수행하고 있는 현장연구에 참여하면서 논문을 쓰는 기회를 가졌다. 이 연구가 바로 「School can make a difference : 학교가 차이를 만든다」는 연구과제에 관한 것이다. 한편 같은 대학에 계신 부로피(Jere E. Brophy) 교수는 이미 「Teachers make a difference : 교사가 격차를 만든다」는 연구를 1975년에 수행한 바 있기에 찾아가서 나의 논문 주제(학교사회 체제와 완전학습)에 대하여 협의하는 기회도 가졌다.

이 두 분과 연구·협의하는 동안 필자는 '학교나 교사가 격차를 만든다' 는 의미가 무엇인가를 점차 터득하게 된 바, 그 의미는 학교교육 효과의 부정적인 의미보다는 긍정적이고, 낙관적인 의미가 더 강조됨을 알게 되었다. 즉 학교나 교사가 교육효과의 변화를 주도하는 주체가 되고 또 되어야 한다는 사명감에 의한 가설적 모형에 터하여, 학교현장을 중심으로 학교효과를 체계적으로 검증한 경험적 연구과제인 것이었다.

콜맨(James E. Coleman)연구 이후 심각히 표출된 교육의 갈등론적 시각은 학교교육 효과의 비관론을 더욱 실감하게 하는 시기에, 이에 대한 반작용으로 학교교육 또는 공교육의 효과성을 재조명하고 검증하여 낙관론적 시각을 심어주는 데 두 분 교수는 지대한 공헌을 하였다. 이러한 관점에서 부루코버 교수는 미국 교육부(The National Institute of Education) 후원하에 학교현장을 중심으로 수행하여 온 교육효과 증진연구를 종합하여 1997년에 「Creating Effective School : 효과적인 학교교육 창조」라는 최종연구저서를 출판하게 되었다.

저자가 1997년 초 미시간 주립대에 교환 교수로 가 있는 동안 그의 연구저서를 증정받으면서 많은 회상과 감동의 순간을 갖게 되었다. 지난 20년간 교육개발원과 한국교원대학교를 비롯한 여러 대학에서 학교문화, 교육격차론, 교육불평등, 학교사회체제에 관한 연구와 강의를 해 오면서 늘 부족함을 느꼈던 보완점에 대한 실마리를 찾은 것이다. 이는 우리 교육의 현주소와 맞물려 더욱 더 그 필요성이 강조되지 않을 수 없다. 현재 우리 학교교육은 더 없는 고난에 봉착하고 있다. 학교붕괴, 교실붕괴는 물론 교단붕괴의 벼랑 끝에 몰리고 있기 때문이다. 1970년대부터 제기되었던 교육의 갈등론적 관점은 이제 우리의 현실이고 피부로 느낄 수밖에 없다.

이러한 현실교육의 회의론과 문제점에 비추어 이를 극복하고 개선할 수 있는 돌파구를 찾는 일이 시급할 수밖에 없다. 이런 중차대한 과업을 위하여 우선적으로 학교교육의 효과성 즉 학교효과를 찾아 내고, 그것이 부족하다면 학교효과를 개발하고 창조해 내는 노력이 가해져야 할 것이다.

따라서 이 책에서는 그간에 우리가 미처 찾아내지 못하고 간과하였던 학교교육의 효과성에 관한 가능한 관련 요인을 문헌이나 실증적 연구결과를 중심으로 구체적으로 밝혀내고, 궁극적으로 이러한 학교효과 관련 요인을 학교현장에 적절하게 적용하여 교육성과를 증진할 수 있는 실천 모듈을 제시하고자 한다. 아울러 학교현장에서 교사들이 자율적으로 학교교육을 변화, 개선하고 학생의 학력증진을 도모할 수 있는 교육 프로그램을 창의적으로 개발하고 적용할 수 있는 소양을 갖추는 데 도움을 주고

자 한다.

이 책의 내용은 크게 학교효과 연구의 이론적 모형, 접근방법과 관련연구 그리고 학교현장에서의 교육실천 과정 이 세 가지로 구성되었다.

첫째, 전체 학교효과성 연구의 시대적 배경과 접근유형 그리고 이론적 모형에 관한 것이다. 1, 2, 3장은 주로 학교효과 연구의 이론적 모형을 중심으로 그 관련유형을 학습심리학적, 교육사회학적 그리고 조직이론적 관점에서 비교 제시하였다. 여기에 제시된 세 가지 모형은 지금까지 학교효과연구에서 지금까지 사용된 이론적 근거를 형성하는 기준이다.

둘째, 4, 5, 6장은 수행된 관련연구를 개관하고 그 접근방법과 분석방법에 관하여 상세히 기술, 논의하였다. 특히 경험적인 연구(Brookover와 Rutter의 연구)의 절차와 방법을 비교 분석하였다. 한편 현장을 중심으로 한 참여관찰연구의 실제내용도 문화기술적 방법으로 상세히 기술하여 후속연구의 발전방향과 전망을 제시하였다. 7장은 앞의 연구결과를 중심으로 학교효과의 관련요인을 종합정리하여 추후 연구 가능성을 예시하였다.

셋째, 8장에서는 창의적 학교개혁을 위한 실천 모듈을 10단계로 구분하여 제시하였다. 이 모듈은 기존 문헌과 경험적 연구결과에서 밝혀진 학교효과 관련요인을 중심으로 학교가 자율적으로 교육효과를 증진할 수 있는 학교개혁 실천프로그램을 제시하고 있다. 10단계 모듈의 기본구조는 교육이념과 학교학습 풍토, 학교의 조직구조와 운영체제 그리고 수업실천과정을 기본틀로 하여 구성하였다.

이 책의 출판에 즈음하여 무엇보다 감회가 깊은 것은 우리의 학교현실의 어려운 때에 교육의 수문장이 되겠다는 사명감을 갖고 초등학교에 투신한 자랑스런 딸 지영이와 이미 고등학교 교사로서 봉직하고 있는 큰 딸 지선에게 우리 교육의 현실문제를 타개하고 학교교육을 능력있게 수행하는 데 힘이 되었으면 한다. 아울러 현장에 계신 여러 선생님을 비롯하여 예비교사 여러분 모두가 학교교육발전을 도모하는 데 도움이 되기를 간절히 바란다.

이 책이 완성되기까지 필자의 연구와 강의에 열성적으로 참여하여 기탄없는 토의를 해 준 한국교원대학교 석 · 박사 과정 졸업생에게 깊은 감사를 드리며, 특히 자료 준비에 헌신적으로 협조해 준 김승호, 김석수, 공한옥, 강길석, 김종두 박사에게 감사를 전한다. 원고를 정성스럽게 정리하고 교정을 도와준 서울 양목 초등학교 최진철 교감에게 깊은 감사를 드린다. 아울러 삼복지절에 출판에 적극적으로 응하여 준 학지사 김진환 사장님 이하 편집진에게도 감사의 뜻을 전하며, 끝으로 학문적 열의를 격려해 준 가족에게도 고마움을 표한다.

2001년 8월

김병성

차/례/

차/례/

차/례/

차/례/

차/례/

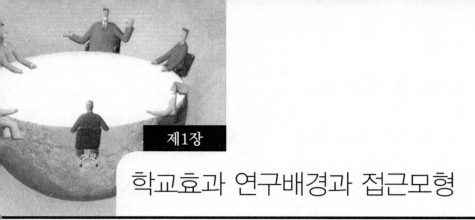

제1장

학교효과 연구배경과 접근모형

지난 20년 간 미국과 영국을 비롯한 선진국에서는 효과적인 학교(effective school) 또는 學校效果(school effectiveness)에 관한 연구가 점진적으로 이루어져 왔다. 이것은 Coleman연구(1966)의 결과로 나타난 학교교육의 취약성과 무력감을 극복하고 보완하는 데 크게 공헌하여 왔다. Coleman연구의 학교효과 무용론은 서구 학자들 간에 학교교육에 대한 비관론적 시각을 구축하여 이른바 학교사망론(Reimer, 1971), 脫학교사회론(Illich, 1972), 교실위기론(Silberman, 1970) 그리고 심지어 세계교육의 위기(Combs, 1975)로 치닫게 되었다.

80년대를 거쳐 지금까지, 학교교육에 대한 비관론과 낙관론이 엇갈리는 시점에서 우리 학교교육의 현주소는 어디며, 세계화의 교육 추세 속에서 교육개혁 또는 학교개혁의 주안점이 무엇이고, 이렇게 새로운 변화와 개혁이 교차되는 시점에서 학교교육의 지향점은 어디인가? 이러한 교육개혁의 와중에서, 우리의 교육현장은 과연 변화되고 개선되어지고 있는가? 이에 대하여는 계속적으로 의문점이 제기되고 있다(김병성, 2001 : 1).

이러한 문제와 관련된 학교개혁을 위하여 효과적인 학교 연구(school effectiveness research)에 관한 이론적, 실증적 연구와 접근 가능한 연구모형 정립 그리고 학교현장에 적용이 가능한 실천 방안을 탐구하는 데 새로운 강조점이 주어지고 있다.

1. 학교효과 연구의 개관

최근 20여 년 간 선진국에서 수행된 일련의 학교효과 연구들은, 공교육 제도로서 학교교육의 효과여부에 대한 비판이나 논의보다는 학교 자체의 조직적, 구조적, 집단적인 특성이 교육효과에 미치는 영향에 관한 것이었다. 학교교육에 있어서 人的, 物的, 環境的 투입요인(input variables)이 학생이 얻게 되는 知的, 非知的인 산출 또는 결과(output variables)와의 관계 규명에 관심을 두고 있다. 또 과정요인은 학교의 內在的 자원, 역동적 관계, 조직·구조적 여러 특성들과 어떻게 작용하여 교육성과의 폭을 크게 또는 적게 하느냐하는 문제에 관심을 돌린 것이다.

시기적으로 볼 때, 이러한 학교효과에 관한 연구는 Coleman(1996)연구, Jencks(1972) 연구의 결과가 학교교육에 회의적인 반응을 나타낸 이후부터 그 대안적인 관점에서 더욱 활발하게 진행되었다. 학교효과에 대한 비관론적 견해는 미국뿐만 아니라 영국에서 Plowden 보고서(1967), 프랑스 사회를 대상으로 한 Boudon(1973) 연구 그리고 Husen(1967)의 개발도상국 연구에서도 맥을 같이 하였다.

이러한 학교효과에 대한 부정적이고 회의적인 견해에 도전하는 일련의 연구가 1970년대 후반에 전개되어 지금까지 발전적으로 계속되고 있는데, 이것이 '效果的인 學校'에 관한 연구운동(effective school research movement)이다. 效果的인 學校란 비슷한 가정배경과 학생의 학습능력 등 투입요건이 상호 비슷한 학교에서 학교 자체의 고유한 특성 즉, 교육력으로 인하여 학생의 성취수준이 다른 학교보다 더 높은 경우를 지칭한다. 학교효과를 가름해 주는 학교 특성은 학교의 學究的 規範(McDill과 Risby,

1976), 학교의 사회심리적 풍토(Brookover 등, 1979), 학교지도성과 협력체제(Rutter등, 1979) 등에서 찾아볼 수 있다(김병성, 1987).

　최근에 들어서 학교효과에 대한 연구는 세계 각국의 교육개혁 추진과 맞물려 활발하게 진행되고 있다. 세계 각국들이 추진하고 있는 교육개혁의 궁극적인 목적은 교육의 질을 높여 국가경쟁력을 강화하려는 것인데, 그것은 바로 교육 전반에 효과성을 증진시키려는 것과 같은 것이라고 할 수 있다. 따라서 학교효과 연구는 1970년대 후반부터 미국과 영국 등 서구 선진국을 중심으로 활발하게 논의되어져 오다, 1990년대 들어와 연구방법과 연구변인의 다양화와 더불어 미국에서의 통계기법의 발달로 새로운 국면에 접어들게 되었다.

　학교효과가 의미하는 바는 대단히 포괄적이다. 왜냐하면, 학교효과는 표방된 교육목표에 대해서 각각의 학교들이 이를 어느 정도 성공적으로 달성했는가를 의미하는데, 제도교육이 추구하는 교육목표는 매우 복잡한 양상을 띠고 있어서 단일의 교육목표를 제시하기란 불가능하기 때문이다(Madaus, 1980 ; 성기선, 1998). 그리하여, 대부분의 학교효과 연구에서는 매우 특수하고 제한적으로 규정하고 있다. 학교효과는 절대적인 학교효과라기보다는 상대적인 학교효과를 의미하며, 학교효과는 일반적으로 학생들의 학업성취도에 미치는 학교의 상대적인 영향력의 크기를 말한다. 즉, 학교효과는 상대적 의미의 효과로서 학생들의 성취수준과 교육성과에 있어서 학교간의 차이를 의미한다.

　본서에서는 학교효과를 체제분석적 입장에서 투입-과정-산출의 체제로 모형화하여 변인들 간의 관련성 및 인과성을 실증적으로 분석하고 있다. 체제 분석에서는 투입-과정-산출의 변인들은 각각 독립적으로 작용하지 않고 일련의 연속작용을 통하여 학교효과가 결정된다고 가정한다. 따라서 교육의 결과만이 학교효과가 아니고 교육에 투입되는 변인에서부터 과정과 산출에 이르기까지 총체적 효과를 학교효과로 본다. 따라서 본 연구에서의 학교효과란, 학교교육 풍토의 모든 변인들이 학생들의 학업성취도에 미치는 학교의 상대적인 영향력의 크기를 말한다.

효과적인 학교(effective school)는 성공적인 학교(successful school)와 좋은 학교(good school)라는 용어와 상호 교환적으로 사용되기도 한다. 성공적인 학교나 좋은 학교는 학생의 학업성취도가 높은 학교임에는 틀림이 없으나, 그 원인이 대부분 학부모의 사회경제적 지위가 높거나 학생의 능력 수준이 원래 높기 때문에 그 학교의 학생성취도가 높은 학교를 말한다. 그러나 효과적인 학교의 효과는 학교의 외적 변인에서부터 나오는 것이 아니라 학교가 갖고 있는 교육력과 학교가 창출해 낸 운영의 특성으로 인하여 생성되는 학교를 말한다(한대동, 1991). 다시 말하면, 효과적인 학교는 학교가 통제할 수 없는 외부 환경으로부터 주어지는 학생의 사회경제적 배경이나 학업 능력 수준이 높아서 학업성취가 높은 학교라기보다는, 주어진 여건은 열악하더라도 학교의 교육력 등으로 인하여 학생들의 학업성취 수준이 다른 학교보다 높은 경향을 보인다든지, 학교의 인적, 물적 투입여건은 비슷한데 그 학교가 가지고 있는 교육풍토의 특성 등으로 인하여 학생이 얻게 되는 학생 성취(교육 성과)가 다른 학교보다 더 높은 경향을 보이는 학교를 말한다.

따라서 본서에서는, 첫째, 효과적인 학교에 관한 국내외 연구의 이론과 실제 그리고 방법론적 연구동향을 체계적으로 정리하여 기술하고자 한다. 둘째로는, 효과적인 학교에 대한 국내외 연구를 개관하여 학교효과의 투입-과정-산출의 인과적 모형과 그 관련 요인을 제시하고자 한다. 아울러 학교효과 연구의 주된 패러다임(paradigm)을 학교의 이념(ideology of school), 학교의 조직구조(organization of school) 그리고 교수-학습 실천과정(instructional practice)의 관련 요인을 제시하고자 한다. 마지막으로는, 학교현장에 효과적으로 적용할 수 있는 학교 자체의 교사연수 프로그램 모형과 그 실천방법을 구체적으로 제시하고자 한다.

학교효과 연구의 흐름은 크게 세 가지로 구분하여 볼 수 있다.

첫째, Coleman 등의 연구와 같이 학교간 여건 차이가 학생간 학업성취도의 차이를 가져오는지를 규명하려는 것이다. 즉, 특정한 학생이 서로 다른 학교에 취학할 때 그 학생의 학업성취도에 영향이 있는지, 차이가 있다면 학교의 어떤 측면이 그 변화를 가져오는지를 밝히려는 연구들이다.

학교간 차이 연구들은 학교효과에 대하여 대체로 비관적인 분석결과를 제시한 연구와 학교효과에 비관적인 연구를 비판하면서 학교효과의 요인들을 찾아내려는 연구들이 있다. 그러나 학업성취도의 학교간 차이에 대한 설명력이 강한 학교변인을 완전하게 찾아내어 통계적으로 의의있는 학교효과를 입증한다고 해도, 그 변인들이 설명하려는 것은 결국 미미하다는 것이다. 따라서 이에 대한 실증적 연구가 필요할 것이다.

학교효과 연구의 두 번째 흐름은 학업성취의 학교 내 차이를 설명해 내려하는 것이다. 서로 비슷한 배경과 특성을 지닌 학생이라고 해도 한 학교 안에서 서로 다른 교육적 경험을 가질 수 있고, 그 경험의 차이가 성적의 차이를 가져 올 수 있다는 전제가 깔려있다. 이 연구방법은 학생 성취도 차이의 대부분이 학교 내 요인에 속한다는 점에서 그 차이를 설명할 수 있는 학교교육 변인의 영향력 비교에 모아졌으며, 학교 안에서 서로 다른 경험을 하는 것이 학업성취 차이를 가져올 수 있다는 것을 보여주고 있다.

학교효과 연구의 세 번째 흐름은 학교에 다니는 것이 전혀 다니지 않는 것에 비하여 어떤 효과를 갖는지 분석하는 데 연구의 초점을 둔다. 즉, 학교교육의 절대적 효과에 관심을 둔다. 이 연구에서는 학업성취뿐만 아니라 태도나 가치관과 관련하여, 학교에 다니고 안 다니는 것의 효과는 비교적 분명하게 드러난다. 또 이와 같은 연구는 학생들의 성적 차이가 학교교육을 받는 동안보다도 그들에 대한 교육이 가정에 맡겨져 있을 때 학부모의 사회계층에 따라 크게 벌어진다는 점이다(강태중, 1995).

우리 나라에서 학교효과를 다루는 연구는 어떤 흐름의 연구문제를 다루고 있건 간에 쉽게 찾아볼 수 있는 것은 아니다. 학교효과를 의심하기 어려운 제도적 전통의 원인도 있겠지만 대단위 조사나 종단적 조사를 수행할 만한 여건과 학교 효과의 연구를 우리 사회에 맞게 수행할 만한 여건이 조성되지 못한 탓도 있다. 그러나 학교효과의 연구를 우리 사회에 맞게 실증적으로 검토할 의의는 충분히 있다. 왜냐하면, 한국사회에서 신

화처럼 살아있는 '교육열'에 대한 문제는 학교효과 연구를 통하여 실증
적으로 가늠될 수 있기 때문이다(김석수, 1998).

학교효과 연구는 궁극적으로 학생의 학업성취를 극대화하는 데 있다.
다시 말하면, 교육의 질을 모든 학생들이 바라는 수준의 학업성취를 이룩
하게 하는 것이다. 교육의 질은 교사의 자질과 직결되므로 학교효과 연구
의 근본적 목표는 교사의 질적 수준을 고양시키는 데 있다. 그러므로 이
는 학교자체의 자율적 프로그램을 구성하여 협동적으로 노력하는 방향을
모색할 수 있는 연구가 필요하다. 이러한 관점에서 본 연구는 학생의 학
업성취를 증진시킬 수 있는 학교 자체 교사연수 프로그램 모형탐구에 그
주안점이 있다.

2. 학교효과의 연구배경

학교효과에 관한 실증적인 연구는 콜맨과 그의 동료들에 의해 수행된
교육기회의 균등 연구(Coleman, 1966)로부터 출발하고 있다. 이 연구는
당시에 미국사회에서 심각한 문제로 대두되었던 사회적 불평등 현상을
학교교육을 통해서 해결해 보려는 정책적 시도로서, 학교교육에서 일어
나는 불평등 현상을 실증적으로 조사하기 위한 목적으로 시도되었다. 학
생들의 사회계층별, 인종집단별로 다니고 있는 학교의 질적 수준이 차이
나기 때문에, 이러한 차이를 정책적인 방법으로 해결해 나간다면 가정의
사회적 불평등 문제를 해소할 수 있다는 점을 전제하고 있었다. 궁극적으
로 사회적 불평등 문제를 해소할 수 있다는 점을 전제하고 있었다. 따라
서, 콜맨 보고서에서는 정책을 통해서 변화시킬 수 있는 학교의 시설·투
입자원의 실태와 교육결과에 미치는 영향력에 대해서 집중적으로 조사를
실시하였다. 이 연구는 1950년대의 'Project Talent' 다음 가는, 미국 사

회과학 사상 두 번째의 거대한 규모로, 그 때까지 맹목적으로 받아들여지고 있었던 교육에 관한 신화와 신념에 대한 가장 강력한 경험적 비판이며, 미국 사회학의 가장 중요한 자료라고 평가받는다. 이 보고서는 미국 내 6개의 주요 인종 및 소수민족 집단 간의 학교간 지역간에 존재하는 교육기회와 효과의 불균등 현상과 그 원인을 밝히는 데 그 목적이 있었다. 결국 이 연구에서 밝혀진 것은, 학교가 학생들의 학업성취에 별로 공헌을 못하고 있으며 사회적 평등을 위한 기능을 제대로 수행하지 못하고 있다는 것이다.

콜맨 연구를 재분석한 젠크스(Jencks, 1972) 등의 연구도 콜맨 보고서의 분석상의 미비점을 지적할 뿐 그 근본적인 연구결과는 별 차이가 없었다. 젠크스는 인지능력의 불평등을 설명해 주는 요인은 가정배경 요인, 유전요인, 그리고 학교의 질이라고 밝혔다. 즉, 그의 연구 결과도 학교는 학업성취의 향상에 거의 영향을 주지 못한다는 것이다. 이와 같은 연구결과는 영국의 프로우덴(Plowden, 1967)과 프랑스의 부동(Boudon, 1973)연구에서도 입증되었다. 영국의 초등학교 학생을 대상으로 한 프로우덴 연구에서는 부모의 태도, 가정환경, 학교의 특성 변인 등 104개의 변인을 투입한 결과, 사회계층이 높을수록 부모의 자녀교육에 대한 포부수준은 물론 관심도와 그 실현도가 높았고, 또 좋은 학교의 진학을 원했으며, 학업성취의 격차를 설명해 주는 데 있어서는 부모의 태도, 가정환경, 학교의 특성 요인 순으로 나타났다(김병성, 1994 : 195-198).

콜맨과 그의 동료들은 학교가 학생들 사이의 성취도 격차를 줄이는 데 독자적인 효과를 발휘하는가를 연구하기 위해서 독특한 연구모형과 분석방법을 사용하였다. 즉, 학업성취도를 학생 가정의 사회경제적 배경, 학교시설과 재정, 교사 및 교육과정, 학생 구성 특성변인 등의 함수로 보고 각 요인별 영향력의 크기를 밝히려는 시도를 하였다. 이들은 학생들의 학업성취도에 미치는 각 요인들의 영향력을 분석하기 위해서 우선적으로 가정의 사회경제적 배경변인이 학업성취도에 미치는 영향력을 통제하였다. 이어서 각각의 학교특성 변인들이 투입되었을 때 추가적으로 증가하는 성취도 변량 크기를 계산해 냄으로써, 각각의 학교특성변인들이 갖는 고유한 효과(unique effect)의 크기를 산출하였다. 이러한 과정을 통해서 나온 분석의 결과는, 학교가 학생들의 가정배경에 의해서 발생한 학업성취도 격차를 줄일 수 없다는 것이었다. 콜맨 보고서(Coleman, 1966), 젠크스와 브라운 연구(Jencks and brown, 1975) 및 하우저 등의 연구(Hauser, Sewell and Alwin, 1976)에서는, 대부분 학교의 시설투입자원이 학업성취도를 비롯한 다양한 교육결과에 미치는 영향력에 대해서 우선적인 관심을 갖고 있었다. 초기의 학교효과 연구들이 학교의 시설투입자원을 변화시킨다면 교육기회의 불평등 현상을 완화시킬 수 있을 것이라는 정책적인 관심에서부터 출발하였기 때문이다. 그렇기 때문에, 이러한 연구들에서는 학교교육이 실제로 일어나는 학교 내부의 교육과정(process)에 대해서는 별다른 관심을 보이지 않았다.

Averch(1972)는, 이러한 연구는 '검은 상자 모형(black-box model)'이라고 비판하고 있다. 학교에 대한 투입이 산출로 이어지는 과정, 즉 학교교육의 실제로 수행되는 과정을 보다 세부적으로 구명한 다음, 그에 관한 정보를 학교효과 연구모형에 포함시킬 때 비로소 학교효과를 제대로 밝힐 수 있을 것이라는 주장으로 이들의 비판을 요약할 수 있다. 이러한 주장을 고려하기 위해서는 교실에서의 교사-학생 상호작용유형, 전반적인 학교사회의 풍토 및 사회적 조직으로서의 학교의 특성 등이 학생들의 학업성취 과정 및 그 결과에 미치는 영향력에 대해서 분석해 보아야 한다.

학교교육에 실제로 일어나는 과정에 관심을 보였던 대표적인 연구로, 영국에서 실시된 러터(Rutter, 1979)와 그의 동료들의 연구를 들 수 있다. 러터와 그의 동료들은 학교와 학교 사이에서 발생하는 학생 배경의 차이를 통제한 후에도, 학생들의 교육결과가 학교별로 차이 나는지에 대해서 탐구해 보았다. 이 연구에서는 성취도 변인의 학교간 변량비율을 통한 분석방법을 사용하지 않고 실제 학생들이 획득한 성취도 점수를 학교별로 비교하였으며, 학교특성 변인으로 시설투입변인과 함께 과정변인들을 분석에 포함시키고 있다는 점에서 초기의 학교효과 연구들과는 다소 차이를 보이고 있다.

러터 등의 연구결과에 의하면 학업에 대한 강조, 수업에 임하는 교사의 자세 및 행동, 동기부여와 보상체제 등과 같은 학교의 과정변인들과 교육 결과변인(출석률, 학생행동, 비행, 학업성취도)은 서로 의미있게 관련되어 있었다. 요컨대 이들의 연구결과에 의하면, 학업성취도를 포함한 교육결과 는 학교의 물리적인 시설이 아닌 학교가 갖는 사회적 제도(social institutions)로서의 특성과 관련되어 있었다. 러터(1979) 등은 이러한 결과 를 토대로 하여, 학생들의 학업성취도는 학교의 특성에 의해서 변화가 가 능하다는 결론을 제시하였다.

콜맨(1966) 연구의 비판자들은, 콜맨 연구는 개인의 특성과 사회구조적 특성을 중요시한 연구로 과정(process)변인에 대하여 '검은상자(black box)'라고만 여기고 분석하지 못하고 있다고 비판하였다. 이런 문제점에 비추어 콜맨(1966) 연구를 재분석한 프레드릭슨(Fredericksen, 1975) 등에 의하여 학교 자체의 집단 특성이 학생의 성적에 독립적으로 주는 영향이 큰 것을 알아냈다. 그 후 학교 자체의 사회심리적 특성이 학생의 능력이 나 학부모의 사회경제적 지위와 함께 학생의 성적 격차에 영향을 주는 중 요한 요인임이 거론되었다.

이런 학교의 사회적 체제나 집단 특성을 중심으로 학생의 성적 격차를 관련지어 설명하려는 노력이 미국을 중심으로 한 선진국가에서 학교효과 (school effectiveness)란 주제로 활발하게 논의되고 있다. 효과적인 학교에 대한 것으로 대표적인 것은 부루코버(1975)와 러터(1979) 등의 연구를 들 수 있다. 이들의 연구는 한결같이 학교의 문화적, 규범적, 사회심리적 요 인이 교사의 수업행위에서 학생과의 상호작용으로 반영되어 성적 격차에 영향을 준다는 것이다.

효과적인 학교에 관한 연구는 학교를 하나의 사회체제로 보고 학교사 회의 조직, 규범, 과정적 측면을 상호 연관지어 성적 격차를 설명하려는 연구들 중의 하나로, 최근에는 학교교육에서 가장 중요한 주체라고 할 수 있는 교사-학생의 연구에 초점을 맞추고 있다. 그 이유는 종전의 교육 외적인 연구에 비하여 학교교육과정 부분에 대한 연구는 비교적 개선이 용이한 교육의 내적요인을 문제 삼고 있으며, 학교의 사회적 구조 속에서 이미 학생·개인(가정) 및 사회적 배경요인이 반영된 측면을 분석해 낼 수 있기 때문이다.

이와 같이, 학교 내부에서 일어나는 교육의 과정을 강조하고 있는 연구의 계열에는 '효과적인 학교 연구(effective school study)'와 미국의 '공·사립학교 비교연구'들도 포함될 수 있다. 효과적인 학교연구는 관찰을 통하거나 성공적이며 효과적이라고 생각되는 특정 학교를 대상으로 연구를 수행한 뒤, 이들 학교가 보이는 특성을 기술함으로써 효과적인 학교의 특성을 밝히려는 일련의 연구들을 지칭한다. 이 연구들에서는 비슷한 유형의 학생들이 다니는 학교들 사이에서도 학업성취 결과에 차이가 난다는 사실에 주목하여, 효과적인 학교와 비효과적인 학교로 구분한 후에 이들 학교들이 보이는 특성을 비교하는 데 관심을 보이고 있다. 따라서 효과적인 학교 연구들은 대부분 참여관찰과 면접방법을 사용한 소규모의 사례연구들로 구성되어 있다(Levin, 1995).

초기의 효과적인 학교 연구에서는 효과적인 학교를 그렇지 않은 학교와 구분짓게 하는 학교특성변인 탐색을 주된 목표로 설정하였으며, 대개는 매우 효과적인 소수의 학교만을 대상으로 실시하였다. 이와 같은 초기연구들의 결과를 통해서 학교효과와 관련되는 몇 가지의 요인들이 제시되었다. 예컨대 효과적인 학교에 대한 대표적인 연구를 수행한 에드몬드(Edmonds, 1979)는 효과적인 학교의 특성을 다음과 같은 다섯 가지 요인으로 설명하였다.

즉, 강한 지도력, 학업성취에 대한 높은 기대, 학습에 도움이 되는 정련된 학습분위기, 기초 수학능력에 대한 강조, 학생의 학습 수행 정도에 대한 빈번한 관심과 지도의 다섯 가지 요인을 효과적인 학교가 공통적으로 보이고 있는 특성이라고 규정지었다(Edmonds, 1979).

효과적인 학교에 관한 연구들에 의하면, 학교효과는 가시적인 학교시설자원이 아니라 비가시적인 학교과정변인과 그 맥을 같이 하고 있다. 이러한 결과는 학교효과 연구가 지향해 나가야 할 방향이 무엇인가에 대해서 매우 중요한 시사점을 제시해 주고 있다. 이를테면 학교효과를 분석하기 위해서는 학교가 갖고 있는 외부환경과 시설투입자원 특성과 학교교육이 실제로 일어나는 학교 내부의 교육과정상의 특성을 함께 고려해 넣어야만 한다는 것이다.

이상에서 살펴 본 바와 같이, 학교효과를 긍정하고 있는 연구들에서는 공통적으로 학교 내부의 특성을 드러내 주는 교육과정변인, 학교풍토(school climate) 및 학업에 관련된 학교정책(academic policy)변인들의 중요성을 제시하고 있다. 구체적으로, 학교효과가 있기 위해서는 뚜렷한 목표, 강력한 교장의 지도성, 교사진의 강한 유대감, 정련된 학생 행동 및 엄격한 학습 프로그램들이 필요하다는 결론을 내리고 있다(Witte. 1990). 이러한 결론은 미국에서 수행되었던 400여 편의 효과적인 학교에 관한 연구 논문을 기초로 해서 추출한 효과적인 학교특성변인들과 유사성을 보이고 있다(Levine and Lezotte. 1990). 결국 학교간 발생하는 학생들의 성취도 차이에 관한 연구는, 학교시설 및 자원변인에 대한 관심에서 학교교육이 실제 수행되는 교육의 과정과 학생들이 학교 내에서 경험하는 구체적인 학교문화에 대한 관심으로 초점이 변화되면서 지속적으로 발전해 왔다고 평가할 수 있다. 요컨대 학교효과 연구는 학교의 질적 수준을 평등화시킴으로써 사회불평등을 해소해 보려는 정책적 관심으로부터 시작되었으며, 최근에 와서는 학교간 학업성취도 차이를 설명할 수 있는 구체적인 학교효과 요인을 학교 내부에서 찾아보려는 노력으로 연구의 영역을 심화시켜 나가고 있는 것이다.

3. 학교효과 연구모형

지금까지 수행된 학교효과에 관한 일련의 연구들은 크게 나누어 보면 투입-산출관계 모형과 과정요인-교육효과(결과)에 관한 연구로 집약할 수 있다. 그러나 본 연구에서는 학교효과의 전체 개념 틀을 투입-과정-산출이라는 연속적이고 인과적인 관계 속에서 교육의 효과를 전체적으로 점검할 수 있는 거시적인 틀을 구안하여 보고자 한다.

투입-산출모형

이 모형을 토대로 한 연구들은, 학교효과란 일반적으로 학생들의 학업 성취도에 미치는 상대적인 영향력의 정도를 의미하고 있다. 그 대표적인 연구로, 미국에서 1966년 콜맨과 그의 동료들에 의하여 수행된 교육기회 균등 연구에서 비롯된다. 이 연구는 사회평등화 실현을 위하여 제도교육 장면에서 발생하는, 교육기회의 불평등 현상을 해소해 나가려는 정책적인 의도에서 시작되었다. 그러나 연구결과는 학교에 투입되는 시설자원은 학생들의 가정의 사회경제적 배경 차이로 인해서 발생하는 학업성취도 차이를 좁힐 수 없다는 내용이었다. 이와 같은 콜맨 보고서의 연구결과는 이후 계속된 재분석 연구 및 후속 연구들을 가능케 했다. 뿐만 아니라 몇몇 연구를 통해서는 콜맨 보고서의 연구결과와 다른 내용들이 제시되기는 하였지만 학교효과를 부정하는 전체적인 기조는 크게 변화되지 않고 유지되었다.

콜맨과 그의 동료들은 학교가 학생들 사이의 성취도 격차를 줄이는 데 독자적인 효과를 발휘하는가를 연구하기 위해서 독특한 연구모형(그림 1.1 참조)과 분석방법을 사용하였다. 즉, 학업성취도를 학생 가정의 사회

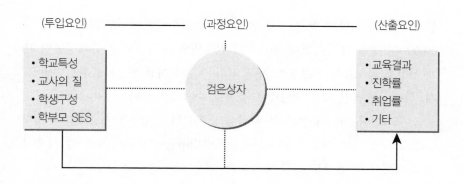

(투입요인) ──────── (과정요인) ──────── (산출요인)

- 학교특성
- 교사의 질
- 학생구성
- 학부모 SES

검은상자

- 교육결과
- 진학률
- 취업률
- 기타

그림 1.1 투입-산출관계 모형

경제적 배경, 학교시설과 재정, 교사 및 교육과정, 학생 구성 특성변인 등의 함수로 보고 각 요인별 영향력의 크기를 밝히려는 시도를 하였다. 이들은 학생들의 학업성취도에 미치는 각 요인들의 영향력을 분석하기 위해서 우선적으로 가정의 사회경제적 배경변인이 학업성취도에 미치는 영향력을 통제하였다. 이어서 각각의 학교특성변인들이 투입되었을 때 추가적으로 증가하는 성취도변인 변량의 크기를 계산해 냄으로써 각각의 학교특성변인들이 갖는 고유한 효과(unique effect)의 크기를 산출하였다. 이러한 과정을 통해서 나온 분석결과는 학교가 학생들의 가정배경에 의해서 발생한 학업성취도 격차를 줄일 수 없다는 것이었다.

콜맨 보고서는, 1950년대의 'Project Talent' 다음 가는, 미국의 사회과학 역사상 두 번째의 거대한 규모의 연구였다. 이 보고서는 지금까지 맹목적으로 받아들여지고 있었던 교육에 관한 신화와 신념에 대한 강력한 경험적 비판이며, 미국 교육사회학의 가장 중요한 자료요, 또 가장 거대한 자료를 사용한 복잡한 분석이라고 평가를 받고 있다(Mosteller & Moynihan, 1972).

이 연구는 미국 내 여섯 개의 주요 인종 및 소수민족 집단(minority group)간의 학교간, 지역 간에 존재하는 교육기회와 효과의 불균등 현상 및 원인을 밝히는 데 목적이 있었다. 그 연구대상으로 미국 전 지역의 초등학교 및 중등학교 학생 중 1, 3, 6, 12학년에 속하는 645,000명과 교사 60,000여 명을 표집하였다. 103개의 연구변인을 학생의 가정배경변인 15개(성장지, 부모교육, 부모생존, 가구, 책의 수, 문화여건 등), 학교환경변인 27개, 학생집단변인 31개(전입학생, 출석률, 숙제시간, 흑백 인종비 등), 그리고 종속변인(언어능력, 비언어능력, 수학성적, 독서능력, 일반정보, 인문과목 성적 등)으로 구성하여 상관관계나 회귀분석방법(regression analysis)을 사용하여 검증했으며, 연구의 결과는 다음과 같다.

- 학생의 가정배경은 학생의 학업성취에 미치는 가장 중요한 요인이며, 이것은 학생이 학교에 다니는 동안 계속하여 영향을 미친다.
- 학교의 물리적인 시설, 교육과정, 교사의 질 등은 성적에 매우 미소한 영향을 주는데, 이 중에서 교사의 질은 학교의 다른 특성요인에 비하여 상대적으로 성적에 주는 영향이 크다.
- 학생집단의 사회적인 구조는 가정환경과는 별도로 학교의 다른 어떤 요인보다도 학생의 성적에 미치는 영향이 크다.
- 학생이 환경을 통제할 수 있다는 신념과 태도는 학생의 성적과 매우 관계가 깊다.
- 학교특성변인 중에서 학생의 구성(student body) 특성과 교사의 질이 성적에 주는 효과는 있으나 전체적으로 10% 정도의 변량 밖에 설명해 주지 못한다(Coleman 등, 1966).

콜맨 보고서에서는 학교투입요인들이 산출로 전환되는 생산과정의 검토를 주요 연구목표로 삼고 있었다. 이러한 생산과정을 이해하기 위해서는 학생들의 능력변인, 과거의 성취수준, 학습동기, 학교외 환경(가정의 사회경제적 배경과 지역사회의 배경), 현재의 학교 시설투입요인(시설, 프로그램, 교사특성, 재정지출, 학생구성특성) 등에 대한 상세한 정보가 필요하다. 그러나 콜맨 보고서는 횡단적(cross-sectional) 연구설계를 사용함으로써 학생들의 능력, 학습동기 및 과거 성취도 수준에 대한 자료가 부족하고,

학교 특성에 따른 학생들의 성취도 변화를 엄격히 측정해 낼 수 없다는 문제를 안고 있었다(Spady, 1976). 이 문제로 인해서 특정 학년단계에서 관찰되는 성취도 수준이 과거의 성취도, 과거에 다녔던 학교시설자원으로부터 얼마나 영향을 받았는지를 알 수 없다는 결정적인 결함을 갖고 있었다. 이러한 문제점 때문에, 학교효과를 연구하기 위해서는 입학에서 졸업에 이르기까지 학생들이 보이는 학교별 성취도 점수를 조사해 보아야 한다는 주장들이 제기되기에 이르렀다.

하우저 등(Hauser, Sewell and Alwin, 1976)의 연구에서도 학업성취도 뿐만 아니라 대학진학의 포부수준, 직업 포부수준, 졸업 후 진로(대학진학 여부)등과 같은 다양한 교육결과 측정치를 사용하였다. 그런데 이 연구를 통해서 제시된 결과 역시 콜맨 보고서, 젠크스와 브라운의 연구(Jencks and Brown, 1975)의 그것과 별로 다르지 않았다. 이를테면, 대학진학의 포부수준, 직업 포부수준, 졸업 후 진로에 있어서의 학교간 차이는 대부분 학생들의 배경변인을 통해서 설명이 되며, 이들 학생들이 다녔던 고등학교의 특성 차이로 발생하지는 않았다. 뿐만 아니라, 학교특성변인들이 학생의 학업성취도에 미치는 전체효과(total effect)가 학업성취도변인의 총변량의 25% 이하이며, 가정의 사회경제적 배경변인에 의한 영향력을 통제한 후에는 학교변인으로 설명할 수 있는 순수효과(net effect)의 비율이 5% 이하로 낮아지기 때문에 학교효과가 발생할 가능성이 매우 작아진다는 회의적인 결론을 내리고 있다(Hauser, Sewedll and Alwin, 1976). 이들도 대학진학 포부수준, 학업성취도 등에서의 학교간 차이보다는 동일 학교 내에서 일어나는 학생간의 차이와 이러한 차이를 발생시키는 학교교육의 과정에 대한 관심으로 연구의 초점을 맞춰야 한다는 주장을 제시하였다. 요컨대 이상에서 살펴 본 연구들에서는 학교효과의 크기가 매우 작기 때문에 학교교육을 개선함으로써 사회적 불평등을 해소해 보려는 정책적 시도는 타당성 없다는 결론을 내리고 있다.

이상에서 살펴 본 콜맨 보고서(Coleman et al., 1966), 젠크스와 브라운의 연구(Jencks and Brown, 1975) 및 하우저 등의 연구(Hauser, Sewell and

Alwin, 1976)에서는, 학교의 시설투입자원이 학업성취도를 비롯한 다양한 교육결과에 미치는 투입-산출의 관계에 대해서 우선적인 관심을 갖고 있었다. 초기의 학교효과 연구들이 학교의 시설투입자원을 변화시킨다면, 교육기회와 불평등 현상을 완화시킬 수 있을 것이라는 정책적인 관심에서부터 출발했기 때문이다. 그렇기 때문에, 이러한 연구들에서는 학교교육이 실제로 일어나는 학교 내부의 교육과정(process)에 대해서는 별다른 관심을 보이지 않았다. 그 결과 몇몇의 학자들은 이러한 연구모형을 '검은 상자 모형'(black-box model)이라고 비판하고 있다(Averch et al., 1972). 학교에 대한 투입이 산출로 이어지는 과정, 즉 학교교육이 실제로 수행되는 과정을 보다 세부적으로 구명한 다음 그에 관한 정보를 학교효과를 연구하는 모형에 포함시킬 때 비로서 학교효과를 제대로 밝힐 수 있다는 것이다. 이러한 주장을 고려하기 위해서는 교실에서의 교사-학생 상호작용 유형, 전반적인 학교사회의 풍토 및 사회적 조직으로서의 학교의 특성 등이 학생들의 학업성취 과정 및 그 결과에 미치는 영향력에 대해서 분석해 보아야 한다(성기선, 1997).

과정-결과의 관련 모형

콜맨 연구 이후 많은 후속 연구가 수행되었으나 거의 모든 연구들이 비슷한 결론을 맺고 있다. 이러한 일련의 연구들은 그 접근 방법에 있어서 투입-산출 모형에 근거했기 때문이다.

학교교육이 실제로 일어나는 과정에 대한 관심을 보였던 대표적인 연구로, 영국에서 실시된 러터와 그의 동료들의 연구(Rutter et al., 1979)를 들 수 있다. 러터와 그의 동료들은 학교와 학교 사이에서 발생하는 학생 배경의 차이를 통제한 후에도, 학생들의 교육결과가 학교별로 차이가 나는지에 대해서 탐구해 보았다. 이 연구에서는 성취도 변인의 학교간 변량 비율을 통한 분석방법을 사용하지 않고 실제 학생들이 획득한 성취도 점

수를 학교별로 비교하였으며, 학교특성변인으로 시설투입변인과 함께 과
정변인들을 분석에 포함시키고 있다는 점에서 초기의 학교효과연구들과
는 다소 차이를 보이고 있다. 러터 등의 연구결과에 의하면, 학업에 대한
강조, 수업에 임하는 교사의 자세 및 행동, 동기부여와 보상체제 등과 같
은 학교과정변인들과 교육결과변인(출석률, 학생행동, 비행, 학업성취도)은
서로 의미있게 관련되어 있었다.

요컨대 이들의 연구결과에 의하면, 학업성취도를 포함한 교육결과는
학교의 물리적인 시설이 아닌 학교가 갖는 사회적 제도로서의 특성과 체
계적으로 관련되어 있었다. 러터 등은 이러한 결과를 토대로 하여, 학생
들의 학업성취도는 학교의 특성에 의해서 변화 가능하다는 결론을 제시
하기에 이르렀다(김병성, 1991 : 276-283).

효과적인 학교연구에 있어서 보다 구체적인 과정요인을 설정한 것은
부르코버 등(Brookover, 1979)에 의한 경험적 연구에서 비롯되었다. 그들
은 학교 자체의 사회심리적 특성이나 학부모의 사회경제적 지위와 학력
이 추가적으로 작용하여 학생의 성적 격차에 주는 영향력을 밝혔다. 다시
말해서, 학교의 사회적 체제나 집단구성특성 그리고 학교학습풍토가 학
교효과에 주는 영향력의 정도를, 투입요인과 비교하여 상대적인 효과를
밝힌 것이다. 이 연구는 한결같이 학교의 문화적, 규범적, 사회심리적요
인이 교사의 수업행동에서 학생과의 상호작용에 반영되어 교육효과에 크
게 영향을 준다는 결과를 얻었다.

이 연구에서 강조하는 기본적 이론은, 학교내 아동의 행동 특히 학업성
취는 주로 학교사회의 사회문화적 특징과 상관적 작용(funtion)이라는 것
이다. 학교사회 체제의 맥락에서 학생들은 타인을 위해 지키거나 적합하
게 규정되는 역할정의, 규범, 기대, 가치 그리고 신념을 지각하게 된다. 우
리는 각 학교가 특히 일반적이고 다양한 학생들 사이에서 학생이 기대하
는 행동을 특징화시키는 한 묶음의 학생지위 역할정의, 규범, 평가 그리
고 기대를 가지고 있다고 가정한다. 즉 학교들 간의 학생 산출결과에 있
어 격차들을 설명하는 학교사회체제도 역시 차이가 있다는 것이다. 그러

므로 이 연구의 전제는 학교사회체제 또는 사회적 환경이 학교학습결과
에 영향을 준다는 것이다(김병성, 1991 : 276-279).

이 연구의 가설은, 학교사회 구성원은 그들이 다른 학교에서 행동하는
것보다는 각자의 학교에서 다르게 행동하며 사회화된다는 것이며, 이러
한 행위유형은 학교라 칭하는 사회적 체제의 다른 성원과의 상호작용에
서 획득된다는 것이다. 일반적 연구 모델은 〔그림 1.2〕와 같다.

학교사회의 교육적 특성이 성적차에 깊게 영향을 준다는 증거는 보다
포괄적인 사회심리학적 요인을 중심으로 분석한 브루코버와 슈나이더
(1975)의 연구를 들 수 있다. 이들은 미국 미시간주 24개 초등학교를 그
성적의 높고 낮음에 따라 주거지, 가정배경 그리고 인종집단에 의하여 짝
지어 검증한 결과 학교의 사회심리적 풍토 즉, 교사의 기대, 평가, 학생의
風土知覺 등이 학교간의 성적차이 변량을 설명하는 중요한 요소임을 밝
혔다. 이러한 결과에 대하여 브루코버(1979) 등은 학습풍토와 학업성취의
관련성을 보다 심층적으로 분석하였다. 미시간주 초등학교 4·5학년 160
여 개 학교를 무선표집하여 학교사회의 투입요소(학생구성, 교직원 등), 학

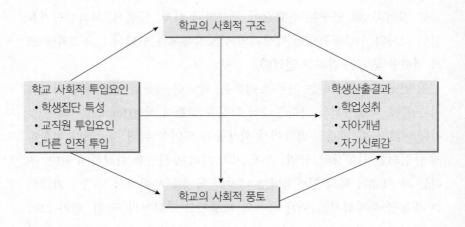

그림 1.2 **과정-결과 모형**

교의 사회적 구조, 학교풍토와 학교산출변인(성적, 자아개념, 자신감)과의 관계를 밝혔다. 그 결과는 다음과 같다.

① 학생의 배경 및 학생집단 구성(인종구성비)은 학업성취에 상당한 부분을 설명해 주고 있다. 그러나 학교의 사회·심리적 요인을 통제한 후에 이러한 요인들이 학업성취를 설명하는 부분은 매우 적다.

② 학교풍토 하위변인 중에서 학업성취에 가장 큰 영향을 주는 것으로는 학생의 學究的 無力感, 학생에 대한 현재 평가 및 기대 그리고 학구적 규범 등이다.

결과적으로 이 연구는 학교의 학습환경 및 풍토요소는 학생들의 배경적 요소에 못지 않게 학업성취에 영향을 주는데 즉, 이것은 학교의 문화적, 규범적, 사회심리적 풍토요인이 학교의 학업성취의 격차를 분명히 유발시킴을 제시하였다. 또 이러한 학교의 학구적 규범이나 학습풍토는 교사의 수업행동에서 학생과의 상호작용에 반영되어진다.

학교의 사회심리적 특성은 학교 구성원의 학습에 대한 일반적인 기대, 신념, 평가 그리고 정서적 분위기 등으로 나타나게 된다.

학교효과의 전체모형

본서에서는 학교효과의 개념모형을 투입-산출관계나 과정-결과 모형을 통합하여 투입-과정-산출(결과)의 상관적 또는 인과적 모형으로 정립하며, 관련 연구를 개관하고 효과적인 학교를 창출하기 위한 관련요인을 분석하고자 한다.

학교는 하나의 사회체제로서 나름대로의 인적, 물적 그리고 환경적 요인의 복합체이다. 게젤과 테렌(Getzels & Thelen, 1960)이 사회체제의 관계 모형에서 말하듯이, 학교 사회체제는 한 문화체제로서 독특한 이념(ethos)과 풍토(climate)를 가진 조직체이다. 이러한 이념이나 氣風은 문화의 상징적 체제 중에서도 관념, 신념, 가치와 같은 지적 상징의 총합체를 말하며, 좀더 구체적으로는 시간, 세계, 인간관계에 대한 신념, 사물을 보는 관념의 지적 상징을 말하는 것이다.

문화체계의 구조적 요소와 관련지어 학교문화에 대하여 살펴보자. 문화의 상징적 측면에서 학교를 보면, 학교문화는 학교 집단 내부의 각 사물에 상징화되어 있다. 예를 들면, 교기나 교장은 공식적인 학교문화를 상징하고, 떠도는 소문, 교사의 별명, '영웅적 학생'의 신화 등은 비공식적인 학교문화를 상징한다. 학생들은 이러한 상징 속에서 학교생활을 함으로써 자신도 모르는 사이에 차츰 사회화된다.

학교는 사회체제와 밀접히 관련되어 있는 제도나 가치기준에서 보면, 하나의 독립된 체제로서 나름대로의 조직과 구조를 가지고 있다. 학교사회는 하나의 사회체제일 뿐만 아니라, 하나의 사회구조를 갖는 사회조직으로 기능한다. 무엇보다도 모든 학교는 학교 자체의 광범위한 목표뿐만 아니라 다양한 개인이나 집단의 목표를 달성하기 위해서 매우 다양하게 조직되어 있다는 것이다. 어떤 의미에서 학교는 개인과 집단의 공통적이면서 특수한 목표를 포괄하고 있다. 학교조직은 사회성원들이 교육에 대해 가지고 있는 의도적인 목표에 따라 만들어진다. 그래서 구성원들은 사회의 이상을 실현하고, 그들이 희망하는 개인적인 목표달성을 위해서 끊임없이 학교를 조직하고 재조직하는 노력을 기울이고 있다. 이러한 학교의 이념이나 풍토는 학교효과에 직·간접적으로 영향을 주게 된다. 한 학교의 역사, 전통, 규범은 그 학교의 학구적 풍토(academic climate)를 이루는 주축이 되기 때문이다. 학구적 풍토가 학교의 사회적 체제를 이루는 투입요인, 과정요인 교육의 결과(효과)에 주는 영향은 매우 큰 것으로 연구되었다(Brookover, 1980).

다시 말해서, 학교의 학구적 풍토가 학교의 인적(교사, 학생, 학부모 등), 물적(시설, 설비환경), 그리고 과정(학교의 조직구조, 운영체제, 학급내 상호작용 등)과 밀접히 연관되어지고, 이러한 상호인과적 영향은 학교의 교육효과를 결정짓는데 지대한 영향을 주게 된다는 것이다. 이러한 관계구조를 모형화하여 제시하면 〔그림 1.3〕과 같다.

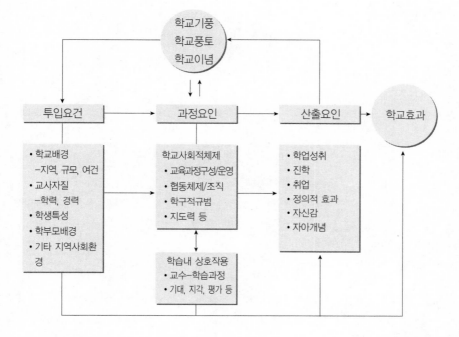

그림 1.3 **학교효과의 전체모형**

제2장

학교효과 연구유형

　본 장에서 살펴 볼, 학교효과 연구의 다양한 유형들은 사회학적, 경제학적, 일반교육학적, 심리학적 관점에서의 교육적 접근이 나타난다. 본서가 학교효과를 다루기 때문에 학교효과에 영향력을 갖는 것으로 알려진 학교 특성(school characteristic)을 다룬 연구들이 많이 인용된다. 다음 장에서 그 까닭이 분명히 밝혀지겠지만, 교사·학급에서 일어나는 일, 수업진행 방법과 같은 학교 내에서 학교효과에 영향을 미치는 요소에 대하여 연구하게 되며, 학교효과에 관련되는 다섯 가지 연구 영역을 다룬다.

　① 교육기회균등과 학교 영향력에 대한 연구
　② 교육의 생산 기능에 대한 경제적인 연구
　③ 보상 교육 프로그램에 대한 평가
　④ 효과적인 학교 연구와 학교 개선 프로그램 평가
　⑤ 교사·학급·수업 과정의 효과에 대한 연구

　〈표 2.1〉에 위 다섯 가지 연구영역의 일반적인 특성들이 나타나 있다 (Scheerens, 1992).

표 2.1	학교효과 연구유형의 일반 특성			
연구영역	독립변인	종속변인	관련 학문	연구방법
1 기회균등	학생의 SES와 IQ 물리적 학교특성	성 적	사회학	설문조사
2 생산기능	물리적 학교특성	성취수준	경제학	설문조사
3 보상교육	특수 교과과정	성취수준	다학문/교육학	의사실험
4 효과적인 학교	학교 과정상의 특성	성취수준	다학문/교육학	사례연구
5 효과적인 수업	교사, 수업, 학급 조직의 특성	성취수준	교육심리학	실험, 관찰

1. 교육기회균등과 학교효과연구

교육기회균등에 관한 Coleman의 연구는 학교효과 연구의 초석이 되고 있다(Coleman, 1966). 이 연구는 4,000개 이상의 초·중등학교에서 60,000여 명의 교사와 600,000여 명의 학생으로부터 자료를 수집하여 이를 분석하고, 학업성취와 학생의 인종적 배경 및 사회경제적 배경과의 관련 정도를 광범위하게 밝히려 했으며, 학업성취에 미치는 학교변인의 영향력을 측정했다.

이 연구에서는 학교특성으로 교사특성, 물질적인 시설과 교육과정, 학생이 속해 있는 학급이나 집단의 특성을 측정하였다. 학업성취변인은 어휘력, 수학 계산력 그리고 고학년에서는 실용적인 지식·자연과학·사회과학 및 인성을 측정하였다. 이 연구결과 학생의 인종적인 영향과 사회·경제적인 배경의 영향을 통계적으로 같도록 통제하면, 위의 세 가지 학교특성은 학생의 학업성취 변량의 10% 정도만을 설명할 수 있는 것으로 나타났다. 더욱이 이 설명 가능한 변량 10%의 대부분도, 사회 경제적인 것과 인종적인 것을 의미하는 학생의 배경요인이 작용하여 형성되는 제3의

집단 특성의 영향을 받고 있다는 것이다. 이 연구가 도서관의 장서량, 건물의 노후도, 교사들의 현직 연수, 교사들의 봉급, 학생 일인당 교육비와 같은 물질적인 면을 지나치게 강조하고, 다른 학교 특성을 너무 제한적으로 설명하고 있다는 비판을 받고 있다. 그러나 이 연구에서도 학교장과 교사들이 학생들을 대하는 태도, 다인종이 섞여 계층없이 이루어지는 수업을 의미하는 통합된 교육(integrated education)에 대한 교사들의 태도 등의 학교 특성이 다루어지고 있다.

　Coleman 보고서의 후속 연구가 Jencks(1972) 등에 의하여 수행되었다. 그들은 국가 수준에서 통계자료를 재분석했다. 즉, Coleman 연구결과와 100개 이상의 고등학교를 종단적으로 연구한 결과 그리고 여러 소규모 연구에서 뽑은 자료를 재분석했다. 그 결과는 다음과 같다.

- 학교는 부유한 학생과 가난한 학생, 능력있는 학생과 능력이 부족한 학생간의 사이를 좁히는데 거의 기여하지 못한다.
- 학교에서 학습한 내용이 학교 졸업 후의 학생의 직업 및 수입에 거의 영향을 미치지 못한다.
- 학생의 학업성취는 주로 가정환경과 같은 투입요인에 의하여 결정된다.
- 보상교육 프로그램과 같은 교육개혁활동이 인지적인 불평등을 해소시키는 다리의 역할을 할 수 있다는 시사점을 주지 못한다.
- 위의 내용들을 고려해 볼 때, 교육효과는 지적인 능력과는 관계없이 경제적인 균등인 수입의 재분배에 의해서만 실현될 수 있다.

　학교교육과 학교 졸업 후의 직업과의 관계를 다룬, 다른 11개의 연구자료를 재분석한 연구에서도 그들은 유사한 결론을 내렸다(Jencks, 1979).
　교육기회 불균등에 대한 Coleman과 Jencks의 연구와 더불어 또 다른 연구가 두 편 있다. 이 두 연구는 교육적 성취연구(educational attainment study)로 알려졌는데, 이들 연구에서는 사회계층과 인종적인 배경이 學歷

에 미치는 영향을 아주 세밀히 조사했다. 연구방법으로 두 종단적 자료를 분석했다. 즉 기회균등 조사와 사회 · 심리적 요소에 대한 위스콘신의 종단연구가 이에 속한다. 교육기회균등 조사에는 차별화와 관련된 학교 특성이 다루어졌다. 저자에 따르면, 차별화와 관련되어 학교 내에서 일어나는 선발정책(selection policy)이 학생의 앞으로의 진로에 매우 중요한 영향을 미친다. 두 번째 자료의 분석은 학생들의 평균적 사회 · 경제적인 지위와 같은 상황적 요소로서 학교 특성의 영향에 관심을 두었다. Hauser 등(1976)은 SES와 IQ와 같은 학생 개인의 배경 특성에 의하여 설명된 후에, 추가로 설명될 수 있는 부분은 매우 미미하다고 결론을 내렸다.

學歷과 학생의 환경 · 배경과의 관계를 광범위하게 다룬 연구가 있다 (Thorndike, 1973). 이 연구는 15개국을 국제 비교했다. 이 연구에서 성취 변인으로 독서 이해력이 측정되었다. 이 연구에서는 Coleman 보고서에서 주로 다루었던 물질적인 요소뿐만 아니라, 개별화된 수업(individualized instruction)과 독서력 평가와 같은 학교와 학급의 특성이 변인으로 포함되었다. 그러나 연구결과는 기존의 연구결과를 재확인하는 것에 지나지 않았다. 즉 사회경제적 배경의 특성이 학업성취와 상관이 높고, 학교와 수업 특성은 학업성취에 미치는 영향이 미미하다는 것이다.

교육기회균등에 관한 연구결과는 다음과 같이 요약할 수 있다.

- 환경 때문에 학습기회를 놓쳐 나타나는, 교육기회의 불균등이 연구의 중심이 되고 학생간, 학교간의 성적 차이에 대한 설명이 이루어졌다.
- 모든 경우가 모두 그런 것은 아니지만, 학교 특성들은 물질적인 투입요인에 의해 제한을 받으며, 학생 개인의 학업성취에는 별로 영향을 미치지 못하는 것으로 나타났다.
- 학교 특성에 관심을 갖는다면, 특히 다음과 같은 의문을 가져야 한다.
  - 학교효과의 범위를 어떻게 해석해야 하는가
  - 투입하는 학교 특성 변인에 따라 다른 결과가 나올 수 있다는 점
  - 분석 기법에 대한 비판적 시각 등에 관한 것이다.

2. 교육의 생산 기능에 대한 경제적 연구

학교효과에 대한 경제적 접근은, 교육성과를 높이기 위하여 조작 가능한 투입변인에 그 초점을 맞춘다. 투입변인과 산출변인과의 사이에서 지속되는 어떤 관련성이 있다면, 투입요인의 변화가 산출요인에 어떤 영향을 미치는가를 정확히 알려주는 어떤 기능을 밝힐 수 있을 것이다.

이와 같은 영역의 연구는 '투입-산출연구' 또는 '교육의 생산 기능에 대한 연구' 라는 이름으로 그 전통을 이어오고 있다. 이론적으로는 경제적 생산연구를 위한 연구 모델이 다른 학교효과 연구 모델과 다른 것은 별로 없다. 즉, 사회 경제적 배경 그리고 학생의 지능과 같은 배경적인 조건의 영향을 가능한 한 제거한 후에, 조작 가능한 학교 특성들과 학업성취와의 관계를 연구한다. 경제적 생산 기능의 연구에서는 교사 대 학생비, 교사의 현직 연수, 교사의 경력, 교사의 봉급, 학생 일인당 교육비 등의 투입변인에 관심을 둔다.

이 영역의 연구결과는 기대에 못 미치고 있다고 볼 수 있다. Mosteller와 Moynihan(1972), Averch 외(1972), Glasman과 Biniaminov(1981) 그리고 Hanushek(1979, 1986) 등의 리뷰도 같은 결론을 내리고 있다. 즉 이 영역의 연구들을 종합해 보면, 어떤 일치되는 공통점을 찾기 어렵고 기껏해야 관련 투입 변인의 미미한 영향을 확인할 수 있을 뿐이다. 이러한 점을 Hanushek은 교육생산기능에 대한 147개의 연구물을 종합하여 〈표 2.2〉에 나타내고 있다.

〈표 2.2〉에서 단지 '교사의 경험' 만이 각각의 연구에서 어떤 일관성을 찾아 볼 수 있다. 그러나 Hanusek은 교육비용과 학업성취와는 상관이 없다고 결론을 내렸다.

표 2.2	147편의 투입-산출 연구의 종합					
투입변인	통계적으로 유의미한 연구물의 수	+	–	통계적으로 무의미한 연구물의 수	+	–
교사 · 학생비	112	9	14	89	25	43
교사 연수	106	6	5	95	26	32
교사 경험	109	33	7	69	32	22
교사 봉급	60	9	1	50	15	11
학생 일인당 교육비	65	13	3	49	25	13

* (+)는 투입-산출변인간 정적인 상관관계
  (–)는 투입-산출변인간 부적인 상관관계

3. 보상교육 프로그램의 평가

보상교육 프로그램은 교육기회균등 영역의 한 실천적인 분야라고 볼 수 있다. 미국에서의 Head Start와 같은 보상교육 프로그램은 Johnson 대통령이 추진한 '빈곤과의 전쟁'의 일환으로 실시되었다. 1965년에 초 · 중등학교에서 시행된 Title 1에서 유래되어 국가 개발하여 운영하는 특수보상 프로그램과 Head Start의 후속 프로그램은 교육적으로 불우한 처지의 학생들(the disadvantaged)의 학업성취 수준을 높여주기 위하여 실시되었다. 네덜란드에서도 이와 유사한 보상교육 프로그램이 1960년대 말에서 1970년대 초에 실시되었다.

보상교육 프로그램은 불우한 처지의 학생들의 학업성취수준을 끌어올리기 위하여 학교의 교육조건을 조정했다. 이 프로그램의 성공 여부는 학교 요소 특히 각 학교의 교육조건과 교육시설의 중요성을 암시한다. 그러나 효과적인 보상교육 프로그램을 운용하여 학력 차를 줄인다는 것이 그렇게 쉽지 않음이 입증되었다. 사실 보상교육 프로그램은 크게 성공을 거두었다고 할 수는 없다.

학생의 학업성취 수준에 가정의 사회경제적 배경과 학생의 지능이 결국 많은 영향을 미친다고 할 때, 보상교육 프로그램을 실시하여 얻을 수 있는 실질적인 성과는 무엇일까? Scheerens(1987)은 보상교육 프로그램의 평가를 통해서 학업성취와 인지 발달에 아주 미미한 향상이 프로그램을 실시한 직후에는 나타난다고 결론을 내렸다. 그러나 보상교육 프로그램의 장기적인 효과를 지속적으로 찾아 볼 수는 없다. 더욱이 보상교육 프로그램의 혜택을 받을 수 있는 것은 불우한 정도가 심하지 않은 학생들이고, 아주 불우한 학생들은 별로 향상을 보이지 않았다. 그러나 이 프로그램의 평가를 통해서 우리는 교육설비(provision)에 대한 식견을 갖게 되었다. 여러 프로그램을 비교해 볼 때, 아주 구조화된 프로그램은 어휘력과 수 계산과 같은 기본적인 기능을 습득시키는 데 그 효과가 있다.

4. 효과적인 학교연구와 학교개선 프로그램의 평가

'효과적인 학교규명' 혹은 '효과적인 학교운동'으로 명명되는 연구들이 학교효과 연구의 핵심을 다루고 있다고 볼 수 있다. 다른 학교효과 연구 영역에서는 하나의 전체적인 학교효과와는 다른 것에 관심을 두고 있다. 즉 Coleman과 Jencks의 연구에서는 교육기회의 불균등이 연구의 중심문제가 되고, 경제적 '투입-산출' 연구에서는 학교를 단지 '암흑 상자'로만 보았다. 또한 보상교육 프로그램의 평가에서는 특정 프로그램의 효과에 관심을 두었고, 학급 · 교사 · 수업 방법의 효과에 대한 연구에서는 연구대상의 학교가 다른 학교에 비하여 좋은 면을 보이는 교육 특성을 연구의 중요한 대상으로 삼는다.

효과적인 학교연구는 학업성취 수준에 미치는 학교의 역할이 크지 않다는 Coleman과 Jencks의 연구결과에 대한 반작용에서 시작되었다. '학교가 격차를 만든다'(Brookover, 1979)와 '학교가 중요하다'(Mortimor, 1988)라는 제재는 이 분야의 연구를 촉진시키는 원천이 되었다. 효과적인 학교연구에서 찾아 볼 수 있는 가장 중요한 특징은 학교의 조직, 학교형태 그리고 교육내용과 관련된 특성들을 노출함으로써 지금까지 '암흑상자'로 여겨왔던 학교를 외부에 노출시키려고 한 점이다. 이 영역의 실질적인 연구가 진행됨에 따라 각 연구들을 몇 개의 유형으로 구분할 수 있게 되었다.

첫 번째 유형은, 학기 초에 학생들의 특성은 비슷한데, 학기말에 가서는 다른 학교보다 월등히 높은 결과를 낳는 학교를 규명하는 연구가 있다. 이 경우 좋은 교육성과를 낳는 학교들이 그렇지 못한 학교들과 어떤 점이 다른가에 대한 조사가 이루어진다. 효과적인 학교 연구의 두 번째 유형은 첫번째 연구유형에서 밝혀진 교육성과가 높은 학교와 그렇지 못한 학교에서 나타나는 차이점이 교육활동에 미치는 영향을 찾아보는 것이다. 즉 효과적인 학교에 대한 연구결과를 학교개선 프로그램에 재빨리 적용했다. 이 학교 개선 프로그램의 평가는 어떤 학교 특성이 학업성취를 높이는데 중요한 요인이 되는가에 대한 답을 구하는 데 아주 유용한 자료를 제공한다. 세 번째 유형은 최근의 연구 동향인데, 학업성취 수준과 관계되는 학교 특성에 대한 연구를 대규모적으로 행한다는 점에서 그 특징을 찾을 수 있다. 이 세 번째 유형은 본장에서 논의한 여러 영역의 연구 모델들을 통합적으로 적용하고 있다. Mortimore의 연구(1988), Brandsma와 Knuver의 연구(1988)가 그 예이다.

여러 효과적인 학교연구의 결과에서 규명된 효과적인 학교의 요인들은 다음과 같다.

- 강력한 수업 지도력
- 기초 기능 습득의 강화
- 정돈되고 안정된 환경의 조성
- 학생의 학업 성취에 대한 높은 기대

• 학생의 학습 진척 상황에 대한 적절한 평가

위와 같은 요약내용을 '학교효과의 다섯 요소 모델'이라고 부르기도
한다.

5. 교사와 교수 방법의 효과에 관한 연구

본 서의 주제는 학교효과이다. 어느 학교에서 실시되고 있는 교수기법
(teaching techniques)은 교사와 학급 수준에서 가장 잘 연구될 수 있다. 따
라서 교수기법의 효과에 대한 연구는 학교효과 연구와는 다른 수준에서
이루어진다. 그렇지만 학생들의 학업성취에 미치는, 학교 특성의 영향이
주로 학급에서 이루어지는 교수 기법을 통해서 발휘되기 때문에 여기에
서도 효과적인 수업 연구에 관심을 쏟는다. 이에 대한 인과 과정을 단계
별로 [그림 2.1]과 같이 나타낼 수 있다.

[그림 2.1]에서 C는 학교 특성이 학생의 학업성취에 직접 미치는 영향
을 나타낸다. 학생의 학습 진척 과정을 자주 평가함으로써 나타날 수 있
는 유용한 효과에 대한 연구는 교실수준에서 행해진다(영향관계는 [그림
2.1]에서 B로 표시됨). 학교수준의 평가가 중시되면 학급수준의 평가도 역
시 중요시된다. 학교수준에서 교육여건을 증진시키는 평가에는 '학생조
사제도(pupil monitoring system)'나 소위 '평가용역제도(test service
system)'가 있을 수 있다[그림 2.1]에서 화살표 A로 나타냄). 끝으로, 학교
관리의 책임을 맡고 있는 학교장은 때에 따라서 각 학급 학생들의 학습
진척 상황을 점검하는 일이 있을 수 있다(이것이 [그림 2.1]에서의 C와 관련
된 예가 된다).

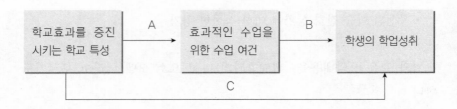

그림 2.1 학교와 수업 여건의 단계별 인과 과정

6. 교수활동에 대한 연구의 개관

1960년대와 1970년대에는 교사의 인성특성 효과에 대한 연구가 많았다. Medley와 Mitzel(1963), Rosenshine과 Frust(1973) 그리고 Gage(1965) 등의 연구가 이에 속한다. 이들의 연구결과를 살펴보면, 교사의 인성 특성과 학생의 학업성취와의 관계에서 어떤 일관성을 찾아보기 어렵다. 교수활동(teaching)의 유형에 대한 연구(Davies, 1972)에서, 교사의 행동이 교사의 인성보다 더 많이 조사되었다. '교수활동에 대한 연구'에서는 수업 중에 교사가 행하는 행동을 관찰하는 과정이 포함된다. 그러나 이와 같은 관찰 결과는 성적(achivement)에 관계되는 것일 뿐이지 교육을 받아 얻게 되는 전체적인 학생의 성취(performance)와의 관계는 거의 밝히지 못했다(Lortie, 1973). 그 다음 단계에서는, 관찰된 교사의 행동과 학생의 성적과의 관계에 관심을 갖는다. Weeda(1986)에 의해서 인용된 글에 의하면, Lowyck은 여러 연구에서 자주 나타나는 교사의 행동 변인들을 아래와 같이 요약했다.

• 명확성 : 학생의 지적 수준에 맞도록 조정하여 교육 목표를 분명하게

제시함
- 유연성 : 교수 행동, 학습 보조, 각 학습 활동의 조직을 다양하게 함
- 교수열의 : 언어적 · 비언어적으로 표현되는 교사의 행동
- 학습과제와 관련된 사무적인 행동 : 학생들이 수행해야 할 학습 과제, 지켜야 할 의무를 사무적으로 지시함
- 간접적인 활동 : 아이디어를 구안하고, 학생들의 정서를 고려하며, 자신의 활동을 자극시키는 것
- 평가될 내용을 학습할 기회를 학생들에게 제공하는 일 : 이것은 가르치는 내용과 평가되는 내용과의 일치도를 말함
- 학생들이 말을 하도록 유도하는 일 : 질문을 하여 학생들이 생각하도록 하며 토의 내용을 요약하게 하고, 수업의 시종을 알리고 학습내용의 특징을 강조한다.

7. 적성-처치 상호작용 연구

Weeda(1986)는 위의 일곱 가지 교수행동특성을 추출한 연구에서 연구의 방법과 기법에 관한 논의 거리가 있음을 발견했다. 그는 수업효과에 관한 후속 연구들을 두 영역으로 분류했다. 그 하나는 어떤 학생 집단들의 성취 수준에 영향을 미칠 수 있는 교수 행동과 환경적인 요소들을 추적하는 교육연구이고, 다른 하나는 소위 학생의 적성과 그에 맞는 교수방법을 적용하는 적성-처치 상호작용연구(aptitude-treatment interaction study)로서 학생의 특성들과 여러 교수변인 간의 상호작용 관계를 찾는 것을 목적으로 하는 수업심리연구(institutional psychology research)다. 앞 영역의 연구에서의 중심 요소는 효과적인 교수학습시간(effective teaching time)이며, 이에 대한 이론적 출발점을 Carroll의 교수-학습 모형에서 찾

을 수 있다. Carroll의 모형에서 중시되는 것을 배울 수 있는 기회와 학습자의 인내심으로 나타나는 실제로 학습에 투입한 순수한 학습시간(actual net learning time)과 학생의 적성, 수업의 질 그리고 학습한 내용을 이해할 수 있는 학생의 능력의 결과로 나타나는 필요한 학습시간(necessary net learning time)이다. 이 Carroll의 모형은 Bloom(1976)의 완전학습 모형에 많은 영향을 주었다.

  적성-처지 상호작용연구(ATI)에서는 점점 실망스러운 결과들이 나오고 있다. 이 연구에서는 어떤 연구 결과를 지지하는 후속 연구가 거의 나타나지 않고 있다. Deklerk(1985)는 ATI 연구는 학생특성과 수업방법 사이에서 찾아 볼 수 있을 것으로 생각했던 어떤 일관된 상호작용을 밝히는 데 실패했다고 보았다.

8. 선행연구 결과와 종합 분석

  Stallings(1985)은 효과적인 순수학습시간, 학급의 조직과 관리, 수업, 평가 그리고 교사의 기대로 대변되는 효과적인 수업에 대한 문헌들을 요약했다. 순수학습시간에 대한 연구에서 단순히 수업 시간만을 연장시키는 것이 학생들의 성취 수준을 높이는 데 꼭 필요한 것은 아님이 밝혀졌다. 더 중요한 것은 시간을 어떻게 효율적으로 사용했는가이다. Stallings와 Mohlman(1981)은 남다른 학습 효과를 내는 교사들은 학교 일과 시간의 15%만 조직관리에 사용하고, 50%는 학생과의 상호작용 속에서 이루어지는 교수활동에 사용하며, 35%는 학생들의 학습활동을 관찰하여 그들을 도울 자료를 수집(monitoring)하는 데 사용하고 있음을 밝혔다. 적절한 수업설계는 수업시간을 효율적으로 사용하는 데 도움을 준다. 학급조직 관리의 면에 대해서는 Stallings은 능력분화체제에 대한 연구 결과, 능력별 집단 편성이 재능있는 학생들에게는 긍정적인 영향을 미치지만 재능이 없는 학생들에게는 거의 영향을 미치지 못하는 것으로 나타났다. 또한 소란스럽고 무질서한 학급의 학생들은 학업성취가 낮고, 소란스럽고 무질서한 행동은 효과적인 학습시간의 낭비인 것으로 나타났다.

"효과적인 교수활동(teaching)을 낳게 하는 것은 무엇일까?"에 대한 물음은 여러 수준에서 연구되어야 한다. 직문 직답식의 지식은 문제 해결력이나 예감을 기르기 위한 수업과는 다른 교수전략을 필요로 한다. 이는 기억력에 의존하는 학습과제이기 때문에 잘 정돈되고 계속적인 지도가 가장 효과적이다. 통찰력을 요하는 학습과제의 경우는 학생들에게 제공하는 정보의 명확한 제시가 중요하다. 문제 해결력을 키우고자 할 때에는 학생들이 창의적인 생각을 많이 하게 하는 것이 바람직하다. Collins와 Stevens(1982)은 문제해결학습을 지원하는 다섯 가지 교수전략을 제시했다. 이 다섯 가지 교수전략에는 체계적이고 다양한 예제, 대립되는 예제, 함정전략(entrapment strategy), 가설확인전략(hypothesis identification strategy), 가설평가전략(hypothesis evaluation strategy)이 포함된다.

학생에 대한 교사의 평가와 기대에 대한 연구에서, 자기충족예언이 일어남이 밝혀졌다. 교사가 어떤 학생에 대하여 부정적인 기대를 하면, 그 교사는 그 학생에게 관심을 적게 쏟게 되고 어렵고 도전성을 요하는 과제를 해결할 기회를 그 학생에게 주지 않는다. 그 결과 첫 평가를 좋지 않게 받은 학생은 많은 불이익을 받게 된다. 따라서 교사는 학생을 부정적으로 보지 않도록 노력할 필요가 있다.

중등학교에서 실시된 효과적인 교수활동에 대한 연구물을 리뷰한 Doyle(1985)도 Stallings의 연구에서처럼 실제학습에 사용한 학습시간, 수업의 질 등을 폭넓게 다루었다. 초등학교보다 중등학교에서 학생들이 선택할 수 있는 교수분화의 폭(teaching spectrum)이 넓기 때문에 가변적인 '학습기회'가 효과적인 학습시간과 관련된다. '학습기회'란 일반적으로 학생에게 일의 대상을 제공하고 교육목표를 포함하는 과제를 제공하는 것을 의미한다. 교육연구에서의 학습기회는 평가할 내용과 관련된 학습과제를 교실에서 학습할 수 있게 하는 기회를 제공하는 것에 관심을 집중시킨다.

수업의 질과 관련해서는, 통찰력, 지식의 유연한 응용, 문제 해결력과 같은 인지과정의 학습이 중등학교에서는 더욱 강조된다. Doyle는 지시적 교수(direct teaching)의 효과를 살피고 지시적 교수의 특성을 다음과 같이 규정했다.

- 교육목표를 분명히 한다.
- 수업매체를 학습과제에 따라 자세하게 나누고 체계적으로 배치한다.
- 교사는 학생들이 학습해야 할 내용을 분명히 밝힌다.
- 교사는 학생의 학습 진척도를 파악하기 위하여 규칙적으로 질문을 한다.
- 학습 진척도의 점검 사항을 피드백하고 조언해 줌으로써 학생들이 배운 내용을 연습할 수 있도록 충분한 시간을 준다.
- 기초적인 기능을 능숙하게 익힐 때까지 가르친다.
- 교사들은 학생들을 규칙적으로 평가하고 학습과제의 학습 책임감을 학생이 갖도록 한다.

"고도로 구조화된 이 지시적 교수법을 중등학교에서도 복잡한 인지 과정의 학습에 적용할 수 있는가?"에 대한 물음에 Brophy와 Good(1986)은 긍정적인 답을 하고 있다. 그러나 학습과제를 학습하기 위한 각 단계를 보다 크게 잡을 수 있고, 평가도 너무 자주 할 필요가 없으며, 문제해결을 위한 다양한 접근을 할 수 있게 하는 여유를 줄 필요가 있다. Dolye도 학습과제의 다양화와 주어진 학습 상황을 창조적으로 구성하는 일을 강조하였다. 또한 그는 학습방법과 집단구성, 개별학습과 소집단을 통한 공동학습의 효과를 다루었다. Bangert(1983)가 행한 종합분석(meta-analysis)에 의하면, 중등학교에서는 개별지도(individual teaching)가 학업성적의 향상에 거의 영향을 미치지 못하며, 학생의 자긍심이나 태도에도 영향을 끼치지 못한다.

소집단 공동학습 프로그램에 대한 평가 연구에 의하면, 성적이 낮은 학생들에게는 공동학습이 긍정적인 효과가 있는 것으로 나타났다. 그러나 협동학습의 효과에 대한 연구들을 개관해 볼 때, 협동학습이 학생의 학업성취에 긍정적인 영향을 미친다는 사실을 결정적으로 실증할 만한 자료는 없는 것으로 나타났다.

Walberg(1984)는 수업효과에 대한 연구결과들을 종합하여 간결하게 그 결론을 제시하고 있다. 그는 교육 지도력이라는 논문에서 수천 편의 개인연구들을 종합 분석한 결과를 〈표 2.3〉, 〈표 2.4〉, 〈표 2.5〉로 제시하였다. Fraser(1987) 등도 7,827편의 개인 연구물을 134개로 종합 분석한 결과를 제시했다. 그들이 제시한 내용의 일부가 〈표 2.6〉에 요약되었다. 〈표 2.6〉의 주요 영역에 포함되는 특수한 변인들이 있는데 이 변인들은 학업성취와 높은 상관이 있는 것으로, 이에는 수업의 질(r=.47), 수업시수(r=.49), 피드백(r=.30)이 이에 속한다.

Walberg가 종합분석연구에서 도출해 낸 결론 중에서 특이한 점은, 그

표 2.3 교수방법의 효과	
교수방법 결과	**결 과**
강화(상과 벌)	1.17
우수아를 위한 특별 프로그램	1.00
구조화된 읽기 학습	0.97
단서와 피드백	0.97
물리 교과의 완전 학습	0.81
소집단에서의 공동 작업	0.76
읽기의 실험적 교수활동	0.60
개별 학습	0.57
개조된 교수 활동	0.45
개별지도(tutoring)	0.40
개별적인 수학 지도	0.35
유의미한 질문	0.34
진단적인 방법	0.33

교수방법 결과	결 과
신물리학 프로그램	0.31
교사의 기대	0.28
컴퓨터 보조 학습	0.24
단계별 구조화된 수업	0.24
계열분화	0.10
학급규모	0.09
교수시간	−0.32
학생의 분화	−0.12
프로그램 학습	0.03

*결과 : 효과의 정도(tenths of one standard deviation)

표 2.4 가족, 동료집단, 학급 대중매체가 학업성취에 미치는 영향력	
방 법	결 과
점검된 숙제	0.79
학급의 규범	0.60
숙제에 대한 가정에서의 관여	0.50
집의 위치	0.37
숙제 부과	0.28
S. E. S	0.25
동료집단	0.24
TV 시청	−0.05

* 결과 : 상관관계

표 2.5 학생 특성 배경의 영향	
특 성	결 과
지능	0.71
발달단계	0.47
동기	0.34
자아개념	0.18

* 결과 : 상관관계

표 2.6	교수와 학생 특성이 성취검사에 미치는 영향력	
요 인		결 과
학교특성		0.12
학생의 사회 배경 특성		0.19
교사특성		0.21
교수활동 특성		0.22
학생특성		0.24
수업방법		0.14
학습전략		0.28

*결과 : 상관관계

연구결과가 모든 학교 모든 학생에게 적용된다고 말한 데 있다. 그는 "암 거위에게 좋은 것은 숫거위에게도 좋다"는 말로 이를 표현했다. 그는 영 향력이 강한변인들에게서 이러한 현상이 더 적용된다고 했다. 학업성취 에 영향력을 미치는 변인에 대한 연구에서, 평가와 피드백이 강조되며, 구조화된 수업과 지시적 수업이 가장 효과적인 교수 형태인 것으로 나타 났다. 또한 Walberg의 연구에 의하면, 학생 개인의 욕구에 부합되도록 조 정된 교수활동과 개별지도뿐만 아니라 소집단에서의 공동활동을 취하는 수업형태가 앞으로 강화될 것 같다. 그는 협동, 비판력, 자신감, 그리고 긍 정적인 태도를 중요한 교육목표로 삼는 '열린교육(open teaching)'도 지 지하고 있다. 열린교육은 인지적인 성취에 상반되는 결과를 낳는 것이 아 니라 창조력 사회적 행동 그리고 독립심에 긍정적인 영향을 끼친다고 보 았다. 종합분석을 다시 종합분석(meta-meta-analysis)한 Fraser 등의 연구 에서는, 개별화는 학업성취에 미치는 영향력이 낮은 것으로 나타났다 (r=.07).

　많은 자료를 바탕으로 하여 이루어진 종합적인 연구가 아무리 인상적 이라고 하더라도 그 연구결과에는 어떤 한계가 있다. 즉 단순상관이 나타 나는 경우마다, 단순분석에서는 나타나지 않는 제3의 변인이 미치는 영향 력을 나타내는 어떤 특수한 상관을 배제할 수가 없다. 각각의 학업성취

예언변인들이 서로 상관관계에 있다고 볼 수 있기 때문에 이와 같은 문제
가 발생한다.

끝으로, 수업효과에 대한 조사에서는 가장 중요한 연구 결과들을 광범
위하게 종합하는 것만이 가능했다는 점을 다시 한번 지적한다. 결론적으
로, 어떤 교수상황에도 적용되는 수업시수와 구조화된 접근과 같은 몇 개
의 효과적인 교수특성을 추출할 수 있지만, 과목 · 학생특성 · 학교 형
태 · 교육 목표의 차와 관련되는 일반화되지 않은 여러 유형의 의미의 차
(nuance)가 있음을 잊어서는 안된다. 이러한 의미의 차가 Brophy와
Good의 연구(1986)에 잘 나타나 있다.

제3장

학교효과 연구의 실태

　본 장에서는 각 학교 특성의 효과에 대하여 연구한 것들을 보다 면밀히 다루고자 한다. 여기서 다루고자 하는 학교효과 연구는 2장에서 '효과적인 학교연구와 학교개선 프로그램의 평가' 라는 이름으로 다루어진 연구 영역과 많은 공통점을 갖는다. '효과적인 학교연구' 보다는 '학교효과 연구' 라는 말이 더 넓은 연구의 폭을 의미한다. 효과적인 학교연구에서는 학생들의 학업성취가 높은 학교를 찾아 낸 다음, 그 학교가 학생의 학업 성취가 낮은 학교와 구별될 수 있게 하는 학교특성이 무엇인가를 밝히려고 했다. 여기서 학교효과 연구라는 말을 사용한 목적은 효과적인 학교를 찾고 그 학교의 특성을 알아내는 것뿐만 아니라, 여러 학교를 무선 표집하여 표집된 학교들 사이에 성취의 차이가 있는가를 파악하고 차이가 있다면 그 차이가 어떤 특성 때문에 나타나는가를 밝히는 연구를 하기 위해서다. 그렇기 때문에 학교효과 연구에서는 2장에서 논의된 연구 유형들을 통합하여 적용한다. 현재 이루어지고 있는 연구들을 보면 여러 연구방법들이 혼용되고 있음을 발견하게 된다. 여러 수준의 연구를 하기 위한 연구 기법이 최근에 개발되었기 때문에 학업성취에 영향을 미치는 요인으로 학교 특성과 교실(수업) 특성을 함께 포함시켜 하나의 연구를 할 수 있게 되었다.

학교효과 연구에 관한 본래의 연구서보다 이것들을 종합하여 정리한 리뷰가 더 많다는 농담을 흔히 들을 수 있다. 리뷰 형식의 학교효과 연구들의 내용을 살펴보면, 위의 농담이 사실이 아니라고 할 수 없다. 아직 일반화된 결론들을 추출해 낼 수 있는 실증적인 학교효과 연구가 많지 않은 실정이다. 영어로 작성된 리뷰 형식의 논문에는 Aderson(1982), Cohen(1982), Dougherty(1981), Edmonds(1979), Murmane(1981), Neufeld(1983), Purkey와 Smith(1983), Rutter(1983), Good과 Brophy(1986), Ralph와 Fennessey(1983), Kyle(1985), Sweeney(1982), Borger(1984) 그리고 Levine과 Lezotte(1990)의 연구가 이에 속한다. 네덜란드의 연구로는 Van der Grift(1987), Scheerens와 Stoel(1987)의 연구가 있다. 여기에서는 Purkey와 Smith(1983)의 연구, Borger(1984)의 연구, 학교개선 프로그램 평가를 기술하고자 한다.

1. Purkey와 Smith의 연구

Purkey와 Smith(1983)는 학교효과 연구유형을 네 가지로 구분하였다. 이 네 가지 유형에는 특별한 학교(outliers)의 연구, 사례연구, 학교개선 프로그램의 평가 그리고 기타 연구가 있다.

특별한 학교연구

이 연구에서는 학생들의 특성 때문에 나타날 수 있는 학업성취의 차이를 고려하고 난 후에도 학생들의 성적이 다른 학교보다 더 높거나 더 낮은가를 알기 위하여 어떤 학교를 먼저 조사한다. 회귀분석에 의해서 학생의 배경적 특성이 학업성적에 미치는 영향력을 알 수 있고, 그것을 근거로 그 학교의 성취수준을 예측할 수 있다. 만약 어떤 학교가 예측한 성취수준보다 더 높은 수준을 나타낸다면, 이는 특수한 교육과정이나 교수특성 때문에 일어나는 현상이라고 볼 수 있을 것이다. Purkey와 Smith(1983)는 남다른 학교연구 아홉 편에 대하여 논의하고 있다. 이 9편의 연구들은 모두 초등학교와 관련된 것이다. 이 아홉 편의 연구는 서로 다른 연구결과를 보이기도 하지만 많은 유사점도 발견할 수 있다. 특별한 학교의 공통적인 특성은 잘된 훈육(good discipline), 학생의 학업성취에 대한 교사의 높은 기대, 학교장의 수업지도력(단순한 행정가나 관리자로서의 학교장의 역할보다 교수(teaching)와 관련된 활동들을 적극적으로 조사하고 조장하는 학교장의 지도력)이 강조된다는 점이다. 그러나 이와 같은 결과를 해석할 때에는 다음과 같은 점에 유의해야 한다. 특별한 학교연구는 표집된 사례(학교) 수가 매우 적다는 연구기법상의 약점과 SES와 같은 학생의 배경적 특성의 영향을 동일하게 하지 못한 상태에서 특별한 학교를 선정한다는 약점이 있다. 또한 특별한 학교의 비교 기준에 대한 비판도 있다. 학교효과가 극히 높은 학교와 극히 낮은 학교를 비교하기 때문에 학교효과의 차이가 과장된다는 것이다. 따라서 학교효과가 좋은 학교와 보통의 학교를 비교하는 것이 바람직할 것이다. 극단적인 학교들의 효과를 몇 가지의 점에서 비교할 때마다 발견할 수 있는 것은 평균 회귀현상(regression-toward-the-mean phenomenon)으로 인하여 그 효과가 줄어드는 점이다.

사례연구

Purkey와 Smith(1983)는 Weber(1971), Brookover(1979) 그리고 Rutter(1979) 등의 사례연구 7편을 인용했다. 그러나 Brookover의 연구를 사례연구로 분류하는 것은 옳지 않다는 점을 지적하고자 한다. 연구

대상 학교가 159개교나 되기 때문이다.

그들은 사례연구에서 학교효과에 긍정적인 영향을 미치는 것으로 나타난 학교 요소를 〈표 3.1〉에 요약하여 제시하고 있다. 그러나 어떤 학교 요소가 중요한가 그렇지 않은가를 판단하기 위하여 사용된 기준의 일관성이 부족하다. 판단기준으로 객관적인 자료를 사용하지 않고 연구자의 주관적인 견해에만 의존한 경우도 있다.

〈표 3.1〉에서 볼 수 있듯이, 학교장의 강한 지도력(4편), 질서 정연한 풍토(3편) 높은 기대(6편), 성취 지향적인 학교 시책(4편), 그리고 학습 투여시간(3편)과 같은 학교 요소의 중요성에 대해서는 동의하고 있는 것으로 나타났다. Purkey와 Smith는 사례연구의 경우에 남다른 학교연구의 경우에 나타났던 것과 동일한 연구기법상의 문제점을 지적했다.

표 3.1 **7편의 사례 연구에서 나타난 가장 중요한 학교 특성**

구 분	연 구 자						
	Weber	Venesky and Winfield	Glenn	Cal. State	Brooko ver and Lezotte	Brooko ver et al.	Rutter et al.
학교수	4	2	4	–	8	159	12
강한 지도력	x		x	x		x	
정돈된 풍토	x		x				x
높은 기대	x		x	x	x	x	x
빈번한 평가	x		x	x			
성취지향적시책		x		x		x	x
협동적 분위기		x	x				x
기본기능달성목표			x		x		
학습투입시간					x	x	x
강화(보상)						x	
분화체제(능력반)						x	x

학교개선 프로그램의 평가

Purkey와 Smith(1983)는 대부분이 보상교육 프로그램을 평가한 내용인 6편의 평가연구에 대하여 논의하고 있다. 미시간주에서 실시된 3편의 학교개선 프로그램 평가연구는, 선행연구에서 학업성취에 긍정적인 관계가 있는 것으로 나타난 학교 요소들을 3개 학교에 투입하여 시행한 것이다. 학교개선 프로그램을 적용한 1년 후에 프로그램을 적용하고 있는 실험학교가 다른 학교보다 약간 더 성적이 높은 것으로 나타났다. 이와 같은 결과는 다섯 가지 요소 모델을 다시 한번 확인시켜 주었다고 할 수 있다.

Van der Crift(1987)는 뉴욕시의 학교 개선 프로젝트, Milwaukee에서 시행된 학생 개인의 학구적 수월성 향상 프로젝트, 뉴욕 지방의 학교발전 프로젝트에 대하여 평가 연구한 내용을 논의하고 있다. 이 3개의 학교 개선 프로그램들은 지금은 잘 알려진 효과적인 학교 특성들을 포함시키고 있다. 학교 개선 프로그램의 시행의 결과 프로그램에 참여한 학교가 참여하지 않은 학교보다 학업성적이 더 향상된 것으로 나타났다.

그 밖의 학교효과 연구

Purkey와 Smith는 대규모로 이루어진 2개의 조사연구를 '그 밖의 학교효과 연구' 유형 속에 넣어 다루고 있다. 이 조사연구에는 공립학교와 사립학교를 비교한 Coleman의 연구(1981)와 미국 교육부(American National Institute of Education)의 안정된 학교연구(safe school study)가 포함된다. Coleman(1981)은 사립학교가 공립학교보다 학교효과가 높은데, 이는 사립학교가 공립학교보다 학생들의 결석이 적고 숙제가 많고, 고난도의 학문적인 학습과제를 제공하며 더 높은 학업성취 수준을 요구하기 때문이라고 결론을 내렸다. NIE의 안정된 학교연구에서는 학교 특성들이 안정된 상태에서 서로 융합될 때, 더 높은 학교효과를 보이는 것으로 나타났다. 퇴학규정(cut-rule)의 분명한 적용, 교직원들의 높은 사명감(high staff morale), 학교장의 강력한 지도력, 학업성취에 대한 높은 기대와 압력 등이 학교의 안정도와 높은 학업성적 수준에 긍정적인 영향을 미치는 요소인 것으로 나타났다.

2. Borger의 연구

Borger와 그의 동료들은 학교효과 연구결과를 양적으로 종합했다. 그들은 24편의 연구물과 24편의 리뷰 논문을 분석했다. 그들은 24편의 연구물을 1) 학교수준에서 이용할 수 있는 자료, 2) 성적 자료가 학교효과 자극제로서 이용된 것이라는 기준에 따라 종합했다. 24편 중의 7편은 사례연구이고, 다섯 편은 특별한 학교연구이다. 그들은 한 학교의 특성이 학교효과를 결정짓는 예외적인 존재로 나타나는 경우는 없다고 결론을 내렸다.

그들은 그 대신 학업성취와 관계 있는 것으로 나타난 여덟 가지 요소를 여러 연구들로부터 뽑아냈다. 이 여덟 가지 특성 요소에는 학교장의 지도력, 학교풍토, 교사와 학생의 관계(학생의 학업성취에 대한 교사의 높은 기대 변인이 포함됨), 교육과정과 수업(기초 기능 학습의 강조, 효과적인 순수학습시간, 숙제, 계열분화, 수업 시간의 양, 학업성취 여부의 분명한 확인이 포함됨), 재정적 지원, 물리적인 환경, 평가 그리고 가정배경의 특성(SES, 인종, 교육에 대한 열의 등이 포함됨)이 포함된다.

연구방법이 다양하기 때문에, 여러 학교효과 연구들을 양적으로 종합하는 것은 극히 어려운 작업이다. Borger의 양적인 종합연구는 어떤 학교특성이 연구변인으로 선정된 횟수와 그 학교 특성이 학업성취에 正的인 관계(positive link)를 어떻게 해석해야 하는가에 대해서는 정확한 설명이 이루어지지 못했다(〈표 3.2〉 참조). 하지만 나타난 것처럼 몇 개의 학교 특성 요소는 폭넓은 공감을 받고 있음을 그들은 확인했다.

학교효과 연구물에 대한 리뷰 형식의 연구는 피상적인 면이 있다. 우리가 여러 연구결과를 종합하기 때문에 피상화되는 것을 배제하기 어렵다. 예를들면 평가, 평가결과수집(monitoring), 평가결과에 대한 보상, 평가결과의 피드백과 같이 서로 관련되는 특성들을 함께 묶게 된다. 그러나 이 효과적인 교수활동연구(effective teaching research)를 종합분석(meta-analysis)하여 비교할 때에는, 수업특성과 학업성취와의 상관도에 대한 정밀한 자료가 논의됨을 알 수 있다.

보다 많은 양적인 종합(quantitative synthesis)을 촉진시키기 위해서, 영국과 미국의 학교효과 연구물 12편을 세밀히 분석했다. 이 12편의 분석 내용 중에서 그의 관심은, 1) 학업성취에 대한 학교 요소의 전체 설명력, 2) 학업성취에 대한 학교 요소 하나하나의 설명력을 평가하는 것이다.

학교효과 연구물을 종합하려는 시도는 바람직한 일이다. 학교효과를 증진시키는 학교 특성들을 요약한 리뷰물을 읽고 난 후의 느낌은, "무엇이 효과적인 학교를 만드는가?"라는 물음에 답하려는 것은 어린애 장난과 같다. Ralph와 Fennessey(1983)는 한정된 연구물을 가지고 반복해서 그것들을 요약 정리하는 것은 이야기를 꾸미기 위하여 요술을 부리는 것

표 3.2 학교 특성과 학업성취와의 정적인 관계

요 소	특정요소가 연구변인으로 사용된 연구의 수	정적인 관계로 나타난 연구의 수
지도력	18	18
학교 풍토	14	13
교사-학생 관계	17	15
교육과정과 교수 활동	19	17
평가	5	5
물리적 특성	5	1
재정적 지원	5	4
학생의 SES	9	8

과 같다는 점을 지적했다. 학교효과연구에 대한 정밀한 분석이 필요하다. 인용한 12편을 분석해 보면 다음과 같은 점이 나타난다.

- 여러 학교효과 연구들 간에 차이점이 많다.
- 이 차이점에는 학교급(초등/중등), 독립변인의 선정과 조직(표준화된 도구는 없음), 종속변인의 선택(도달 교육수준, 시험점수, 일반화된 인지 기능검사점수, 여러 교과의 평가자료), 분석수준(학교, 학급, 학생), 학교 효과를 측정한 통계치(상관도, 설명된 학생 변인, 설명된 학교 변인, 의미 있는 차이가 있는가의 여부)등이 포함된다.

이와 같은 모호성 때문에 양적인 종합은 하지 않기로 했다. 이로 인하여, 각 연구의 윤곽만을 제시하고 있을 뿐, 상세한 기술은 이루어지지 않고 있다. 각 연구들 간의 차이점에 비추어 다음과 같은 결론을 도출할 수 있을 것이다.

- Coleman 보고서에서 주장된 것보다도 더 심한 차이가 학교간에 나타난다는 것 이 사실이 아니라는 점을 제2세대 학교효과 연구가 밝히게 될 것이다.
  Coleman보고서에서는 전체 변량 중 8.69%가 순수한 학교간의 변량(학생들의 배경 변인을 통제시킨)인 것으로 나타났다. Gray의 연구(1983)와 Mortimore의 연구(1988)에서는 순수한 학교간의 변량이 7%와 10%인 것으로 나타났다.
  Rutter(1977)와 같은 제2세대 학교효과 연구에서는 모든 과정 특성들이 포함된 변인이 학생의 시험 결과의 변량 중 단지 1.6%만을 설명하는 것으로 나타났다.
- Coleman과 Jencks의 연구와 비교해 볼 때, 최근의 학교효과 연구결과들은 설명측정치를 %보다 더 정교한 표준을 사용하기는 했지만, 그 결과는 결코 특별한 것이 없다. Purkey와 Smith(1983)는 효과적

인 학교의 특성을 찾기 위해서 학교에 서열을 매겨 상위 20% 내의 학교들과 하위 20%에 속하는 학교들 간의 학업성취 수준의 차이가 약 2/3 표준편차가 된다고 했다. 이 같은 결과는 학교효과 연구의 제1세대인 Jencks 등의 연구 결과를 재확인시켜주고 있다. SES가 낮은 학생들이 다니는 학교 중에서 아주 효과적인 학교로 평가된 학교의 학생 성적은 중산층 학생들이 다니는 학교 중에서 학교 학생성적의 중간 수준도 되지 않는다.

- 학교효과에 대한 최근 연구에서 나타난 위와 같은 결과들을 학교효과에 대한 초기의 연구들과 비교해 볼 때, 새롭게 발견된 학교효과가 없다고 할 수는 없다. 효과적인 학교와 비효과적인 학교간의 성적 수준의 차이가 2/3 표준편차에 달한다는 것은 결코 무의미한 것이 아니다. 이것은 보통의 학생들이 한 학년 뒤에는 성적이 가장 앞서거나 가장 뒤질 수 있음을 의미한다.

- 학교특성의 효과에 대한 양적인 종합을 안 했기 때문에, 본 연구에서는 학교효과에 영향을 미치는 중요한 요소가 무엇인가에 대한 결론은 내리지 않는다. 다만 어림짐작(eyeball analysis)으로 성취지향 정책, 학생성적에 대한 긍정적인 교사의 기대, 체계적인 교수활동에 관해서 다른 리뷰에서 지적한 특성들을 재확인하였다. 그러나 의견이 일치하지 않는 점이 몇 가지 있다. 즉 평가의 빈도와 학업성취 간의 부적 상관 그리고 학교장이 교직원과 함께 협의하지 않는 정도의 정적 상관에 대해서는 의견이 일치하지 않는다.

3. 학교개선 프로그램 평가연구

효과적인 학교연구를 개관해 봄으로써, 연구결과들 속에서 어떤 공통점(coherence)이 있음을 알았고, 연구결과를 해석할 때 주의해야 하는 이유도 알게 되었다. 그럼에도 미국에서는 학교개선 프로젝트를 추진하는 데 이 연구결과들을 재빨리 적용하고 있다. 1983년 Miles 등은 25개 주 875개 이상의 학구에서 효과적인 학교 프로그램 39개 학구를 찾아냈다. 이 39개 모두를 체계적으로 평가하지는 않았지만, 평가를 했다 해도 그 결과는 학술지에 발표된 보고서의 질을 넘지는 못할 것이다. 그러나 Cardiff 학교 개선 프로그램의 평가 보고서는 이와 좀 다르다. 효과적인 학교연구에 의해서 자극된 학교 개선 프로그램에 대한 다섯 편의 평가 연구를 간략하게 기술하고자 한다.

켄터키주 Jefferson County의 효과적인 학교 프로젝트

이 프로젝트(Miller, 1985)는 효과적인 학교연구에서 아주 중요한 요인으로 나타난 것들을 10개 학교에서 1년 동안 계속 적용했다. 이 프로젝트를 추진하기 위하여 Brookover에 의해 고안된 '창조적이며 효과적인 학교'라는 표제가 달린 안내서를 이용했다. 프로그램 적용 학교는 자율적으로 신청하게 했다. 프로그램의 내용에는 효과적인 교수활동연구에서 강조된 학급 수업 지침과 최적의 학업성취를 지향하는 태도를 교직원들이 갖도록 하고 학교장의 지도력을 교육적으로 이해하게 하는 지침이 포함된다. 개선 프로그램이 시행되는 동안 교사들은 외부 조언자들의 도움도 받고 재교육도 받았다. 프로젝트를 평가한 결과, 일 년 동안 프로젝트에 참여한 10개교는 그 지역의 다른 학교보다 읽기와 수 계산 평가 점수가 훨씬 높은 것으로 나타났다(프로젝트에 참여한 학교는 평균 12% 향상되었고 다른 학교들은 4% 향상되었다). Miller(1985)는 이 평가결과를 해석할 때 유의해야 할 점으로, 프로젝트에 참여한 학교들이 정말 프로그램의 적용을 자원했는지 여부, Hawthorne 효과의 작용 가능성 그리고 프로그램의 계속적인 적용 여부와 긍정적인 효과의 지속 여부를 나타내는 실증적인 자료가 부족함을 지적했다.

Knoxvelle시의 학교 능률 평가 프로젝트

이 프로젝트(Achilles & Lintz, 1986)는 중등 6개교에서 실시되었다(3개교는 종합학교, 3개교는 고등학교). 이 프로그램은 여러 특수한 교육방법(기능 훈련 방법의 학습, 집단 활동과 학생들이 서로 모르는 것을 알려주는 학생에 의한 개별 지도 등), 구조화된 수업(학습 정도에 대한 형성평가, 평가결과의 피드백 및 보상 등), 프로젝트 적용에 기여해야 할 학교장의 분명한 역할, 학부모의 참여 조장방법이 포함되어 있다.

프로그램 시행상황의 점검은 프로그램을 시행한 첫해에 프로그램 평가의 일환으로 실시되었다. 프로그램의 효과는 언어와 수학성적으로 평가했으며 의사 실험방법(quasi-experimental design)도 적용했다. 이 실험에서는 프로젝트를 실험 운영하고 있는 6개교의 학생들과 프로그램은 운영하지 않지만 매우 유사한 학교 학생들을 비교했다. 평가 결과는 공변량 분석을 했다. 분석결과 학업성취의 차이에서 실험학교가 통제학교보다 의미있게 높은 것으로 나타났다.

Milwaukee에서의 향상 프로젝트

이 향상 프로젝트는 초등 18개교에서 실시되었다(McCormark-Larkin, 1985). 이 프로그램은 학교풍토, 교육과정, 수업, 학교조직, 평가 그리고 학부모 참여 등의 효과에 대한 연구결과의 영향을 받고 있다. 이 프로그램의 특이한 점은 학교장, 교사, 학생, 그리고 학부모가 학생의 학업성취에 대하여 긍정적인 성취지향태도를 가져야 함을 강조하는 것이다. 한 예로, 학생들은 학구적 궐기집회를 갖고, 교사들은 지진아들에 대한 패배주의적인 시각을 불식시키기 위한 방법에 대한 강의를 듣는다. 이 프로그램의 또 다른 특성은 학교장의 수업지도력, 구조화된 교수활동 그리고 빈번한 형성평가에서 찾을 수 있다.

프로그램 적용 효과는 독서력과 수리력에 대한 18개교의 평가결과와 9년간의 그 도시 모든 초등학교의 평균점수를 비교해서 측정했다. 프로그램을 적용한 학교들은, 프로그램을 적용하기 전에는 계속 그 도시의 평균보다 뒤졌었으나, 이 프로그램을 적용한 5년 동안에는 뒤떨어짐이 대부분 없어졌다.

Kansas시 교육 연구소의 효과적인 학교 프로그램

이 프로젝트(Toft Everson)는 교육개혁을 위하여, 학교효과 또는 효과적인 수업전략에 대한 연구결과들을, 소위 교직원 개발 프로그램에 적용했다. 이 프로그램의 운영목적은 관련 연구결과에 친숙해지는 것, 효과적인 학교들의 특성을 비교할 수 있게 하기 위하여 학교상황을 조사하는 진단기능을 습득하는 것, 그 진단에 의해 확인된 단점을 보완하기 위하여 전략선택을 익히는 것, 효과적인 학교연구 결과에 따라 학교장의 지도력을 개발하는 것, 관련 연구결과들을 적용하는 것 그리고 평가제도를 구성하는 것이다. 교직원 개발은 현직 연수(in-service training) 형태로 각 학교에서 실행되었다.

이 프로그램은 초등학교, 종합학교 그리고 고등학교에서 적용하기 위해서 개발되었다. 위에 인용된 리뷰는 이 프로그램을 일년 동안 시행한 후에 이 프로그램에 관여한 한 학구에서 실시한 과정 평가 내용을 보고하고 있다. 학교효과를 증진시키는 학교 특성의 중요성에 대해 교사들 간에, 교사들과 관리자들 간에 의견의 일치도가 높아졌다. 학급수준에서 자기평가의 일환으로 교사들이 서로 다른 동료 교사를 관찰하는 방법이 아주 중요한 변화로 알려졌다. 학습목표를 제시하고 학생의 학습 진도를 평가

하는 빈도도 기록되었다. 첫 평가결과 동일 학교 내에서 프로젝트 시행 이전에 비해 연구 연도에 성적이 향상된 것으로 나타났다.

익명의 학교 개선 프로젝트 평가

Purkey(1984)에 의해 작성된 이 평가 연구는, 어떤 학교에서 시행되고 있는 학교 개선 프로그램이 이미 잘 알려진 학교효과를 증진시키는 학교 특성에 관한 보고서와 얼마나 일치하는가를 조사했다. Purkey와 Smith(1983)에 의해 밝혀진 학교효과를 증진시키는 학구 수준의 여섯 가지 방안에 특히 관심을 두었다. 이 여섯 가지에는 학교개선 프로그램의 지원자로서 교육 위원회의 역할을 경험할 수 있도록 학교들을 격려하는 것, 교사들과 학교장들이 함께 협력할 수 있는 개혁적인 활동을 자극하는 것, 학교가 자체 개선 프로그램을 적용할 수 있도록 학교에 선택권을 최대한 제공하는 것, 전 교직원이 참여할 수 있는 교직원 개발활동을 촉진시키는 것, 교육 위원회 학교장 교사 수준에서 주도권과 지도력을 조장하고 촉진시키는 것, 학교 전체적인 학교 개선 프로그램을 촉진시키는 것이다.

여섯 고등학교에 대한 사례연구를 이용하여 이 방안들이 나타나는가를 확인했다. 평가 연구에 따르면, 효과적인 학교 프로그램의 시행에 관한 주도권이 학교에 주어지지 않았고, 학교효과를 증진시킬 방안을 실현시키기 위한, 적절한 하부구조도 없으며 체계적인 장기계획도 마련되지 않았다.

대부분의 사례에서 효과적인 학교특성 연구결과와 효과적인 수업연구 결과가 함께 이용되었다. 이 학교 개선 프로그램에서는 통합된 효과 모델의 적용이 시도되었다. 이 프로그램의 평가를 통해 알 수 있는 것은 단지 학교 전체적인 프로그램과 관계되는 것이다. 학습결과를 개선시키는 학교특성이나 수업특성의 공헌도는 결정되지 못했다.

  기술적 평가물들은 질적으로 많은 차이를 보인다. 기술 위주의 보고서
들은 연구방법과 기법에 대한 설명이 없는 경우가 많다. 학교효과 연구결
과들을 통합된 학교개선 프로그램 형태에 적용하고자 할 때 일어나는 문
제는 시행이다. 대부분의 프로그램들은 연구결과를 개혁과 시행과정에
적용하는 것이다. 개선 프로그램을 이행함에 있어 시기적절한 접근과 전
교직원의 참여가 특히 강조된다.

제4장

학교효과에 대한 경험적 두 연구

　학생의 학업성취에 대한 학교의 영향에 대한 관심은 지금까지 큰 관심사가 되어 왔지만, 효과적인 학교에 대한 관심은 비교적 최근에 일어나고 있다. Biddle은 학교과정에 관한 체계적인 연구는 1970년까지 거의 없었으며, Second Handbook of Research on Teaching에서도 거의 관심을 끌지 못했다고 언급하고 있다. 오늘날에는 그 문제에 대해서 상당한 관심이 일고 있으며, 학업향상에 긍정적인 영향을 주는 학교는, 영향력이 약한 학교와 어떻게 다른지를 기술하고 있는 자료(process data)가 상대적으로 빈약한 편이다(김병성, 1991 : 265).

　Coleman 등(1966)의 연구와 후속된 투입-산출연구에 의하면, 학생의 학업성취에 미치는 학교교육의 효과는 아주 미미한 것이며, 이 주제에 관련해서 논쟁이 많기 때문에, 몇몇 학자들은 학교교육에 대한 연구는 무의미하다고 주장한다. 예로, Jencks 등(1972)과 Rowan, Bossert 그리고 Dwyer(1982)는 학교교육이 학생의 학업성취에 대해 단지 적은 양의 변량을 설명하고 있으나 그 효과의 중요성에 대해서는 동의하고 있지 않다. 또 몇몇 학자들은 통계적 절차들이 학업성취에 대한 학교교육의 효과를 과소 평가하고 있다는 점을 우려한다. 예컨대, Madaus, Kellaghan, Rokow 그리고 King(1979)은 실제로 우리들이 학교에서 가르친 피험자들에게 초점을 둔다면, 학생의 학업성취에 있어서 학교관련변인의 효과가 크다고 논박하였다. 일반적으로 볼 때 학교효과는 여전히 중요하며, 학생의 학업성취에 대한 학교의 영향이 과소평가되고 있다.

Coleman 연구 이후 효과적인 학교에 관한 연구의 틀은 크게 다음과 같은 접근 방식을 취하여 왔다. 투입-산출을 바탕으로 양적 자료의 분석을 사용한 연구들의 결점을 보완하는 형식으로, 과정연구에 중점을 둔 연구들이다.

과정-산출 연구는 기존의 비판적인 학교효과 연구에 대해 다음과 같이 비판한다. 그들의 연구는 학교 내 변인 측정시에, 실제적 학교운영이나 교수-학습과정의 연구와 완전학습에 관한 실험연구 결과는, 학교사회체제는 계획한 어떤 행동도 산출할 수 있다는 것을 명백히 시사한다. 일반적으로 학교는 많은 학생들의 학구적 실패를 포함하여 학생에 따라 매우 다른 산출결과를 낳고 있다. 불행히도 이러한 개인간 결과의 차이는 학생의 가정배경과 매우 관련이 크다. 학교의 사회체제가 이러한 차이들을 설명하며, 나아가 현재의 일반적인 학교사회체제가 이러한 결과의 차이를 낳도록 설계되어 있다고 믿는다. 만약 우리가 학생들의 성취 차이를 정당화하기 위해서 사용된 정상분포곡선을 무시하고, 모두가 학습할 수 있고 또 그럴 것이라는 가정에 기초한 'J 곡선'을 대신 사용한다면, 그 결과들은 'J 곡선' 분포와 일치할 것이다. 학생들을 높이 평가하고, 크게 기대하며, 높은 성취규범을 가지고 적절한 강화와 수업을 하는 학교의 학생들은, 자신들의 환경에 대한 통제감을 갖게 될 것이고 현재의 많은 학교들의 특성인 무력감을 극복할 것이다.

1. Brookover 연구

이 연구는 학교효과에 있어서 과정–산출에 관한 연구로 학교사회 체제와 수업현장과의 관계를 학교의 사회체제가 학생들을 내면화시키는 역할 정의, 규범, 기대, 가치, 그리고 신념에 영향을 미치며, 이것들이 학업성취, 자아개념, 그리고 그외의 다른 정의적 반응에 영향을 미친다고 주장했다(〔그림 4.1〕 참조).

이 모형에서 알 수 있듯이, 학생의 학습행위와 학업성취는 학교에 따라 다를 수 있으며, 이 변량은 학교간 투입요인과 사회적 구조, 그리고 학교 풍토에 의한 차이로 설명될 수 있다. 이 모델에서 보는 바와 같이 부르코버 연구팀은, 교사와 학생의 특징이 학생의 학업 결과에 영향을 미친다고 하였다. 그러나 교사와 학생의 자질은 학교구조, 학습과정 그리고 신념에 의해 바뀌어 질 수 있다.

부르코버 연구팀은 미시간주에서 무작위로 표집한 68개 학교의 4, 5학년 학생들을 대상으로 연구했는데, 61개교는 백인이 과반수가 넘는 학교

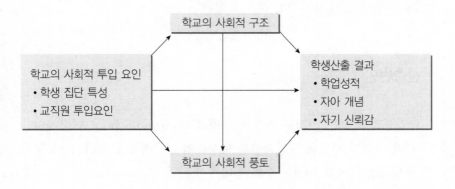

그림 4.1 학생의 학업성취에 대한 학교사회 체제 모형

였고, 7개교는 23개의 흑인학교에서 가려낸 흑인이 과반수가 넘는 학교였다. 연구자료는 미시간 학교평가서(the Michigan School Assessment Reports), 4 · 5학년 학생에게 받은 질문지, 교사 및 교장에게 받은 질문지에 의해 수집되었다(1979).

투입요인

주요한 학교투입변인은 학생의 사회적 구성, 학교의 사회적 구조, 학교풍토였으며, 연구된 산출변인은 학생의 학업성적, 자아개념, 학구적 능력, 자기신뢰도였다. 사회적 특성은 학교의 평균적인 사회경제적 지위와 학교의 백인 학생들의 비율로 정의된다. 그 밖의 학교투입 측정은 학생집단의 크기, 학생들의 매일매일 평균출석률, 학생 1,000명당 교직원 수, 몇가지 교사특성(경력 등)이었다.

학교의 사회적 구조에 관련된 요소에는 부모 참여, 학생 프로그램의 분화 정도, 학급조직의 개방성, 시간 배당, 학교구조에 대한 교직원의 만족도 등이 포함된다.

부르코버의 연구에서 학교풍토는, 학교사회 체제의 참여자가 지각하는 규범, 기대, 신념의 총체적인 것으로 정의된다.

산출변인

학업성적 측정은 1974년 가을에 시행된 Michigan School Assessment의 40개 목표의 각각을 완전학습한 학생들의 평균점수로 했다. 19개 문항은 독서력 검사이고 30개는 수학에 대한 것이었다.

자아개념은 학생 자신에 대한 지각이며, 자기신뢰감은 자기신뢰에 대한 지각(학업을 수행하거나 맡겨진 문제를 해결할 수 있는)을 의미한다. 사회구조, 풍토, 결과변인에 관한 많은 것들은 질문지에 의해 평가되었다(상세한 사항은 6장 내용 참조).

투입변인간 상호관계

다섯 변인들 중에서 사회구조를 정의하는 데 이용된 3개의 변인이 각각 상호관련이 있는 것과 마찬가지로 투입변인과도 관련이 뚜렷했다. 또한 Brookover는 학교구조변인들이 상호관련이 있기는 하지만, 전적으로 사회구조에 의존하거나 서로 같은 변인이 아니라는 것에 주목하였다. 학교풍토의 측정은 학생집단 특성과 높은 상관을 보였다. 연구자들은 학업성취가 학교구조에서 비롯된 풍토와 상호관련이 있음을 밝혔다. 학생들의 학구적 무력감은 학교구성원 전체의 특성과 .87의 높은 상관이 있었다. 별개의 분화된 프로그램을 제외하면 모든 투입, 구조, 풍토변인들은 어느 정도 서로 상관이 있었다.

종속변인 간의 상호관계

학교의 평균성적과 학구적 능력인 자아개념과의 관계를 부르코버 이전의 연구에서는 긍정적 관계를 갖는 것으로 보았는데, 이 연구에서는 -.55로 부적(負的) 상관을 보여주고 있다. 즉, 그리하여 낮은 성취를 보이는 학교의 학생은 높은 성취를 보이는 학교의 학생보다 높은 자아개념을 보였다. 학교의 높은 학업성적은 학생의 높은 자아개념이나, 자기신뢰감과 일반적인 관계가 없다고 볼 수 있으며, 학교에 따라 서로 다른 결과를 보이는 것을 볼 때에, 적어도 학교의 풍토와 구조적 변인과의 다양한 조합과 관계된다고 볼 수 있다. 그러나 Rutter(1983)에 의한 연구에서는 효과적인 학교는 다양한 기준들에 영향을 미친다고 제시하고 있다.

학교 체제변인과 학생 성적과의 관련성

연구자들은, 백인이 과반수를 넘는 학교는 제외하고(특히 SES가 높은 학교) 학업성취의 학교간 변량은 투입변인이나 학교구조변인에 독립적으로 작용한다고 제시하고 있다. 이는 종합학교체제에서 설명이 가능하며, 학교체제에서의 변량이 모든 학교상황에서 학업성취에 영향을 미치지는 않지만, 투입변인에 독특하게 작용하는 변량의 극소수가 학생성적에 영향을 미치는 중요한 요인이라고 주장하고 있다.

사례연구

부르코버는 SES가 낮은 4개의 학교에서 통계적 분석을 보충하기 위해 학급관찰과 면접을 3주에서 3개월 간 실시했으나, 그 절차와 방법이 보고되지 않아서 불행하게도 자료를 평가하거나 시사점을 평가하는 것은 어렵게 됐다.

보고된 학교의 선정기준은 유사한 인종적 배경, 비슷한 SES 수준, 평균점수보다 높고 낮은 학교를 짝지어 표집한 도시지역학교이다. 높고 낮은 성취를 보이는 학교의 격차를 설명하는 변인은 수업에 사용된 시간, 학점미취득자(write-off), 교사기대, 강화학습, 집단화 과정(grouping procedure), 학습계획, 교장의 역할, 그리고 수업의 열심도 및 행정적 지원 등이었다. 이 변인들이 중요한 것으로 보이지만 연구자들은 왜 다른 것을 이용하지 않고 이것들을 이용했는지에 대한 설명은 하지 않았다.

연구된 결과는 높은 성취를 보이는 학교와 낮은 성취를 보이는 학교를 구별지어 주는 몇 가지 일반적 차이점들을 보여주고 있으나, 교장과 교사의 변량도 있었다. 간단히 말해서, 높은 성취를 보이는 학교에서의 교사는 수업에 더 많은 시간을 할애했으며, 학급과제에 할당된 시간이 있었으나 비교적 작았고, 새로운 개념이나 문제 등을 개별적으로 학습하는데 필요한 시간을 투입하고 있으며, 백인학교에서는 교사와 학생 간에 학구적 상호작용이 전체에 걸쳐 빈번히 일어나고 있었으며, 교사와 학생 간 학구적 상호작용은 높은 성적을 보이는 학교에서 더욱 뚜렷하였다. 학업성적이 낮은 학교에서 교사가 시험점수 채점 등의 행정적 일에 매달리는 동안 학생들은 공부하고 읽고 노는 시간을 많이 가지고 있었다. 결론적으로 말하면, 백인학교가 흑인학교보다 상대적으로 학업성취가 높기는 하지만, 이러한 학교에서는 수업에 보다 많은 시간이 할당되어 있었다는 것이다.

부르코버의 연구는 교사, 교장, 학생들이 학업성적이 향상하리라는 신념을 가질 때, 학교풍토가 학습으로 이끌어지며 학생들 성적이 보다 높아진다는 사실을 제시하고 있다. 이러한 자료들은 상호관련성이 있고 상관관계가 있다. 그러나 높은 학업성취가 긍정적인 기대보다 앞서는 것인지 그 뒤에 오는 것인지를 결정짓기란 불가능하며, 학생들의 기대가 교사의 기대보다 앞에 올지, 뒤에 올지를 규정하는 것은 어려운 일이다. 그리하여 이 연구는 학교가 학교의 개선계획을 위해서, 유용하지만 제한된 자원을 어떻게 투입할 것인지를 분명하게 알려주지 못하고 있다. 그러나 연구결과는 성취의 개선이 가능함을 보여주고 있고 조정할 수 있는 몇몇 변인을 지적해 주고 있다(자세한 내용은 5장 참조).

요약하면, 부르코버의 연구(1979)는 학교의 투입요인이 학교과정과 독립하여 학생성취결과(성적, 자아개념, 자기신뢰감)를 예언해 주지 못 한다는 사실을 예시해 주는 하나의 종합적이고 성공적인 시도였다. 또한 사례연구는 다양한 투입요인을 가지고 있는 학교들이 학교 내의 풍토나 구조적 특성 때문에 학생성취에 서로 다른 효과를 가질 것이라는 사실을 보여주고 있다. 더욱이 풍토변인들은 투입변인이 설명할 수 있는 만큼 성취에 있어서의 많은 변량을 설명하고 있으며, 서로 상응하는 자원을 가지고 있는 학교들이 아주 다른 풍토를 가질 수 있다고 강력히 주장한다. 비록 이 연구가 효과적인 학교의 학교과정에 대한 명확한 설명을 해 주지는 못 하지만, 비슷한 자원을 가진 학교들이 매우 다른 풍토를 가질 수 있다는 것을 밝히고 있으며, 또한 후속되는 관찰 연구의 토대를 마련해 주고 있다.

2. Rutter의 연구

Rutter 연구팀은 3년 간에 걸쳐 12개 중학교를 대상으로 학구적인 면과 사회적인 면에서 향상을 보인 학교를 연구했다. 런던에서의 10세 아동에 대한 조사연구가 이미 1970년에 시작되었고, 지능수준과 독서력 성취에 대한 평가자료는 한 London지역의 빈민 초등학교 아동들로부터 수집되었다. 1974년 재검사가 실시되었으며, 이는 1970년에 10세로 검사를 받은 대다수의 아동이 취학하고 있는 20개 학교에 집중적으로 실시되었다.

비행의 비율이나 성취문제에 있어서 학교간 큰 차이가 있었다. 그러나 문제는, 그 차이들이 학교에서 투입된 것과 어느 정도의 차이를 보이느냐 하는 것이었다. 즉 학교간 결과의 차이들이 투입에서의 차이를 어느 정도 반영하고 있는가 하는 문제였다. 연구자료는 단지 결과에서 차이가 있는 것이 아니라, 20개 중학교가 취급해야만 하는 투입요인에 본질적인 차이가 있었음을 밝히고 있다.

학교간 투입특성의 큰 차이를 통계적으로 제거하였음에도 불구하고 본질적이며 통계적으로 의의있는 학교간 차이가 있었다. 가장 유리한 학생들을 가지고 있는 학교가 반드시 최상의 결과를 가져오는 학교도 아니며, 유사한 배경을 가진 학생들을 가지고 있는 학교가 때로는 엄청나게 다른 결과를 가져오기도 했다. 한마디로 14세에 학생의 행동과 비행율은 가정배경요인이나 10세 때 검사한 학생의 검사나 설문점수에 의해서 설명되어질 수가 없었다는 것이다. 그래서 다시 신중히 조사하기 위해 20개 학교에서 12개로 줄여서 조사했다. 각 학생들로부터 수집된 3가지 측정치는 1) 10세 때의 언어분별점수, 2) 아버지 직업, 3) 학생의 행동발달 점수 등이었다.

연구자는 여러 해에 걸쳐 학생집단의 충원(intake)에 있어서 변화의 정도를 조사해 보았다. 일반적으로 안정된 학생 집단이 가장 유리한 충원

(intake)을 해서 그 장점을 지속하고 있다는 것을 발견했다(김병성, 1994 :
387-390).

과정측정

이 연구는 학교교육에 대한 어떤 특정 이론을 시험하기 위한 것이 아니
며 또한 학교과정이 중요하다는 기존의 생각에 기초한 분석도 아니다. 일
반적으로 검토된 과정은 개념 영역으로부터 도출되었다(학구적 강조점, 교
사의 수업행동, 학생의 학습여건, 학생의 책임감과 출석, 수업의 안정도, 집단의
친밀감). 연구과정에 대한 자료는 교사와의 면접, 학생들에 대한 설문자료,
학습관찰 자료들로부터 얻어졌다.

관찰 절차

일련의 중요한 관찰은 각 학교에서의 일주일 간의 관찰로 이루어졌는
데 중간수준의 학생과 3학년 학급에서 실시되었다. 관찰기간동안 제일 먼
저 교사에 대해서, 다음으로 선택된 개별학생, 그리고 전체학급에 초점을
맞추어 행해졌으며, 각각 5분 동안 행해졌고 수업시간을 통해 반복되었
다. 연구자(coder)는 우선 교사가 어떤 영역의 활동에 초점을 두는지를 관
찰했다. 관찰자들은 교사-아동 간의 상호작용(개별적이건 전체집단이건)과
상벌관계, 그리고 아동에 대한 좋고 나쁜 감정을 관찰하고 기록했다.

관찰자들은 학생들이 교사에 의해 설정된 과제와는 다른 덜 수용적인
행동에 참여하는지를 주목했다. 또한 무작위로 5명을 선발하여 적절히 공
부하고 있는지도 알아보았다. 연구자들은 수업 행동뿐만 아니라 거기에
참여하는 학생비율도 보고하고 있다. 예를 들어, 학생의 과제 행동에 대
한 평균 참여학생이 85%이고, 교사의 시간 중 75%가 수업교과에 사용되

고 있다고 하는 것이다. 그 밖에도 운동장에서의 행동의 관찰, 학생활동의 기록 그리고 학생들간 물리적 폭력의 기록이나 교사에 의한 비공식적인 제재의 기록과 같은 일을 했다.

결과측정

조사자는 5개의 측정치를 각 학교의 서로 다른 효과를 평가하는데 사용했는데(출석, 학생행동, 시험합격, 취업, 비행 등) 여기서의 논의는 성적과 출석, 그리고 학생행동과 관련지은 것이다.

연구자들이 많은 변량과 차이들을 통제했음에도 불구하고, 여전히 학교간의 출석률이나 학생행동(지각, 과제행동으로부터의 이탈과 무관심, 파괴적 행동 등)에 있어서 상당한 차이가 있었다. 학생충원과 행동과의 상관관계는 -.29로서 보다 파괴적인 학생이 있는 학교라고 해서 반드시 가장 나쁜 학급 행동을 보이고 있지는 않았다.

학교간 차이로 성적을 비교하는 일은 어려운 일이었지만, 12개 학교에 걸쳐 학습 진척도를 비교해 보았다. 학생의 전·출입에 따른 편차를 통제했음에도 여전히 성적에 있어 학교간 차이가 뚜렷했다.

일반적으로 학교성적은 2년 간의 조사기간 중 적절히 안정되어 있었으나, 두 학교만은 뚜렷한 성적의 차이를 보였다(Purkey & Smith, 1983a).

산출 결과의 상호관계

〈표 4.1〉의 학생은 학생의 출석, 학업성적, 그리고 학급에서의 바람직한 행동을 척도화해서 등급을 제시한 것이다. 출석, 학업성적, 학생행동 세 영역의 결과는 상호 관련되어 있어 어느 한 영역이 우세하면 다른 두 영역도 우세하게 나타났다. 그러나 두 개의 예외적인 것도 있는데, 행동

이 좋은 학생이 낮은 성적과 출석률을 보이는 경우와, 낮은 출석률과 많은 부적절한 학급행동에도 불구하고 상대적으로 높은 학업증진을 보인 학생이 있었다.

Rutter가 지적했던 것과 같이, 결과에 있어서의 차이들이 반드시 그 결과가 학교에서 일어나고 있는 일들 때문이었다고 할 수는 없다. 그러나 연구자료는 학생 전·출입에 대한 측정치 이상의 어떤 것이 서로 다른 결과를 낳게 하고 있다는 사실을 강하게 보여주고 있으며, 학교에서 무엇인가가 작용하고 있다는 것을 그럴듯하게 추론할 수 있다. 이러한 논의는 만일 연구자가 학교 구조나 학교과정, 그리고 학급행동의 차이를 학생결과의 차이와 관련을 지을 수 있다면 보다 유력해질 수 있을 것이다. 그래서 보다 효과적인 결과들과 관련짓기 위해 연구된 요인들을 논의해 보고자 한다.

학구적인 강조가 학업성적을 올리는 것과 관련이 있었다. 예를 들어, 숙제를 내주는 것이 내주지 않는 것보다 효과가 있었다. 숙제를 하는 데 소요되는 평균시간은 그리 많지 않았으며 평균 15-30분 정도였다.

표 4.1   출석, 학구적 성취, 행동의 비교

출 석	학업성적	행 동
1	1	1
2	2	4
3	6	3
4	5	5
5	8	10
6	4	6
7	10	11
8	9	9
9	3	8
10	7	7
11	12	12
12	11	2

1 : 가장 잘함, 12 : 가장 못함

이러한 발견들은 물론 숙제가 어떻게, 그리고 왜, 학업성적의 증가와 관련이 있는지를 밝혀주지 못하고 있다. 아마도 숙제는 성적향상에 대한 학교의 관심이나 학생들도 독자적으로 숙제를 해낼 수 있는 능력을 가지고 있다는 기대를 증대시키는 데 상징적 중요성을 가지고 있다고 추측할 수 있는 것이다.

학구적 강조의 측면은 학생에 대한 교사의 기대와 관련된다. 교사는 아동의 능력에 대한 훌륭한 판단자이다. 학구적 기대에서 볼 때 하위 1/3에 쳐져있는 아동들(두 학교의 경우)이 처음에 학생능력을 판별할 때는 상위 1/3이었다. 이 예는 기대가 성적 차를 만들었다는 증거다.

더욱이 수업을 실시하는 학교의 주간 일과시간의 비율이 학생성적과 관련되고 있었다. 그 차이는 학교에 따라 21.9~24.2시간의 차이를 보이고 있다. 학구적 문제에 관심을 두고있는 학교일수록 행동면이나 학구적인 면에서 아동들이 보다 향상되고 있음을 보여주고 있다. 이와 같은 강조점은 잘 짜여진 교육과정과 교사의 학생에 대한 학구적 기대감에 반영이 된다.

교사의 지도

수업시간의 65%에서 85% 이상이 다양한 학습주제에 투입되었음에도 불구하고 주제에 투입된 시간은 학업성적과 의미있는 관계를 보이고 있지 않았으며, 행실이 바르고 참여적인 학급이 효과적인 수업과 생산적인 학습을 위한 기회를 제공하고 있었다. 그러나 교사가 이러한 기회를 어떻게 활용하는가하는 문제가 학생들이 무엇을 어떻게 학습하는가를 결정하는데 있어서 중요한 문제가 된다.

성공적인 학교의 교사들은 학생들과 개별적으로 상호작용하지 않고 전체적으로 상호작용을 했으며, 또한 학생 스스로 공부하도록 기대할 때 더욱 효과가 있었다. 교사들의 빈번한 간섭은 학생들의 과제이탈(off-task behavior)을 증가시킨다. 교사의 간섭과 질책이 학생문제를 계속적으로 영속시키며, 간섭을 배제하는 것이 좋고, 자발적으로 행동하도록 하는 것이 좋은 성취와 행동을 낳게 한다. 그리고 과제시작을 신속하게 하는 것이 좋은 학생행동과 결과를 가져오는 경향이 있다. 이 연구에서는 교사의 관리에 대한 결과는 Kounin(1970)연구에 의한 결과와 유사하다.

대체로 처벌은 학습에 효과가 없으며, 오히려 보상이 보다 효과가 있다. 그러나 보상도 너무 흔치 않게 한 시간에 세 번 정도 해 주어야 한다는 사실에 유의해야 한다.

학습여건

보상과는 별도로 학업성취는 학생에 대한 유쾌하고 안락한 환경에 따라 달라질 수 있다. 일반적으로 훌륭한 학습조건이 학생들로 하여금 고무적으로 학교를 이해할 수 있게 해 주며 학교의 목표에 부합하도록 해 준다. 시설 활용에 대한 자유로움이라든가 편의 등에 대한 14개의 항목을 척도화해서 조사해 볼 때 높은 점수를 받는 경우에 시험점수도 높았으며, 학생이 개인적 문제에 대하여 교사에게 자유로이 이야기 할 수 있을 때 더욱 참여도가 높고 학업성취도 좋아졌다.

책임감과 참여도

학교에서의 역할(반장, 숙제 검사자, 학교단체 등)을 가지고 있는 학생들의 비율이 학교마다 다른데, 이 비율이 학급행동이나 학업성취에 의의있고 긍정적으로 관계되고 있음을 보여주고 있다. 즉, 책임을 맡게될 때 학교 생활을 더 잘하게 되고 긍정적 행동과 높은 학업성취를 보였다.

Rutter의 연구는 다음과 같은 주요한 결론을 제시하고 있다.

- London 빈민지역 내의 중등학교들은 학생들의 행동이나 학업성취 면에서 현저 한 차이를 보여주고 있다.
- 행동과 성적이 좋지 않은 학생이 입학했다고 해도, 이것이 학교간의 계속적인 격차로 이어지지는 않으며, 학교요인이 행동과 학업성취에 강한 영향을 준다는 증거를 제시하고 있다.
- 상이한 학생들의 학업성취에 대한 결과측정에 있어서 학교간의 차이는 4-5년 이상 상당히 안정되어 있었다.
- 각 학교들은 모든 결과측정에 있어서 매우 유사한 결과를 보여주었다. 즉, 평균 이상의 좋은 행동을 보인 학생들이 다니는 학교에서는 학생들의 학업성적은 좋았고 비행은 적었다. 물론 이러한 형태에 있어서 몇몇 예외는 있었지만 대체적인 경향은 그러했다.
- 학교간 결과의 차이는 학교특성들(예를 들어, 학구적 강조점이나 교사의 행동 등과 같은 확인할 수 있는 요인들)과 체계적으로 관련되어 있었다.
- 산출결과들은 교사의 직접적인 통제 밖의 요인들에 의해서도 역시 영향을 받았다. 그 예로서 평균지능을 가진 학생들로 구성된 학교에서는 시험성적이 향상되는 경향이 있었고, 최하의 지능을 가진 학생들이 많은 학교에서는 비행율이 높았다.
- 학생집단 안정도의 효과(the effect of balance in intake)는 비행의 경우에 가장 현저히 나타났으며, 학생들의 학급행동에 있어서는 덜 중요하게 나타났다.
- 전체 학교과정과 산출결과간의 관계는 개별과정과 산출결과간의 관계보다 훨씬 더 강했다. 이것은 여러 사회적 요인들의 누적된 결과가 학교의 기풍(school ethos)이나 학교를 특성화하는 일련의 가치관, 태도, 행동들을 낳게 될 수도 있다는 것이다.
- 이 연구의 종합적 결과는 학교과정과 학업성취 간의 관계가 부분적으로 최소한의 인과적 관계를 반영하고 있다는 것을 강력하게 제시하고 있다.

이 연구는 신중하게 수행된 중요한 연구이다. Rutter가 제시한 자료는 학교과정이 학생들의 학업성취결과 측정에 강하게 영향을 미치고 있음을 보여주고 있다. Brookover는 몇몇 초등학교는 전입자가 많은 덜 효과적인 학교보다 약 1 표준편차 이상의 학업성적을 얻었다는 것을 밝힌 바가 있다. 이러한 학업성적의 차이는 성공적인 학교와 그렇지 않은 학교간에 더욱 크게 나타났다.

학교과정이 투입요인보다 산출결과에 영향을 준다는 것은 설득력 있는 주장이기는 하지만 그래도 여전히 투입요인은 산출결과와 관련이 있다. 후속 연구는 학교에서의 더 좋은 산출결과를 유도할 수 있는 효과적인 학교의 특성을 제시해 줄 것이다. 이 연구에는 이전의 학교효과에 대한 연구에서 행했던 것보다 더 우수한 과정자료를 이용했으나, 각각의 학교에서 관찰된 교사의 샘플과 연구된 과정변인은 단지 제한된 학교 생활의 관점만을 제공하고 있다. 그럼에도 불구하고 이 연구는 후속되는 실험 관찰연구의 확고한 토대를 마련해 주었다.

3. 두 연구의 비교

근거(기준)	Brookover의 연구	Rutter의 연구
연구대상	초등학교 4, 5학년 68개 학교 무작위 표집	중학교 12개 학교 3년간 종단 연구
국가(지역)	미국(미시간주 공립학교)	영국(런던 빈민 지역)
기본상정	학교의 사회체제는 학생들에게 역할, 규범, 기대, 가치, 신념을 내면화시키며, 이러한 사회화 과정은 학업성취, 자아개념 자아신뢰감 등에 영향을 미친다.	효과적인 학교는 무엇에 의해 결정되는지를 밝히려 했다.
연구방법/절차	조사연구, 사례연구(낮은 SES를 가진 4개 학교)	교사와의 면접, 학습관찰 연구, 학생들에 대한 설문조사
주요변인	투입변인 : 학생의 사회적 구성, 학교의 사회적 구조, 학교풍토 산출변인 : 학업성적, 자아개념, 자기신뢰감, 학구적 능력	투입변인 : 학구적 강조점, 교사의 수업행동, 학습여건, 학생의 책임감 산출변인 : 출석률, 수업의 안정도, 집단의 친밀감
산출변인과의 상호관계	학교의 평균성적과 자아개념의 상관관계가 부적상관을 나타냈다 (-.55). 낮은 성취를 보이는 학교의 학생이 높은 성취를 보이는 학교의 학생보다 높은 자아개념을 갖고 있었다.	출석, 학업성적, 학생행동 세 영역의 결과는 상호관련 되어 있어 어느 한 영역이 우세하면 다른 영역도 우세하게 나타났다.

근거(기준)	Brookover의 연구	Rutter의 연구
중요한 결론	교사, 교장, 학생이 학업성적이 향상하리라는 신념을 가질 때 학교풍토가 학습으로 이끌어지며, 학업성적이 높아진다. 학교의 투입요인은 학교과정과 독립하여 학생성취결과를 예언하지 못한다. 또한 사례연구는 유사한 투입요인을 가지고 있는 학교가 서로 다른 학생성취 결과를 낳는 것은 무엇보다 학교풍토와 학교의 구조적 특성이 다르기 때문이다.	학구적 강조는 학업성적의 향상과 관련이 있으며, 또한 교사의 기대와 상당히 관련이 있다. 수업시간을 많이 투자한다고 해서 학업성적이 올라가는 것이 아니라, 학생들의 올바른 행실과 참여적 태도가 효과적인 수업을 결정한다. 학교간 결과의 차이는 학교 특성들과 체계적으로 관련되어 있다. 학교특성을 학교기풍(school ethos)이라 할 수 있다. 효과적인 학교에 영향을 미치는 것은 학교과정 요인이다.
비판점	높은 학업성취가 긍정적인 기대보다 앞서는 것인지 그 뒤에 오는 것인지를 결정짓기란 불가능하며, 학생들의 기대가 교사의 기대보다 앞에 올지 뒤에 올지를 규정하기는 어렵다.	학교과정 요인이 산출결과에 더 영향을 준다고 하나, 여전히 투입요인의 영향을 무시할 수 없다. 이 연구는 단지 제한된 학교생활의 관점만을 제공하고 있다.

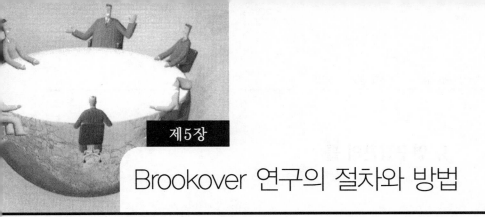

제5장

Brookover 연구의 절차와 방법

 이 연구에서는 학교 내 아동의 행동 특히 교과 학업성취가 학교사회체제의 사회·문화적 특징에 의한 것을 강조하고 있다. 학교사회체제의 맥락에서 학생들은 타인을 위해 지키거나 적합하게 행동하는 역할정의, 규범, 기대, 가치 그리고 신념을 지각하게 된다. 각 학교는 특히 일반적이고 다양한 학생들 사이에서 학생이 기대하는 행동을 특징화 시키는 일련의 학생지위, 역할정의, 규범, 평가 그리고 기대를 가지고 있다고 가정한다. 즉, 학교간의 학생 산출결과에 있어 차이들을 설명하는 학교사회체제는 학교간 차이가 역시 존재한다는 것이다. 그러므로 이 연구의 전제는 학교 사회체제 또는 사회적 환경이 학교학습결과에 영향을 준다는 것이다.

 이 연구의 가설은, 학교사회체제 성원은 주어진 학교 내에서는 그들이 다른 학교에서 행동하는 것과는 다르게 행동하며 사회화 된다는 것이고, 이러한 행위유형은 학교라 지칭하는 사회적 체제의 다른 구성원과 함께 상호작용에서 획득된다는 것이다. 일반적 연구 모델은 제1장에서 제시된 〔그림 1.2〕와 같다(Brookover 등, 1979 : 7).

1. 연구접근의 틀

학교의 사회적 구조와 풍토특징을 통해 知的 그리고 情意的 결과에 영향을 주는 학교의 두 가지 변인군을 검증했다. 첫째는 학생성원의 사회경제적, 인종적 구성요인이고, 둘째는 다른 인적 투입변인들이다. 후자는 학교규모, 평균 일일 출석률, 교사의 경력, 종신 재직권(tenure), 연수 그리고 급여 등을 포함한다.

여기서 학교사회체제의 학생성원과 어른성원의 특징이 학생성취, 자아개념 그리고 자신감의 수준과 마찬가지로, 학교의 사회적 구조와 학구적 풍토에 영향을 준다고 가정한다. 학교 내에서 일어나는 상호작용유형을 결정하는 사회적 구조와, 사회적 체제의 성원들이 학교의 다른 성원의 역할과 자신의 역할에 대해 가지고 있는 느낌, 적절한 행동, 기대, 평가에 의해 확인되어진 사회심리학적 풍토변인 이 모두는, 학생들의 인지적 성취, 학생의 자아개념 그리고 자신감과 같은 산출결과에 영향을 주는 것으로 가정된다.

학생의 학업성취와 자아개념 그리고 자기신뢰감의 특성은 학생, 교사 그리고 학교공동체 내 여러 요인의 상호작용과정에 의해 영향을 받는다. 그리하여 자기신뢰감, 능력의 자아개념 그리고 인지적 성취 사이에 유사한 상호작용이 있음을 가정할 수 있다. 또한 학교사회구조와 사회심리적 풍토의 어떤 특징이 평균 학생성취의 학교간 차이를 설명하는 범위를 결정하는지를 알아보는데 주력한다. 나아가 이런 요인들 — 사회구조와 사회풍토 — 은 투입변인에 기인한 산출결과에 있어 많은 차이를 설명한다는 가설을 세운다.

연구의 초점은 세 가지 학생산출 결과에 있다. 첫번째 핵심은, 우리가 인지적 학교성취 결과로서 확인되는(identified) — 독서와 수학능력의 획득 — 초등학교체제의 가장 일반적이고 공통적으로 수용된 목표이다. 두 번째는, 학생의 학구적 자아개념이다. 세번째는, 학생의 자기신뢰감 정도이다.

간단히 말해서, 이 연구를 이끄는 이론은 학생에 의해 학습된 행동이 학교간 다를 것이고, 학교간 변량은 학교사회체제의 특성에 의해 설명될 수 있다는 것이다. 투입변인으로 검증된 학교사회 체제에 대한 학생, 교사 그리고 다른 구성원의 특성은 학생 산출결과에 영향을 줄 것이다. 이러한 투입요인은 학교사회구조의 어떤 특성과 체제 내에서 상호작용의 형태를 특징짓는 사회심리적 규범, 기대 그리고 느낌에 의해 구조화되는 상호작용의 과정에서 변화된다. 그래서 학교사회구조와 학교의 하위문화 또는 풍토는 투입과 산출변인 사이를 중재하는(intervening) 변인으로 인식된다.

연구대상 학교는 미시간주 전체 공립 초등학교에서 무작위 표집되었다. 미시간주는 광범위하고 다양한 모습의 주로서, 주의 가장 큰 도시인 디트로이트시가 있는 주 남부지역 특히 남동부에 있는 거대산업도시를 포함한다. 미시간주를 선정한 이유는 두 가지로 들 수 있다. 하나는 연구팀이 위치했던 주로서 연구에 편리하다는 것이고, 다른 한 가지, 더 중요한 이유는 주 전체에 학교평가를 해야 한다는 규정에 따라 주 교육부가 몇 년 동안 모든 공립학교 4학년과 7학년에 대한 독서와 수학에 대한 학력평가를 관리해 왔다는 사실 때문이었다. 이것은 주를 통하여 적절한 이해의 척도로 사용되어질 수 있는 인지 성취결과의 공통척도를 제공했다.

이 연구는 세 가지 학교그룹에 초점을 두고 있다. 주 표집, 흑인 학교표집, 그리고 백인학교표집. 4, 5학년 학생을 포함한 미시간주의 공립학교에서 68개 학교를 무작위 표집으로 구성한다. 백인학교표집인 61개 학교는 학생수가 백인 학생률이 50%보다 많은 학교들이다. 어떤 분석에 있어 이 백인학교표집은 높은 SES 백인학교와 낮은 SES 백인학교로 나누어 검토하기 위해 평균 SES 분산을 근거로 나누어진다.

이 연구의 자료는 네 가지 자료원에서 수집되었다. 즉 미시간 학교평가 보고서, 4, 5학년 학생에 의해 작성된 학생 질문지, 4, 5학년 학생의 교사에 의해 작성된 교사질문지, 학교장 질문지가 그것이다. 학교 수준별 자료에서 독서와 수학에서 49문항에 대한 다양한 수행수준을 달성한 정도의 학생백분율을 포함시켰다. 게다가 교사의 봉급, 학생 1,000명당 교사의 수, 학생구성원 중 백인비율은 학교수준별 평가 자료에서 얻었다. 연구팀은 개별학생의 성취자료는 제외하고 학교수준별 자료를 포함시켰으며, 모든 학업성취도 분석은 학교에 누가 기록된 자료를 이용하였다.

2. 투입변인

투입변인은 학생집단의 사회적 구성과 교사와 다른 인적 구성원들의 특성에 관한 사항이다.

학생집단의 사회적 구성

학생집단의 사회적 구성은 평균 사회경제적 지위와 백인 학생비율로 규정하였다. 한 학교의 사회경제적 지위의 평균은 4, 5학년 학생들의 가족직업지위의 평균률이다. 학생가족들의 직업정보는 DUNCAN 직업척도를 사용하여 점수로 환산하였다. 이 점수의 평균이 한 학교의 SES 점수이다.

각 학교의 인종구성에 관한 정보는 주 교육국(State Board of Education)에 제출된 학적부에서 구하였다.

여기에 보고된 몇몇 분석에서는 사회경제적 구성과 인종구성을 결합하여 학교학생집단 구성을 가리키는 표준화된 단일지표로 삼았다.

인적 투입요소

이 척도는 표준화된 점수들로 결합된 일곱 개의 변인들로 구성된다. 이 중 세 변인들은 학교사회체제 구성원의 수와 관계가 있다. 첫째는 학생집단의 규모, 둘째는 학생들의 평균 출석률, 셋째는 학생 1,000명당 교사의 수이다. 또, 세 개의 변인들은 교사의 자질·특성과 관계가 있다. 교사의 총경력, 현학교 재직연수, 석사학위 소지자의 비율이다. 마지막 일곱 번째 변인은 교사의 봉급이다. 이 일곱 개의 변인의 표준화 점수를 단일화하여 학교 인적 투입요소의 단일척도로 삼았다. 이 일곱 개의 변인들을 투입지수에 포함시킨 이유는, 이들이 흔히 학교투입요소로 사용될 뿐만 아니라, 학교산출변인에 영향을 미치기 때문이다.

3. 학교의 사회적 구조

학교의 사회적 구조 관련 변인들은 학생-교사 간의 관계유형, 공적인 행정조직 등 많지만, 여기에서는 학교산출에 영향을 미치는 다섯 변인만 조사하였다.

학부모의 학교 참여도

교사질문지에서 두 항목, 교장질문지에서 두 항목에 기초하여 학부모의 참여도를 指數化하였다. 첫번째는 학업과 관련하여 피드백을 원하는 학부모의 비율이고, 두 번째는 교사들이 알고있는 학부모의 비율이다. 교사들과 교장이 접촉한 학부모의 비율은 세 번째 변인이며, 그 해에 교사들이 접촉한 학부모의 총량은 네 번째 변인이다. 이 표준점수들을 통합하여 학부모의 참여도를 가리키는 단일척도로 만들었다.

학생 학습프로그램의 분화

7개의 질문에 대한 교사와 교장들의 답변을 사용하여 학생들의 분화(differentiation)나 집단화(grouping)를 가리키는 지표를 만들었다.

교장에게 물어 본 4항목 중 첫번째는, 학생집단을 나누는 방식에 관한 것이었다. 두 번째는 학생들의 학습프로그램 분화정도에 관한 것으로 학생들의 학습목표의 동일성과 차별성 정도에 관한 것이었다. 세 번째는 학습프로그램 차별화 계획을 조사하기 위한 것이었다.

교사질문지를 통해 파악한 3항목 중, 첫째는 학생수준에 따른 교수목표의 동일성 혹은 차별성 정도에 관한 것이었다. 둘째는 교수목표를 결정할 때 학생의 흥미를 얼마나 고려하는가에 관한 것이었다. 셋째는 교수계획을 세울 때 학생들의 IQ점수를 고려하는 빈도에 관한 것이었다.

학급의 개방 · 폐쇄 정도

학급의 개방 · 폐쇄 정도는 교사와 학생 질문지에 다음 항목들을 통해 파악하였다. 1) 학생들 사이의 대화가 허용되는 정도, 2) 허락 없이 돌아다니도록 허용되는 정도, 3) 교사의 학생 좌석배치 방식, 4) 좌석배치를 바꾸는 빈도, 5) 교사의 일제학습 · 그룹학습 · 개별학습 빈도, 6) 학생들이 수행하는 과업의 동일성 · 차별성 정도이다. 다음 두 항목에 대한 교장의 답변도 이 척도에 포함하였다. 첫째는 교사의 좌석배치 빈도에 대한 교장의 판단이고, 둘째는 교사가 학생들의 대화를 허용하는 정도에 대한 교장의 판단이다.

시간배당

　시간배당에 관한 교사들의 답변이 관찰결과와 달라서 자료로 사용될
수 없었기 때문에, 교장의 답변을 자료로 사용하였다.
　시간배당은 4항목을 통해 파악하였다. 첫째, 교사들이 개별학생들과 학
습에 관하여 대화하며 보내는 전형적인 수업일의 비율이다. 둘째, 교사들
이 학급과 소집단 학습에 사용하는 시간비율이다. 셋째, 교장이 교사의
수업을 감독하는 데 사용한 시간비율이다. 넷째, 교장이 학부모와 지역사
회 관심사에 사용한 시간비율이다.

학교구조에 대한 교사만족도

　학교구조에 대한 교직원 만족도는, 학교의 구조와 사회적 구성
(composition)에 대한 교사의 만족도와 교사들의 만족도에 대한 교장의
평가를 통해 파악하였다. 이에 관한 항목들은 교사-학부모 관계에 대한
교사의 만족도, 교사-교사 관계, 교사-관리자와의 관계, 교사의 자율성
정도, 학생에 대한 교사의 권위이다. 여덟 번째 교사 만족도 지표는 다른
학교로 옮기고 싶어한다고 교장이 판단한 교사비율이다. 이 항목들의 표
준점수들을 통합하여, 사회적 관계와 학교특성에 대한 교사 만족도의 단
일 측정치로 제시하였다.

4. 학교풍토변인

학교풍토는 구성원들에 의해 지각되어 학교체제를 특정 짓는 규범, 기

대, 신념의 총합체로 규정하고, 학생, 교사, 교장의 학교특성 지각조사를 통해 풍토변인을 구성하였다.

이 연구에서 학교풍토변인을 규명하기 위해 개발된 도구들은 새로운 것이며 다음과 같은 연구과정의 산물이다. 그 연구과정은 많은 항목에 대한 예비검사, 예비검사에서 얻은 데이터 분석, 현재의 연구에서 얻은 데이터 분석이다.

연구 1단계

일련의 질문지에 대한 예비검사를 하였다. 질문지 항목들은 규범의 개념, 지각된 평가, 지각된 기대, 학생들의 통제의식에 관한 것들이다. 이 문항들은 예비검사에서 발견된 문제점을 토대로 수정되었다. 수정된 질문지는 다른 학교에 재투입되었다. 그 다음에 여러 항목 群(clusters)에 대한 항목분석을 실시하여 유동성이 낮은 항목은 제외시켰다.

연구 2단계

예비검사과정에서 개발된 학생질문지가 예비연구에 사용되었다. 이 예비연구는 학교간 성취 차이를 구별해 줄 수 있는 변인들을 규명하기 위한 것이었다.

풍토변인들이 학교간의 성취 차이를 변별하였다. 그래서 풍토변인의 예언타당도가 증명되었고, 풍토가 성취에 미치는 영향에 대한 앞으로의 연구가 정당화 되었다.

연구 3단계

미시간 초등학교를 무선표집하여 얻은 데이터를 요인분석하였다. 요인
분석결과와 항목들의 내용은 항목을 척도화할 때 고려되었다. 요소에 대
한 설명력(loading)이 −.30 미만인 항목은 제외시켰다. 설명력은 높지만
내용타당도가 없는 것도 배제시켰다. 풍토변인을 측정하기 위하여 최종
적으로 선정된 항목들은 〈표 5.1〉에 있다.

여러 풍토측정을 위한 항목들을 분석해 보면, 측정된 변인들이 학교풍
토에 대한 연구진의 이론적 개념과 유사하다는 것을 알 수 있다. 물론, 학
교성취 요소로서의 학교풍토의 적정성과 타당성은 이 연구도구들의 예언
타당도에 달려있다.

5. 종속변인들

학업성취의 학교평균

학업성취는 미시간 학교평가 시험의 49개 학습목표를 마스터한 평균학
생비율로 측정한다. 이 중 19개는 독해이고, 30개는 수리이다. 그 학습목
표들을 마스터하는 학교의 평균 비율은 각 목표에 도달하는 평균 학생비
율, 혹은 각 학생들이 마스터하는 학습목표의 평균 비율로 간주될 수 있다.

표 5.1	미시간 초등학교 세 가지 표집에서 학교변인 평균에 대한 평균과 표준편차					
변 인	주표집		흑인표집		백인표집	
	M	SD	M	SD	M	SD
평균 SES	3.03	1.01	1.86	1.29	3.19	.93
백인비율	85.44	27.37	8.20	14.23	93.98	9.30
학생풍토						
1. 학구적 무력감	45.97	2.11	42.21	1.94	46.46	1.59
2. 미래의 평가와 기대	42.68	3.60	42.70	3.29	42.68	3.67
3. 지각된 현재평가와 기대	23.11	.81	24.50	.66	22.95	.67
4. 교사의 압력과 규범에 대한 지각	16.63	.59	16.52	.70	16.61	.58
5. 학구적 규범	22.81	.62	22.72	.83	22.80	.62
교사풍토						
1. 대학진학에 대한 능력, 평가, 기대, 교육의 질	31.60	6.19	33.65	6.29	32.48	6.38
2. 고교 졸업에 대한 현재의 기대와 평가	35.24	3.05	31.91	3.58	35.84	2.47
3. 학력증진에 대한 교사, 학생 기대의 일치도	31.52	3.86	34.52	4.20	31.25	3.88
4. 교장기대에 대한 교사의 지각	16.01	3.77	16.54	3.35	16.04	3.89
5. 학구적 무력감	21.86	2.34	20.85	2.04	21.93	2.32
교장풍토						
1. 질적 교육에 대한 부모의 관심 및 기대 지각	22.54	2.30	21.83	2.68	22.66	2.24
2. 학력증진을 위한 노력	7.75	1.56	8.63	1.40	7.69	1.54
3. 현 학교 질에 대한 학부모와 교장의 평가	15.35	2.40	13.53	2.11	15.59	2.39
4. 학생에 대한 현재의 기대 및 지각	29.22	4.53	27.52	5.05	29.68	4.45

주 표집에서 49개의 학습목표에 도달한 학생들의 학교비율평균은 74.88이다. 주 대표표집의 비율은 그 범위가 46~88이다. 흑인 다수 학교 표집 평균은 56%이고, 그 분포범위는 42~74%이다. 백인 다수 학교의 평균은 77%이고, 그 분포는 62~88%이다. 이 조사를 통해서 학교간 성

취차이를 분석한다. 우리들이 분석한 하위표집 학교들의 학교 내 차이는 주 표집 학교 내의 차보다 적지만, 가장 적은 표준편차는 SES가 높은 학교표집에서 나타나는데, 그 차이는 5% 이상이다.

학구적 자아개념

학구적 능력에 대한 자아개념은 학생으로서 자신에 대한 학생의 지각에 초점을 맞춘다. 개별 학생의 학구적 능력에 대한 자아개념 점수는 개인의 학업성취와 매우 관련이 많다는 것은 여러 연구결과에 의해 밝혀졌다. 하지만 자아개념의 학교평균 점수가 성적평균 점수와 일관성 있게 정적상관을 이루지 않는다.

학생의 자신감

이 연구의 세 번째 종속변인은 학생의 자신감이다. 이에 대한 측정은 학생들이 스스로 역할행동을 수행할 수 있고, 또 수행하고자 하는 정도, 문제를 스스로 해결하고자 하는 정도를 측정하기 위해 설계되었다.

6. 변인들의 관계

세개의 군(clusters)으로 분류한 독립 · 매개변인들-투입, 구조, 풍토-은 서로 높은 상관관계에 있다.

투입 변인

학생집단의 사회경제적 지위와 백인비율은 서로 관계가 있다. 68개의 주 대표표집에서 SES 평균과 백인비율의 상관정도는 .58이다. 이렇게 상관정도가 높은 것은 무선표집의 백인 비율변량이 크기 때문이다. 전체 학교의 60%는 백인 학생이 96% 이상이다. 백인 학생 비율이 20~30%인 경우만 흑·백 통합학교로 규정된다면, 68개교 중 7개교만이 통합학교이다.

흑인이 다수인 30개교의 표집과 백인이 50% 이상인 학교들의 백인표집에서, SES와 백인비의 상관도는 매우 감소되었다. 흑인이 다수인 30개교에서, 백인비와 SES의 상관도는 .29이다. 61개 백인 학교의 백인비와 SES의 상관도는 .44이다. 흔히 생각하는 것과는 달리, 흑인표집의 사회경제적 지위의 표준편차(1.29)가 백인표집의 표준편차(.93)보다 크다.

학교의 다른 인적 투입요소들의 지수는 학교의 사회적 구성의 통합지수와 상관관계가 크다(.53). 흑인다수 학교와 백인다수 학교에서 백인비율이 통제될 때 인적요소와 사회적 구성의 상관도는 낮다.

학교구조 변인

다섯 변인 중 넷 — 교사만족도, 학부모 참여도, 학습활동에 쓰인 시간, 교실 개방·폐쇄 정도 — 은 사회적 구성 및 다른 투입변인들과 정적 상관관계에 있고, 네 변인 상호간에도 관계가 있다. 학교조직에 관한 다섯 번째 측정은 프로그램 차별화 정도에 관한 것이다. 이 변인은 투입변인들과의 상관도가 높지 않고, 다른 구조변인들과의 상관도 낮다. 네 구조변인과 구성변인과의 상관도는 .29~.62이다. 구성변인과 개방성 정도와의 상관도가 29로 가장 낮다. 다른 세 구조변인과 구성변인과의 상관도는 .60이다. 대조적으로, 프로그램 분화정도와 구성변인과의 상관도는 .01이다. 이 네 변인들의 내적 상관도는 정적이며 의미있다. 프로그램 차별화

정도는 투입변인 및 다른 구조변인들과 관계가 없다.

풍토변인

학구적 무력감과 학교의 구성(composition)과의 관계가 가장 중요하다. 학생집단 구성의 통합지수를 학구적 무력감과 관련지으면 이 상관도는 .87이다. 이 무력감의 SES와의 상관도는 .79이고, 백인비와의 상관도는 .76이다.

무력감과 인적투입변인들 및 구조변인들 — 학부모참여도, 학습시간, 교사만족도 — 과의 상관도는 .40~.51이다.

다른 풍토변인 중 교사의 학생평가·지각과 학생집단구성·다른 인적 투입요소·조직변인들과의 상관도가 가장 크다. 그런데, 풍토변인과 차별화 프로그램과의 상관도는 매우 낮다.

총괄하여 다음과 같이 말할 수 있다. 모든 투입·구조·풍토변인들은 어느 정도 상관관계가 있다.

종속변인들의 관계

세 종속변인들 간의 내적 상관도는 주 대표표집과 하위표집에서 매우 다양하게 나타난다. 가장 중요한 내적 상관은 학업성취와 학구적 자아개념 사이에 있다. 주 대표표집에서 이 관계는 부적 방향으로 매우 높다(-.549). 이 부적 관계는 흑인다수 학교의 자아개념과 백인다수 학교의 자아개념의 차를 반영한다. 흑인다수 학교의 학생들은 성적은 낮음에도 백인다수학교 학생들보다 자아개념이 높다. 흑인다수 학교 표집에서 학업성취와 자아개념 사이에 본질적으로 아무런 상관이 없다(.0038). 백인 다수 학교에서도 양자의 상관도는 .39에 불과하다. 백인 다수 학교의 자아개념이 낮은데 대하여 명확한 설명을 할 수는 없지만, 그 현상은 학생들이 자신의 학구적 능력을 평가할 때 자신과 비교하는 준거집단 때문이라고 가정한다.

학업성취와 자신감의 관계는 낮지만, 대체로 정적 관계에 있다. 주 대표 표집에서 상관도는 겨우 .058이다. 자아개념과 자신감의 관계는 정적이며 의미있다. 주 대표 표집에서의 상관도는 .29이다.

높은 학구적 자아개념이나 자신감의 성취가 높은 학업성취를 보장하지 않는다는 것은 분명하며 그 역(逆) 또한 마찬가지다.

7. 연구결과의 분석

학교성적에 미치는 학교구성과 학교풍토의 영향

중다회귀분석을 하기 전에 각각 14개의 풍토변인과 학교평균 성적과의 단순상관(simple correlation)을 계산해(computed) 보았다. 이 상관은 성적과 여러 가지 풍토변인들의 관계에서 보았을 때 집단(group) 간에 차이가 있음을 나타내고 있다. 일반적으로 교사와 학생변인으로 측정된 풍토(climate)는 백인학교에서보다는 흑인학교에서 학교평균성적과 좀더 높은 상관이 있는 것으로 보인다. 그러나 이런 차이가 일관성을 띠고 있지는 않다. 예를 들어, 학생의 미래 평가 및 기대 지각과 대학에 대한 교사의 평가와 기대는 대부분의 흑인학교에서 높은 성취와 관계되지만 반면, 학생과 교사에 의해 보고된 현재의 평가와 기대가 대부분의 백인학교에서는 성취와 높은 관계를 보이는 것으로 나타나는 것이다. 교사들 자신 및 학생들의 향상을 위한 노력(commitment)에 대한 보고, 교장의 기대를 교사가 지각하는 것, 교장의 기대와 평가는 백인학교에서보다 흑인학교에서 다소 더 성적과 관계가 있다. 일정하게 학교평균성적과 낮은 상관을 보이는 풍토변인은 교사의 학구적 무력감이라고 교사풍토 5로 명명한 것인데 바로 더 높은 성취를 요구(demand)하거나 기회가 거의 없다고 교사가 느끼는 것이다. 어떤 풍토변인들은 어떤 표집의 경우에는 성적과 낮은 상관을 갖고 있으나, 다른 표집의 경우에는 성적평균과 상당한 정도의 상관을 갖고 있다.

지각된 현재의 평가와 기대라고 하는 즉, 학생풍토 셋과 성적 사이에서 나타나는 상당히 높은 부적 상관은 약간의 설명을 필요로 한다. 이 변인을 구성하는 항목들을 검토해 보면, 학생이 자신을 다른 학생과 비교하도록 요청됨을 알 수 있다. 즉, "네 선생님이 네가 너와 같은 나이의 다른 애들보다 더 잘(더 못할, 같은 정도로)할 거라고 말씀하시곤 하니?"라고 물으면, 학생들은 대체로 자기 학교의 동료학생들과 자기를 비교하여 말하게 된다는 것이다. 높은 성취를 보이는 학교에서 준거집단의 학구적 성취는, 낮은 성취를 보이는 학교에서의 비교되는 준거집단보다 다소 높다. 후자(낮은 성취학교)에서의 응답은 높은 성취학교에서보다 자기들을 동료들에 비하여 높이 평가하는 경향이 있는 것이다. 흑인학교 표본에서 이런 부적인 관계가 나타나지 않는 것은, 흑인학생들에 있어서 다른 사람의 평가와 기대를 지각하는 것이, 백인학교에서 학생들 사이에서 지각하는 것과 다르게 발전함을 뜻하는 것이다.

그 밖의 중요하고 일관된 부적인 관계를 학교평균 성적과 향상시키려는 노력이라는 교장풍토 둘 사이에서 볼 수 있다. 높은 성적을 보이는 학교의 교장들은 낮은 성적을 보이는 학교의 교장들보다 그들의 학교를 개선시킬 필요나 의욕을 적게 갖는 것은 분명하다.

연구의 일차적 초점이 학교평균성적의 차이에 관련되는 구성변인(composition variables)과 풍토변인의 상대적 기여도에 있으므로, 일련의 중다회귀분석이 학교 표본의 각각에 행해졌다.

구성변인과 풍토변인이 상호 관계되어 있어서 각각의 표집에 두 가지 중다회귀분석을 하였다. 즉, 학교평균 성적을 예언할 수 있는 구성변인과 풍토변인 각자의 고유한(unique) 공헌도를 평가하였다. 처음의 회귀분석에서 14가지 학교풍토변인에 앞서서 그 순서에 따라 학교에서의 백인학생의 비율과 사회경제적 구성평균을 먼저 투입하였다(동시투입방식). 두 번째 분석에서는 풍토변인을 사회경제적 배경 평균과 백인 학생의 비율에 앞서 중다회귀분석에 투입하였다. 이 두 가지 중다회귀분석의 결과가 〈표 5.2〉에 제시되고 있다.

각 표집에서 학교 사이에 나타나는 평균성적 차이의 반 이상은 SES와 인종구성, 풍토변인으로 설명된다. 대표되는 주 표본학교와 대부분의 흑인학교에서의 성적 차이의 약 80%는 이 변인들의 조합으로 설명이 가능하다. 구성변인은, 풍토변인보다 먼저 투입되었을 때, 흑인이나 백인학교 표집에서보다 주 표집학교에서 성적 차를 더 잘 설명해 준다. 앞의 두 표집(흑인·백인학교)에서 구성측정치에서의 차이는 주 표본에서 보다 적다. 백인의 비율이 두 번째 변인으로 투입되었을 때, 주 표본에서는 평균성적의 차이를 약 33% 더 설명해 주는 반면, 흑인학교에서는 약 6%, 백인 학교에서는 12%만을 더 설명해 준다. 비록 백인 비율의 차이 대부분이 뒤의 두 표집에서 통제되기는 했지만 어떤 대다수 흑인학교에 소수 백인학생이 있기도 했고 그 반대의 경우도 있었다.

표 5.2 미시간 초등학교 표집에서 평균 학교학업성취 변량에 대한 구성요소 변인, 사회경제적 지위, 백인비율, 평균 학교풍토변인의 상대적 영향력에 관한 중다회귀분석

기인된 평균 학교학업성취 변량	주(州) 표집(68)		흑인 표집(30)		백인 표집(61)	
	R^2	R^2 추가	R^2	R^2 추가	R^2	R^2 추가
첫번째 투입된 SES	.456		.361		.309	
백인비율	.785	.329	.416	.056	.433	.124
풍토변인	.826**	.041	.778	.362	.553*	.120
첫번째 투입된 풍토	.725		.728		.445	
SES	.746	.021	.777	.049	.494	.049
백인비율	.827	.081	.778	.001	.553	.059

풍토변인으로 설명되는 학교평균 성적에서의 차이

각각의 표본에서 두 가지 학교구성변인을 투입하는 것에 이어서 중다회귀분석에 풍토변인을 더하면 R^2에서 뚜렷한 증가를 볼 수 있다. 주 표본에서 R^2은 단지 4%의 증가 밖에 안 보이나 흑인표본에서는 36%의, 백인표본에서는 12%의 증가를 보이는 것이다. 그러므로 풍토변인은 두 가지 학교배경변인만으로 할 때보다 학교평균성적을 훨씬 더 높게 예언할 수 있게 하는 것이다. 대다수 흑인학교표본에서는 SES와 인종배경으로 평균성적의 차이를 설명하는 것에 더하여 풍토변인이 설명하는 부분이 백인학교나 주 표본 학교에서 보다 더 크게 나타난다.

풍토변인이 배경요인보다 먼저 투입되었을 때 설명되는 차이

〈표 5.2〉의 두 번째 부분은 14개의 풍토요인이 SES나 백인비율보다 먼저 투입되었을 때 중다회귀분석의 결과를 보여준다. 모든 표집에서 학교간 평균성적의 차이를 설명하는 것은 대부분 풍토변인에서 비롯됨을 알 수 있다. 대개는 풍토변인을 통제했을 때, 학교평균성적 차이의 10% 이하를 구성변인인 SES와 백인비율이 설명함을 알 수 있다.

주 전체를 대상으로 한 무선표집(random sample) 68개 학교에서 82%의 성적 차이가 설명되었는데, 72% 이상이 풍토변인에 의해 설명되었다. 풍토변인의 공헌도와 평균성적의 차이를 설명하는 데 있어서 구성변인의 상대적인 기여도가 표집에 따라 차이가 있다. 그렇지만 구성변인에서 비롯 되었을지도 모르는 평균성적에서 설명된 차이량의 80%가, 실제로는 구성과 결합된 풍토에서의 차이로 인한 결과일 수 있다는 것이다. 그 높은 상관(백인의 비율과 여러 가지 풍토변인 사이의)은 초등학교에서의 풍토는 학생집단의 인종적 배경과 아주 긴밀히 연관되어 있음을 보여준다. 그 풍토변인을 회귀방정식에 가장 먼저 넣었을 때 인종적 구성을 더하는 것은 별 영향이 없었다.

평균 SES를 단일 배경요인으로 한 분석

콜맨(1966)이 사회경제적 구조가 인종 배경보다 더 영향을 많이 미친다고 밝히고, 대다수 백인 학교와 대다수 흑인 학교 표본에서 인종적인 구성이 부분적으로 통제되었기 때문에 유사한 중다회귀분석(a similar multiple regression analysis)이 SES를 단일 구성척도로 삼아 이뤄졌다. 이 분석의 결과가 〈표 5.3〉에 나타나 있다. SES의 조합과 풍토변인으로 설명되는 학교성적의 전체 차이는 백인비율이 포함되어 설명된 것보다 약간 작다. (앞의 표와) 가장 큰 차이는 68개 주 표본 학교에서인데 거기서는 두 가지 구성변인(composition)에 더하여 풍토요인이 단지 4%의 성적 차이를 설명하는 것으로 나타났다. 그러나 여기서는 SES의 설명량에 더하여 29%를 설명하고 있는 것이다. 그러나 일반적인 결과의 양상은 앞의 표에서와 비슷하다. 풍토변인들은 각 표본집단에서 SES의 효과가 제외된 뒤에는 차이가 아주 중요한 추가적인 양을 설명하는 것이다. 대개는 전체차이의 20% 또는 그 이상을 평균 풍토변인이 설명하고 있다.

중다회귀분석에서 역으로 하는 과정이 채택했을 때 풍토변인의 효과가 통제된 뒤에, 평균 SES배경이 설명하는 차이량은 보잘 것 없다. 어떤 표

기인된 평균 학교학업성취 변량	주 표집(68)		흑인 표집(30)		백인 표집(61)	
	R^2	R^2 추가	R^2	R^2 추가	R^2	R^2 추가
SES	.456		.360		.309	
풍토변인	.746*	.290	.777	.417	.496	.186
풍토변인	.725		.728		.445	
SES	.746	.021	.777	.049	.494	.049

표 5.3 미시간 초등학교 표집에서 평균 학교 학업성취의 변량에 대한 평균 사회경제적 지위와 풍토변인의 중다회귀분석

본에서도 풍토변인의 효과가 제거된 뒤에 SES가 5% 이상을 설명해 주지 못하는 것이다. 이 분석은 앞의 분석을 확인시켜준다. 즉, 앞의 분석에서 우리가 규명한 학교풍토변인이 사회경제적 배경으로 설명되는 것 이상으로 학교간 성적차이의 상당한 부분을 설명해 주고 있음을 밝혔고, 또 사회경제적 배경요인으로 설명되는 차이의 상당부분이 풍토변인의 차에 의해서도 설명되는 것이다. 먼저 회귀분석에 투입되면 학교의 사회적 풍토에서의 차이가 학교간 성적차이를 설명하는 데는 사회·경제적 배경보다 더 크게 설명하는 것이다.

평균 성적의 차이에 미치는 여러 풍토변인의 상대적인 기여도

학교평균성적의 차이를 설명하는 데는 이 연구에서 밝혀진 학교풍토요인들의 영향이 크다는 것이 밝혀졌기 때문에, 평균성적에 미치는 풍토요인 각각의 기여도를 조사해 보았다. 세 가지 무선표집의 각각에서 학교풍토변인평균에 학교평균 성적을 단계식(forward regression analysis)으로 중다회귀한 결과에 의한 것이다. 앞서 변인으로 포함된 것들을 분류(partialling)한 후 평균 성적과 부분적인 상관관계를 가진 변인들을 요약해서 〈표 5.4〉에 실었다. 세 가지 모든 표본의 경우에서 학생의 학구적 무력감이 분명하게 다른 풍토변인보다 큰 영향을 끼침이 드러났다.

이 변인은 대다수 백인 학교보다는 대다수 흑인 학교에서 성적을 예언하는 데 더 중요한 역할을 한다. 교사가 학생에 대해 갖고 있는 현재의 평가 및 기대와 관련된 학생과 교사변인 또 현재의 평가를 학생이 지각하는 것은 전체 주표본에서 중요한 영향을 미쳤다. 이 세개의 변인이 학교간 평균 성적의 차이를 68% 이상 설명한다. 대다수 흑인 학교 표집에서는 두 변인 즉, 학생의 학구적 무력감과 교사-학생의 향상하고자 하는 열의가 학교간 평균 성적의 차이를 60% 설명해 준다. 대다수 백인 학교 표집에서는 학교간 성적 차의 26%를 학생의 학구적 무력감이 설명한다. 이것은

표 5.4	68개 미시간 초등학교 표집, 61개 주요 백인학교 표집, 30개 주요 흑인학교 표집에서, 평균 학교학업성취 변량에 유의하게(p.,01) 영향을 미치는 평균 학교풍토변인의 중다회귀분석				
변인	단순상관	중다상관	R^2	R^2의 변화	유의도
주 대표표집					
학생풍토 1					
학생의 학구적 무력감	.769	.769	.591		.000
학생풍토 2					
지각된 현재의 평가와 기대	.569	.801	.641	.050	.004
교사풍토 2					
고등학교 졸업에 대한	.664	.826	.682	.041	.006
현재의 평가와 기대					
주요 흑인학교					
학생풍토 1					
학생의 학구적 무력감	.694	.694	.481		.000
교사풍토 3					
교사와 학생의	.392	.779	.606	.125	.000
개선을 위한 실천					
주요 백인학교					
학생풍토1					
학생의 학구적 무력감	.514	.514	.264		.000

.01수준에서 단 하나의 중요한 기여지표(singnificant)이지만 다른 풍토요인들은 성적 차의 18%를 추가로 설명해 주는 것이다.

대다수 백인-학교와 비교해서 대다수 흑인 학교에서는 다소 다른 일련의 변인들이 학교평균성적에 크게 기여함을 유의해야 할 것이다. 흑인학교에서는 교사의 향상시키려는 열의가 학생의 학구적 무력감을 바로 뒤따르는 회귀분석에 투입되며 평균 성적의 차를 추가로 13% 설명하는 것이다. 교사의 직무 수행열의와 학생들의 열의를 지각하는 것은 대다수 백인학교에서보다는 대다수 흑인학교에서 성적의 차이를 더 가져왔다. 백인학교표집의 학교평균 성적에서는 네 가지 풍토변인이 학생의 학구적 무력감이 설명하고 난 뒤의 2%를 추가적으로 설명했다. 그것들은 학생의 학구적 규범, 교사의 현재 평가와 기대, 교장이 학부모들의 관심과 기대를 지각하는 정도, 교장의 향상시키려는 노력들이다. 그 네 가지 풍토변인들은 학교평균 성적의 차이를 백인 학교에서는 44% 이상 설명하는 데 반해 주 표집이나 흑인표집학교에서는 72% 이상을 설명한다. 그래서 대다수 흑인 학교에서는 백인초등학교에서 학교평균 성적에 아직 밝혀지지 않은 요인이 더 크게 작용하고 있는 것으로 보인다.

성적 차에 미치는 배경과 풍토변인의 요약

두 가지 학생구성변인 즉, SES 평균과 백인의 구성비율과 14가지 풍토변인이 주 표본학교에서의 학교간 성적 차를 83%이상, 흑인 학교표집의 78%, 백인표집의 55%를 설명한다. 배경과 풍토요인들의 중다공유성(multi-collinearity) 때문에 학교간 성적 차의 일정한 분량을 양 변인의 어느 것 때문이라고 특정 짓기는 어렵다. 그러나 위에서 분석한 것은 학교를 구성하는 인종적이거나 사회경제적인 배경이 학교간 성적 차를 가져오는 유일한 요인이 아님을 증명한다. 분명히 학교풍토변인은 우리가 변인들로 측정해 온 것처럼 주 표본학교에서 사회경제적 배경이나 인종 구성만큼이나 학교간 성적격차를 설명해 준다. 흑인 학교 표본에서 인종구성이 부분적으로 통제되었을 때, 풍토요인은 구성의 효과가 제거되었을 때의 차이를 거의 모두 설명해 주었다. 비록 백인 학교에서는 풍토변인의 기여도가 흑인 표집학교에서 만큼 극적이지는 않아도, 각각의 변인의 효과가 우선 제거된 뒤에는 풍토변인이 구성변인보다 조금 더 크게 학교 성적차를 설명해 주었다.

비록 우리가 두 군(群)의 변인의 효과를 분리하진 않았지만, 학교의 사회심리적 풍토는 초등학교성적의 차를 SES 평균과 인종구성만큼이나 설명하는 것이다. 더 나아가 풍토변인은 학교 다른 환경변인과 함께 성적에 더 직접적으로 관계된다고 본다. 다음에서 이 두 군의 변인들이 학교의 다른 특징과 합쳐져 끼치는 기여도를 검증하고 있다.

8. 학교투입·사회적 구조·풍토변인의 상호관계

앞 절에서 확인된 학교풍토변인이 미시간 초등학교 간의 학교차를 설명하고 있음을 보았다. 비록 풍토가 사회경제적, 인종적 학교학생 성원의 구성을 실질적으로 바꾸고, 학교풍토로부터 학교학생 구성의 효과를 분리시키긴 어렵지만, 후자는 성원구성이 만들어 내는 차이만큼 성취에 있어 차이를 설명한다.

이 절에서는 통상적으로 학교성취평균의 차이 설명에 사용한 변인 외에 부가적 변인을 첨가할 것이다. 사회경제적 지위와 백인비율인 성원구성과 학교사회풍토의 두 가지 척도에다가, 인적투입의 추가변인과 사회구조 변인군을 검토할 것이다. 다른 인적투입 변인은 이미 앞에서 언급되었던 것이다.

학교사회구조 변인의 각 항목은 다섯 가지 묶음으로 구성되었다. 즉, 학교사회체제에 대한 교직원 만족, 학교사회체제에 대한 학부모 참여, 학생 프로그램에 대한 집단화 내지 차별화, 수업에 할당된 교직원 시간, 그리고 교실의 개폐적 특징이다. 이 변인은 각각 분리, 또는 하나의 묶음변인으로 검토된다. 세 번째 변인 묶음인 14개의 풍토변인은 이미 앞에서 검토되었다.

이 분석에서는, 다수 백인 학교를 낮은 SES와 높은 SES 백인 학교의 하위표집으로 나누었다. 이유는 이 두 하위표집들 사이의 상관관계를 비교하고, 낮은 SES 백인 학교와 다수 흑인 학교를 비교하기 위해서이다. 다양한 표집들에서 많은 유의한 차이가 있다. 예를 들면 다음과 같다. 다른 인적 투입변인의 결합은 흑인과 백인 학교에서 유의한 차이를 보여준다. 집단화나 차별화 변인을 제외한 모든 구조적 변인 역시 차이를 보여준다. 14개의 풍토변인 중에 8개에 대하여 흑인과 백인 표집 사이에 유의한 차이가 있었고, 유사하게 풍토변인 14개 중에 7개에서 높고, 낮은 SES 백인 학교 사이에도 유의한 차이가 있었다. 다른 인적 투입들, 학부모 참여와 교수투여 시간의 정도가 역시 높고, 낮은 SES 백인 학교 사이에 차이가 있다. 낮은 SES 백인학교와 흑인학교는 몇 가지 풍토변인과 사회구조변인 중에 세 가지에서 의미있는 차이가 있다.

높고 낮은 SES 백인 학교만큼이나 백인과 흑인 학교의 인적 투입, 사회구조 그리고 풍토에 있어서 차이는 하위표집에서도 분석되었다. 이유는 학교사회체제 변인들의 세 묶음이 학교산출결과에 영향을 끼치는 방법을 더 잘 이해하기 위해서이다.

다른 인적 투입들에 포함된 변인을 확인하는 과정에서, 이들 각각의 몇 변인과 학교성취평균 사이에 단순 상관을 계산하였다.

학교규모는 주 대표표집과 다수 흑인학교표집 양쪽에서 학교성취평균과 부적으로 관련되어 있다. 그러나 다수 백인학교표집에서, 학교규모는 학교성취평균과 낮은 정적 상관을 가지고 있었다. 대다수 흑인 학교는 더 큰 도시에 있고, 학생수가 많아 주 대표 표집에서의 부적 상관과 관계가 있는데, 더 높은 성취의 흑인 학교는 덜 효과적인 흑인학교보다 규모가 어느 정도 더 작은 경향이 있다.

교장에 의해 보고된 평균 일일 출석률은 비록 그리 높지는 않지만, 거의 모든 표집에서 높은 SES 백인 학교를 제외하고, 정적으로 관련되어 있었다. 후자는 오히려 약간 부적 상관을 보였다.

흥미있게도 높은 SES의 백인 학교에서 학생인구 1,000명당 더 높은 교직원수가 성취평균 .366의 부적 관련을 보였다. 다른 표집에서는 모두 이 변인과 성취평균의 상관이 상대적으로 낮은 정적 관련을 보였다.

유사하게 교사급여 평균은 높은 SES의 백인 학교를 제외하고 모든 표집에서 성취평균과 정적으로 관련되어 있다. 흑인학교표집에서만 확신을 정당화 할만큼 성취와 봉급 평균과의 관련을 보였다. 즉 .507상관은 높은 봉급을 받는 교사가 있는 다수 흑인 학교는 낮은 봉급을 받는 교사가 있는 학교보다 더 높은 성취를 하는 것처럼 보인다.

교직경력 평균은 모든 표집에서 성취평균과 일관되게 낮은 정적 관련을 보인다. 그러나 흑인학교 사이에서 성취평균과 관련은 더 높게 나타난다. 그 외에 교사의 석사학위 소지비율은 성취평균과 정적이나 그리 높지 않은 관련을 보여준다. 물론 이 변인은 교사봉급과 관련되어 있다.

이들 다른 인적투입 변인의 결합은 결합된 표준점수에서 명확히 유의한 긍정적 상관의 결과를 나타낸다. 즉, 주 대표 표집에서 .532와 흑인학교표집에서 .673을 보인다. 이들 인적투입 변인의 관계는 학교성취평균과 관련에서, 높은 SES 백인학교에서 가장 낮은 상관을 포함하고 있는 다수 백인학교에서 더 낮게 나타난다.

성취평균에 대한 결합된 학생성원 구성변인과 백인학생비율의 단순 상관은, 다양한 표집에서 구성요소를 이루는 척도와 성취 둘 다에서 비교할만한 상관과는 약간 다르다. 모든 경우에 결합된 학생성원 구성변인은 학교성취 평균과 높게 관련되어 있다. 몇 하위표집에서 백인학생비와 평균 SES는 통제 되었기에, 그 상관은 .863인 주 표집에서 보다 유의하게 낮게 나타난다.

이 분석에서 결합된 인적 요인 중에 몇 가지는 제외되었는데, 그 중에 한 쌍은 언급할 만한 가치가 있다. 소수의 그리고 낮은 SES 백인학교의 성취를 높이기 위해 고안된 프로그램을 위해 많은 공공재원이 주 정부나 연방정부에 의해 공급된다. 이런 학교에 대해 더 큰 성취를 내기 위한 일반적 프로그램의 하나가 학교인력에 있어 보조교사의 보탬이다. 두 가지 보조교사 사용에 대한 보고가 있다. 하나는 4, 5학년 교사의 것이고, 다른 하나는 학교장의 것이다. 전자는 단순히 그들이 보조교사를 가지고 있는지 여부에 대한 것이다. 이들 학급에서 보조교사의 존재는 높은 SES 백인학교를 제외한 모든 표집에서 부적으로 성취평균과 관련되어 있다. 학교에서 보조교사의 존재의 효과에 대한 더 대표적인 척도는 학교에서 보조

교사를 가지고 있는 교사비율에 대한 교장의 보고이다. 이 자료는 보조교사의 교실비와 성취평균 사이에 근본적으로 관계가 없다고 나타났다. 그러므로 보조교사의 사용은 미시간 초등학교 학교성취평균에 크게 기여하고 있는 것처럼 보이지 않는다. 인적 투입에서의 제외는 이러한 자료에 근거하고 있다.

다른 학교 인적 투입물에 포함시키지 않는 것은 교장이 되는 데에 중요한 교수경력 연한이다. 여기 자료는 학교장이 수업을 오래할수록, 그의 수업에서 학생의 학교성취 평균은 낮아지는 것으로 나타났다. 상관은 주 표집에서 -.22, 그리고 높은 SES 백인 학교 표집에서 -.25였다. 그러나 다른 하위표집에서 유의하게 다르지 않다. 이것은 교실교사로서 광범위한 경험이 더 높은 학교성취와 관련된 교장을 만드는 것이 아님을 나타낸다.

학교구조 변인과 학업성취

앞에서 보았듯이 학교구조의 다양한 측면을 측정하는 다섯 가지 변인이 있다. 비록 이러한 것들이 학교사회체제의 중요한 특성이라고 생각해도, 확실히 학교사회 구조의 가능한 특성을 모두 망라했다고 할 수는 없다. 예를 들어, 학교체제의 성원들 간 다양한 관계 형태에 대한 척도를 가지고 있지 않다. 교사와 행정가, 다른 교사들, 부모와 다른 직원간의 상호작용의 특별한 형태는 어떤 방법으로 확인되거나 측정되어지지 않는다. 그러나 이런 것의 대안으로 학교사회체제에 대한 그들 만족에 관한 교사의 반응, 특히 학교에 대한 그들의 일반적 만족 외에도 교장, 부모, 다른 교사, 그리고 학생과의 관계에 있어 만족의 정도를 나타낸다.

학교사회체제의 다른 성원들과 부모의 상호작용의 특질을 측정하지는 못하지만, 교사와 교장에 의한 보고로 부모참여의 정도를 측정할 수 있다.

다섯 가지의 구조변인과 성취평균 간 단순 상관은 다음과 같다. 교사의 만족의 정도는 주 대표 표집에서 .548로 성취평균과 정적 상관을 나타낸

다. 교사만족이 .62인 학생성원구성과 매우 높게 관련되어 있기에, 교사
만족과 성취평균 간 상관은 백인과 흑인학교에서 더 낮게 나타난다. 높은
SES 백인학교에는 실질적으로 그 관계가 -.056정도로 약간 부적이다.

사회체제에서 부모참여는 주 표집의 성취평균과 .447의 상관을 나타낸
다. 그러나 높은 부모참여는 높은 SES 백인학교에서 더 낮은 성취와 관련
되어 나타난다. 이는 중산계급 부모는 성취가 만족스러운 한 참여를 크게
하지 않는다는 것을 알 수 있다. 흑인학교에서 정적 관계는, 흑인부모는
학교가 성취에 영향을 주는 과정에 어떤 영향을 줄 수 있다는 것을 나타
낸다.

학교사회구조에서 차를 측정하는 세 번째 변인은 교수 프로그램이 다
양한 학생을 위해 분화된 정도이다. 이것은 다른 필요를 요하는 학생을
위한 프로그램을 공급하는 다른 형태의 관계와 동질적 집단화를 포함한
다. 앞에서도 주목했듯이, 교사와 학생 사이에 관계 형태는 사회구조의
다른 척도들과 학생성원구성과 높게 관련되어 있지 않다. 이것은 상당할
정도로 사회구조의 다른 척도들을 초월하고 있다. 학생 교수 프로그램 분
화정도와 성취평균간 단순 상관은 사회구조의 다른 척도와 매우 다르다.
사실 다수 백인학교표집을 제외하고, 분화정도와 성취평균 간 관계는 부
적이다. 상관은 어떤 경우에도 높지 않다. 그러나 모든 다수 백인 학교와
주 표집에서 그 방향은 부적이다. 이것은 분화가 더 될수록, 성취평균은
더 낮음을 나타낸다. 다수 흑인 학교에서 그 방향은 반대로 나타나는데,
정도는 .129로 낮은 편이다. 분화 프로그램이 성취평균 차이에 크게 기여
한다는 증거는 어디에도 없다. 그러나 높은 성취를 가진 백인 학교에서
낮은 성취 평균과 관련되는 것처럼 보인다. 높은 SES 백인 학교에서 가장
높은 상관이 -.313이다. 이런 결과는 높게 분화되거나 개별화된 교수 프
로그램이 학교학습의 증진에 기여한다는 광범위한 일반적 가정을 지지하
지 못한다.

사회구조 변인의 네 번째는 교사가 교수활동에 투여하는 시간의 양에
대한 교장의 보고이다. 주 대표표집에서 학교성취평균과 .445의 정적 상

관을 나타낸다. 이것은 변인들과 사회경제, 인종적 구성변인과의 어느 정도의 상관을 나타낸다. 백인과 흑인 학교의 모든 하위표집에서 그 상관은 확실하게 낮다. 여기서 교수에 투여한 시간은 교사의 보고에 의한 고찰이 사용되지 않음에 다시 한번 주의를 해야한다. 이는 작은 수의 학교에서의 관찰에서 교사의 보고가 타당하지 않음을 알았기 때문이다. 교장의 보고가 교수투여 시간에 대해 어느 정도 타당한지는 잘 알지는 못하나, 유의한 상관은 이것이 학교성취에서 차이의 설명에 기여하는 요인임을 나타낸다.

구조변인의 마지막은 교실에서 상호작용의 개폐적 형태의 정도에 대한 측정이다. 이것은 학생들이 그들 마음대로 이동하거나, 자리를 선택할 수 있는 정도에 대한 교장, 교사, 학생의 지각의 정도를 나타낸다. 교사들이 주어진 시간에서 특별한 개인들에 반하여 전체로서 교실집단과 관련 맺고 있는 정도를 나타낸다. 주 대표표집에서 개방성과 성취평균과 상관은 .156의 낮은 정적 관계를 나타낸다. 개방성과 성취평균 간 관계의 형태는 명백하게 다수 흑인 학교에서 다르다. 그 정도가 .332의 유의한 정적 상관을 나타낸다. 그러나 흑인 학교에서 개방성 정도는 백인 학교들에서보다 확실하게 덜하다고 인정되어진다. 어떤 다수 흑인 학교도 개방적 교실조직의 높은 정도를 가지고 있는 것으로 특징지을 수 없다.

이들 다섯 변인들이 학교사회체제의 측면을 반영하는 하나의 변인으로 표준점수화 되면, 주 대표표집에서 성취평균과 관련은 .477을 나타내고, 흑인 학교 표집에서는 .447을 나타낸다. 그러나 다수 백인 학교에서 결합된 구조변인과 성취평균과 관계는 매우 낮은 정적 상관이거나 부적 상관을 나타낸다. 후자는 높은 SES 백인 학교에서 발견된다.

단순상관 형태는, 다수 흑인 학교와 다수 백인 학교 사이에서 흥미롭게도 반대현상을 보여주고 있다. 특히 높은 SES 백인 학교에서, 모든 사회구조변인은 다수 흑인 학교에서 성취평균과 정적으로 관련되어 있다. 다수 백인 학교에서 상관은 매우 다르고, 그 방향은 전체 61개 백인 학교 표집 중 2개교에서, 그리고 높은 SES 백인 학교 사이에서 다섯 개 중 4개에서 반대로 나타난다. 그 반대는 분화된 프로그램과 학교의 개방성 정도의 척도에서 두드러진다. 성취평균과 이들 두 측정의 상관은 백인학교 하위 표집에서 일관되게 부적으로 나타나고, 흑인 학교에서는 정적으로 나타난다. 그러므로 사람들은 분화된 교수 프로그램이나 교실 개방성 정도가 성취평균에 기여한다는 주장에 주의를 해야한다. 이 주의는 확실히 백인 학교와 가장 관련되어 있다. 즉 두 척도가 여기에서 더욱 높게 실행되고 있기 때문이다.

학교풍토 변인과 학업성취

편의상 앞에서 논의한대로 다양한 학교표집에서 성취평균과 14개 풍토 변인의 단순 상관을 포함하였다. 〈표 5.5〉는 앞 절에서 제공된 것에다, 높고 낮은 SES 백인 학교의 자료를 포함하고 있다.

여기서 높은 SES와 낮은 SES 학교에서 상관의 차가 거의 없음이 나타난다. 그러나 흑인 학교와 낮은 SES 백인 학교 간에 유의한 약간의 차가 있다. 학생풍토 1인 학생의 학구적 무력감은 주 대표표집, 전체 백인 학교, 흑인학교표집에서 다른 어떤 풍토변인보다 성취평균과 높게 관련되어 있음을 보여준다. SES 구성요인이 높고 낮은 SES 학교표집에서 더욱 통제되었을 때, 이 상관은 줄어든다. 이 사실은 학생의 무력감이 인종적 구성만큼 사회경제적 구성과 관련되어 있음을 나타낸다. 구성변인과 어떤 풍토변인 간 상관은 하위표집에서 풍토와 성취 간 상관에서 차이를 설명해 준다.

| 표 5.5 | 미시간 초등학교의 몇몇 표집에서 평균 학교학업성취와 14개 학교풍토 변인과의 단순상관관계 | | | | |

풍토변인	주 표집	주요 백인 학교			주요 흑인학교
		전체학교	높은 SES	낮은 SES	
학생풍토					
1. 학구적 무력감	.769	.514	.300	.329	.694
2. 미래에 대한 평가와 기대	.218	.381	.405	-.147	.397
3. 지각된 현재 평가와 기대	-.568	-.174	-.140	-.337	.022
4. 교사의 압력과 규범에 대한 지각	-.090	.013	-.120	-.095	.203
5. 학구적 규범	-.080	-.083	.027	-.276	.350
교사풍토					
1. 대학진학에 대한 능력, 평가, 기대, 교육의 질	.228	.279	.157	.016	.521
2. 고교 졸업에 대한 현재의 평가와 기대	.664	.419	.219	.225	.267
3. 교사와 학생의 개선을 위한 실천	-.105	.090	-.076	.230	.392
4. 교장 기대에 대한 교사의 지각	.198	.340	.137	.280	.547
5. 교사의 학구적 무력감	-.128	.089	-.030	-.213	-.065
교장풍토					
1. 질적 교육에 대한 부모의 관심 및 기대 지각	.320	.315	.153	.253	.186
2. 학력증진을 위한 노력	-.237	-.255	-.386	-.254	-.229
3. 현 학교 질에 대한 학부모와 교장의 평가	.365	232	.189	.067	.248
4. 학생에 대한 현재의 기대 및 지각	.377	.216	.067	.009	.407
14개 풍토변인의 표준점수 합	.292	.068	.103	.015	.538
표집 학교의 수	68	61	31	30	30

사회체제변인과 학교성취평균의 중다회귀분석

이 부분에서는 다양한 표집에서 나타난 학교간 성취평균의 차이를 설명하기 위해 사회체제 변인의 세 유목인 투입요인, 사회구조, 학교풍토의 기여 정도를 검토한다. 세 유목의 각각에 포함된 변인들은 앞부분에서 진술되었다. 그러나 투입요인 중 두 부분의 상대적인 기여 정도에 대한 언급은 이 부분에도 도움이 될 것이다. 우리가 알고 있는 것처럼, 투입요인 군(sets)은 SES 평균과 백인비율인 학생구성과 학교규모, 평균 출석률, 학생 1,000명당 전문교직원, 교사경력 평균, 특정학교 재직연수, 석사학위 소지 교사비율을 포함한 다른 교직원 투입요인으로 구성된다.

교직원 투입요인 유목은 학생 구성효과가 통제(removed)된 후에 학교 성취평균의 차이에 대한 부가적인 설명을 거의 하지 못함을 알게 될 것이다. 그러나 이것과 관련하여 흑인 다수 학교와 다른 표집들 간에는 중요한 차이가 있다. 학생 구성효과가 통제된 후에 주 표집에서 다른 교직원 투입요인은 단지 .007의 설명력만 가진다. 이러한 혼합된 교직원 투입요인은 백인 다수 학교에서도 많이 기여할 수 없지만, 흑인 다수 학교에서는 20%가 더 높다.

다른 교직원 투입요인이 회귀분석에 포함되었을 때 이렇게 혼합된 교직원 투입요인은 흑인 다수 학교에서 학교 성취평균 차이의 45%를 설명하며, 다른 표집들에서는 그 설명력이 30%보다 낮다. 다른 교직원 투입요인이 모든 표집에서 통제된 후에, 혼합된 학생구성 변인은 학교성취평균의 설명된 차이에 유의미하게 추가(adds)되지만, 백인 다수와 흑인 다수 하위표집의 경우 주 표집에서보다 작게 추가된다. 전체 투입요인 변인들의 효과에 대한 다른 교직원 변인들의 제한된 기여는 우리가 학교성취평균에 대한 투입요인, 구조, 풍토의 관계를 염두에 두어야 한다.

우리가 처음에 가졌던 관심은 세 변인군들이 미시간주 초등학교들 간의 학교성취평균 차이를 설명하는 학교체제의 여러 측면들에서 차지하는 범위 정도를 결정하기 위한 것이다. 그리고 가능한 한 학교성취평균에서 학교간 차이에 대한 설명에 각 유목들 각각의 상대적 기여 정도를 검토하려는 것이다. 두 문제 중 뒤의 것을 검토하기 위해 두 가지 다른 분석을 실시했다.

첫째, 변인유목 각각에 의해 통제된 학교 성취평균 차이의 크기(amount)를 결정하기 위해서 세 유목을 다른 결과(sequence)내 중다회귀분석에 넣었다. 그리고 부가된 변인의 크기는 두 번째, 세 번째 위치 내 그 변인 유목들의 각각에 의해 설명되었다.

둘째, 세 변인 유목의 각각에서 기인되는 차이를 구분했다. 그리고 초등학교 표집의 각각에서 변인들의 조합(cobined)에 공통적으로 기인되는 차이를 구분했다.

학교사회체제를 특징짓는 세 변인군들이 설명되는 차이의 전체 크기는 표집들마다 다양하다. 그러나 모든 표집들에서 이 크기는 학교간 성취에서 전체 차이의 60% 이상이다. 주 표집에서 학교간 성취에서 전체 차이의 85.8%는 투입요인, 사회구조, 풍토의 조합에 의해 설명된다. 흑인 다수 학교에서 학교성취평균 차이의 비율은 이러한 세 변인유목에 의해 설명되는데, 그것은 89.5%보다 약간 높다. 전체 백인 표집에서 세 변인 유목은 학교간 성취에서 전체 차이의 66.3%를 설명한다. 백인 표집이 높은 SES 학교와 낮은 SES 학교로 구분되었을 때는 성취 차이는 감소하며, 세 변인군은 학교간 성취 전체 차이의 더 큰 비율을 설명한다. 구체적으로 높은 SES 백인 학교에서는 86.9%, 낮은 SES 학교 백인 학교에서는 73.7%이다. 이러한 자료는 미시간 주 공립고등학교들간의 성취평균 차이의 주요 부분은 이 세 변인군에 의해 규정되는 학교 사회체제의 특징으로 설명될 수 있다는 것을 명확히 보여 준다.

앞부분에서 보았던 것처럼, 투입요인 중 특히 SES 평균과 백인 비율은 풍토변인과 높게 상관되어 있다. 학교성취평균에 대한 이 두 변인군의 효과를 구분하는 것은 어렵다. 비록 사회구조 유목이 분명하다 하더라도 다른 두 변인 유목 중 어느 하나보다는 학교성취평균 차이에 대하여 매우 적은 설명력을 가진다. 그것은 첫 중다회귀분석에서 사회구조의 효과를 통제하는, 그런 방법에서 두 변인 유목과 상관되어 있는 사회구조 변인은 학교성취평균 차이에 대한 다른 변인 유목들의 기여도를 감소시킨다.

세 변인의 상대적 기여도를 알기 위해 모든 가능한 결과들에 변인 각각을 넣어 중다회귀분석을 했다. 첫 중다회귀분석에 넣었을 때, 주 표집에서 혼합된 투입요인 유목은 학교 성취평균 차이에 의해 75%, 사회구조 변인유목은 41%, 풍토변인은 72%의 설명력을 나타냈다. 이 표집에서 학교 사회구조 변인유목이 이미 투입했던(동시투입방식) 풍토나 학교 투입요인과 함께 두 번째나 세 번째에 추가되었을 때는 학교간 성취 차이 설명력은 단지 5% 또는 그보다 적게 추가된다. 풍토나 투입요인은 사회구조의 효과(영향)가 통제된 후에 주 표집에서 36%, 38%로 설명된 차이에 실질적으로 추가된다. 따라서, 비록 구조적 변인이 학교성취의 설명된 차이에 주로 기여했다 하더라도, 이 변인군은 투입요인과 학교 풍토변인에 의해 설명된 전체 차이에 크게 부가되지 않는다.

흑인 다수 학교의 표집에서, 성취에서 학교간 차이에 대한 기여의 형태는 주 표집과는 약간 다르다. SES를 포함하는 투입변인 유목과 백인 비율에서 남아 있는 차이는 62%로써 주 표집에서보다 상당히 적게 기여한다. 물론 이것은 백인 비율에서의 차이는 이 흑인 학교 표집에서는 크게 감소되었다는 사실에 의해 설명된 부분이다. 그러나 SES 평균 차이의 범위는 주 표집에서보다 더 크다. 비록 학교성취평균 차이에 대한 투입요인의 기여는 적지만, 세 변인군에 의해 설명되는 전체 차이는 주 표집에서보다 흑인 다수 학교에서 더 크다. 풍토와 구조변인은 주 표집에서보다 흑인 표집에서 성취 차이 설명에 더 많이 기여한다.

투입요인 변인의 기여는 주 표집이나 흑인 다수 학교 표집에서보다 전체 백인 표집에서 더 작다. 물론 이것은 보다 작은 백인비율의 차이로써 부분적으로 설명되지만, 백인 학교 표집에서 중다회귀분석에 구조변인과 풍토변인의 부가는 투입요인의 기여를 감소시킬 수 없다. 백인표집에서 설명된 학교 성취평균 차이의 전체 비율은 주 표집과 흑인다수 학교표집에서의 85%, 89%와 비교해 단지 66%이다. 따라서 이 세 변인군은 몇몇 혹인학교를 포함해 혹인 다수 학교표집이나 주 표집에서보다 백인 학교에서 학교간 성취의 전체 차이를 매우 작게 설명한다. 백인 다수 학교표집이 높은 SES 학교와 낮은 SES 학교로 분리되었을 때는, SES 평균내 차이와 투입요인의 기여가 더 많이 통제됨으로써, 차이는 더 많이 감소한다. 그러나 두 하위표집에서, 이 감소는 풍토변인의 기여가 더 커지고 사회구조의 기여가 약간 감소해서 만들어진 결과보다는 더 많다. 투입요인과 풍토는 백인 다수 학교의 높고 낮은 SES 하위표집에서 회귀분석에 처음 투입되었을 때 그것들(투입요인과 풍토)이 기여했던 것보다, 구조가 통제된 후 설명된 차이에 더 많이 기여함을 알게 될 것이다. 이 현상을 설명해주는, 분명하게 완화시키는 효과의 정확한 특성을 분석하지 않았다.

변량 분할

세 변인군의 기여를 더 진전시켜 기술하기 위해 Mood(1971)의 방법(technique)을 사용하여 변량을 분할했다.

주 표집에서 변량의 작은 비율은 독립변인들 세 유목의 각각에 단독으로 기인한다. 투입요인에 8%, 구조에 4%, 풍토에 6%, 학교성취평균에서 변량의 가장 큰 부분은 투입요인과 풍토에 30% 기인하며, 변인의 세 유목에 36% 기인한다. 혹인 다수 학교표집에서, 학교성취평균 변량의 보다 작은 부분은 투입요인 변인군에 단독으로 기인하며, 구조변인에 약간 더 많이 기인하고, 확실히 더 많은 거의 25%는 단독으로 풍토에 기인한다. 37%는 모든 세 변인군에 공통된 반면, 다른 18%는 투입요인과 풍토변인에 공통이다.

비록 성취평균 변량의 많은 부분이 주 표집이나 백인 학교에서보다는 혹인 학교에서 풍토변인에 단독으로 기인하고 있지만, 그것은 주 표집에서 이러한 세 유목의 독립변인에 의해 설명되는 대부분의 변량은 투입요인과 풍토 그리고 그 세 개의 조합(combination)에 공통되는 변인이라는 분석에서 명확해진다. 전체 백인 다수 학교에서, 세 변인에 단독으로 기인되는 비율은 무작위 표집의 경우 투입요인에 10%, 구조 11%, 풍토 16%였던 데 비해 더 크다. 따라서 백인학교 성취평균에서 설명된 변량의 반 이상은 세 변인군의 각각에 기인한다. 다른 23%는 풍토와 투입요인에 공통한다. 학교성취평균 변량에 대한 그것들의 기여에서 독립적으로 기능하는 세 변인군이 가지는 이러한 경향은 높은 SES 백인학교에서 대부분 일어난다. 표에서 보는 것처럼 21%는 투입요인에, 거의 33%는 구조에, 32%는 풍토에 단독으로 기인한다. 남는 작은 비율은 쌍(pairs)이나 변인의 모두에 공통이다. 이것에서 분명한 것은 다른 변인을 완화시키거나 압박하는 하나의 변인군은 SES 구성범위와 백인비율이 통제된 높은 SES 백인학교에서 감소했다.

낮은 SES 백인 학교와 흑인 다수 학교에서 학교풍토에 단독으로 기인하는 학교성취평균 변량의 크기는, 다른 변인들의 각각에 단독으로 기인하는 크기보다 더 크다. 이것은 학교풍토변인은 백인이 그렇게 많지 않고, 소수민족이 있는 학교에서는 학교간 성취 차이의 가장 강력한 설명력을 가진다는 것을 의미한다. 아마도 구성변인에서 수반된 가족배경 영향은 낮은 SES와 소수민족 가족을 둔 어린이의 경우, 학교풍토에 의해 더 많이 완화되는 것 같다.

백인 다수 특히, 높은 SES 백인 학교에서 성취의 학교간 차이의 반 이하는, 독립적으로 이 세 변인군의 각각에 단독으로 기인하는 것에서 예외임을 인정하는 것이 중요하다. 주 표집뿐만 아니라 하위표집 모두에서, 성취에서 전체 학교간 변량의 2/3, 9/10는 사회체제 변인들의 복합 (complex)에 의해 설명된다. 몇몇 실례에서 억제하거나 완화시키는 영향이 아직 규명되지 않았기 때문에 이 변량에 대한 설명에서 그것들이 상호작용하는 방식은 표집들마다 명백하게 다르다.

이 분석에서 변인이나 사회체제에서 변인유목은 모든 학교 상황에 중요한 영향을 미친다. 앞의 분석들에서 명백한 것은 학생들의 학구적 무력감은 주 표집뿐만 아니라 학교 하위표집 모두에서 성취 차이에 중요한 변인이다. 투입요인뿐만 아니라 몇몇 사회적 구조 변인과 함께 학구적 무력감과 다른 풍토 변인들 간의 상호작용은 다른 학교 표집들 내 효과를 완화시킨다. 학생구성에 의해 주도(predominate)되는 투입변인군에 단독으로 기인하는 변량의 작은 비율은, 단지 학생의 가족배경이 성취결과에 어떤 차이를 만든다는 주장에 믿음을 주지 않는다. 특히 학교간에 발생하는 성취 차이의 부분은, 적어도 사회풍토와 사회구조로 규정했던 학교 사회체제의 특징들에 의해 부분적으로 설명히 가능하다. 명백히 사회풍토는 사회구조보다 학교간 성취변량에 더 큰 기여를 한다.

제6장

참여관찰에 의한 사례연구

부르코버는 미국 초등학교에서 학업성취에 영향을 주는 학교의 사회적 체제와 학습풍토의 관계를 규명한 연구의 통계적 분석결과를 보충하기 위하여 학습관찰과 면접방법을 3주에서 3개월 간 실시하였다. 이 연구결과는 학교의 투입요인이 학교의 과정요인과 분리하여 학생의 학업성취 (성적)나 정의적 특성(자아개념, 자신감)을 예언해 주지 못한다는 사실을 예시해 주는 하나의 종합적이고 성공적인 시도였다. 또한 사례연구는 다양한 투입요인을 가지고 있는 학교들의 학교 내의 학습풍토나 사회적 구조 또는 특성 때문에 학업성취에 서로 다른 효과를 가질 수 있다는 사실을 증명해 주는 경험적 연구라고 할 수 있다. 이 연구가 효과적인 학교의 과정적 요인에 대한 종합적이고 명확한 설명을 해주는 데는 한계가 있지만, 유사한 자원을 가진 학교들이 매우 다른 학습풍토가 있다는 점에 있어서 후속 관찰연구의 토대를 마련해 주고 있다(Brookover 등, 1979 : 82).

1. 학교 특성

학교선정기준은 학교성취평균, 사회경제적 수준(SES) 평균, 인종구성, 지역형태이다. 관찰한 학교는 비슷한 인종구성과 SES수준, 비슷한 지역에 위치하고 있으나 성취수준이 다른 학교들이다. 1) 낮은 SES-높은 성취의 학교와 낮은 SES-낮은 성취의 학교, 2) 높은 SES-낮은 성취의 학교와 높은 SES-높은 성취의 학교로서 서로 대칭을 이루고 있다.

4개 학교선택에서 사용된 기준은 1) 비슷한 인종구성, 2) 비슷한 SES수준인데 이것은 표본에서의 평균 SES 수준보다 유의미하게 낮다. 3) 대칭을 이루고 있는 학교들의 성취점수는 한 학교는 표집평균보다 높고, 다른 한 학교는 표집평균보다 낮다. 4) 도시지역에 위치해 있다.

표 6.1	관찰과 학교들의 지역형태, 평균 성취, SES 평균, 백인비			
구 분	백인비율	SES 평균	성취 평균	지역형태(인구수)
백인 B 학교	98.1	2.03	71.59	50,000+
백인 A 학교	99.2	2.21	80.38	50,000+
백인학교표집 평균		3.17	77.37	
흑인 B 학교	3.8	1.48	47.18	50,000+
흑인 A 학교	7.1	1.42	63.10	50,000+
흑인학교표집 평균		1.86	53.84	

〈표 6.1〉에서 보듯이, SES 수준과 성취수준은 흑인 학교와 백인 학교 간에 유의미한 차이가 있다. 각 쌍은 SES 수준, 지역, 인종구성은 비슷하나 성취수준은 유의미하게 차이가 있다. 선택된 백인 학교는 둘 다 도시권의 '도시외곽'에 위치해 있다. 두 지역은 거의가 백인이며, 실질적으로는 애팔래치아 이민자의 1, 2 세대로 구성되어 있다. 두 지역 모두 취업은 주로 자동차 공장에 의존한다. 두 학교는 유치원부터 6학년까지 있으며,

백인 A(전교생 600명 정도)는 백인 B(전교생이 300명 정도)보다 규모가 더 크다.

두 흑인 학교도 비슷한데 둘 다 유치원에서 6학년까지 있으며 학생수는 300명 정도이다. 두 학교는 편부모인 학생이 많으며, 그들 중 상당수는 공적 지원(public assistance)을 받는다. 두 지역은 취업을 위해서는 오로지 자동차 공장에만 의존하고 있다. 흑인 A는 대도시권의 도시외곽에 위치하고 있으며 흑인 B는 대도시권의 도시(city)경계지역 내에 위치해 있다.

먼저 학교-지역사회 환경, 학교환경의 몇몇 측면, 교수활동의 관점에서 각 학교를 기술할 것이다. 그 후 수업에 보내는 시간, 강화활동, 팀티칭, 게임교수(수업), 학생의 집단화와 분류에 대해 기술할 것이다. 덧붙여 교장의 역할과 학교사회체제를 특징짓는 기대 수준을 검토할 것이다.

2. 사례연구 ① ; 높은 생활수준의 높은 학업성취 학교

학교사회 특성

비교적 높은 성취-낮은 SES 학교인 백인 A학교는 미시간 남동쪽에 있는 백인 하위계층지역에 위치해 있다. 지역 거주자의 대다수는 Kentucky와 Tennessee에서 온 남부 이민자 1, 2세대이다. 인구의 일부는 떠돌이 노동자이고 지역사회 구성은 매우 안정적이며, 비슷한 배경을 가진 사람들이 유입되는 경향이 있다. 그 지역은 사회계층, 배경, 인종 모두 동질적이다. 주택공급은 백인인 경우 여유가 있으나, 백인이 아닌 도시 거주자들은 교외로 가기 위해 도시를 떠난다. 지역사회 내 이동은 거의 백인들로 이루어지며, 남부 이민자들의 경우 이동이 있다면 도시를 떠나는 것이다.

지역(neighborhood)은 학교와 거의 같은 일반적 특성을 가지고 있다.

크게 고칠 필요가 없는 경우 집들은 학교의 약간 '황폐한' 외양과 닮은 것 같다. 그 지역은 공장과 상업시설이 없는 주거지역이다. 대부분 직업이 있는 거주자는 도시 외부에 있는 자동차 공장에서 일한다.

백인 A학교는 근린학교(neighborhood school)이다. 따라서 학생들은 모두 학교 주위의 가까운 곳에서 온다. 학생들은 걸어오거나 부모가 차를 태워 데려다 주기도 한다. 실제로 소수를 제외한 대부분의 학생들은 매일 점심 먹으러 집에 다녀온다. 학교는 지역민들이 비학문적인 활동인 스카우트, 스포츠, 다른 지역사회 활동을 위해 저녁과 주말에 정기적으로 이용한다.

건물은 오래되었으며 낡았다. 창문이 몇 개 깨졌으나, 우리가 참관했던 3개월 동안 수리되지 않았다. 학교 주위의 땅들은 빈터이지만 깨진 유리와 다른 파편들이 있어 학생들의 놀이터로 사용하기에는 안전한 장소가 되지 못한다.

건물 내부는 외부와 운동장보다는 수리상태가 양호하다. 1층에는 유치원교실 3개와 교장실, 도서실, 체육실, 교사휴게실, 실과실(skills room)이 있다. 상급학년 교실과 학습부진아실은 2층에 있다. 교실 대부분은 긴 복도의 한쪽 편에 위치해 있다. 아침에 등교하는 학생들은 학년과 교실이 있는 위치에 따라 5개의 각기 다른 현관을 향해 일렬로 줄을 서서 온다.

참관 기간 동안 학생들은 수업 전, 점심시간과 쉬는 시간, 방과후에는 거칠고 무질서한 반면, 학교 건물 안에 있을 때는 모두 바르게 행동했다(질서정연했다). 건물 내에서의 학생행동은 잘 정립되어 있다. 학생들은 건물을 나가고 들어올 때, 교실에 들어가고 나올 때 등 이동이 필요한 시간마다 담임의 지도를 받는다. 저학년들은 하루에도 여러 차례 휴게실에 인도된다.

이동을 할 때는 남학생-여학생 줄을 따로 서며, 건물 내 모든 곳에서 줄대로 이동할 때 이야기하는 것은 허용되지 않는다. 만약 이야기하면 교사는 줄을 멈추고 '조용히' 할 때까지 기다렸다가 이동한다. 4학년의 한 교실에서 약간의 소란이 관찰되었지만, 일반적으로 학교 내에서 학생들은 순응적이었다. 교실은 책상이 교실정면을 향하도록 줄을 지어 놓은 전통적인 형태로 구조화되어 있다. 예외적인 교실은 기술 프로그램을 위해 사용되는 실과실과 학습장애를 가진 학생을 도와주기 위한 학습부진아실이다. 이 방들은 매우 개방적이고 카펫이 깔려 있고, 다양한 학습보조물과 게임 도구 등등으로 가득하다.

우리가 참관하는 동안, 백인 A학교는 비교적 대규모로서 18학급의 담임교사들, 읽기 전문가 1명, 읽기 보조교사 6명, 학습 부진아 지도교사와 보조교사가 있었다. 이러한 정식 교직원 외에 체육교사 3명, 사서1명, 음악교사 1명, 미술교사가 1주일에 며칠씩 근무한다. 교사는 비교적 안정적(고정적)이어서, 교사 대부분은 몇 년 이상 그 학교에 있었으며, 10년 이상인 교사도 몇 명 있다. 2명의 남자교사 외에는 모두 여자교사였다. 몇몇은 50세가 넘었으나 대부분은 20대 후반이거나 30대이다. 유치원과 유아원 학생이 증가함에 따라 최근에는 2명의 교사가 교직원에 합류했다. 1명은 유치원과 특수교사로서 정식직원이고, 다른 1명은 유치원교사로서 반나절만 근무한다.

"학습교정" 프로그램이 아닌 어떤 학년 수준에서의 학력보충 프로그램은 없으며 "학습교정" 프로그램에 참여하는 학생은 대략 20-30명 정도이다. 600명이 넘는 대다수의 학생들은 정규 교육과정에 따른다. 모든 학생들이 참여해야 하는 기초 읽기기능 프로그램이 있다. 이 프로그램은 모든 학생들을 3학년 수준의 읽기 기능을 갖도록 보장하기 위해 계획되었다. 읽기 기능 프로그램은 모든 학생들이 참여하는 것이 목적이므로, 각기 다른 수준의 기능을 숙달하도록 한다. 모든 학생이 참가하므로, 이 프로그램에서 학생들은 "치욕(stigma)"이나 "낙인(label)"과는 관련짓지 않는다.

학교 일과는 교사는 8시, 학생은 8시 45분에 시작된다. 학생들이 오기 전 45분 동안 교사는 교실정돈, 조합(union)모임 등 학교업무를 처리하며, 대부분의 시간은 시험지 채점이나 새로운 (자습)문제를 준비하는 데 보낸다. 교사휴게실은 이러한 활동과 대화를 위해 매일 아침 거의 모든 교사들이 이용한다. 놀라운 사실은 휴게실에서 보내는 시간의 대부분이 학생에 관련된 화제이며, 학교에 관련되지 않은 화제에는 소수의 교사만이 참여한다. 교사들은 문제행동, 학생의 개인적 문제, 학생성취(가장 비중이 크다)에 대해 이야기하는데, 경험을 공유한다는 것은 학생들에게 잠재적으로 이롭기도 하고 해롭기도 하다. 백인 A 학교의 교직원은 매우 안정적이기 때문에 다른 학생들, 형제 등등과 관련된 기록과 경험을 종종 이야기한다. 학교 참관에서 대부분 이러한 "공유(sharing)"는 학교행위에 긍정적인 효과를 가진다는 것을 알 수 있었다.

수업에 사용된 시간

참관기간 동안, 백인 A학교 교사들은 그들이 열정을 보이는 만큼 학생들이 "공부하는 것"에 열정적인 태도를 보여주기를 기대하고 있는 것 같았다. 교사들이 해야만 하는 시험지 채점, 수업계획서 작성과 같은 많은 비수업(non-teaching)활동은 휴게실에서 교사들 자신의 시간에 한다. 대개의 경우, 교실에서 보내는 시간은 모두 수업에 사용된다. 교실에서 보내는 시간은 모두 교수활동이었는데, 한 교사의 경우 학생통제에 어려움을 겪고 있었다. 이 교실은 수업에 보내는 시간이 이용가능한 시간 중에서 80-90%가 되지 않았다. 1학년이나 유치원교실은 수업에 다소 적은 시간을 보냈지만 이 수준까지 도달한 수업의 양이 인상깊었다.

유치원과 1학년 교사들은 다른 교사들보다 학생들을 "재미있게 해주기"에 더 많은 관심을 갖는 경향이 있었으며, 이것 때문에 교수활동이 희생되지는 않는 것 같다. 유치원과 1학년 수준에서는 많은 시간을 읽기와 수 학습에 보내는데, 이것은 학생들의 나이가 비수업활동을 위한 구실로 이용될 수 없다는 것을 보여 준다. 이 학교에서 교사들은 시간의 대부분을 교수활동에 보내는데, 학생들도 교사의 이런 태도를 인식하고 있다. 이 학교 학생들과의 면담과 조사자료에서 학생들은 교사들이 공부를 너무 많이 시킨다고 생각하지 않고 있었다. 이런 결과는 학생들은 교실에 들어올 때 공부할 준비를 하고 온다는 것을 지지해 준다.

학습부진아 지도

많은 사람들이 믿고 있고, 많은 연구들이 제시한 결과는 가난한 가정출신의 학생들은 잘 배울 수 없다는 것이다. 물론 예외도 있고 반드시 그런 것은 아니지만, 인종변인을 통제했을 때 가정변인은 성적을 결정하는 첫 번째 요인이라는 것이다.

백인 A학교의 학생들을 위해서는 다행스럽게도 그 학교의 교사 대부분은 그런 주제의 연구를 보지 않았으며, 가난한 학생들의 예정된 실패를 알고 있지 않았다.

write-off라고 말하는 것은 실패가 예정된—학문적으로 '희망없는 경우들'—것으로 교사들에게 지각된 학생들에 관한 것이다.

write-off된 학생들에 대한 언급은 Rosenthal이 말하는 자기충족예언과 연결이 된다. 교사들은 이런 학생이 학습할 것이라는 기대를 갖지 않으며, 이 사실은 그들에게 학습에 대한 불가능을 생각하게 만들 것이다. 결과적으로 교사는 그들을 가르치기 위해 시간을 "낭비"하지 않고, 성공할 것이라고 지각한 학생들에게 교수활동의 정열을 바친다. 따라서 "written-off" 학생들은 많이 배우지 못하는 경향이 있으며 따라서 그런 학생들에 대한 교사들의 지각은 정당화되고 강화받게 된다.

백인 A학교 교사들은 대부분 그들 학생 중에는 "write-off"가 없다고 했다. 그들은 분명히 많은 학생들이 교실 밖에서 많은 학구적 지원이나 장려를 받을 수 없다는 것을 알고 있다. 이것과 관련하여 교사들의 일반적인 태도는, 부모나 학교 외부의 다른 사람이 아닌 교사 자신에게 우선적으로 가르치는 것(교수)에 책임이 있다고 생각하는 것 같다.

교사들은 참관자에게 몇몇 학생들은 다른 학생들보다 '목표도달' 하는

데 어려움이 있으나, 내용면에서 그들은 이 학생들에게도 도달가능성이 더 많은 학생들을 위해 그들이 하는 것처럼, 그 내용을 알게 하기 위해 같은 정도의 책임감을 가진다고 말했다. 매우 소수의 학생이 written-off라는 사실은 이 학교에 학력보충 프로그램이 없다는 것을 보여 주는 표시이다. 이것은 다음에 더 자세하게 논의될 것이다. 이런 점에서 학력보충 프로그램이 많은 학생들이 학습과제를 성공적으로 수행할 수 없다는 가정은 우려에 지나지 않았다. 명백히 백인 A학교에는 이런 가정이 작용하지 않는다.

교사기대

일반적인 '교사기대'의 의미가 최저기대(floor)를 나타낸다면, 낙오생들에 대한 기대는 한계기대(ceiling)를 세우는 것을 나타낸다. 한계기대를 정하는 것은 학생들이 얼마나 배울 수 있는가를 평가해 놓고, 그것보다 더 많은 것을 가르치려는 어떠한 시도도 하지 않는 것이다. 반면 최저기대를 세운다는 것은 교사에게 받아들여질 수 있는 학생학습의 최소수준을 언급한 것이다. 우리의 관찰은 높고 낮은 성취의 학교간 교사기대에 있어 실질적 차이가 있음을 나타내었다.

기대들은 고등학교 진학이나 대학입학을 고려한 기대와 같은 미래지향적인 것처럼 이 연구문헌에서도 고려된다. 하지만 이 미래 지향성이 학교에서 교사 기대의 두드러진 부분은 아니다. 사실 교사들은 학생 대부분이 고등학교이상 진학하는 것에 대한 기대를 그렇게 자주 나타내지 않는다.

백인 A학교에서 교사들은 학생에 대해 일정 학년 수준으로 읽고, 쓰고, 셈하기를 기대한다. 이것은 최저한도의 기대이다. 즉 학생들에게 최소한의 요구를 한다. 교사들은 이것이 학생에 대한 그들의 책임이라 인식한다. 그외 교사들은 학생들이 고등학교에서 잘 적응하거나, 대학을 가거나 하는 것은 그들 통제하에 있다고 느끼지 않는다. 그러나 그들은 학생에게 대안적 가능성을 만들기 위해 필요한 기초적 기술은 학생에게 제공하는 것처럼 보인다.

요약하면, 이 학교에서 교사들은 6학년을 마치는 학생이 7학년(seventh-grade)의 수업을 받을 수 있도록 기대한다. 이러한 교사기대가 교실관찰에서 일반적으로 성공적임이 드러났다.

학습행동의 강화

연구가들은 강화이론의 기본적 가정을 받아들인다. 즉 긍정적으로 보상되는 행동은 반복되는 경향이 있고, 반대로 부정적으로 보상되는 행동은 차츰 배제되는 경향이 있다는 것이 강화이론의 가정이고, 연구가들은 이것을 받아들인다.

교실에서 학생은 다양한 행동을 나타내는데, 그 중 일부는 높은 성취를 이끌어내기도 한다. 일부는 그 반대이다. 학생들은 교사와 친구들 모두에 의해 다양한 방법으로 긍정적 또는 부정적 보상을 받는다.

이런 보상 메시지는 항상 명백한 것도 곧바로 나타나는 것도 아니다. 교사의 혼란스러운 메시지는 연구자에 의해 부적절한 범주로 규정된다. 예를 들어 교사가 학생에게 단지 틀린 답을 했다는 이유만으로 "Good try!"라고 했다면 그것은 부적합한 보상이 된다. 백인 A학교의 교사들은 대부분 학생들에게 긍정적으로 적절하게 보상한다. 어떤 혼란한 강화메시지가 있기는 하지만 일상적이지는 않다.

다음 두 교실에서 보여주는 두 가지 강화메시지 예가 적절하거나 혼란스러운 메시지를 보여줄 것이다. 첫째 예는 이 학교에서 가장 잘 관찰되는 전형적 강화형태로 3학년 교실에서 기록되었다. 교사는 학생에게 쓰는 과제를 주고, 그들 활동을 관찰하며, 학생의 옆을 오락가락한다. 어떤 지점에서 교사는 몸을 구부리고, 글자를 서툴게 쓴 학생에게 아주 친절히 새로 시작할 새 글자를 가르쳐 주고, 직접 시범을 보여준다. 그리고 학생에게 할 수 있다는 기대를 주며 긍정적 보상을 준다. 즉 이 교사는 학생이 표준에 도달할 수 있도록 기대하는 실행기준을 명확히 가지고 있었다.

반면에, 둘째 예는 혼란스러운 강화메시지로 1학년 교실에서 발견되었다. 이런 혼란스러운 메시지는 어린 학생에 있어 학습을 기쁘지 않은 것으로 만드는 교사의 꺼림에 있는지도 모른다. 이 교실에서 교사는 1학년 읽기 그룹지도에서 후래시 카드를 사용했다. 한 학생을 지적하여 교사가 단어의 읽기를 지도하는데, 교사는 학생이 충분히 혼자서 읽을 수 있도록 하지 못하였고, 학생은 눈치를 살피면서 대충 비슷한 단어를 발음하게 되었다. 그것에 대해서 교사가 정확히 틀린 이유를 설명하지 않고, 비슷한 답인데, 수고했다는 식의 반응을 보이자, 학생은 자신의 답이 틀렸다고 생각하지 못한다.

따라서 학생이 제대로 읽지 못한 것에 대해 부적절한 보상이 이루어지는 즉, 기대를 나타내는 말과 틀린 것에 대한 정확한 지적의 말을 구분하지 않는 혼란스러운 메시지를 학생에게 주게 되었다. 그러나 이 학교에서는 대체로 적절한 보상 메시지를 주었다.

집단화 과정

백인 A학교에서 유일한 집단화는 읽기를 위한 교실에서 있었다. 그리고 집단화의 대부분은 1-3학년에서 이루어졌다. 1학년 교실에서 읽기집단의 성원이 특히 관심이었다.

1학년 교실에서 두 교사는 학생을 2-3개 보다 더 많은 5개 집단으로 나누었다. 그 이유는 2-3개 집단에서 제대로 읽기를 못하는 많은 학생을, 많은 집단화에서는 빨리 따라올 수 있게 하기 때문이다. 즉 5개의 집단은 그들 차이를 상대적으로 작게 유지하며, 한 집단에서 다른 집단으로 이동을 촉진 시켜준다는 것이다.

1학년 교사들의 보고에 의하면 비록, 학생의 일부는 그 수준보다 더 나

아갈 수 있지만, 대부분 학생 모두는 같은 학년수준에 도달하기를 기대할
수 있다는 것이다. 읽기만 그런 것은 아니다.

상급학년인 3학년이 되면 집단화는 하지 않는다. 관찰결과는 학생의
읽기 성취에 대한 교사의 평가를 지지해 주고 있다. 즉, 학생 대부분은 일
정수준으로 읽기에 유창하고 이해수준도 비슷했다.

대부분의 경우 학생은 무작위로 배정 받는다. 부모들은 자녀가 어떤 교
사나 분리시킬 경우에 더 문제행동을 할 수 있는 학생과 함께 배정받기를
요구한다. 이 학교 2/3부분에 나누어진 하나인 한 학급은 더 높은 성취를
한 학생을 동질적으로 선발되었다.

이런 예외를 제외하고는 이 학교에서 동질집단화는 없다. 교사들은 교
실을 단위로 목표 자체를 세우는 경향이 있고, 적어도 같은 수준으로 학
생 모두를 지도하는 업무를 수행한다.

학습게임

1-3학년 교사들은 많은 시간의 대부분을 학급에서 게임을 배우는 것으
로 보낸다. 이 게임은 주로 수학과 관련하여 사용되는데, 읽기와 이야기
시간에도 사용되기도 한다. 게임놀이는 효과적인 학습도구이자, 학생들
의 흥미를 고취시키는 두 가지 목표를 제공한다.

강화실행, 기대, 수업투여 시간과 같이 이미 토의된 요인들을 언급함이
없이 게임수업을 토의하는 것은 어렵다. 또한 게임수업의 사용은 학습환
경의 특성과 분리하는 것도 어렵다. 그러나 어찌되었든, 그것은 더 높은
성취에 도움을 줄 수 있다.

백인 A학교에서 관찰된 게임수업은 이 모두를 반영하는 것처럼 보인
다. 대체로 모든 학년에서 사용하지만 특히 이런 수업은 주로 낮은 학년
에서 더 자주 관찰되었다.

게임 수업에는 두 가지 방식이 있는데, 하나는 개별 학생 능력의 고려

없이 소년, 소녀팀으로 나누어서 수학시간에 게임을 하여 매일 점수를 기록하고, 주마다 가장 많이 우승한 팀이 승자가 되는 것이다. 개별 수행능력보다 '팀'에 대한 강조는 적어도 부분적으로 학생에 의해 열정적이고 지지적 행동이 나타난다. 게임의 중요한 특징은 이질적 학생들이 팀을 위해 이기려고 애쓰는 것이다. 사실 교사는 경쟁을 더 동등하게 함으로써 어떤 능력을 보여 주었다.

다음의 예는 3학년 교실에서 관찰된 것으로서 저학년 교사들에 의해 사용되는 게임의 종류를 보여주고 있다.

이 게임은 그룹과 개인의 경쟁을 결합하고 있다. 학생은 개인능력에 상관없이 남자와 여자 두 그룹으로 나누어서 한 줄씩 교실 양편에 마주보고 선다. 각 줄의 맨 앞의 학생이 첫번째 경쟁에 나선다. 교사는 8+7과 같은 문제를 대고 두 사람 중 먼저 맞춘 사람은 자기편 줄의 마지막 한 사람이 서 있게 될 때까지 계속된다. 승자는 개인이 아니라 '팀'이 된다. 게임은 세 번 치러 두 번 이긴 팀이 승리하게 되고 매일매일의 결과를 칠판에 기록하여 일주일 동안 가장 많이 이긴 팀이 그 주의 '챔피언'이 된다. 이 게임의 중요한 양상은 각기 다른 학생들이 개인적 행위보다는 팀을 위해 열정적이고 지지적인 행동을 보여주며 자기 팀을 위해 이기고자 한다 (Devries and Slavin, 1976, 팀 게임의 효과).

어떤 학생은 수학 부분에 다른 학생들보다 우세하지만 항상 지지 않는 것은 아니다. 실제로 교사는 이 경쟁을 평등하게(equal) 만드는 능력을 보여 주었다. 다음에는 경쟁적인 게임이 어떻게 열정을 고조시킬 수 있으며 가장 하위의 학생에게도 적극적인 강화를 할 수 있는가를 보여주고 있다.

이 학급의 한 여자아이는 게임에 출제되는 수학문제를 잘 풀지 못하였다. 더하기나 빼기를 할 때 큰소리로 세거나 손가락을 이용하였다. 이러한 방법은 답이 맞을지라도 속도가 매우 느렸다. 결론적으로 이 아이는 교사가 개입하지 않으면 첫번째 문제부터 질 것이 확실하였다. 교사의 해결방법은 모든 학생들을 위해 적극적인 학습풍토를 만드는 것이 교사의 관심이라는 것을 보여주는 것이었다. 매일 그 교사는 이 특별한 학생에게 두 가지 문제를 출제하였는데, 즉 7+8, 9+5와 반대로 8+7, 5+9이었다. 학생들은 이 아이에게는 교사가 4가지 중에 한 문제를 출제할 것이라는 것을 알았다. 게임 시작 전에 그 아이는 그 문제와 답을 기억하기 위해 같은 팀 친구의 지도를 받았다. 상대팀도 출제될 문제를 알고 있었지만 이 여자아이가 종종 상대편을 이겼다. 한번은 이 아이가 반에서 가장 수학를 잘하는 남자아이를 이겼다. 그 남자아이는 약간 당황하였지만 거의 모든 학생들이 기뻐하며 '믿기지 않는(unlikely)' 승자에게 박수를 보냈다. 자기 팀을 승리로 이끈 이 작은 여자아이가 느낀 기쁨과 자부심은 심리학이나 관찰법으로 알게 되는 것이 아니었다. 그것은 그 아이의 얼굴에 전부 나타나 있었다.

이러한 예는 학습보조와 동기로서 게임이 효과적으로 사용되어질 수 있는 몇 가지 방법을 제시한 것이다. 팀 동료의 동기와 지원은 학생에게 긍정적 효과를 준 것처럼 보인다. 결국 개인보다 팀에 대한 강조는 경쟁을 동등하게 하려는 교사의 시도와 함께 게임을 더 흥미 있고, 잠재적 실의자들을 덜 위협적으로 만들게 한다. 교사에 의해 반복적으로 학생에 의해 형성된 강조점은 누구나 팀을 승리로 만들 수 있는 것이다.

교장의 역할

학교에서 교장은 학교의 행정가로 교육적 지도자로 봉사한다. 그의 주된 관심은 학생성취에 있다. 그의 보조자도 가능한 교장이 수업적 관심에 신경 쓰도록 돕는 데 있다.

수업 지도자로서의 그의 역할과 학생과 교사에 대한 그의 책임감의 인식은 우선 교무회의에서 뚜렷하게 나타난다. 그는 학교의 교수기능에 대한 그의 관심과 참여를 보여 주면서 각 교실을 참관하려 한다. 교장은 물론 그것이 교사를 평가하려는 것이 아니라 학생으로 하여금 그들 진보에 대한 교장의 관심을 알리려 한다고 말한다. 교사들은 썩 반기지는 않아도 반대하지는 않는다. 교장의 진짜 의도는 교사들을 평가하기 위해서임을 교사들이 안다는 것을 보여주는 웃음과 말들이 오고 갔다. 그러나 적의를 띤 반대는 없었다.

따라서 연구자가 보기엔 이 참관의 진정한 목적이 무엇이든, 그것은 학교의 교수기능에 대한 교장의 지속적 관심을 표시하는 것이었다.

또한 교장은 교사들이 수업의 질을 높이기 위해 교사들의 개인적 시간이 투여되어야 하는 교사효율성 훈련프로그램(Teacher Effectiveness Training Program)에 참여하기를 원했다. 또한 그는 교사-교장, 교사-교사, 교사-학생 수준에서 문제해결을 하는, 작년에 시작했던 토론모임을 계속할 것을 원했다. 아직 그렇게 행하지 않는 교사에게 "School without failure(Glasser, 1969)"를 읽기를 촉구했는데, 이유는 그 책의 기본 가정이 모임에서 토의될 것이기 때문이다.

교장은 단지 학교의 교육적 기능에 대한 관심 외에도 학교의 수행에 대한 책임정도를 측정하는 일을 맡고 있는 것처럼 보였다. 그리고 교장은 개인적 또는 집단으로 교사와의 모임에서 그의 능력을 강조하고, 교사에게 자신이 보증 할만하다고 느껴질 만큼 이용할 것을 말했다. 교장은 자신은 행정적 필요악이며, 그의 주된 관심이 학교에서 교수의 질이라는 것을 강조했다.

관찰기간 동안 교장에 대한 인식과 교장의 역할에 대해 많은 교사들과 대화를 나누었다. 그들 중 몇 명은, 특히 나이가 많은 교사들은 "교장은 교실행동에 그렇게 관심을 가질 것이 아니라 우선 좀더 엄한 사람이 되어야 한다"고 생각하고 있는 것 같았다. 다른 교사들은 교장은 교육의 질에 대한 책임감이 있어야 한다고 믿고 있으며 그들의 교장은 책임감이 있어서 좋아했다.

대체로 백인 A학교에서는 교사들이 교장을 존경하는 것으로 나타났다. 즉 교사들은 약간의 불만족은 있지만 학생의 학구적 성취에 대한 교장의 관심을 인정하고 평가하는 것처럼 보였다.

교직원 참여

백인 A학교에서 교사와 교장은 정상적으로 중류계층학생에게 제공되는 것과 같은 교육을 똑같이 학생에게 제공하기 위해 전념하고 있었다. 높은 학생성취에 대한 이러한 교직원 개입은 이미 일련의 앞의 예에서 제시되었다.

다시 강조할 중요한 점은 학생이 높은 성취를 이룰 수 있다는 교사의 믿음이다. 이러한 교사기대의 공표는 학생의 성공과 실패에 대한 부담을 줄 수도 있기는 하다. 하지만 학생성취를 위한 책임감의 인식은 연구자의 견해로 아마 이 학교의 성공을 강조하는 단일한 가장 중요한 요인으로 보였다. 교사의 행동에서나 휴게실의 토의는 주로 높은 성취수준을 공급해 주는 교사들의 관심과 헌신정도를 나타내 주었다. 이 학교에서 교직원 개입은 이미 토의된 그런 변인들—기대, 교수시간, 혁신 등—의 총체이다.

3. 사례연구 ② ; 낮은 생활수준의 높은 학업성취 학교

학교사회 특성

흑인 A학교는 낮은 SES의 높은 학업성취를 보이는 학교로서 거의 모두가 흑인으로 이루어져 있다. 위치는 흑인 밀집지역의 상당히 큰 대도시의 변두리에 있다. 상당수의 멕시코계 미국인 가족들이 소수의 백인들과 지내는 지역이다.

이웃은 본래 모두 미국인이었다. 결국 백인들이 모두 이사를 가 결국은 흑인들이 남게 되었다. 사회경제적 이주로 인해 현재와 같이 됐다. 흑인들이 이 학교지역에서의 영향력이 커지자 백인들이 이주한 듯 하다.

대부분 이 지역의 가정은 낮은 사회경제적 지위를 보인다. 단지 몇몇의 집들을 제외한 거의 모든 집들은 검소한 목재로 된 핵가족용(single family) 집으로 대부분 수리할 필요가 있는 것들이었다.

학교는 두개의 교사로 이루어졌다. 첫번째 건물은 낡았지만 잘 수리되었고 옆면은 비교적 새롭고 잘 수리되어 있었다. 대부분 교실의 옆면은 새롭게 만들어졌고 교장실과 체육관, 급식실, 집회장 그리고 다양한 활동의 장으로 사용되는 다용도실로 이루어졌다. 구교사는 사무실과 교구보관실 및 교사 휴게실이 있다. 맨 마지막 작은 방은 교사들과 직원들이 점심 먹고 쉬는 곳이다. 참여관찰기간 내 교장선생님은 이 방에 나타나지 않았다.

우리가 관찰한 교직원들은 교장, 흑인 남교사(11명중 7명은 백인, 4명은 흑인), 9명의 보조교사(6명의 흑인, 두 백인 그리고 치카노 1명) 그리고 흑인 여사서 1명이었다. 전담교사는 교장과 보조교사 2명을 빼고는 교직 경험이 있는 사람들이었다. 교사의 인종 특성과 학생의 학업성취 간의 관계에 대해 관찰할만한 것은 없었다.

교직원들은 8:30분까지 학교에 출근하도록 요구되었고 수업은 9 : 05분부터 시작했다. 그 동안의 시간에는 수업을 계획하고 준비한다. 이 학교에서 가장 인상 깊었던 것은 그 해의 첫 교직원 회의에서의 교장의 말에 의한 것이다. 그는 학기초에 학생들이 아침에 교실에 들어서면 규율과 질서를 잡으라고 한다. 학기초에 이렇게 해야 아이들 행동에 신경을 쓴다고 한다. 학교 복도를 지나갈 때 각각 나타나는 질서와 규율에서 모든 교직원들의 목표가 성취하고 유지하려는 데 있는 것 같다.

규율과 일부 학생들의 행위는 휴게실에서 교사들 간의 화제와는 상당히 밀접하였다. 이러한 상황으로 미루어볼 때, 높은 학교의 기대된 성취는 화젯거리가 되곤 한다.

흑인 A학교에서는 유치원에서 6학년까지 11학급이었다. 다시 말해 우리의 관찰 목적은 비교적 높은 학업성취를 나타내는 이 흑인 학교의 풍토의 특성을 관찰하고자 하는 것이다. 다음은 관찰한 가장 두드러진 특징들이다.

수업시간의 배정

이 학교에서의 관찰결과 가장 뚜렷한 발견점은 교사와 학생이 실제 수업시간에 투입하는 시간의 양이 많다는 것이다. 이 학교의 교사들은 대부분 많은 시간을 수업실천에 투입하고 있음을 쉽게 알 수 있다. 대부분의 학급에서 수업에 시간을 할당하거나 학생들에게 주어진다.

이 많은 시간들은 교사 · 학생 간의 상호작용에 중점적으로 배정된다. 각 학급은 동질집단으로 편성된다. 학생들은 학업성취도에 따라 대개 세 그룹으로 나뉘어 진다. 교사는 각 그룹에게 수업과 주제토론에 시간을 보낸다 수업과 토론이 끝난 다음 주제가 설정되고 다른 그룹들은 다른 토의주제를 가지고 또 다른 그룹과 토의를 계속해 나간다. 수업이 끝난 후 교사와 보조교사(보조교사가 이용 가능할 경우)는 성적 부진아를 개인지도 한다. 모든 교과가 그룹에 주어지지는 않는다. 같은 주제가 학급 전체에게 주어지기도 하고 일제수업과 토의, 토론을 하기도 하고 학생 개인에게 부여되기도 한다.

학생이 공부하는 동안 교사 또한 일을 한다. 학급을 감독하는 일에 시간을 보내지 않는다. 그들은 이 시간을 행정적인 교실업무에 사용한 것이 아니라 심화학습을 시킨다거나 진보상황을 살핀다거나 필요하면 다시 가르쳐주는 등 항상 학생들과 함께 하였다.

학습부진아 지도

흑인 A학교에서의 관찰연구에서 학교 안에 퍼져있는 학구적 풍토 특성으로 나타나는 두 번째 연구결과는, 교사가 학생들을 학구적으로 포기하지 않도록 하는 정도를 나타낸다. 이 학교에서 교사와의 대화는 그들의 학생들은 그들에게 주어진 일들을 해낼 것이라는 강한 확신을 갖고 있는 듯했다. 교사들은 일반적으로 학생들의 사회적 배경은 학급 일에 영향을 주는 것처럼 보이지만 그것은 낮은 학업성취에 대한 핑계가 될 수 있다고 느끼진 않는다고 한다. 많은 학생들을 포기하려는 교사는 없었다. 단지 몇몇의 경우에 교사들은 별 희망이 없는 학생들을 학구적으로 가능하게 만들었다. 어떤 교사는 치카노(멕시코계 미국인)학생들은 주제나 문제가 어려울 때마다 영어를 잘 모르는 척 한다고 지적한다. 교사들은 이러한 행동에 대해 특별한 학생들에게 있는 것으로 별로 대수롭지 않게 여긴다.

교사들이 일반적으로 나타내는 혁신성은 학생들이 더 이상 학습부진아가 되지 않도록 하는 경향이 있다. 전통적인 수업방법에서는 보기 힘든 다른 방법을 활용한다. 예를 들어 한 교사가 말하기를 그녀는 한 특정 학생에게 어떤 개념을 이해하도록 하는 데 애를 먹었다. 실패로 끝난 여러 번의 시도 끝에 그녀는 그 개념을 잘 아는 한 학생에게 자신을 도와주도록 부탁했다. 그 학생의 도움으로 그 첫번째 학생은 마침내 그 교사가 이해시키려 했던 개념을 간신히 이해하게 되었다고 한다.

교사기대

교사들이 학생들 대부분에 대해 갖고 있는 학구적 성취에 대한 높은 기대는 A흑인 학교에 퍼져 있는 학구적 풍토에 대한 유의미한 상황으로 나타났다. 이 학교의 교사들은 일반적으로 최소한 75% 이상의 학생들이 학업을 수행하고 고등학교까지 마칠 수 있도록 기대하고 있다.

교사들은 학생들에게 단기적이거나 장기적인 기대를 갖고 있다. 한번은 여교사가 자기 학급의 학생들은 시험준비를 철저히 해 왔기 때문에 시험을 잘 치를 것이라고 기대하고 있었다. 또 다른 교사는 자기의 학생들은 잘하고 있기 때문에 중학교에 가서도 잘 할 것이라고 기대한다고 지적하였다. 대부분 교사들은 자기 학생들에게 높은 기대를 걸고 있었으며 평가 결과가 낮은 학생들을 자주 보살펴주었다. 교사가 아이들에게 "나는 네가 잘 할 수 있다는 것을 안다."라고 말하는 것이 조금도 이상하지 않았다. 이와 같이 우리가 관찰한 바로는 교사들의 행동과 학생들의 학업성취에 관하여 학업성취가 낮은 학생들에게 하는 것들은 용납될 것 같지 않았다.

학습행동 강화

이 학교에서 의미 있는 풍토 특성으로 나타나는 또 다른 사실은 교사들이 적절한 학습의 강화를 사용한다는 것이다. 이 학교에서 사용되는 강화의 유형은 높은 학업성취를 위한 것인 듯 했다. 적절한 학구적 행동에 대해서는 칭찬하고 부적절한 행위에 대해서는 칭찬이 없었다. 이러한 관찰은 Fernandez, Espinosa, Dornbusch(1975)의 연구에 비추어 보다 더 의미있는 것이다. 그들의 연구에 따르면 교사들은 평균 점수 이하의 학생에게 상을 주는 경향이 있다고 한다. 그것은 매우 낮은 학업성취수준을 보이고 좀 나아진 학생들에게 교사들이 잘한다고 칭찬을 한다는 것이다. 만일 나아진 점수가 여전히 학급평균 이하면 교사들은 평균 이하의 학생들을 격려한다. 이 학교에서 교사가 향상된 성취의 학생들에게 칭찬을 하는 동안 그들은 개선의 필요성을 지적한다.

강화의 적절한 사용은 여러 번 관찰되었다. 예를 들어 1학년 교실에서 학생들이 그림을 그리는 수업이 관찰되었다. 교사는 그림이 부적절하다고 지적했다. 학생은 더는 잘 할 수 없다고 대답했다. 교사는 학생이 잘 할 수 있다고 말했다. 교사는 계속 수업을 했고 학생이 그림을 다시 그리는 것을 보았다. 학생이 그림을 다시 그린 후 교사는 만족해 했고 학생에게 칭찬했다. 이러한 강화의 유형은 이 흑인 A학교에서는 종종 볼 수 있었다.

학습 게임

학습 게임의 사용도 흑인 학교에서 비교적 높은 학업성취를 나타내는 학구적 풍토측면에서 의미 있는 것으로 나타났다. 대부분의 경우 Games은 개인에게 적용되지는 않았다. 대부분 팀 단위로 이루어졌다. 팀 게임의 활용은 모든 참여자에게 공감대를 형성하게 했다. 다른 사람과 경쟁하는 대신 그룹간의 협조풍토는 이미 많은 게임이 진행된 것으로 보였다. 예를 들어 한 4학년 교사는 철자시합놀이를 자주 가졌다. 이 학급을 4-5등급으로 나누고 다른 그룹과 경쟁하기 위해 철자시합은 두 가지 등급으로 나누어 서로 경쟁하도록 하였다. 각 수준에서 챔피언에게는 상이 주어지는 사이 각 팀에는 협동심이 생긴다는 것이다. 학급에서 가장 영리한 학생이든 가장 둔한 학생이든 각 학생들이 자기 그룹에 참여할 때 그룹 전체가 지원을 받게 된다. 우리가 보기에는 모든 참여자에게 게임과 강화가 주어지고 학생들 간에는 보다 더 노력하려는 태도를 고취시킨다. 학생과의 대화를 통해 이 부분을 더 확신할 수 있었다.

학습집단편성

학생들이 집단으로 조직되고 교사들에 의해 참여태도를 가질 때, 이 학교에서 학구적 풍토 측면에서 의미 있는 것이었다.

학생들은 우선 수학과 독서에 대한 사전 테스트를 기초로 집단화 되었다. 학생들은 학업수행 정도에 따라 하위그룹에서 상위 그룹으로 나아갈 수가 있었다. 숙달여부는 수업재료에 따른 사후 테스트 결과에 따라 결정되었다.

이 학교의 대부분의 교사들은, 집단편성을 학습속도가 더 빠른 학생들과 더 늦은 학생들의 절대적 필요에 의해 제공되는 기회로 여겼다. 집단은 같은 내용을 다른 수준으로 가르쳐 진다. 교사들은 낮은 집단이 우수

그룹이 공부하는 것만큼 할 수 없다는 것을 뜻하기 때문에 우리는 적절한
실천행위라고 생각지는 않는다. 또한 교사가 학생들에 대한 기대에 따라
가르친다는 것이 점차 분명해지기 때문에 역시 좋은 방법이라고 생각되
지는 않는다. 그러나 몇몇 교사들은 모든 학생들의 연간 학습신장목표가
공통적이며 낮은 학업성취자의 초기점수는 낮은 성취자를 의미하는 것은
아니라고 지적한다. 그룹의 목적보다는 낮은 그룹에서 상위 그룹으로 나
가는데 목적이 있음을 가르치고 있다고 지적한다.

이 학교에서 집단화의 문제는 상급학년을 위한 독서와 수학시험을 사
용한 것이다. 기본적으로 시험은 학업성적이 가장 낮은 학생들을 교정하
기 위해 실시되었다.

헌신도

이 학교에서 학생들의 보다 더 높은 학구적 성취를 지향하는 교사들의
헌신은 학구적 풍토의 중요한 또 하나의 일면인 것 같다. 확실히 이 논의
된 사실은 교사의 헌신도(commitment)와 관련되고 이를 반영하는 것이
다. 그러나 교사들 또한 다른 여러 가지 방법으로 그들의 헌신을 보장한
다. 대부분의 교사들은 학교는 교사들 간의 고무적인 효과가 있는 곳이기
때문에 좋은 곳이라고 하고, 지역사회에서의 학부모들은 지원적이다. 그
들은 그러한 이유가 좋은 결과를 창출한다고 한다. 교사들이 학교 구석구
석에 존재한다는 것을 관찰결과 알 수 있었다.

학급에서 볼 수 있는 것은 일반적으로 긍정적인 풍토의 증거가 되는 것
은 학생복지와 학업성취의 향상을 위한 교사들의 헌신이다. 교사들은 종
종 학생들과 접촉을 하고, 껴안아 주고, 학생들의 개인적인 욕심에 대해
인내심을 보여주고, 사사로운 일과 학업을 보살펴 주었다. 교사들은 책상
에 앉아 있지 않는다. 항상 학생들 틈에 있고, 의자에 앉거나 서 있는다.
저학년의 2개 학년에서 긴 단원의 중간이나 말미에 교사들은 학생들에게

노래를 하거나 새로운 것을 지도하고 다시 시작한다.

대부분의 교사-학생간 상호작용은 교실 내에 국한되지만 몇몇 교사들과 다른 교직원들은 방과후 학생활동 지도를 위해 시간을 보낸다. 일과 중에는 참여할 가치가 있는 직원회의나 세미나, 워크숍이 있다. 경우에 따라서는 학구단위의 워크숍에서 흑인 A학교의 교사들은 학구 내의 다른 학교의 교사들보다 열성적으로 참여한다. 그들은 작은 그룹에 자발적으로 참여하여 질문하고, 질문에 대답한다.

결론적으로 교사들의 보다 더 높은 학업성취를 위한 열성적인 태도는 학교 내외의 관련행위들에서 나타났다.

교장의 역할

당시 교장은 관리자로서 4년째를 맞이할 때였다. 전부터 이 학교에서 계속 근무한 한 교사는 이 학교가 비교적 높은 학업성취를 보이는 것이 전 교장의 혁신성에 있다고 말했다. 전 교장은 관리자로서 뿐만 아니라 교육자로 알려지기도 했다. 교장은 행정적 업무를 수행하기보다 교육적 관점에 더 노력을 기울이는 것으로 지적했다.

현 교장은 오로지 행정가로서만 활동하고 잘 수행해 나가는 것으로 보인다. 그는 기록들을 질서있게 보관했으며, 직원을 감독하고, 매일매일 학교 운영의 행정적인 면에 관심을 두었다. 현 교장과 전임 교장과의 중요한 차이는 교장이라는 자신들의 역할을 규정하는 방식에 있다고들 말하였다. 현 교장은 그의 교사들이 세미나와 워크숍에 참석하는 것을 지지하였으나, 전임 교장은 지지하는 정도가 아니라 교사들을 위해 그 자신이 워크숍이나 현직연수(in-service) 등을 운영하였다.

이 학교에서 현 교장의 역할은 비록 그가 때때로 교사들의 수업기술을 관찰하고 비평하기도 하지만 행정가라고 가장 적절히 말하여 질 수 있다. 그는 학교교육의 질은 근본적으로 교사 개개인들에게 그 책임이 있다고 생각한다고 말했다. 그는 자신이 맡고 있는 학교의 교육의 질에 대한 자신의 중요한 근본적인 책무는 교사를 감독하는 것과 그들이 교실에서의 효율성을 증진시키기 위한 워크숍, 현직연수 프로그램 등에 참석하고, 참여하도록 격려하고 지지하는 것임을 넌지시 말했다. 그는 학업면에서 뿐만 아니라 개인적인 그리고 행동면에서 발생하는 여러 교실위기에 있어서 교사들은 교사 자신들의 기술이나 기략에 의존하여 해결해야 하며 교장 자신에게 의존하는 것은 마지막 해결책으로서 사용되어져야 한다는 관점을 표현했다.

흑인 A학교에서의 관찰을 통해 볼 때, 일반적으로 행동적인 면에서나 학구적인 면에서 교장, 교사들은 엄격하고, 활동적이며 학구적이었지만 중요한 것은 아니었다. 그들은 학생들이 직면하게 되는 개인적인 또는 학업과 관련된 문제들에 민감한 것처럼 보였으나, 이러한 문제들이 그들이 정해 놓은 기준을 낮추도록 하지는 않는다. 무엇보다도 그들은 학생들의 학구적인 면과 일반적인 복지에 관심을 가졌다. 이러한 관심은 그들이 표현한 태도와 나타난 행동에 반영되어 있었다.

4. 사례연구 ③ ; 보통 생활수준의 낮은 학업성취 학교

학교사회 특성

백인 B학교는 미시간 남서부의 하층사회에 자리잡고 있다. 주민 대다수는 남쪽에서 이주해 온 사람들의 1, 2세대이다. 또한 이탈리아 이민자들의 후손들도 많다.

이 지역은 인구이동이 없는 편이다. 교장의 말에 따르면, 이 지역에는 사무직과 전문직 일자리가 없기 때문에 젊은 기혼자들의 유입(流入)이 없다. 그 결과 이 지역의 새 가정이란 대부분 고교 이상의 학력을 요구하는 사무직과 전문직 일자리를 구할 수 없는 토착 가정의 자녀들이다. 상당수의 주민들은 근처의 자동차 공장에 고용되어 있었다.

이 지역은 최근에 아동학력이 감소하고 있었다. 그래서 최근 몇 년 사이에 몇 개의 초등학교가 폐쇄되었다.

백인 B학교는 학생 수 250명 가량의 소규모 학교이다. 학교시설은 11개의 교실, 작은 도서실, 표준 규격의 체육관이 있다. 몇 개의 기자재가 있는데 영사기와 복사기 외에는 사용하는 것을 보지 못했다.

관찰기간동안 소수교사들은 수업시작 직전에 등교하였다. 교사 휴게실이 있는데 그 곳에서의 학생에 관한 대화는 대개 특정 학생들의 가정환경, 좌절감, 그리고 이 학교에서의 교수(teaching)의 불가능함에 관한 것들이었다.

교직원과 교장의 관계는 매우 긴장되어 있는 것 같았다. 이에 관한 불평이 휴게실 대화의 주된 화제였다. 교사들은 자신들의 직위(position)를 매우 불안해 하는 것 같았다. 입학생의 감소와 몇몇 학교의 폐쇄 때문에 이 지역의 많은 교사들이 일자리를 잃고 있었다.

이 불안정 때문에 교사들은 관리자들과 연구자를 불신하였다. 교장과 교직원 사이의 대화가 부족하기 때문에, 교사들은 이 연구의 의도와 계획을 잘 알지 못했다. 처음에는 관찰자를 교장의 스파이로 알았다. 교직원의 협조를 얻기 위해 많은 설득과 연구목적에 대한 서면보증이 필요했다.

수업 시간

수업시간은 학급에 따라 매우 달랐다. 이용할 수 있는 시간의 10-20%에 이르기까지 다양했다.

몇몇 교사들은 학급에서 수업에 필요한 질서를 유지하기가 매우 어려운 것 같았다. 2학년의 한 학급에서는 오후 내내 수업분위기를 잡느라고 시간을 다 보내는 것을 보았는데, 이 학급은 수업하고 있는 것이 관찰기간 동안 거의 목격되지 않았다.

몇몇 교사들은 교실질서를 잘 잡았지만 수업시간을 교수에 이용하지는 못했다. 시간의 20% 정도만 수업하고 나머지 시간은 앉아서 자습하거나, 색칠하기, 진흙으로 만들기 등을 하며 보냈다.

일반적으로 수업시간 중 극히 일부만 수업에 할애되었는데, 그것은 훈육(discipline)의 부족 때문이거나, 성적표나 다른 일상업무를 하기 위해 수업시간을 사용할 수 있는 교사의 특권 때문인 것 같았다.

학습부진아 지도

교사들은 학년마다 상당히 많은 학생들을 학업실패자로 인지하고 있었다. 한 1학년 교사에게 학생들의 고교와 대학 진학 가능성을 4, 5, 6학년용 질문지를 주면서, 1학년들에게는 이 질문지가 아마 부적절할 것이라고 말했더니, 자신은 유치원생들의 상급학교 진학여부도 판별할 수 있다고 교사는 자신있게 말했다.

불행하게도 이 학교의 많은 교사들은 아주 어린 학생들의 미래의 학구적 실패를 규정하는 자신들의 능력을 매우 신뢰하고 있었다. 더욱 불행한 것은 능력있는 학생들과 비교할 때 이 가능성 없는 학생들을 가르치는 시간이 훨씬 적다는 점이다. 관찰기간 동안 이런 가능성 없는 학생들이 완전히 수업활동에서 배제되는 것이 여러 번 관찰되었다. 이런 학생들은 대개 3시간 계속하여 관찰하는 동안 책상과 연필통을 닦거나, 창문 밖을 내다보면서 보냈다. 이러한 학생들은 교사들에 의해 확실히 배제되어 있었다.

교사 기대

기대가 없는 교사들은 관찰자에게 학생의 학구적 능력은 가정배경에 의해 결정된다고 했다. 대개의 교사들은 소수 뛰어난 학생들의 학구적 성공 가능성을 인정했지만, 대부분의 학생들이 성공할 수 있다고 지각하지 않았다.

일반적으로 교사의 기대가 낮았지만 특히, 지진아 계열(slow reading track) 학생들에 대한 기대가 낮았다. 교사들은 이러한 학생들이 다른 학생들을 따라잡을 수 있을 거라고 기대하지 않았으며, 학년이 높아질수록 뒤질 것이라고 말했다.

학생들의 성취수준을 높이기 위한 어떤 특별한 프로그램이나 학급활동이 없었다. 이는 공부 잘하는 학생들이나 못하는 학생들 모두의 경우에 마찬가지였다. 사실, 교사가 학생들의 높은 학업성취를 기대하거나 희망하고 있다는 것을 시사하는 어떤 행동도 보지 못했다. 교사들은 학생의 학업실패보다도 성공에 오히려 놀라는 것 같았다. 종합하면, 학생의 학업수행은 교사의 기대와 일치했으며 둘 다 매우 낮았다.

학습행동 강화

강화유형이 교사마다 매우 달랐다. 몇몇 상급학년 교사들은 매우 적절한 강화를 했고 반면에 어떤 교사들은 혼란스럽고 부적절한 강화를 하는 것을 볼 수 있었다.

한 교사는 지진아들과 상호작용을 할 때 매번 못하는 학생에게는 긍정적인 강화를 하고, 잘하는 학생에게는 부정적인 강화를 하였다. 한 번은 과제를 잘 수행한 학생에게 매우 부정적이고 심지어 인격을 손상시키는 말을 하는 것을 목격하였다. 그 교사는 그 학생의 노력을 아주 잘하는 학생들과 비교하였다. 그리고는 학생 면전에서 그 학생은 과제를 잘 할 수 없다고 관찰자에게 말하였다.

잘못 수행한 과제에 대하여 긍정적인 보상을 하는 사례들을 볼 수 있었다. 교사들은 일부만 완수하거나 옳게 수행된 과제를 마치 모두 완수하거나 모두 옳은 것처럼 보상하였는데, 학업성취가 저조한 학생들의 경우에 특히 그랬다. 깔끔하지만 내용이 잘못된 과제를 제출하는 학생들에게 그 내용에 대한 언급 없이 깔끔한 것만 칭찬하였다.

몇몇 혼란스런 강화 메시지들이 거의 모든 학급에서 학생들에게 전달되고 있었다. 교사들이 틀리게 대답한 학생들에게 "잘했어", "됐어"로 응답하는 것을 자주 볼 수 있었다. 몇몇 교사들은 대답이 없는 것 보다 틀린 대답이라도 하는 것이 더 낫기 때문에 칭찬한다고 하였다. 그런데, 그런 강화 메시지를 전한 후에 학생들의 오류를 고쳐주기 위한 지도를 하지 않았다.

집단화 과정

이 학교는 독해(reading)를 위해 학생들을 1학년에서 6학년까지 두 그룹으로 나누었다. 그런데 1학년의 경우에 한 번 어떤 수준의 그룹에 배치되면, 학년이 끝날 때까지 그룹 이동이 거의 없었다.

능력별 집단화가 어떤 학급에서는 사회적인 집단화를 형성해내는 것 같았다. 독해능력에 의한 집단화가 한 1학년 교실에서는 매우 극단적이었는데, 잘하는 학생들과 못하는 학생들을 각각 교실 반대편에 앉혀놓고 교실 가운데에 두 개의 책상으로 이 두 집단을 분류하는 장벽을 쳐 놓았다. 8시간 이상을 관찰하는 동안 이 두 집단 사이에 상호작용이 거의 없었다. 능력이 다른 집단 간에 교류가 없는 것은 모든 교실에서 볼 수 있는 현상이었다.

그룹이 둘 밖에 없기 때문에 그룹 간의 차가 크고, 따라서 그룹 간 이동이 어려울 것이다. 그래서, 두 그룹 체제에 대하여 물었더니, 교사들은 둘

이상의 그룹을 가르칠 시간이 없기 때문이라고 하였다. 그룹 차는 시간이 지남에 따라 커지고 하위 그룹이 상위그룹을 따라갈 기회가 거의 없다고 하였다.

관찰자가 판단하기에, 이 학교의 집단화 과정은 학생들의 성취 가능성을 손상시키고 있었다. 집단화 과정은 학생들을 위해서가 아니라 교사들 자신을 위한 것이었다. 학생들은 교사의 지각(학생의 능력에 대한)에 의해 두 집단에 분류되고 있었다.

교장의 역할

이 학교 교장의 가장 큰 특징은 시간제 행정가이고 시간제 훈육자인 점이었다. 그는 두 학교의 교장이었기 때문에 두 학교에 오전과 오후로 나누어 근무했다. 교장과 교직원 사이에 상호작용이 거의 없었는데, 교장이 책임을 이중으로 지고 있었기 때문인 것 같다.

그 교장은 자신의 주된 임무는 학교행정과 문제아 훈육이라고 하였다. 그는 일년 내내 문제아 및 그들의 부모들과 접촉하면서 교실에서의 일탈행동을 감소시키기 위하여 노력해 왔으며, 이 점에서는 성공해 왔다고 하였다.

관찰기간동안 그 교장이 교육 지도자 활동을 하는 것은 딱 한 번 관찰되었다. 그것은 다음 해의 독해교재 선정을 위해 모인 교사모임에서였다. 이 모임에서, 그 교장은 학업성취 향상을 위해 노력하지 않는다는 것을 알 수 있었다. 여러 번 교장은 학생들이 "Birmigham kids"—부유하고 우수한 학생들—가 아니며, 따라서 버밍햄 학생들과 똑같은 책을 그 학교 학생들이 이해할 수 있을 거리고 기대해서는 안된다는 점을 강조하였다. 실제 한 독해책은 버밍햄 학생들이 사용하고 있기 때문에 배제되었다.

교장은 학생들의 가정배경 때문에 높은 학업성취를 기대할 수 없다고 하였고, 자신의 학생들에게 부유한 학생들이 달성하는 학업성취의 80%

를 기대하는 것도 비현실적이라고 굳게 믿고 있었다.

교장의 학업성취에 대한 낮은 기대는 직업교육에 대한 대화에서 더 분명히 알 수 있었다. 그는 그 학교 학생들에게는 대학진학을 강조하는 것은 완전히 맞지 않기 때문에 직업교육을 오랫동안 해오고 있다고 하였다. 소녀들에게는 미용사, 스튜어디스, 비서, 그리고 소년들에게는 배관공, 미화부, 경찰과 같은 직업을 소개한다고 하였다. 그는 가정배경과 능력을 고려할 때 이런 직업이 그의 학생들에게 어울린다고 하였다. 자신의 학생들이 전문가가 될 수 없고, 되려하지도 않으며, 관심도 없다고 지각하고 있었다.

교장은 교사-학생들과 상호작용이 없었고, 교사들은 훈육 이외의 교육문제로 교장에게 자문을 구하는 것 같지도 않았고, 교장이 알아서 교사들에게 조언하는 것 같지도 않았다. 사실, 교사-교장 사이에는 상당한 긴장이 있는 것 같았다.

5. 사례연구 ④ ; 낮은 생활수준의 낮은 학업성취 학교

학교사회 특징

이 학교는 낮은 성취를 보이며 낮은 SES를 갖고 있는 흑인 학교이다. 학교는 꽤나 큰 도시 안에 위치하며 전부가 낮은 계급의 흑인 지역사회에 있다. 지역사회는 수년동안 흑인 다수였다가 지난 몇 년 사이에 모두 흑인이 거주하는 곳이 되었다. 주된 취업원은 자동차 산업이다.

대부분 집들은 꽤 잘 보전되고 있으나 약간의 수리가 필요한 상태다. 이 학교 자체는 세 개의 구조물이 결합되어 이루어져 있다. 초창기 건물은 낡아서 많이 수리하여 쓰고 있다. 1960년대 중반에 추가로 소요되는 교실과 학교 행정사무실로 쓰기 위해 초창기 건물의 한쪽 옆에 건물이 세워졌고, 새로운 체육관이 나중에 다른 쪽 옆에 지어졌다. 학교 운동장 시설은 아주 충분하다.

이 학교는 실제로는 같은 건물에 두 개의 학교가 있는 셈이다. 즉, 학생이 모두 흑인인 전통적인 학교와 학생의 약 반이 백인이고 반은 흑인인 실험적인 개방학교가 바로 그것인데 전통적인 흑인 학교가 이 관찰의 대상이다.

관찰하는 동안 이 학교의 교사진(teaching staff)은 9명의 백인교사와 11명의 흑인 교사, 합해서 20명의 교사로 구성되었다. 행정직원은 흑인 여성교장, 흑인 남성인 지역사회 지도자(community director), 백인 남성인 교감(assistant principal), 흑인 여성인 학교사회사업가(social worker), 모두 흑인 여성인 4명의 보조교사(teacher aides)로 이루어져 있다. 이 학교의 교직원들은 나이가 잘 혼합된 것으로 보였다. 인종의 차이와 달리 교사태도나 행동에 어떤 의미 있는 차이는 나타나지는 않았다.

교사들은 오전 8시까지 학교에 나와야 했다. 학습은 8시 55분에 시작했다. 그 중간 시간은 준비를 위한 시간으로 할당되었다. 교사들은 준비를 그들의 방(room)에서 하든지 또는 교사 휴게실에서 했다. 교사 휴게실은 교장을 포함하여 전직원들이 모이는 장소였다. 여기서 그들은 학과를 준비하고, 점심을 먹으며 직원모임(staff meeting)을 갖기도 한다. 교사들이 휴게실에 있을 때는 성적(achievement)이나 학교규율(discipline)에 대한 얘기는 거의 하지 않았다.

수업에 사용된 시간

이 학교에서 학급시간(classroom time)의 대부분은 학구적 활동에 쓰였다. 그러나 그 시간이 경제적으로 쓰이는 것 같지는 않았다. 교사들은 학생들과 학구적 상호작용을 하는데 많은 시간을 쓰지 않았다. 다음에 기술하는 것은 한 학급의 아침시간을 관찰한 것인데 대체로 교수의 형태(the kind of instruction)와 교수에 사용된 시간의 양을 반영한다. 학과는 8시 55분에 시작한다. 학생들은 교실에 들어가서 한 장의 큰 종이를 꺼내놓고 교사가 그렇게 하라고 말하지도 않았는데도 칠판에 있는 과제를 베끼기 시작한다. 교사는 학생들이 그러는 25분간 책상에서 바쁘게 일하고 있었다. 9시 20분이 되자 그 교사는 학습과제(class assiment)에 대한 지시를 하기 시작했다. 학생들이 그 과제를 하는 동안 교사는 책상에서 일을 했다. 읽기그룹이 9시 45분에 교실의 뒤쪽으로 불려나갔다. 그들은 각자 한 가지 이야기를 읽으라는 과제를 받았다. 그들은 15분 간 조용히 읽었다. 그 학급은 10시에 도서관으로 갔다. 10시 35분에 교실로 돌아왔고 화장실 가는 시간이 뒤따랐다. 그들은 칠판에 적힌 과제를 계속했다. 10시 40분, 다른 그룹이 교실의 뒤로 불려 나갔다. 교사는 도형과 색깔 맞추기를 하면서 언어로 상호작용을 했다. 그 그룹은 자기들의 학습장에 색칠하기 과제를 받았다. 그들은 10시 50분에 자기 자리로 돌아갔고, 다른 그룹이 뒤로 나갔다. 이 그룹은 교사가 묻는 여러 가지 질문에 답했고 문장들을 큰 소리로 읽었다.

대체로 아침 시간은 교사에 의해 잘 계획되어지는 것으로 보였다. 학생들은 아침 내내 학구적 활동에 참여했다. 그러나 교사-학생 간의 상호작용은 비교적 적었다. 교사는 개별적으로 학생들이 제기한 질문에 답하였으나 교사는 대부분의 시간을 책상에서 보냈고 학생들이 조용히 하는 한은 학생들이 그들의 과제를 마쳤건 안 마쳤건 교사-학생 간의 상호작용은 없었다.

학생들이 얼마나 떠드는가에 의해 결정되는 교사-학생 간의 상호작용에서 차이는 있었지만 비슷한 형식(format)이 다른 여러 교실에서도 관찰되었다. 교사들은 학생들을 분주하게 하려고(keep busy) 애는 쓰지만, 많은 시간이 그룹이나 개인 교수에 쓰이는 것 같지는 않았다. 여러 학급에서는 학생들을 분주하게 하려는 시도가 실패한 상태에서, 교사들이 많은 시간을 규율 유지에 할애하는 것을 볼 수 있었다. 규율을 유지하는 데 쓰이는 시간은 교사에 따라 상당히 달랐다.

학습부진아 지도

우리가 관찰한 바에 의하면 이 학교의 교사들은 자기 학생들의 상당수를 틀렸다고 간주하는 것 같았다. 교사들과 얘기를 나눠보면 그들은 자기 학생들의 대부분이 높은 성취(achievement)를 할 능력이 없는 것으로 느끼고 있음을 알게 된다. 한 교사는 그런 태도가 교사들이 여러 개의 보충교육 프로그램(remedial program)을 이용하는 태도를 보면 분명하다고 말한다. 그 교사 자신의 말로 보충교육 프로그램은, 어떤 학생들 특히 학급에서 문제행동을 일으키는 학생들로부터 시달림 당하기를 원치 않는 교사들에게는 '쓰레기 처리장(dumping ground)'에 지나지 않는다는 것이다. 많은 수의 학생들이 보충적인 수학과 읽기 프로그램에 참여하는 것은 필요한 일임은 분명해 보였다.

대부분 교사들은 그렇게 많은 수의 학생들이 보충지도(remedial instruction)가 필요한 것은, 그들의 학구적 기능(skill)이 보잘것 없기 때문이라고 했다. 교사들은 학생들의 보잘것 없는 학구적 기능이 학생들의 가정환경과 배경 때문이라고 했다. 어느 교사는 다음과 같이 지적했다. 즉, 교사로서, 사회적 계층과 가정환경이 학업성취에 끼치는 부정적인 영향을 극복할 수 있도록 할 일이 자기로선 거의 아무 것도 없다고 했고, 다른 여러 교사들도 학생들이 낮은 성적을 계속 유지하는 주된 이유가 학생들의 가정배경 때문이고 그런 조건들이 성적에 끼치는 영향을 극복할 수 있도록 자기들이 할 수 있는 게 아무 것도 없다는 것에 동의했다. 그들에 따르면 결과적으로 이 학교 학생의 대다수가 높은 성적을 내지 못할 것이라는 것이다. 그런 태도는 대체로 이 학교교사들이 실제 자기 학생들의 많은 수를 학구적 손실자(academic losses)로 간주해버리고, 그러는 속에서 그들은 학생들의 '사회적 결핍(social deficiencies)'을 극복하려는 희망도 거의 없다고 느끼고 있음을 암시하는 것 같았다.

학습놀이

3주의 관찰기간 동안 정규학급의 단 한 곳에서만 게임을 사용하는 것이 관찰되었다. 그것은 '지도' 게임이었는데 학급이 두 팀으로 나뉘고 팀의 멤버들이 교사가 미국 지도에서 가리키는 주의 이름을 정확하게 말하는 것이다. 가장 정확한 대답을 한 팀이 게임을 이긴다. 학생들은 이 게임을 즐기는 것으로 보였고 열심히 참여했다. 그런데 학생들의 학습놀이에 교사가 규율을 유지하려고 학생들에게 계속 악을 씀으로써 찬물을 끼얹는 것이었다.

다수의 학습게임이 수학 보충반이나 읽기반에서는 볼 수 있었다. 대체로 이런 게임들은 개별 학생들에게 쓰이도록 고안되었다. 게임의 대부분은 어떤 숫자나 그림 퍼즐의 형태로 되어 있다. 퍼즐을 정확하게 완성한 즉시 학생은 언어적 칭찬을 보상으로 받고, 어떤 경우에는 한 조각 캔디와 같은 물질적인 보상도 있었다. 상당수 학생들은 자기들이 그런 학급에 가는 것을 즐거워하고 있는데 그 이유가 그런 게임들을 좋아하고 거기서는 많은 공부를 하지 않아도 되기 때문이라는 것이었다.

흑인 B학교를 관찰한 결과 학습게임이 정규학급에서는 가끔씩 쓰이지 않음을 알게 되었다. 그런 게임들은 보충반에서는 광범위하게 쓰이고 있었으나 일반적으로 그룹보다는 개별학생용으로 고안된 것이었다. 이런 게임이나 다른 교수보조물(teaching aids)을 이용하는 것이 이 학교에서는 학생들의 높은 성취로 이어지는 것으로 보이지는 않았다.

학습행동 강화

이 학교의 상당히 많은 교사들은 우리가 생각하기에는 부적절하게 강화를 사용하고 있음을 보여 주었다. 이런 교사들은 분명히 수준 이하의 성취(performance)에도 언어적 칭찬을 주는 경향이 있었다. 한 가지 유의할 점은, 수준 이상으로 나아진 성취에 보상하려는 것이지, 수준 이하의 성취에 보상하는 것이 교사들의 의도는 아마 아니었을 것이라는 점이다. 그러나 어떠한 의도건 간에 이 교사들은 결과적으로 실제로는 잘하지 못하는 데 잘했다고 학생들에게 말하고 있었다. 예를 들어, 1학년을 관찰하는 동안 교사는 학습부진아(slow learner)로 묘사한 학생을 하나 가리켰다. 그 여교사는 그 학생이 지능발달이 늦지는(retarded) 않은 것 같은데 시험을 보면 부진하다고 말했다. 이 학생이 읽기 그룹에서 어떤 이야기의 문장을 읽는 것이 관찰되었다. 그 학생은 자기 읽을 차례에 한 단락을 읽어 나가면서도 끙끙 애를 쓰는 것이었다. 그가 마쳤을 때 교사는 그에게 잘했다고 말했다. 향상하기 위해 더 애쓸 필요가 있다는 것에 대해서는 한마디 말도 없이.

이런 식의 강화가 수많은 다른 경우에도 또 다른 학급에서도 학생들에게 주어졌다. 예컨대, 또 어느 학급에서 한 교사는 한 학생에게 문장 읽기를 잘하지 못했다고 말하는 것을 볼 수 있었다. 그런 뒤 그 교사는 어떻게 읽어야 하는 지를 예시하기 위해 한 번 읽어 주었다. 그 학생이 두번째 읽는 것이 처음보다는 나았지만 여전히 그 교사가 시범을 보인 것에는 미치지 못 하는 것이었다. 그런데도 그 교사는 그 학생에게 잘했다고 하고는 다른 학생에게로 넘어가는 것이었다.

관찰해 본 모든 학급에서 혼란스런 강화 메시지가 뚜렷하게 나타난 것은 아니었다. 알맞은 강화 패턴이 수학 보충반과 읽기반에서는 일관되게 관찰되었다. 여기에서는 혼란스런 강화는 아주 드물게 나타났는데, 주된 이유가 그런 반에서의 커리큘럼의 목적(design) 때문이었다. 그런 반에서는 커리큘럼의 제재(materials)들이 행동수정의 이론과 원리를 통합하였던 것이다. 즉, 어떤 학생이 올바른 응답을 하면 그는 보상을 받고 틀린 대답을 하면 보상을 받지 못했다.

수학 보충반에는 컴퓨터가 하나 있었는데 학생들이 즐겁게 사용하는 것 같았다. 그 컴퓨터는 개별교육을 하도록 프로그램화 되어 있었다. 한 학생이 문제에 대해 바른 답을 하면 그에게는 글로 된 메시지가 컴퓨터로부터 주어졌다. 틀린 대답을 하면 컴퓨터가 잘못을 지적하고 다시 해 보도록 말했다. 수학 보충반 여교사는 학생들이 컴퓨터로 공부하는 것을 정말로 좋아하고, 학생의 대부분이 100% 맞는 답을 할 수 있는 수준까지 향상했다고 말했다. 그러나 그 여교사는 또한 학생들이 컴퓨터에서는 문제를 모두 숙지해도, 똑같은 문제가 교과서에서 나오면 대체로 못 푼다는 점을 지적했다.

달리 말하면, 보충반에서 학생들이 보인 성적향상이 그들의 정규학급에서는 일반화되지 않는다는 것이다. 왜 이런 일이 일어나는가 하는 것은 숙고할 여지가 있다. 그러나 여러 명의 교사들이, 보충반에서의 학습시간을 "재미있는 시간"이라고 여기는 학생들의 태도와 함께 보충반 프로그램의 효과에 대해 부정적인 태도를 보이는 것은 이 상황과 어떤 관계가 있는지도 모른다.

우리가 관찰하기로는, 혼동스런 강화메시지를 보내지 않는, 단 하나 예외는 성악반(vocal music room)에서였다. 여기서는 교사가 적절한 강화주기의 탁월한 예를 보여 주었다. 교사가 곡에 가사를 붙이면서 어떻게 그 가사들을 불러야 하는 지를 시범으로 보였다. 학생들이 제대로 노래하지 않으면 다시 가르치고 다시 하게 했다. 이런 식으로 학생들이 자기가 시범보인 만큼 정확하게 노래를 부를 때까지 계속 되풀이했다.

요약하면, 우리가 본 바로 이 학교에서의 강화의 실행은 더 높은 성취를 촉진하도록 되어 있지 못하다는 것이다. 교사들은 수준보다 낮은 학구적 행위에도 언어적 칭찬을 하는 경향이 있었다. 이런 행동은 교사들이 적당한 것으로 받아들이는 성취표준을 반영하는 것으로 보인다.

기대수준

교사들과 얘기를 해 보고 또 그들의 교실에서의 행동을 관찰한 바에 따르면 교사들이 학생들의 현재와 미래의 학구적 성취(performance)에 대해 갖고 있는 기대는 낮았다. 교사들은 대게 그들 학생들이 계속 유지하고 있는 낮은 성적(achievement)에 대해 책임을 지는 것을 꺼려하였다. 그들은 학생들의 대부분이 가난한 가정 출신이요, 아주 문제가정 출신들임을 지적했다. 그들은 이것을 학생들의 낮은 성취에 대한 첫 번째 이유로 내세웠다. 이런 변명(핑계)은 교사나 교장에게서 거의 예외 없이 들을 수 있었다.

학급에서 제시된 학습과제를 마스터 할 수 있는 학생의 비율이 얼마냐고 물었을 때, 그 대답은 3분의 1에서부터 60%까지 다양했다. 어느 교사가 50%정도가 그럴 수 있다고 했을 때 우리는 나머지 50%는 어떠냐고 물었다. 그 교사는 그들 50%는 학구적으로 끝날 것(would be lost)이라고 답했다.

다른 여교사는 만일 학생들이 학교에서 내주는 과제를 제대로 하기만 한다면 반 학생의 대부분이 목표를 달성할 수 있을 것이지만, 학생들이 그들에게 주어진 것을 하려고 하지 않는 것이 문제라고 말했다.

대체로 교사들은 학생들에게 명확하고 구체적인 성취목표를 설정하지 않았음을 증명했다. 성취목표(achievement goal)에 대해 물었을 때 교사들은 대체로 자기들이 할 수 있는 만큼 학생들 각각을 도우려 애쓴다고 답했다.

교사와 교장이 지적한 것은, 교육위원회(Board of Education)로부터의 압력 때문에 읽기에서의 성적향상에 아주 많은 강조점을 두고 있다고 하는 점이었다. 그것이 교사들의 당면 목표(immediate goal)라면서도 그들의 태도나 학급을 관찰해 보면 그들은 그 목표가 달성되리라 기대하지는 않는 것을 보여주었다. 학급에서 많은 시간이 읽기 관련 활동들에 쓰이지만 그 시간이 쓰이는 방식, 교사-학생간의 상호작용(또는 상호작용의 결핍), 교사들이 나타내는 학구적 기대는 관찰들에게는 학년말이 되어도 읽기 성적의 증가는 아마 있기 어려울 것이라는 것을 보여 주었다.

집단화 과정

낮은 학년(유치원-3학년까지)에서는 학생들이 학급에서의 성적과 교사들의 학생에 대한 지각에 따라서 집단이 짜여졌다. 그 형식은 모든 교실에서 비슷했는데 각 학급은 대개 상중하 세개 그룹으로 나뉘었다. 서로 다른 그룹들은 매우 안정되어 있는 것으로 보였으며 상위 그룹으로 옮기기 위한 일정한 방법은 없었다. 교사들은 만일 어떤 학생이 학교생활의 초기에 부진한 그룹에 속하게 되면 그 학생은 아마 B학교에서는 초등학교기간 내내 부진한 그룹에 남아 있을 것임을 보여 주었다. 아주 부진한 것으로 간주되는 학생들은 하루 중 정해진 시간에 수학 보충반과 읽기반에 보내졌다. 그래서 학생들은 학급 안에서도 그룹 지어지고 '가장 부진한' 학생들은 또 하나의 남들이 알아보는 그룹인 보충반에 모이는 것이다.

상위학년(4-6학년)에서 이 학교는 Joplin plan으로 불리는 것을 쓰고 있었다. 클래스는 무학년이라고 설명했다. 학생들은 학급에서의 성적과 교사의 학생 능력에 대한 지각을 기준으로 그룹 지어진다. 예를 들면, 나이로는 4학년인 학생이 5학년 수준의 성취를 하면 같은 학년 수준의 학생들과 그룹이 되는 것이다. 각 시기(period)의 시작에 즈음하여 학생들은 그들 각자의 원적반(homeroom)으로 보내지고 거기서는 출석이 체크된다. 거기에서 그들은 각자의 '무학년' 교실(이곳 또한 세 개의 능력그룹으로 나누어져 있는)로 가게 된다. 이 클래스에서도 더 부진한 학생들은 수학 보충반과 읽기 학급에 하루 중 정해진 시간에 보내지는 것이다. 이런 대규모 집단나누기는 매우 혼란스럽고 많은 학급에 존재하는 무질서를 불러일으키는 것으로 보인다.

이 학교에선 집단나누기가 실행되는 방식은 낮은 성취 그룹에서 높은 성취집단으로 이동을 촉진하지 않는 것으로 보이며 학급경영의 한 도구로 된 것처럼 보인다. 수학이나 읽기에서 보충수업을 받는 학생은 이 학교에 출석하는 학생 전체와 비교해 보면 비정상적으로 많은 것이다. 보충학습 반의 학구적 효과성에 관해 교사들이 갖고 있는 태도는 부정적이었고, 앞에서 이미 지적했듯이 학생들은 대체로 그러한 클래스를 재미있으라고 가는 곳으로 지각하고 있었다. 그들은 또한 보충수업을 받아야 되는 학생들에 따라 다니는 오명(stigma)을 의식하고 있었다.

헌신도

교사들, 그들의 행동, 그들의 태도를 관찰한 결과 높은 성취에 대한 헌신성이 매우 낮음을 알게 되었다. 교사들은 자기 학생들에게서 학구적으로 많은 것을 기대하지도 않고 있으며, 이것은 그들의 학급에서의 행위에 그대로 나타났다.

높은 성취에 대한 이런 헌신성의 부족을 가장 잘 보여주는 보기는 어느 직원이 지적한 점일 것이다. 그는 다음과 같은 얘기를 해 주었다. 그 학구의 다른 학교교장이 학급에서의 효과를 높이는 방법을 토론하기 위하여 모임을 갖자고 했을 때 혹은 B학교에서는 두 명의 교사만이 자원하였으며, 대부분의 교사는 대가가 지급되지 않으면 안 가겠다고 했다는 것이다. 그 직원은 이 학교에서 교사들은 학교나 학교관련활동에 그들이 해야 하는 것 이상의 시간을 투자하는 데 거의 관심을 보이지 않는다고 했다.

대체로 교사들은 그 학교에서 성적을 올리기 위해 자기들이 할 수 있는 것은 거의 아무 것도 없다고 느끼고 있음을 나타냈다. 그들은 학구적 성취에 높은 기준을 설정하지 않았다. 대개 그들은 학급에서 학생들과 학구적으로 상호작용 하는 데 많은 시간을 쓰지도 않았다. 그들은 또한 풍부한 실지 교수를 하지도 않고, 학생들의 대부분이 더 높은 성취를 할 수 있

다고 느끼지도 않았다. 이런 요인들과 기타 다른 요인들을 통해, 우리는
이 학교에서는 높은 성취를 위한 헌신성이 낮다고 결론지었다.

교장의 역할

이 학교에서 교장은 무엇보다도 행정가로서 그리고 엄격한 훈육자로
통했다. 그 여교장은 학교의 매일의 행정적인 기능에 주의를 기울였고,
종종 학생들의 문제행동을 해결해 달라는 교사들의 요청을 받았다. 교장
은 교사들과 자유롭게 상호작용 했다. 교장은 교사들의 휴게실에도 자주
모습을 보였고 그 곳에서의 대화에도 종종 참여했다.

교장은 자기 자신을 자기 학교 학생들이 받는 교육에 관심을 보이는 데
첫번째이며 중요한 사람으로 간주하고 있었다. 그러나 앞서 지적되었듯
이, 교장도 학생들의 대부분이 낮은 사회적인 조건에 속하는 자기 학교의
학생들에게서는 그 정도 밖에 기대할 수 없지 않느냐는 것을 나타내고 있
었다.

교장은 직원들에게는 대체로 일 잘하고 훌륭한 행정가로 인식되고 있
었다. 교장은 당해년도 읽기 성적의 향상이 가장 우선적인 목표라고 교사
들에게 끊임없이 강조하지만, 그런 강조가 성적을 올리는 것에 대해 교사
들이 보이는 태도와 행동에 대해 별 영향을 끼치지 못하는 것으로 보인다.
교사와 학생 사이에서 보인 지원(push)의 결여가 교장과 교사 사이에서도
역시 두드러졌던 것이다.

교장이 교사들의 업무성취의 비판에 대해 최종적인 책임을 지는 반면,
교감은 학교의 학구의 기능을 지도하는 데 책임을 졌다. 교감은 성적 기
록을 보관하고 학생의 향상을 모니터 했으며 자원인사(resource person)
로서의 작용을 했다. 그 직위가 학교교육의 질을 감시하고 통제할 수 있
도록 의도되었으나, 관찰한 결과는 그렇지 못했다. 교감은 이 학교의 성
적을 향상시키려면 무엇을 해야 하는가에 관한 몇 가지 생각을 가지고 있

었으나, 그런 아이디어를 현실화하는 능력면에서 본다면 상대적으로 힘이 없었다. 교사들은 교감을 감독자로 보다는 동료로서 인식하고 있는 것 같았다. 대체적으로 교장이나 교감으로부터 교사들에게 학습성취를 향상시키라고 주어지는 압력은 아주 적어 보였다.

　흑인 B학교를 관찰한 결과 우리는 다음과 같은 결론을 내리게 되었다. 즉, 이 학교의 학구적 풍토는 더 나은 성취를 가져오는 데 별 도움이 되지 않는다는 것, 여기 교사들은 대체적으로 학생들이 더 높은 성취를 할 능력이 있다고 느끼지 않으며 이것은 그들의 학급행동에 반영된다는 것, 또한 교육행정가들은 이런 태도나 행위를 변화시키기 위해 압력을 거의 행사하지 않는 것으로 보인다는 것이었다.

6. 네 학교 사례연구의 종합적 고찰

수업시간

　백인 A학교 교사들은 거의 대부분의 수업시간을 가르치는 데 사용하였다. 수업시간에 제시하는 과제를 해결하도록 약간의 시간을 할애하는 것 외에 자습시간이 거의 없었다. 그렇지만 교사들이 지나치게 많은 내용을 가르치거나 학생들이 이미 깨우친 내용에 시간을 소비하는 것 같지 않았다. 그들은 시간을 경제적으로 사용하고 있었다.

　백인 A학교 수업방식이 흑인 A학교의 수업방식보다 높은 학업성취에 더 도움이 되었다. 그렇지만 학구적 활동에 사용한 시간의 양은 대충 비슷하였다. 수업방식이란, 특히 교사들이 학생들의 수업내용 이해 여부를 확인하기 위하여 필요할 경우에는 기꺼이 다시 가르치는 정도를 뜻한다. 교사-학생간의 이와 같은 학구적 상호작용은 흑인 A학교보다 백인 A학교에서 훨씬 자주 있었다. 또 학업성취가 낮은 흑, 백 B학교와 비교하면 흑, 백 A학교의 교사-학생 상호작용이 훨씬 빈번하였다.

학업성취가 낮은 흑, 백 B학교에서는 수업시간의 많은 부분이 자습하고, 조용한 가운데 놀도록 주어졌고, 그 동안에 교사들은 성적처리와 같은 행정업무를 처리하는 경향이 있었다. 일반적으로 교사-학생 사이의 학구적 상호작용이 없는 자습시간(study time)이 필요 이상으로 많이 주어졌다.

지도의욕

이것은 학생의 학업성취를 교사의 책임으로 받아들이고, 이를 말이나 행동으로 표현하는 것을 가리킨다. 백인 A학교 교사들은 동료교사와 학생들에게 "학생들이 높은 학업성취를 이룰 수 있다."는 믿음을 자주 표현하였다. 특히 저조한 학업성취를 교사 자신의 탓으로 돌렸다. 학업성취의 신장 방법에 대해서 토론하는 데 많은 시간을 보냈고, 어떤 학생들을 특별 지도하는 데에도 시간을 많이 사용하였다. 교사들은 학생들의 성취 향상 방안을 논의하기 위한 교장, 학생, 학부모와의 모임에 기꺼이 참여하는 것 같았다. 이러한 행위 저변에는 학생들은 높은 성취를 달성할 수 있다는 굳은 믿음과 학생들이 공부를 잘하게 하는 것은 교사 자신들의 책임이라는 생각이 깔려 있었다.

교사들이 자신들의 기대와 헌신성을 표현하는 방식은 다양하였다. 예를 들어, 학생들이 과제와 시험을 소홀히 하면 이를 당연하게 여기지 않고 교사가 돕고 지도하여 끝마칠 수 있게 하였다. 지금까지 논의해 온 교사들의 많은 행동과 태도들은 높은 참여의 증거들이다. 혁신, 교수에 사용하는 시간, 놀이학습의 사용은 높은 학업성취에 대한 교사 참여의 몇 가지 예이다.

백인 B학교의 교사들은 학생들이 공부를 잘 할 수 없다고 믿었고, 그 결과 학생들의 높은 성취를 위해 노력하지 않았다. 백인 A학교와 비교할 때 백인 B학교 교사들은 학생들이 수행해야 할 과업을 매우 다르게 규정하고 있었다. 이 학교의 교사들이 설정하고 있는 학생의 성취수준은 비교적 낮은 편이었다. 학생들의 가정이 가난하여 공부를 못한다는 지각 때문에 학생들의 낮은 성취가 교사 자신들이 책임이라는 생각을 별로 갖고 있지 않았다. 결과적으로 이 학교의 교사들은 교수에 많은 시간을 할애하지 않았고, 재수업도 드물었으며, 학생들의 낮은 성취를 당연하게 여기고 있었다.

종합하면, 특히 학생들의 높은 학업성취가 실제 가능하다고 생각하지 않았기 때문에 학생들의 높은 학업성취를 위하여 노력하지 않는 것 같았다. 흑인 A학교 교사들은 학생들이 설정된 성취목표를 달성할 수 있다는 것을 확신하는 헌신성을 가지고 있었다. 그리고 학생들에 대한 자신의 태도와 행동은 학생들의 학업성취에 중요한 영향을 미친다고 보았다. 반면, 흑인 B학교 교사들은 학생들의 성취가 낮은 것은 학생들이 가정환경 탓으로 돌리고 자신들의 책임으로 생각하지 않는 것이 흑인 A학교와의 가장 큰 차이였다. 따라서 이 학교 교사들은 혁신적이지도 않았고, 학생들을 격려하지도 않았다.

이처럼 교사의 노력에 있어 학교간 차이가 많이 있었다. 이러한 차이의 첫번째 원인은 사회계층, 인종과 학업성취와의 관계에 대한 교사의 지각에 있다고 본다. 학업성취가 낮은 학교의 교사들은 그 탓을 학생집단의 사회적 특성으로 돌렸다. 학업성취가 높은 학교의 교사들은 학생들의 사회경제적 배경이 낮음에도 불구하고 공부를 잘할 수 있다는 믿음을 가지고 있었다. 나아가 이들은 학생들의 높은 학업성취를 자신들의 책임으로 받아들였다. 높은 학업성취를 위한 교사들의 노력을 가리키는 수업시간과 같은 행위들은 높은 성취가 타당하고 실현 가능한 목표라는 믿음에서 나온다.

성취가 높은 백인, 흑인 A학교 교사들은 이러한 믿음을 가지고 있었고, 교실에서 관찰 가능한 행동으로 표현하였다.

학습놀이

백인 A학교에서는 학습놀이를 수업도구로 자주 사용하였는데, 특히 수학시간과 저학년에서 자주 사용하였다. 흥미로운 것은 학습놀이는 주로 그룹을 이루어 한 점이다. 그래서 놀이의 승자와 패자는 개인이 아니라 집단이 되었고, 그 결과 집단성원들은 서로 격려하고 강화하며 도와주었다. 이러한 학습놀이는 학생들의 학습을 도와 줄 뿐만 아니라 학생들의 학습에 대한 흥미를 지속시키는 데도 효과적인 것 같았다.

흑인 A학교는 학습을 쉽게 하기 위하여 학습놀이를 이용하고 있었지만, 백인 A학교처럼 광범위하지 않았다. 두드러진 것은 놀이가 보충적 의미로 사용되지 않는다는 사실이었다. 대개 학급 전체가 참여했는데, 집단끼리의 경쟁이었고 그 결과 그룹 내에 응집력이 생겨 보충학습을 받는다는 수치심 없이 모든 학생들이 열성적으로 참여하였다.

백인 B학교는 학습놀이가 한 번도 관찰되지 않았다. 흑인 B학교는 약간의 학습놀이가 있었다. 그런데 그 수행방식이 성취가 높은 흑인, 백인 A학교들과는 달랐다. 즉 정규 수업시간에는 학습놀이를 하지 않았고, 여러 가지 보충 프로그램에서만 하였다. 그리고 놀이는 집단으로 하지 않았다. 학생들은 이 학습놀이를 좋아하였는데, 그 이유는 바른 답을 할 수도 있지만, 보상이 없으면 그렇지도 않을 수 있기 때문에 교사들은 정규 수업시간에 학습놀이를 사용하지 못하는 것 같았다. 이 학교에서는 학습놀이가 긍정적인 영향을 미치는 것 같지 않았다.

교사기대

백인 A학교 교사들은 거의 모든 학생이 모든 교과에서 학년 수준을 성취할 수 있다고 기대하였다. 교사들은 학생들의 가정배경이 학업성취에 대개 부정적인 영향을 미친다고 생각했지만, 가정배경이 성취에 결정적인 영향을 미친다고 보지 않았다. 학업성취에 관한 한 교사들은 신중한 낙관주의자였다. 그들은 학년에 적합하다고 생각하는 성취수준을 토대로 성취목표를 정하였다. 일단 성취 목표가 정해지면 학생들에게 가능한 모든 수단을 제공하였다. 이 점에서 가장 특징 있는 것은 성취의 상한선이 아니라 하한선을 정한다는 점이다. 그 하한선은 대개 학년 수준이었다.

혹인 A학교는 교사들이 성취 기대를 가지고 있고 성취 목표를 정해둔다는 점에서 백인 A학교와 비슷하였다. 교사들은 학생들의 가정배경과 관련된 문제들을 인식하고 있었다. 하지만 이러한 문제를 학업성취 실패의 원인으로 보는 것 같지는 않았다.

백인 B학교 교사들은 대부분의 학생들이 학년 수준을 성취하리라고 기대하지 않았다. 교사들은 가정배경 때문에 학생들이 높은 학업성취를 할 수 없다고 하였다. 성취목표의 상한선은 학년 수준이었고 학생들의 가정배경을 고려할 때 바랄 수 있는 최대치라고 하였다. 성취목표의 하한선은 없는 것 같았다. 따라서 학년 수준 이하로 성취하는 학생들을 교사의 실패로 간주하지 않았다. 성취목표는 학생들의 가정배경에 의해 나누어졌다. 때문에 성취는 개개 학생들의 능력과 동기로 귀인되었다. 일반적으로 성취목표가 낮았고, 학생들의 성취목표 달성을 자신들의 책임으로 받아들이지 않았다.

혹인 B학교는 구체적인 성취목표가 없었다. 교사들은 학생들의 낮은 성취가 예견된 것이며 그 까닭은 학생들의 사회경제적 배경이라고 하였다. 그들은 많은 학생들이 보충학습을 받아야 하는 것도 사회경제적 배경 탓으로 돌렸다. 보충학습을 받는 학생이 많다는 것은 교사들이 포기한 학생들이 많다는 것을 뜻한다. 학생들의 낮은 성취가 예견된 것이라는 교사들의 생각은 교사들이 성취를 높이기 위해 노력하지 않을 것이라는 점을 시사한다. 그들의 낮은 기대 수준, 낮은 참여, 적은 교사-학생 상호작용, 혁신적 교수방법의 부재 등은 이러한 생각에서 비롯되는 것 같다.

학교간 기대 차는 성취에 미치는 인종이나 사회계층의 영향에 대한 지각 차에서 생기는 것 같다. 학업성취가 높은 학교에서는 가난이 학업성취

에 부정적인 영향을 미칠 수 있지만 극복할 수 있는 것이라 하였고, 성취
가 낮은 학교의 교사들은 이러한 믿음을 갖고 있지 않은 것 같았다.

집단화 과정

백인 A학교에서 집단화는 1학년에서 3학년으로 제한했고 단지 읽기 과
목만 했다. 1학년 교사들은 일년에 최소 5집단을 만들었다. 이러한 집단
의 구성원은 자주 바뀌었다. 그들이 성취에 따라 이동하기 때문이다.

교사들은 이러한 집단을 유지하는 데 있어 다음을 강조했다. 첫째, 학
생들은 상당히 쉽게 느린 진보에서 빠른 진보를 할 수 있다는 점이다. 왜
냐하면 집단간 차가 적기 때문이다. 둘째, 만약 학생들이 결석, 가정 문제
등으로 인해 성적이 떨어졌다면, 더 낮은 수준의 집단으로 내려가 손실을
보충할 수 있으며 그런 후 다시 집단 이동을 할 수 있다. 집단화 실천의
이런 유형은 학생에게 유리한 것처럼 보인다. 대부분의 집단 구성원은 우
수 혹은 열등으로 낙인 찍힐 것이라고 생각하지 않는다. 이러한 집단화는
상대적으로 교사의 높은 기대와 결부되어 있기 때문에 읽기 집단 사이의
차가 심화되지는 않을 것이라 확신했다. 읽기에 집단화는 3학년에 다시
실시된다. 교사들은 학생들 전부 혹은 최소한 거의 전부가 3학년을 마칠
때 3학년 수준에서 읽을 것이라고 생각한다. 읽기는 과학과 역사와 같은
과목과 관련이 있다. 따라서 역사나 과학과목에 있어 성공에 필요한 기술
을 읽기 획득과 함께 학생들이 획득할 것이라고 교사들은 생각한다.

높은 성취의 흑인 학교에서 교사들은 학생의 읽기와 수학 시험 성적에
근거해 학급을 가른다. 읽기와 수학반은 교육과정에 있는 예비시험에 의
해 기본적으로 결정된다. 시험은 학년초에 시행된다. 학생들의 시험성적
에 따라 수학과 읽기의 수업자료가 결정된다. 학생들은 수업자료 학습에
따라 낮은 집단에서 높은 집단으로 옮길 수 있다.

아마도 이 학교에서 집단화 절차의 가장 긍정적인 면은 학생의 학구적

인 능력에 대해 교사의 지각에만 기초하는 것이 아니라 교육과정 척도에 의한다는 점이다.

백인 B학교에서의 집단화 절차는 다른 백인학교와 아주 다르다. 학생들은 1학년 때 2집단으로 분류된다. 그리고 완전히 다른 읽기 프로그램이 주어진다. 열등아 집단의 어린이들은 낮은 수준의 읽기 공부를 할 뿐이라 우수아 집단과 전혀 다른 책으로 읽기 공부를 한다. 집단간 이동의 제한을 받고 있으며 사실상 상승 이동이 전혀 없다. 이 학교에 있어서 프로그램은 6학년 때에도 반복된다. 1학년 때 열등아 집단에 있었던 학생들은 6학년 때에도 여전히 열등아 집단에 있었다. 대부분 집단화는 읽기와 관련된 과목으로 제한되었다. 같은 교실에서 이 3/4과 5/6와 같이 나뉘어진 부분 때문에 교실의 좌석배치는 읽기 수준에 근거한다. 예를 들어, 3/4교실은 우수한 3학년과 4학년 학생으로 구성된다. 이러한 집단화 방법은 학생간의 읽기 차를 만든다.

낮은 성취의 흑인 학교에서는 학생능력에 대한 교사의 판단과 시험으로 학생을 집단화 했다. 이 학교에서 사용된 집단화 절차의 가장 현저한 특징은 수학과 읽기를 보충하는 프로그램에 상위 학년이 많이 있다는 점이다. 이 학교에서 교육과정 설계는 무학년 개념에 기초한다. 즉 학생들은 같은 학년 수준에 있는 사람들과 수업을 한다. 예를 들어, 6학년에 해당하는 학생이지만 시험 점수가 수학에서는 4학년 수준이고 읽기가 5학년 수준이면 그에 맞는 학년 수준에서 공부한다. 학생들은 학년 구분이 없이 고, 중, 저의 성취집단으로 분류된다.

더욱이 학년 구분 없는 상태에서 낮은 성취를 하는 학생들은 보충수업을 위해 교실에 남는다. 이러한 집단화 절차의 의도는 학생들의 개인적 욕구와 부합했다. 하지만 학교의 평균 성취 점수와 학년 수준에 이르지 못한 학생은 이러한 절차에서 더 높은 성취를 별로 자극 받지 못했음을 보여 주었다. 한번 보충 프로그램에 참여한 학생은 계속 그러한 프로그램에 남아 있었다. 이 학교에서의 보충 프로그램을 강조하는 집단화는 교사가 학생들의 성취에 낮은 기대를 갖고 있음을 반영한다.

관찰된 4개 학교의 집단화 절차는 계획과 의도에 있어 상당히 다양했다. 높은 성취를 하는 흑인과 백인의 A학교는 집단간 이동이 용이했다. 높은 성취의 백인 학교에서는 작은 차이를 갖는 많은 집단이 있었다. 높은 성취의 흑인 A학교에서 집단의 단계는 학생의 읽기와 수학 습득여부에 의해서 결정된다. 이 두 학교에서는 객관적인 학생성취에 기초해 집단화를 하였다.

낮은 성취의 학교는 성공과 실패 여부에 따라 학생들을 분류하는 경향이 있다. 이러한 학교에서 집단의 분류는 기본적으로 학생능력과 잠재적인 학습에 대한 교사의 지각에 기초했다. 낮은 성취의 백인학교에서는 1학년 수준에서 우수 혹은 열등으로 학생을 규정한다. 보충 프로그램에 참여한 학생은 계속 참여하는 경향이 있다. 낮은 성취의 백인과 흑인 학교에서 집단화 실행은 성취를 감소시키는 듯이 보였다. 우수학생과 열등 학생의 차는 보충 프로그램에도 불구하고 시간이 지남에 따라 벌어졌다.

학습행동 강화

관찰된 4개 학교 교사들은 학생들과 상호작용에 있어 다양한 강화유형을 사용했다. 우리는 이것을 세 영역으로 분류했다. 즉 적절, 부적절, 혼동으로의 분류이다. 적절한 강화는 옳은 답과 바람직한 행동을 한 학생에게는 긍정적으로 보상을 주며 그렇지 않은 경우엔 부정적인 보상을 주는 것이다. 이와 반대의 경우엔 부적절한 강화로 보았다. 혼동된 강화유형은 학생에 대한 그들의 이해가 모호한 경우이다. 예를 들어, 틀린 답을 한 학생에 대해 '좋다' 는 반응을 하는 경우이다. 대개 높은 성취를 하는 백인 학교 교사들은 학생의 성취에 적절한 강화를 한다. 학생들은 대부분 교사로부터 적절한 강화를 받는다. 이 학교에서 학생은 재 수업시 먼저와 같은 강화유형이 나타나면 오류를 수정할 수 있게 된다.

높은 성취의 흑인 학교에서도 교사들이 더 높은 성취를 유도하는 강화를 실행했다. 일반적으로 교사들은 학생에게 혼동되는 강화 메시지를 주지 않았다.

낮은 성취의 백인 학교에서 교사의 강화유형은 일관성이 없었다. 교사들은 학생에게 혼동되는 강화 메시지를 주었다. 어떤 때에는 틀린 답에 칭찬을 하였다. 어떤 때에는 학생이 긍정적으로 혹은 부정적으로 보상을 받는지를 결정하기가 어려웠다. 대부분의 경우에 교사들은 학생이 오류를 수정하는 수단으로 재수업을 사용하지 못하였다. 학생들은 더 나은 수행을 위한 환류를 받지 못했다. 어떤 경우에는 향상된 수행에 부정적인 보상을 주는 것이 관찰되기도 했다. 이 학교에서 교사의 강화는 학생성취를 증진시키지 못할 것이라 생각된다.

일반적으로 보상받은 행동은 반복되는 경향이 있다. 그리고 보상받지 못한 행동은 소멸되는 경향이 있다. 관찰된 4개 학교의 교사들은 학생의 학구적 행위에 영향을 미치는 다양한 종류의 강화유형을 사용했다. 높은 성취의 흑, 백인 학교에서는 혼동되고 부적절한 강화메시지의 증거가 별로 없었다.

낮은 성취의 흑, 백인 학교에서는 열등 학습자가 옳지 못한 답에 긍정적인 강화를 받기도 하고 옳은 답에 대해 부정적인 보상을 받기도 했다.

요약하면, 높은 성취 학교 교사들은 낮은 성취 학교 교사보다 학생의 높은 성취에 적절한 강화를 더 많이 사용하는 듯 했다.

교장의 역할

백인 A학교의 교장은 행정가와 교육적 지도자로서의 역할을 하였다. 학생성취에 대한 그의 관심은 학생, 교사, 다른 교직원과의 상호작용에서 나타났다. 그는 교실을 30번 이상 방문하는 듯 했다. 이 학교의 교장은 새로운 프로그램 등에 대해 아주 혁신적이었다. 교장은 교사들과 토론 모임을 가졌다. 이 학교의 교장은 학교의 학구적 풍토에 긍정적인 영향을 주는 듯 했다. 학업성취에 대한 교장의 관심은 학생과 교사 모두에게 알려져 있었다. 학생들이 높은 수준의 성취를 할 수 있다고 이 학교의 교장은 확신했다. 하지만 학생성취에 대한 책임을 교사와 함께 하지는 않았다.

백인 B학교 교장은 그 지역의 다른 학교 교장과 비슷한 역할을 수행하였다. 학교 내에서의 훈육문제와 행정적인 의무가 주 역할인 듯 했다. 그는 교실을 방문하지 않았으며, 교사와의 특별한 모임도 갖지 않았다. 그는 학생의 성취결과를 분석해 만족하는 듯 했다. 그 지역 내에 있는 다른 학교와 비슷했기 때문이다. 학생성취에 대한 교장의 기대는 낮았다. 전반적으로 백인 B학교 교장은 학교의 학구적 풍토에 부정적인 영향을 주는 듯 했다.

높은 성취의 흑인 학교 교장은 학교의 학구적 풍토에 직접적인 영향을 주었다. 교장은 경험있는 교사에 대해 믿음을 가졌다. 경험이 미숙한 교사에게는 교실에서의 혁신을 허용하는 반면에 지속적인 훈육의 필요성을 강조했다. 이것은 구두와 메모를 통해 전달되었으며, 교사들이 학교에서의 훈육 책임을 맡고 있음을 나타낸다.

이 학교의 교장은 교육적이며 행정적인 기능을 부드럽게 운영하는 듯 했다. 교장은 학교경영의 행정적인 면에 최선을 다했으며, 직접적인 교육활동에 대해서는 교사에게 책임을 위임했다. 교장은 교실관찰을 통해 주기적이며 개별적으로 교사를 비평하고 함께 토론했다.

낮은 성취의 흑인 학교에서의 교장의 역할은 행정가와 훈육가로서 이루어졌다. 학구적인 문제에서 나타나는 주요한 책임은 교감에게 맡겨졌다. 교감은 교실수업을 감독했지만 학생들에 대해 교사들이 가지는 자세나 기대에 대해 거의 언급하지 않았다.

대개 훈육문제는 교장 집무실에서 거론되었다. 행정적인 의무와 더불어 이러한 문제를 다루는 것에 교장 일과의 대부분을 소비하는 듯 했다. 교장과 교사들은 학생의 학업성취 향상에 관심이 있었지만, 학업성취를 위한 전략은 분명하지가 않았다.

연구된 4개 학교에서 교장의 역할종류는 상당히 다양했다. 기본적으로 행정적 의무가 요구되었으며 많은 시간을 이 의무수행에 할애했다. 높은 성취의 백인 학교 교장은 행정뿐만 아니라 수업 프로그램에도 참여했다. 행정의 일상적인 면은 비서가 처리했다. 교장은 학생의 학업성취에 관해 교사들과 자주 의견을 교환했으며 수업지도 프로그램에 많은 시간을 할당했다.

높은 성취의 흑인 학교 교장은 행정적인 업무에 대부분의 시간을 보냈다. 학교에서 진행되는 수업활동에 대한 주요 책임은 교사에게 있다고 여긴다. 그는 백인 학교 교장보다 더욱 교사의 수행에 대해 평가를 했지만 수업프로그램 향상을 위해서 교사들과 시간을 보내지는 않았다.

낮은 성취의 흑인과 백인 학교 교장은 높은 성취의 흑인 학교 교장과 마찬가지로 학교 행정가로서 자신을 생각했다. 낮은 성취의 흑인 학교 교장은 학업성취 향상에 주된 관심을 나타냈다. 하지만 교실에서 학업성취에 대한 교사들 강조의 결핍은 교사들이 목표에 별로 압력을 느끼지 못함을 보여 주었다.

낮은 성취의 백인 학교 교장은 학생들이 높은 성취를 할 수 있다고 기대하지 않았다. 교장은 학업성취 증진을 강조하지도 않았다.

7. 종합논의

몇몇 학자들(Jencks와 그의 동료들, 1972 ; Hauser, Sewell & Alwin, 1976)은 학교가 성취차를 초래하지 않는다는 결론을 내렸으나, 이들의 연구는 적절한 증거에 기초한 것이 아니다. 학교의 사회적 상황에 대한 연구들은 학교사회체제 내에서 일어나는 사회적 상호작용의 특성에 거의 주의를 기울이지 않았다. 학생의 가정배경 및 교사의 자질, 비용, 다른 교직원 특성 등과 같은 학교사회체제 투입요인에 대한 측정이 학교가 학업성취에 미치는 영향을 알아보는데 우선적으로 채택된 변인들이었다. 가정배경과 이와 관련된 학생집단의 인종구성이 학교간, 학생 개인간 성취 차를 설명해 주는 가장 중요한 투입변인들이었기 때문에, 많은 연구자들은 학교사회체제 내의 어느 것도 학업성취에 영향을 미칠 수 없다고 결론지었다. 하지만 이 연구는 이러한 결론을 지지하지 않는다. 이 연구는 학업성취에 미치는 학교의 사회적, 사회심리적 특성들의 영향을 알아보기 위하여 수행되었다.

이 연구의 일반적인 가설은 문화적, 사회심리적 규범풍토와 지위-역할 규정이 학교사회체제를 특징짓는데, 이것이 학교 성취차의 대부분과 행동결과들을 설명해 준다는 것이다. 이 가설은 규범, 기대, 학생들에 대한 여러 가지 평가, 적절한 학생의 역할행동에 대한 규정들이 학교사회체제 내에서 학생들의 사회화에 영향을 미치는 중요한 학교사회체제 특성임을 뜻한다. 교사들의 봉급과 경험 같은 것들은 학교사회체제를 특징짓는 사회-문화적 규범, 기대, 행위규정의 지표로 적절하지 않은 것 같았다. 따라서, 학교의 사회적 풍토와 구조적 특성 그리고 이러한 사회체제 특성과 관련된 몇몇 독특한 행위들을 규명하고자, 이들이 학교간 성취 차에 기여하는 정도를 조사하였다.

학생들이 직접 상호작용 하는 사회체제에 초점을 맞췄다. 학교의 사회적 맥락에 대한 많은 연구들과 달리, 본 연구는 초등학교의 사회체제를 연구하였다. 이 연구에서 조사한 것은 하나의 사회적 단위인 학교의 보편적 특성이다.

이 연구의 토대는 일반적인 사회화 이론이다. 인간은 주변의 타인들을 지각하고 그들의 기대에 의해 자신들에게 알맞다고 규정하는 방식으로 행동하게 된다. 학생들은 자신들이 소속된 사회체제 내의 타인들과 상호작용 함으로써, 다른 행위들 뿐만 아니라 학습행위도 배우게 된다. 학교 사회체제를 특징짓는 사회적 풍토와 구조 그리고 학생역할 규정이 학교 사회체제에서 습득되는 인지적 행위와 그 외의 행위에도 영향을 미친다고 가정한다.

연구 변인

학교사회체제를 특징짓는 변인들은 이미 앞장에서 자세히 설명했지만, 간단히 살펴보면 첫번째, 학생집단의 사회경제적 지위와 인종구성이다. 학생집단의 다른 특성들도 학교사회체제의 성격을 결정짓는 데 관련이 있을 수 있겠지만, 대체로 평균적인 사회경제적 지위와 인종구성이 성인들과 다른 학생들의 학생관을 규정하며, 따라서 평균적인 사회경제적 지위와 인종구성은 학교사회체제의 규범과 기대에 의해 성인들과 다른 학생들에게 어떻게 영향을 미치는가를 규정한다고 생각한다. 이외에 많은 다른 인적 투입요소들—교사봉급, 교사의 질, 학교의 학생수, 평균 출석률, 학생대 교직원 비율, 종신 재직권—을 검사하였다. 이들은 흔히 산출결과의 중요한 결정요인으로 간주되어 왔기 때문이다.

두 번째 변인군은 학교사회구조의 몇몇 측면들의 특징을 알아보기 위하여 설계되었다. 두 가지 측정이 몇 가지 학생의 지위와 역할 규정을 기술하였다. 그 중 하나는 학생들이 학급사회구조 내에서 이동할 수 있고, 자리를 바꿀 수 있는 정도를 규명하기 위하여 계획되었다. 후자는 학교조직의 개방성 정도로 정의하였다. 학교사회구조의 다른 특성들은, 부모가 교사와 교장에게 알려지고 학교사회체제에 포함된 정도, 교장에게 보고된 총 수업시간, 교사들의 동료교사, 교장, 학생들과의 관계에 대한 만족도 등이다.

세 번째 변인군은 학교풍토로 규정할 수 있는 것들이다. 이들은 학교의 문화적 즉 규범적, 사회심리적 환경을 기술하도록 설계되었다. 이 변인들의 하위군은 세 가지이다. 그 중 첫째 하위군은 학생들의 학교 내에서의 성공할 수 있는 능력, 학생 자신들에 대한 타인들의 지각을 토대로 하고, 둘째 하위군은 타인들의 기대, 평가, 참여 및 학교사회체제 규범에 대한 교사들의 지각에 자리잡고 있으며, 셋째 하위군은 학생의 기대, 규범, 성취노력과 관련 있는 타인들과 자신의 행위에 대한 교장의 지각에 기초하고 있다.

결과변인들은 4학년의 수학과 읽기 평균, 학생들의 학구적 능력에 대한 자아개념 평균, 자신감의 평균이다.

학업성취에 미치는 학교의 영향

이 연구의 가장 중요한 발견점은 다음과 같다. 사회체제의 세 변인군 — 사회적 구성과 다른 인적투입요소, 학교의 사회적 구조, 학교의 사회적 풍토 — 의 결합이 세 종속변인의 학교간 차이를 가장 많이 설명할 수 있다는 점이다. 주 대표표집에서는 읽기와 수리 성취의 학교간 차의 85% 이상이 사회체제변인들의 결합에 의해 설명되어지고, 흑인 다수학교 표집에서는 거의 90% 이상, 백인 다수 학교 표집에서는 66%가 설명되어진다. 같은 방식으로 학구적 능력에 대한 자아개념의 학교차의 90% 이상이 설명되고, 자신감의 경우는 표집에 따라 38~80% 설명된다. 이러한 사실로 볼 때, 학업성취와 학구적 자아개념의 대부분이 사회체제 변인들의 결합에 의해 설명될 수 있다는 점이 분명해진다. 학업성취 변량의 대부분은 학생집단의 사회경제적·인종적 구성이나 학교풍토변인 탓으로 돌려질 수 있다. 그렇지만, 사회적 구성과 다른 인적 투입변인들은 자아개념과 자신감의 학교간 차이를 거의 설명해 내지 못한다. 이들은 대개 학교풍토변인들에 의해 설명되어진다.

여기서 검사한 학교사회체제의 여러 측면들이 독립적으로 작용하지 않는다는 것을 인지해야 한다. 학생들의 기대와 평가, 그들의 무력감, 학구적 규범은 학생집단의 인종적·사회경제적 구성과 상관관계에 있다. 학교풍토를 형성하는데 매우 중요한 역할을 하는 학교사회체제의 성인들은 아마도 학생집단 구성에 대한 자신들의 지각에 영향을 받을 것이다. 학생집단의 사회경제적 특성보다도 인종구성이 풍토변인 특히, 학생들의 학구적 무력감과 더 많은 관련을 맺고 있다. 일반적으로, 학교를 특징짓는 기대와 평가는 흑인과 치카노(멕시코계 미국인)가 많은 학교에서 매우 낮다. 마찬가지로 가난한 학생들이 많은 학교의 기대와 평가가 일반적으로 낮다. 또한 흑인 다수 학교들은 무력감이 높다. 그렇지만 예외도 있는데, 이는 매우 중요하다. 사회경제적 지위가 낮고 소수인종이 많은 몇몇 학교들은 바람직한 학교풍토를 가지고 있다. 앞의 사례연구에서 보았듯이 흑인이 많고, 백인이 많이 있지만 사회경제적 지위가 낮은 두 학교는 학업성취가 매우 높은 학교사회체제를 가지고 있었다.

사회경제적 지위가 낮은 4학교의 관찰결과 강화유형과 다른 교육활동들은 성취뿐만 아니라 구조, 풍토 등의 사회체제변인들과도 관련이 있다는 것을 알 수 있다. 교사들이 학생들의 학습능력을 믿고, 공부 잘하기를 기대하는 학교에서는 가르치는 일을 더 많이 하고, 학습에 적절한 강화를 하는 것 같다.

몇몇 사회구조변인들은 학생집단구성 및 풍토와 관련이 있지만, 우리의 분석결과 및 집단화·차별화 변인 및 개방·폐쇄 학교변인에 의해 규정되는 학생 지위-역할의 학생집단구성 및 규범적 학교풍토와의 관계는 학생집단구성과 규범적 학교풍토의 관계보다 더 약하다는 것을 보여준다. 학생 지위-역할 변인의 결과변인에 대한 설명력은 약하지만, 이들의 제한된 영향력은 학생집단 구성 및 학교풍토에 의해 달라지지 않는다.

이 연구의 본래 목적은, 학교사회체제의 규범적, 사회심리적 특성이 학업성취에 미치는 영향을 알아보기 위한 것이었다. 예비연구(Brookover 등, 1973)와 이 연구에서 규범적, 사회심리적 변인들(이 연구에서 풍토로 규정됨)이 학교간 성취 차의 대부분을 설명한다는 사실이 입증되었다. 풍토와 학생집단의 인종적·사회경제적 구성과의 상관관계가 매우 높지만, 주 대표표집에서 풍토에 의해 설명되는 변량비율(.720)이 결합된 구성 (SES+인종) 변인에 의해 설명되는 변량비율(.744)과 본질적으로 같다는 점이 분명하다. 학생집단구성 변인들(SES와 인종)이 3개의 하위표집 분석에서 부분적으로 통제될 때, 풍토변인이 성취에 미치는 영향은 보다 분명해진다. 3개의 하위표집 — SES가 높은 백인 학교, SES가 낮은 백인 학교, 흑인 다수 학교 — 에서 풍토변인들은 회귀분석에 먼저 투입되었을 때에 결합된 투입변인들이 먼저 투입되었을 때보다도 학교간 성취 차를 훨씬 많이 설명한다. 나아가, 이 각각의 하위표집에서 투입·구조변인들의 영향을 제거하면, 풍토변인들은 학교간 성취차의 25% 이상을 설명해 준다. 또한, 3개의 하위표집에서 성취차에 대한 변인들의 영향을 분리시켰을 때, 투입·구조변인보다 풍토변인의 영향이 훨씬 크다는 것을 알 수 있다(SES가 높은 백인 학교 표집의 경우 제외). SES가 높은 백인 학교 표집의 경우에는 구조변인과 풍토변인의 영향력이 같다. 이러한 분석결과는 SES와 인종구성이 통제되었을 때에도 하위표집 간의 풍토차가 존재하며, 이러한 풍토차가 하위표집 간 성취차의 대부분을 설명해 준다는 것을 의미한다. 증거가 충분하지는 않지만, 이러한 분석결과는 학생집단구성에 반영된 가정배경보다 학교풍토가 성취에 더 많은 영향을 끼친다는 것을 시사한다.

　SES가 낮은 성취수준은 다른 흑·백인 학교를 관찰한 결과는 위의 사실을 뒷받침해 준다. 학생집단의 사회적 구성은 비슷한데도 학교간 성취차가 생기는 것은 교직원들의 학생들에 대한 기대와 평가수준 그리고 읽기와 산수를 확실하게 학습시키려는 교직원들의 실행수준과 관련이 있다는 것이 관찰되었다. 물론 이러한 사실은 학생들이 배울 수 있으며, 적절히 지도하면 잘 배울 것이라는 가정에 기초한다. 이러한 전제를 깔고있지 않는 학교는 성취가 낮은 하류계층에서처럼 상당수의 학생들을 가능성 없는 아이들로 '배제'시키게 된다. 성취에 도움이 되지 않는 긍정적인 강화를 하는 경향은 이러한 가정 및 실행과 관계가 있다. 낮은 기대와 평가, 학생들이 공부를 잘 할 수 없다는 가정, 지진아 혹은 학습 불가능자로 학생을 분류하는 것 등은 모두 학생들의 무력감과 관계가 있다.

　몇몇 SES가 낮은 흑·백인 학교의 학업성취가 높은 점은, 사회경제적·인종적 변인이 학교사회체제에서 직접적인 영향력을 행사하지 않는다는 것을 입증한다. 따라서, 학교사회풍토와 이와 관련된 교육활동이 학업성취와 보다 직접적인 인과관계가 있다고 결론지을 수 있다.

　사회적 구조변인군의 학교성취에 대한 영향력이 일관되게 높지는 않다. 흑인 다수 학교 표집을 제외하고는, 학부모 참여가 학교간 성취차를 별로 설명해주지 못한다. 사회경제적 지위가 높은 백인 학교 표집의 경우 부모참여와 성취는 부적 관계에 있다. 교실의 개방성 정도는 성취와 별로 관계가 없지만, 그 관계의 방향이 백인표집에서는 부적이고, 흑인 표집에서는 정적이라는 점은 주목할 가치가 있다. 차별화된 프로그램변인에 반영된 것과 같은 차별화된 학생 역할규정 유형은 학교성취평균과 관련이 크지 않다. 하지만 그 관계의 방향은 교실개방정도의 경우처럼 백인 표집에서 부적이고 흑인 표집에서 정적이다. 프로그램의 차별화 범위는 흑인 학교보다 백인 학교에서 더 넓다. 백인 학교에서의 부적 관계는 차별화된 프로그램에 참여하는 학생에 대한 교사와 교장의 평가 및 기대가 더욱 낮다는 것을 시사한다. 프로그램 차별화의 범위가 넓은 학교에서 학생들의 무력감은 더욱 커질 수 있을 것이다.

학생집단의 사회경제적·인종적 구성에 비해 다른 인적 투입요소들은 학교간 성취차에 대한 설명력이 거의 없다. 사실, 이러한 변인들의 설명력은 학생집단구성의 영향력을 제거하면 거의 없다(흑인 학교 표집의 경우 제외). 흑인 학교 표집에서는 교사봉급, 교사경험, 교사들의 학력, 학교규모 모두 성취에 긍정적인 영향을 미친다. 이는 교직원의 인적투입요소가 소수인종 학교의 성취차의 일부를 설명해 준다는 이전의 분석을 지지해 준다.

아마 학교사회체제 변인과 학교성취평균과의 관계를 가장 효과적으로 요약하는 방법은, 성취가 높은 학교와 대조되는 성취가 낮은 학교의 풍토와 구조 특성을 간단히 기술하는 것일 것이다.

우리의 자료에 의하며, 성취가 높은 학교의 특성은 다음과 같다. 학생들은 통제력 즉 학구적 과업에 대한 지배력이 있으며, 학교체제가 이에 저해되지 않는다고 생각한다. 교사와 교장은 학생들이 학구적 과업을 달성할 수 있다는 믿음과 그에 대한 기대를 표현하며, 학생들의 학구적 과업달성에 책임을 진다. 교사와 교장의 이러한 기대는 학생들이 그러한 기대를 지각하고, 높은 성취기준 설정과 같은 학구적 규범을 인지하는 방식으로 표현된다. 이러한 규범과 교사의 참여는 수업활동에서 나타난다. 학생들에게 제공되는 수업프로그램의 차—학생들의 차별화—가 거의 없다. 교사들은 학구적 과제의 성취에 대하여 일관성 있는 보상을 하며 틀리게 반응한 학생에게 무분별한 보상을 하지 않는다.

학구적 자아개념에 미치는 학교의 영향

학생의 자아개념에 대한 광범위한 연구 결과는 자아개념이 학업성취와 정적 관계에 있다는 것을 시사해 왔다. 하지만 학교의 학구적 자아개념 평균과 성취평균 사이의 관련을 입증할만한 연구는 없다. 이 관계가 백인 다수 학교 학생들의 자아개념과 이에 비교되는 흑인 다수 학교 학생들의 자아개념이 매우 의미있는 차이에 의해 영향을 받을 때, 둘의 관계는 부정된다. 몇몇 선행연구들(Hara, 1972 ; Henderson, 1973)이 밝히고 있듯이, 흑인 다수 학교의 자아개념 평균은 백인 다수 학교의 자아개념 평균보다 더 높다. 일반적으로 흑인 다수 학교의 성취수준은 백인 다수 학교보다 낮기 때문에, 학교의 자아개념 평균과 학업성취평균 사이에는 부적 관계가 있다고 할 수 있다. 학생집단의 사회경제적, 인종적 구성이 통제되면 이 부적 관계는 부정된다. 따라서, 하위표집들에서 학교의 자아개념 평균과 학구적 능력 사이에는 본질적으로 상관관계가 없다(SES 낮은 백인 학교 표집 제외). 따라서, 학생 개개인의 학구적 자아개념과 학교성취 사이의 정적 관계는 학교내 현상이다.

학교사회체제의 세 변인군—투입, 구조, 풍토—사이의 관계를 분석해 보면 두 풍토 변인군—타인들이 학생들의 현재에 대해 내리는 평가와 기대에 대한 학생들의 지각, 타인들이 학생들의 미래에 대해 내리는 기대에 대한 학생들의 지각—이 학구적 자아개념의 학교간 차의 대부분을 설명해 준다. 학교사회체제에서의 세 변인군은 주 대표 표집과 몇몇 하위 표집에서의 학구적 자아개념과 학교간 차의 대부분을 설명해 준다. 이의 대부분은 풍토변인 특히 학생들의 평가·지각과 관련된 두 변인들 때문이다. 주 대표 표집 학교들 중 백인비율을 제외한 다른 사회체제 변인들은 학구적 자아개념의 변량에 거의 영향을 미치지 않는다.

학구적 자아개념에 대한 마지막 설명은 행동과학자들과 교육자들 사이에 학생의 통제감 혹은 통제부위가 자아개념과 본질적으로 동의어라는 가정이 널리 확산되어 왔다는 것이다. 그런데 우리의 연구결과는 이와 일치하지 않는다. 우리가 학구적 무력감이라고 규정한 변인은 일반적으로 통제감을 측정하는 것으로 규정된 항목들을 포함하고 있는데 학구적 자아개념과 조금도 정적 관련이 없다. 사실, 주대표 표집에서는 유의미한 부적 관련이 나타났다(-.43). 이는 흑인 다수 학교들이 높은 학구적 자아개념과 함께 낮은 통제감 즉, 높은 무력감을 가지고 있다는 사실을 반영한다.

자신감에 미치는 학교의 영향

이 연구에서 사용된 자신감의 측정은 새로운 것이고, 문제 해결 등의 일을 그룹 지어하는 것보다 홀로하기를 더 좋아할수록 높은 점수를 주었다. 모든 항목들을 학교와 관련되어 있다. 따라서, 이 자신감의 측정은 교실상황에서의 자신감으로 규정되어야 할 것이다. 이 측정도구의 타당성이 아직 검증되지 않았기 때문에, 자신감에 관한 모든 연구의 결론은 잠정적일 수밖에 없다.

이 초등학교들에서의 자신감 평균은 투입변인과의 관련이 크지 않다. 사회구조 변인 역시 학생들의 자신감에 거의 영향을 미치지 않는다. 일반적인 가정과는 반대로, 학교의 개방정도는 자신감과 거의 관련이 없다. 흑인 학교 표집에서만 개방정도와 자신감 사이에 정적 관련이 있다. 사회경제적 지위가 높은 백인 학교들에서 자신감과 개방성의 관계는 부적이다. 이러한 결론은 개방 교실조직의 유형이 자신감 있는 행위를 유발할 것이라는 결론은 매우 의심스럽게 한다.

자신감의 평균을 크게 좌우하는 것은 학교풍토변인들이다. 타인들이 학생자신들에 대하여 어떻게 평가하고 기대하는가에 대한 학생들의 지각과 상급학교 진학 가능성 및 학교 수료 가능성에 대한 교사들의 평가와 기대에 대한 학생들의 지각이 자신감 평균과 정적 관계에 있다. 사회경제적 지위가 높은 백인 표집에서 보다도 사회경제적 지위가 낮은 백인 표집(83%)과 흑인 다수 표집(75%)에서 자신감 전체 변량의 훨씬 많은 부분이 통합된 사회체제변인에 의해 설명된다. 설명된 변량의 대부분은 사회풍토변인들에 의해 결정된다. 사회경제적 지위가 낮은 백인 학교와 흑인 학교표집에서 설명된 변량이 매우 큰 점은, 이러한 유형의 학교에서 학생들의 자신감과 관련된 행위에 학교가 크게 영향을 미친다는 것을 시사한다. 아마 사회경제적 지위가 높은 백인 가정출신 아동들은 가정의 영향을 보다 크게 받을 것이며, 학교의 영향력은 보다 작을 것이다.

학습에 대한 학교 역할의 재평가

학교가 학생들의 학업성취 차이를 초래할 수 있다. 이것이 미시간 주에서 무선표집한 91개 공립초등학교 연구의 가장 중요한 결론이다. 가정의 사회경제적, 인종적 배경과 그 결과로 생기는 학교의 사회경제적, 인종적 구성이 학교 성취차이의 원인이라는 믿음은, 학교의 사회적 환경이 학생들의 학업성취에 거의 아무런 영향을 미칠 수 없다는 믿음을 초래하였다. 모든 어린이의 학습능력은 매우 차이가 나며, 많은 아동들은 배울 능력이 없거나 배울 준비가 되어 있지 않다는 생각과 관련된 이러한 믿음 때문에, 학생들의 성취에 거의 영향을 미치지 못하는 학교들이 생겨났다. 많은 학교의 특성은 사회경제적 지위가 낮은 학생들과 소수민족 학생들은 학습능력이 없고, 그들이 학습하도록 요구하는 것은 부적절할 것이라고 가정하는 점이다. 그러한 학교의 특징은 학생들의 무력감이 크다는 점이다.

그리하여 그러한 학교의 학생들은 자신들이 아무리 노력해도 학업성취 향상이 어렵다고 믿게 된다.

이 연구의 학교풍토변인이 자신감과 자아개념의 학교간 차의 대부분뿐만 아니라 수학과 독해력의 학교간 차이를 설명해 준다는 사실은, 학교의 그러한 특성이 학생들의 성취 차이를 초래할 수 있다는 것을 의미한다. 학생들의 능력에 대한 평가, 학생들의 역할규정과 기대, 상호작용유형을 결정짓는 규범적 풍토 등은 우리가 성취차이의 원인이라고 믿는 학교 학습의 사회심리적 개념에 대한 토대를 제공한다. 간단히 말해서, 학교의 높은 학업성취 등의 바람직한 결과를 가져올 것이라고 가정한 학교사회체제 특성은 다음과 같이 요약될 수 있을 것이다. 가장 중요한 것은 모든 아동들은 학교가 바람직하고 적절하다고 규정한 것은 무엇이든 배울 수 있으며 배울 것이라고 가정하는 것이다. 학습이 기대되는 아동과 학습이 기대되지 않는 아동들은 구별하지 말고 모든 아동들이 이러한 행동유형을 배울 수 있다고 기대해야 한다. 모든 학생들에게 적용되는 규범을 통해서 학교사회체제의 모든 구성원들이 학생들의 높은 성취수준을 기대해야 한다. 이러한 평가, 기대, 규범을 통해서 교사 · 학생간 상호작용의 유형은 적절하고 분명히 인지되는 학습행동 강화의 특성을 지녀야 한다. 학생들의 실패(과제에 오답하는 것 등)에 대해서는 긍정적 강화를 할 것이 아니라 즉시 피드백하고 다시 가르쳐 주어야 한다. 이러한 유형의 학교환경 특성은 완전학습 모델(Bloom, 1976)이라고 알려진 것에서 가장 잘 나타난다. 모든 학생들이 모든 단원을 완전학습하는 것이 목표로 설정되어야 하며, 학교사회체제는 이 목표를 성취하도록 운용되어야 한다. 이는 학생들이 팀을 이루어 개인이 아닌 팀간의 경쟁을 통하여 학습하게 할 때 보다 효과적일 것이다.

이 연구와 완전학습에 관한 실험 연구 결과는, 학교사회체제는 계획한 어떤 행동도 산출할 수 있다는 것을 명백히 시사한다. 일반적으로, 학교는 많은 학생들의 학구적 실패를 포함하여 학생에 따라 매우 다른 산출결과를 낳고 있다. 불행히도 이러한 개인간 결과의 차이는 학생의 가정배경과 매우 관련이 크다. 학교의 사회체제가 이러한 차이들을 설명하며, 나아가 현재의 일반적인 학교사회체제가 이러한 결과의 차이를 낳도록 설계되어 있다고 믿는다. 만약 우리가 학생들의 성취차를 정당화하기 위해 사용된 정상분포곡선을 무시하고 모두가 학습할 수 있고 또 그럴 것이라는 가정에 기초한 'J' 곡선을 대신 사용한다면, 그 결과들은 'J' 곡선 분포와 일치할 것이다. 학생들을 높이 평가하고, 크게 기대하며, 높은 성취 규범을 갖게 하는 적절한 강화 수업을 하는 학교에서 학생들은 자신들의 환경에 대한 통제감을 갖게 되어 현재의 많은 학교들의 특성인 무력감을 극복할 것이다.

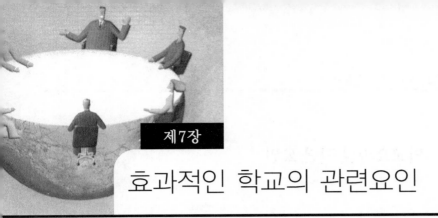

제7장

효과적인 학교의 관련요인

'효과적인 학교'에 관한 최근의 연구들은 학교수준에서 정의된 교육과정과 조직특성의 영향을 강조하고 있다. 이러한 연구들에서 주로 나타나는 '효과성 결정 가능 변인'들로는 다음과 같은 것들이 있다. 강한 교육적 지도력 즉, 敎授 내용, 학생의 성취에 대한 높은 요구와 기대감, 기초적 기능 습득의 강조, 그리고 학생의 향상에 대한 부단한 점검과 평가 등이다.

성취와 관련된 모든 종류의 변인들을 연관시켜 봄으로써, 교육에서 중요한 역할을 하는 요인이 무엇인가(what works)에 관하여 점차로 의견이 합치되어 가고 있다. "중요한 역할을 어떻게 수행하는가"와 "왜 그러한가"는 아직 충분히 연구되지 않고 있다. 그러나 기존에 여러 학문 분야에서 개발된 이론을 절충해 봄으로써 몇 가지 기본적이고 직관적인 인식을 얻을 수 있다. 이런 점에서 가장 중요하게 고려되어야 할 것으로는 誘引體制(incentive structures), 효과적인 감응(induction)을 용이하게 해주는 조직적 요인들, 학교 내에서의 조화(coordination)와 평가-피드백을 적절하게 주는 일이다.

1. 학교효과성 관련 요인

학교를 효과적으로 만드는 요인은 다음과 같다고 할 수 있다.
- 더 나은 결과를 달성하고자 하는 결정
- 실제 유효 학습시간의 극대화
- 구조화된 수업(teaching)

이들 요인을 뒷받침하는 보충적인 요인들로는 다음과 같은 것들을 들수 있다.

- 학급에서의 효과적인 교수를 위한 전제 조건을 조성하기 위해 내적으로 응집된 학교조직과 경영
- 효과적인 교수를 위한 전제조건을 보장하기 위해 외적으로 결속된 학교조직과 경영
- 학교를 효과적으로 만들기 위한 주위 환경의 자극

여기서 학교환경은 다음 몇 가지로 구분해 볼 수 있다.

- 학교가 위치하고 있는 지역과 그 인근의 인구학적, 사회경제적 특성들
- 학교의 규모, 유형(초등 또는 중등) 등과 같은 학교 자체의 특별한 특성들과 외국인 학생의 비율 등과 같은 학생인구 구성의 특성들
- 학교행정기구, 교사장학기구, 지방교육당국과 중앙정부 등과 같은 학교 통제기관들
- 그 지역의 산업, 중등학교들과 교육의 소비자 또는 그 대표들 : 실제적으로는 학부모들과 같은 학교 주위에서의 유관된 '제 삼자들' 이다.

2. 개념적 구조

다양한 학문과 여러 연구 결과들을 서로 연결하여 통합적인 모델을 구상해 볼 수 있다. 생산성(productivity)은 효과성을 판단하는 중심적인 기준이 된다. 통합적인 모델의 학교는 폐쇄된 단위기관이 아니라 '주위환경과 개방적으로 상호작용하는' 체제이다.

학교조직을 연구하는 학자들은 효과적인 학교 모델을 관료적인 형태의 조직과 연관지어 해석한다. 강한 지도력, 기본적 기능과 빈번한 평가에 대한 일반적인 강조 등과 같은 효과성을 증진하는 특성들은 위계적, 기계적, 형식적 구조의 특성이라고 간주된다. 이에 대한 반론도 있는데 교사들은 상당히 자주적이고 형식적인 행동을 별로 나타내지 않기 때문에 학교는 관료조직과는 다르다는 것이다. 그러나 통합적인 모델의 학교를 고려하기 위해서는 조직적 특성을 반드시 고려해야만 한다.

학급의 미시적 수준에서는 다음과 같은 교수 특성이 효과성에 영향을 미친다 : 구조화된 학습, 효과적인 학습시간과 학습기회.

학교 조직의 중간 수준에서는 다음과 같은 특성들이 논의된다.

- 성취에 대한 압력
- 교사 통솔력의 측면
- 유능한 교원 충원
- 학교 자체의 평가능력
- 학교의 재정적 물질적 특성
- 조직적/구조적 전제조건들
- 학교풍토

실험연구로 확증된, 효과성에 관한 학교와 교수특성의 중요도는 〈표

7.1〉과 같다.

3. 구조화된 수업과 학습시간

학교 수준에서 구조화된 수업을 강화하는 데 도움을 주는 조건들

- 신중히 고려하되 구조화된 교수를 증진시키는 조화로운 방법들을 선택하는 것
- 교사들의 빈번한 평가와 기록, 그리고 평가결과의 사용을 도와주는 학교정보 체제
- 평가 서비스 체제(전산 평가 체제 혹은 문제은행) 또는 학교정보 체제의 일부로서의 학생 모니터링 체제(pupil monitoring system)
- 고도의 인지능력이 체계적으로 실행될 수 있는 특수 프로그램

학교에서 효과적인 학습시간을 늘리기 위해서는 다음 네 가지 방법을 고려하여야 한다.

- 정규 수업시간을 늘리고 수업일수를 연장하는 방법
- 학생들에게 많은 과제를 부여하는 방법
- 정규 수업시간을 변경시키지 않고 효과적인 학습시간을 늘리는 방법
- 모든 과목에 배정된 정규 수업시간을 재조정하여 특별한 교과의 학습시간을 늘리는 방법

공식적인 학습시간을 늘린다고 해서 반드시 학습결과가 좋은 것만은 아니다. 효과적이고 유효한 학습시간은 학생에 따라 개인차가 있다. 각

표 7.1	실험 연구로 확증된 효과성에 관한 학교와 교수 특성들의 중요도			
특 성	다수의 실험으로 확증됨	타당성 있는 실험적 근거	의심나는 실험적 확인	가설의 단계
구조화된 학습	×			
효과적인 학습시간	×			
학습기회		×		
성취에 대한 압력		×		
높은기대		×		
교육적 지도력			×	
평가능력			×	
학교풍토			×	
교원충원				×
조직/구조적 전제조건			×	
생리/물리적 학교특성		○		
기술적 특성		×		
외적자극			×	
학부모 참여	×			

× : 의미있는 영향력을 미치는 관계, ○ : 다소간 영향을 미치는 관계

학교에서의 효과적인 학습시간은 위계질서에 의해서(by order) 직접적인 영향을 받는다. 학생의 동기화(motivation)는 순(net)유효 학습시간에 영향을 미치는 요인이다.

학교수준에서 순유효 학습시간을 증가시키는 방법은 아래와 같다.

- 더 효과적인 교수를 위한 중간목표로 '효과적 학습시간의 증가'를 명백히 제시
- 학생에게 요구되는 성취수준을 제시하고 유지한다(학생성취에 대한 높은 기대는 학교 전체의 높은 성취와 연결된다).
- 학교에서 규율과 질서를 유지하기 위해 고안된, 세분화된 학교 경영 정책을 실시
- 휴강 등으로 손실되는 수업시간을 줄이는 것(이것은 학교의 효과적 학

습시간을 늘리는 일과 직접적인 관련이 있다).

4. 학습기회

교육에서, 학습목표는 두 가지 방식으로 규정되고 실현된다. 첫째는 교수목표가 규정되어 학습목표에 도달하기 위해 교사가 행해야 되는 여러 과업이 결정된다. 둘째로는 학습목표를 평가와 시험을 통해 조작 가능하게 해주는 평가규정이 정해진다. 일반적으로 학습기회는 이러한 교수목표와 평가규정이 근접된 정도를 말한다. 즉, 학생들이 평가받는 내용이 학습시간에 배운 내용과 많은 연관성을 지니고 있으면 학습기회가 많았다고 말할 수 있다. 여기서 평가는 학교단위가 아닌 전체적인 학교를 대상으로 한 전국적인 표준화 검사 같은 것들이다.

학교수준에서 학습기회를 조장하기 위해서는 이러한 전국적인 표준화 검사 등에 관한 평가업무를 숙지해야 하고, 학습과정의 재료를 선택하고 이를 실행할 때 이 정보를 염두에 두어야 한다.

지금까지 효과성을 증진시킨다고 보고된 교수 특성들을 살펴보았다. 이러한 미시적 수준에서의 교수특성을 학교수준에 적용하기 위한 조건은 대개 세 가지 유형으로 나뉘어진다. 특별한 정책적 배려, 이러한 정책에 관한 공감대의 형성, 효과적인 교수특성을 정착시키기 위한 학교수준에서의 물질적, 행정적 지원이다.

5. 성취에 대한 압력

성취지향적(achievement-oriented) 학교정책의 형태로는 다음과 같은 것들이 있다.

- 상급학교 진학률, 성취도검사와 시험성적, 중도탈락률에 관한 자료 등을 해마다 기록하여 비교 대조한다.
- 이러한 자료를 다음 학년도의 학교 정책을 위한 기본 자료로 이용하며 이를 교육소비자인 학생과 그 후견인인 학부모에게 통보한다.
- 교직원회의 및 교장과 교사들과의 대화에서 '목표달성(attainment)'을 주제로 삼는다.
- 새로운 교사를 충원할 때 성취의 의무를 명문화한다.
- 성취지향적인 정책을 정착시키는데 도움이 되는 평가체제 등과 같은 자원을 가동시킨다.

6. 교육적 지도력

효과적인 학교장은 단순히 학교를 관리하는 차원이 아닌, 보다 높은 교수 효과를 얻기 위해 교수 업무에 적극적으로 관여하는 사람이어야 한다. 교육적 지도력을 갖춘 교장은 교육의 가장 주된 목표 즉, 학생들에 의한 교육목표의 달성을 위해 노력을 경주한다. 그들의 모든 학교운영방식은 이 주된 목표에 의해 결정된다.

교육적인 교장은 교수방법과 학습자료에 관한 한 아주 능동적이다. 교육적 지도력의 기본조건 중의 하나는 시간관리 능력이다. 따라서 일상적이고 부수적인 업무에 할애되는 시간을 줄이고 교육적인 업무에 보다 많은 시간을 할애한다. 교감과 주임교사들은 그러한 교장의 능력을 보완하는데 큰 역할을 한다.

그러나 이런 학교의 지도력을 구조적으로 저해하는 장애물들이 있다. 전문직업인으로서 교사들이 지니는 일종의 자율성(autonomy)과 '느슨한 조직'은 이러한 학교의 지도력을 제한하게 된다. 그 외에도 유·무형의 여러 장애물이 있을 수 있다.

내부적으로, 교육적 지도력은 교사들의 전문직업인으로서의 자율성을 어느 정도 제한하는 것을 의미할 수 있다. 교장이 행하는 자율성에 대한 제한이 반드시 전문직업으로서의 교사의 지위를 약화시킨다고 볼 수는 없다. 통제 및 결과에 대한 검열과 보상은 학교 효과성을 지향하는 교육적 지도력을 뒷받침하는 외적인 조건들이다.

7. 학교 자체의 평가능력

'학교 자체의 평가능력'이라는 용어는, 학교가 교육적 평가를 위한 기술적인 능력을 실질적으로 활용하면서, 평가에 지장을 주는 장애요인들을 스스로 극복해 나가는 정도를 지칭하는 말로 사용한다. 여러 학교들은 그들의 자체의 평가능력이 다양하게 차이가 나고, 이런 평가능력의 차이는 곧바로 학교의 효율성과 연계된다고 하는 것이 여러 연구문헌에서 지적되고 있다. 학교가 자체의 평가능력을 신장시킬 수 있는 방법은 아래와 같다.

• 평가를 체계적으로 실천하는 교육방법을 채택한다.

- 전반적인 학교 평가의 준거 틀 내에서 학교 향상을 측정하는 표준화된 평가를 많이 활용한다.
- 데이터 뱅크, 평가 시스템과 학교 경영정보 시스템을 활용한다.
- 교장과 각 교사들 간에 교수 행위에 대한 대화 통로를 제도화한다.
- 교사들에게 교육평가에 관한 재직 중 추수교육과정(follow in-service courses)을 이수하도록 허락한다.
- 교직원이나 동일 교과 교사 간의 주기적인 회합 등을 정례화 하여, 조직적 차원에서 평가를 극대화시키기 위한 최소한의 전제조건을 형성한다.

'교육적 지도력'이나 '학교 자체의 평가능력'은 모두 이상적인 학교 운영의 측면들이라고 간주될 수 있다. 또 이들 모두는 어느 정도 교사의 자율성을 제약할 수도 있고 학교조직을 관료조직과 같은 방향으로 이끌어갈 수도 있다. 그런 과정에서 내적인 저항에 부딪칠 수도 있다. 그러나 분명한 것은 학교의 평가능력을 신장시키기 위해 전교직원이 협동한다면 학교와 학급 수준에서의 효과성이 향상될 것이다.

8. 학교풍토

학교 효과성에 관한 연구문헌을 살펴보면, 기본적 기능에 대한 강조, 높은 기대, 빈번한 평가, 그리고 규율과 안정된 환경 등과 같은 바람직하다고 인정되는 많은 특성들이 교육적 지도력의 특성으로 언급되기도 하고 또 경우에 따라서는 학교풍토의 특성들로서 언급되기도 한다.
'학교풍토'라는 용어는 학교조직의 구성원들이 적절하고 바람직한 것이라고 광범위하게 지지해 온 학교의 특성들을 특히 강조한다고 볼 수 있다. 학교의 성취 지향적인 '사명'에 대한 합의, 규율 있는 분위기를 만들고, 평가활동에 자발적으로 참여하려는 통합적인 노력 등은 효과성을 증진시키는 학교풍토의 중심적인 특성이라고 할 수 있다. 또한 학교풍토라는 용어는 이러한 바람직한 특성들이 장시간에 걸쳐 나타난 특징이라는 점을 강하게 암시한다.

또한 학교풍토의 연구에서는 한 학교의 특성들을 그 자체적으로 취급하기보다는 다른 학교와의 특성을 비교하는 방식으로 연구가 진행되기 때문에 구체적인 논의를 전개시키기에는 제한점이 있다. 효과적인 학교 연구의 궁극적인 목표는 단위학교 내에서 조작 가능한 변인을 확인하는 것이다.

9. 교원 충원과 교원의 자질 향상

학교효과의 핵심은 가르치는 교사들에 달려있다. 교사들은 효과성을 증진하는 교수 특성을 지니고 있어야 한다. 따라서 더 효과적인 학교를 만들기 위해서는 특별한 인사관리 정책이 필수적으로 요청된다.

교원을 채용할 때 염두에 두어야 할 점들이 있다. 능력과 경험, 성취지향적인 교육철학을 지니고 있는가 하는 점을 고려해야 함은 물론이고, 구조화된 교수와 평가방법에 친숙하고 동료들과 기꺼이 협조하려는 태도를 지니고 있는가 하는 점이 참조되어야 한다. 분명히 바람직한 교사 특성은, 교원의 자질 향상을 위해 행해지는 학교장의 지도와 현직 연수(in-service training)를 거쳐 신장될 수 있을 것이다.

교원의 자질을 향상시키는 또 다른 접근방법으로는 네덜란드의 경우처럼, 국가적 수준에서 보습과정(補習課程 ; refresher courses)을 운영하는 수도 있다. 그러나 어떠한 경우라도, "가장 늦게 들어온 사람을 가장 먼저

해고하는(last in, first out)" 원칙이나 자동승진 규정 등과 같은 기존의
고용원칙으로는 효과적인 인사관리 정책을 추구할 수 없다.

10. 조직적, 구조적 전제조건

교수 특성과 학교 특성으로부터 조직구조를 바람직하게 해주는 네 가
지 측면들이 제시될 수 있다.

- 교장과 교감으로 구성되는 학교 경영자에 부여되는 높은 요구 수준-
  이는 학교 규모가 커짐에 따라 특히 바람직하게 된다.
- 교육목표에 관한 합의가 필요할 때, 평가 시스템과 같은 도구를 가동
  시킬 때, 경영과 교수목적으로 컴퓨터를 도입할 때 등에 필요한 대화
  를 도울 수 있는, 학교에서의 교수(teaching) 의무에 관한 자문 요구.
- 조직의 한 단계에서 다음 단계로의 정보의 흐름을 제도화시키는 정
  보 시스템의 활용.
- 특수한 교육공학 노–하우(know-how)에 대한 필요성이 점증함에 따
  라 시스템 컨트롤러(system controller) 또는 교육적 소양을 지닌 기능
  인(pedagogic staff worker) 등과 같은 새로운 교직원의 기능을 파생
  시킬 수 있다.

비록 학교 효과성을 생각할 때, 자문은 주로 그 기능에 관련된 것이지
만, 동시에 조직의 활력을 지탱시키고 교사들의 동기화와 직업에 대한 만
족도를 증진시키는 역할을 하기도 한다.

11. 물리적 학교 특성

양호한 채광(採光)상태, 좋은 환기상태와 적정한 소음규모 등과 같은 학교 건물의 좋은 물리적 조건은 성취와 정적 상관관계를 가지며 파괴적인 행동과는 부적 상관관계를 나타낸다고 알려져 있다. 그러나 대부분의 연구에서 학교 건물의 연한과 그 상태는 별로 중요하지 않게 나타났다.

도서관이나 체육관 등과 같은 시설들의 유무가 성취의 차이를 의미있게 설명하지 못하고 있다. 연구자들은 그러한 시설의 유무보다는 실질적인 활용 여부가 성취의 차이를 유발할 것이라고 추론하고 있다.

학교의 규모에 관한 연구들은 일치된 결과를 보여주지 않고 있다. 학교의 규모에 관한 경제학적인 연구들은 어느 정도 규모의 학교가 가장 효과적인가에 대하여 분명한 답을 제시하고 못하고 있다. 한 가지 분명한 것은 아주 작은 학교는 규모가 큰 학교에 비하여 경비가 상대적으로 많이 든다는 것이다.

학급의 규모에 관해서도 상충되는 연구결과들이 많다. 가장 지지를 받는 주장은 학급당 인원이 20명에서 35명 정도에 이르면 학생의 성취에 별 효과를 기대할 수 없다는 것이다. 이보다 적은 학급규모에서만 학생들은 성취 효과를 나타낼 수 있다.

교육경제학자들은 1인당 교육경비의 차이가 성취의 차이와 어떤 관계를 맺고 있는가에 대한 깊은 관심을 보여왔다. 여러 연구문헌에서 살펴보건대, 높은 교육경비가 반드시 교육결과에 바람직한 효과를 미친다는 단정을 할 수는 없다.

학교규모, 학급규모, 1인당 교육경비 등이 학교효과를 설명하지 못하는 이유 가운데 하나로, 이들의 차이가 사실상 별로 큰 것이 아니기 때문에 그 효과를 통계적으로 검증하기가 불가능할 것이라는 의견도 있다. 규모나 재정 지출 또는 시설 면에서 기존의 연구에서보다 더 큰 차이점을 나타내는 학교들을 대상으로 한 연구가 아니라면 통계적으로 의미있는 결과를 기대하기 어려운 것이다.

12. 학교 환경의 특성

몇몇 특정 특성들은 다루기가 쉽지 않지만, 분명히 성취 수준에 영향을 미치고 있다. 첫째, 학교구성원들의 배경특성별 구성비는 중요한 역할을 한다. 예를 들어, 빈곤가정이나 소수민족 출신의 아동들이 많은 학교의 성취 수준은 일반적으로 낮게 나타날 것이다. 둘째, 학교의 종교적 명성이나 공·사립학교 간의 차이가 성취 수준에 영향을 미친다. 그러나 이러한 연구 결과들은, 그 연구 결과에 나타난 차이점들이 사실은 학생의 사회경제적 지위의 차이에 기인한 것이라는 비판을 받아오기도 했다. 셋째, 학교의 지리적 환경도 효과성에 영향을 미친다. 시골학교, 도심지역 학교, 교외지역 학교 등은 서로 다른 효과성을 나타낸다. 그러나 이러한 차이점들도 학생의 배경 변인에 기인할 것이라는 주장이 우세하다. 단지, 대도시지역 학교들의 결석률이 시골지역 학교들의 결석률보다 높다는 사실을 학생의 배경변인만으로는 설명하기 곤란하다.

최근의 학교효과 연구결과, 효과를 증진시킨다고 잘 알려져 있는 특성 변인들이 연구대상 학교가 아닌 다양한 상황적 특성을 지니는 다른 학교들에서도 마찬가지로 기능 하는가에 관한 논의가 관심을 끌고 있다. 이러한 논의와 연구가 효과성을 증진한다고 알려진, 기존의 학교 특성들을 논박하기보다는 새롭고 흥미있는 연구의 방향을 제시한다고 볼 수 있다.

13. 효과적 학교를 위한 외적자극

학교도 다른 공공 분야의 모든 조직들과 마찬가지로 효과적인 산출보다는 단순히 투입의 증가에 따른 양적 산출의 증대에 치중하는 경향이 있다. 이러한 구태의연한 보상구조를 차단하는 수단으로 민영화(privatization), 통제완화(deregulation), 산출-재정(output-financing) 등을 들 수 있다. 민영화를 통해, 학교는 시장경제 원리에 따르게 됨으로써 더욱 효과적으로 기능하도록 압력을 받게 된다. 통제완화를 통해 학교는 더 많은 자원을 자발적으로 구입·활용할 수 있고 필요하다면 내적 보상구조를 변경시킬 수도 있다.

교육기관들로 하여금 그 양적, 질적인 산출에 집중하도록 만드는 동인의 하나로, 산출-재정을 들 수 있다. 산출-재정은 교육적 산출의 양적인 증대와 관련된다는 것은 쉽게 짐작할 수 있다. 그런데 양적인 산출결과에만 치중하다 보면 질적 수준이 저하될 우려가 있으므로 주의가 요구된다.

학교의 산출을 자극하도록 유도하는 좀 엄격한 방법으로는 평가중심의 정부정책을 들 수 있다. 주요한 교육적 결과들에 관해 경쟁을 시킴으로써 그 효과성을 증대시키고자 하는 것이다. 경쟁의 결과들은 '교육지표 (educational indicator)'라는 이름으로 발표 공개된다.

한 걸음 더 나아가 평가 결과들이 부분적으로는 학교를 통제하는 데 사용되어질 수도 있다. 이러한 과정에서 장학제도 및 장학사는 중요한 역할을 한다. 장학사들이 학교에 관한 더 구체적이고 적절한 평가 자료를 가지고 있다면 그 임무를 더 잘 수행할 수 있을 것이라고 예견된다.

교육에서의 학부모의 참여는 교육의 질에 좋은 영향을 미치는 외적 조건이다. 이는 대체로 가정환경이 학교에서의 학업증진을 뒷받침하는 사실을 시사한다. 또 다른 측면으로는 학교 자체에 대한 학부모의 요구가 학교에 영향을 미친다는 사실을 들 수 있다. 아동의 부모들은 교육소비자들의 후견인으로 간주될 수 있다. 이론상 학부모들은 그들의 자녀들이 다니는 학교의 실질적인 주인이며 그들의 요구는 학교를 효과적 성취를 달성하도록 하는 주요한 외적 자극이 될 수 있다. 그러나 실제에 있어서 상황은 다르다. 학부모들은 종속적인 역할을 수행하고 있을 따름이다. 더구나 학부모의 참여는 거의 사회경제적인 배경에 좌우된다. 이러한 사실은 정작 학부모의 참여가 필요한 곳에서 참여가 배제될 가능성을 내포하고 있다.

정부가 교육 소비자들에게 학교에 관한 강력한 역할을 하도록 조장하는 것이 바람직하다. 평가 중심(evaluation-centered) 정책을 실시하여 자료를 축적하고 이를 교육 소비자들이 쉽게 이용할 수 있도록 하여야 한다. 영국에서처럼 학교들의 학업성취결과를 공개적으로 발표하여 이런 정책을 실현할 수도 있다. 바우처 제도와 같은 개인적인 성향을 나타내는 제도는 교육 소비자들에게 교육의 질에 더욱 관심을 갖도록 자극한다고 종종 언급되고 있다.

학교가 효과적으로 기능 하도록 하는 외적인 조건들 중에서 문화적 측면을 빼놓을 수 없다. 그러한 문화적 측면 가운데 하나는 그 사회에서 '교육의 질'이 사회적 이슈가 되고 있는가 하는 점이다. 또 다른 사회 · 문화적 측면으로는 교직이 얼마나 가치롭게 여겨지느냐 하는 것이다. 물론 여기에는 재정적 경제적인 측면이 부가된다.

제8장

효과적인 학교개혁 실천 모듈

많은 학교들이 실패하고 있는 것은 사실이다. 그러나 그 방법을 제시하기에 충분한 서광이 비치는 학교들이 있다. 지금은 성공적이나 실패를 오랫동안 거듭해 온 학교도 있으며 빈곤한 이웃들이 다니는 학교들도 있다. 그 학교들은 이데올로기, 학업성취기대, 그리고 학생들에게 높은 기대를 수행하는 구조에 기본적인 변화를 가져왔기 때문에 지금은 성공하고 있다.

성공적인 학교들은 모든 학생들은 전통적으로 엘리트 학생들의 전유물이었던 학구적 기능을 습득할 수 있다는 기대를 발전시켜 왔다. 이 학교들은 전체 교직원들이 학생들과 함께 효과적인 상호작용을 어떻게 하는가에 대한 노력을 증가시켜 왔고, 학생들이 학구적 과제에 참여하는 시간을 증대시켜 왔으며, 그리고 안전하고 배려 깊은 교육환경을 제공해 온 학교들이다. 이런 효과적인 학교의 교직원들은 그들이 학생들의 학업성취를 돕는 것을 방해하는 과거의 관행(practices)을 변화시키고자 노력하였다.

성공적인 학교들이 효과적인 교육환경을 조직할 수 있는 방법은 많다. 이들 학교의 공통적인 관심사는 거의 모든 학생들에게 높은 성취 기대를 강조하는 것이다. 성공적인 학교의 교직원들은 배우기에 안전하고 건전한 환경을 제공하면서, 학생들에게 높은 학구적 성취 기대를 갖고 있다. 교직원들은 그들 자신과 학부모, 학생들과 함께 학업성취에 대한 높은 기대를 유지한다. 그것들이 난폭한 젊은 갱집단, 부모들의 심각한 실직률, 또는 학교에 영향을 미치는 어떤 다른 사회문제들이든 아니든, 교직원들은 학교를 안전하고 확실하게 지키며 학생들에 대하여 높은 성취 기대를 유지한다. 간단히 말해서, 효과적인 학교들은 분명한 규범, 성취에 대한 가치체제, 그리고 그런 신념을 지키는 교직원들을 보유하고 있다.

지난 수 십년 동안 심지어는 지금도 교육자들, 연구자들, 그리고 일반인들은 학생 개인의 특징 또는 가정 배경과 관련하여 학생의 낮은 성취를 설명하려고 노력해 왔다. 학생의 학습에 대한 이러한 설명은 교장, 교사 그리고 다른 학생들의 영향력(예를 들면, 학교의 본질)을 무시해 왔다. 그러나 학교에서는 개인 또는 가정의 특징과 관계없이 학생의 학업성취에 결정적인 요인이 발견될 수 있다. 어떤 학교들이 불이익을 받는 학생들을 효과적으로 가르치고 있다는 사실은 이러한 결론을 지지한다. 사실, 모든 학생들은 근본적으로 어떤 학생이 배울 수 있는 것을 모두 잘 배울 수 있다고 주장하는 문헌들이 많이 있다. 모든 학생들이 잘 배울 수 있는 환경을 어떻게 창조할 것인가에 관한 연구에서 증명된 것처럼 그 대답은 학교학습풍토에서 찾을 수 있다(김병성, 1995 : 17-24).

효과적인 학교 학습풍토의 특징에 관한 연구에 있어 많은 변인들이 관련된다. 학생들의 학습 능력에 대한 믿음과 평가, 학생들에 대한 교사의 기대는 학생의 성취 수준과 매우 밀접한 관련이 있다는 것을 입증하는 대규모의 연구가 있다. 학생의 성취는 학습에 전념한 학습 참여 시간의 양과 관련이 있다는 결론을 지지하는 일련의 연구도 있다. 여기서 제시된 효과적인 학교 학습풍토의 모델은 단일한 연구결과는 아니다.

따라서 본장에서는 효과적인 학교에 관한 국내외 연구의 이론과 실제 그리고 방법론적 연구동향을 체계적으로 검토 분석하여 학교효과 연구의 주된 패러다임을 학교의 이념, 학교의 조직체제 그리고 교수-학습 운영 및 실천과정의 관련요인 세 측면을 중심으로 구성하였으며, 학교현장에 효과적으로 적용할 수 있는 학교자체의 교사연수 프로그램 모듈과 그 실천방법 10단계로 나누어 제시하였다(Brookover, 1997 ; 김병성, 2001).

전체계획

교사 연수를 위한 준비

1. 수월성에 대한 제언

여기에 제시된 학교 학습풍토 프로그램은, 실행의 단위인 학교에 근거를 두고 있다. 이 프로그램은 광범위한 지역 또는 교실에서 실행될 수 있으나, 이 프로그램에서의 변화의 초점은 학교 수준에 두고 있다.

효과적인 학교의 창조는 일련의 과정들이고, 각각은 학교 학습풍토의 세 가지 구성 요소들 즉, 1) 학교 이념, 2) 학교 지도성과 조직, 3) 교수실천들 중의 하나 또는 그 이상에 기여토록 고안되었다. 각각의 모듈들은 효과적인 학교 학습풍토를 창조하고자 하는 종합적인 목적에 기여하는데, 전체는 각 과정들의 합 이상의 의미를 지닌다. 어떤 모듈 실행의 실패는, 아마도 프로그램 전체의 효과와 학생들의 학업성취의 향상을 가져오는 기회를 감소시킬 것이다. 학교 학습풍토 프로그램이 실행될 때, 다음 네 가지 규칙들이 중요하다.

■ 전체의 모든 교직원을 참여시킬 것

학교 학습풍토는 집합적인 규범들, 조직, 그리고 학교 구성원 사이의 실천들을 나타낸다. 이것은 학교 학습풍토가 효과적이기 위해서는 전체 교직원의 노력을 집중시키는 것이 필요하다는 것을 의미한다. 학생들의 학업성취를 높은 수준으로 끌어올리기 위해서는 목적이 하나로 통일되어야 한다. 이것은 계획의 공동작업, 평등의 정신, 그리고 학업성취를 강화하는 수업실제에 있어서 보상 같은 분위기가 있어야 함을 가정하고 있다.

■ 모든 모듈들을 사용할 것

단지 어떤 특정한 모듈만을 사용하는 것은, 다른 부분과 상호관련이 있고 영향을 주고받는 학교 학습풍토의 다른 측면들을 무시하는 것이다.

■ 급격한 성공을 기대하지 말 것

이 프로그램을 사용하는 것이 빠른 성공을 보장하지는 않는다. 최상의 결과들을 달성하려면, 완전한 프로그램이 장시간에 걸쳐 실행되어져야만 한다. 조직과 교수 행위를 변화시키는 것과 결부된, 태도와 기대의 변화는 장시간에 걸쳐 학업성취의 향상을 가져올 것이다.

■ 전체 학생들을 위한 결과를 기대할 것

학교 학습풍토 프로그램은 교장들과 교사들로 하여금 거의 모든 학생들이 해당 학년 교육과정에서, 특히 읽기와 수학의 기본적 기능 영역에서 높은 학업성취를 가져오도록 고안된 것이다.

이런 고려 사항들을 명심하여, 교장이 첫번째 할 일은 간부 교직원 협의회를 구성하는 것이다. 각각의 구성원들은, 집단적인 협의회 이전에 전체 프로그램과 협의회의 책무성에 익숙해지기 위해 학교 학습풍토 프로그램 책을 한 권씩 복사하여 받을 것이다. 그리고 나서 프로그램의 모든 면면들을 교장과 함께 토의해야 하고, 이 지침서에 있는 진행과정을 주의

깊게 되살펴 보고 관심을 표명해야 한다.

학교 학습풍토 프로그램에 대한 초기 예비교육은, 가능하다면 교직원
(staff)이 정상적 학교 업무로부터 해방되었을 때 실시되어야 한다. 일반적
으로 학년초 이전에 이 예비지도가 이루어지는 것이 가장 좋다. 적어도
이틀 정도는 필요하다. 많은 경우, 자금과 계획이 허락한다면 많은 시간
이 제공되는 것이 바람직하다. 초기 예비교육을 계획하고 수행하는 교직
원 간부 협의회 구성을 강력하게 제안한다.

2. 간부 교직원 협의회 구성
(BLT : Building Leadership Team)

■ 목적
- 실행팀을 구성한다.
- 학교 학습풍토 프로그램의 실행의 지침을 제공한다.
- 모든 교직원을 참여시키는 데 도움이 되는, 조직적인 체제를 제공한다.
- 평가를 위한 도구를 제공한다.

■ 주요 고려사항
학교 학습풍토 프로그램의 가장 중요한 요소 중의 하나는 바로 BLT이
다. 왜냐하면 필요한 leadership을 제공하는 책임을 지닌 집단이 바로 이
조직이기 때문이다. BLT는 교장과 3-4명의 교사들로 구성한다. BLT를
위해 선택된 교사들은 교직원들 사이에서 존경을 받는 지도자들이어야
한다. 그들은 또한 각 부장들, 학년 부장들, 그리고 학교 내의 다른 하위
모임들의 책임자와 같은, 중요한 조직의 기구들을 대표하여야 한다. 종종

이들은 다른 교사들을 위한 역할 모델로 임무를 수행하는, 보다 열정적인 교직원들이다.

이 팀의 책임은 다음과 같다.
- 학습풍토와 우선적으로 관련된 학교 목표와의 동일시
- 교육적 요구와 교육자료들(교재와 보충 교재들의 수준, 학생의 건강과 안전 고려 그리고 특별교육과정 향상 프로그램들을 포함하는)의 심의 수행
- 프로젝트의 실행을 위한 사전 계획
- 교직원 발전을 평가하기 위한 프로그램의 구안(설정)

일반적 계획, 지도성, 목표 설정, 그리고 우선순위 배정의 문제는, 교직원 예비교육 이전에 일어날 수 있다. 초기 교직원 예비교육을 위해 BLT는 계획, 조정 평가를 위해 매달 모임을 갖는다. 성공적인 BLT는 일반적으로 학습풍토의 일반적 원칙과 그 달에 해야 할 활동들을 준비하기 위해 전직원 협의회 2주 전에 모임을 갖는다.

효과적인 학교에 관한 연구

관리자들과 교사들은 학교의 학구적 목표들을 강조하는 … 사명에 관한 선언문을 개발한다.

---

3. 초기 예비교육

■ **목적**
- 교직원들에게 학교 학습풍토 프로그램의 개념을 익숙하게 한다.
- 프로그램 module들의 개요를 제시한다.

• 학교 학습풍토의 현재 수준을 평가한다.
• 학교 학습풍토 프로그램을 수행하기 위한 실질적 동의를 얻는다.

■ 주요 고려사항

초기 예비교육은 학교 학습풍토 프로그램이 근거를 둔 이념을 제시하는데 집중해야 한다. 모든 교직원들은 프로그램에 대한 완벽한 이해를 할 필요가 있다. 그것은 또한 그 프로그램 안에 있는 각 모듈 사이의 간단하고 대략적인 것을 제공하기 위해서도 중요하다. 간부 교직원 협의회의 구성을 위한 다음 단계는, 현행 학교 학습풍토의 강점과 약점에 대한 대략적인 평가를 안내하는 것이다. 이것은 교직원들이 매달 한번에 한 과정씩 행하는 정도의 깊은 연구를 통해 이루어질 것이다.

결국, 운영에 대한 동의는 모든 교직원 참가자들에 의해 받아들이고 발전시켜 갈 것이다. 이 동의는 학교 학습풍토 프로그램을 수행하려는 교장과 교사들의 기대치들을 확인하는데 필요하다.

4. 교장의 교직원과의 협의

■ 목적
• 학교 학습풍토 프로그램을 주제로 하는 공개 토론회를 제공한다.
• 모듈들을 검토하기 위한 대상(targets)을 개발한다.
• 교직원의 활동방향을 설정한다.

■ 주요 고려사항

매달 교장은 학교 학습풍토 프로그램과 관계된 주제들을 토론하기 위하여, 사무실에서 모든 전문적 교직원들과 협의회를 갖는다. BLT에 의해 고안된 실행일정에 따라, 한 가지 주제 또는 모듈을 그달의 연구와 실행을 위한 목표로 정한다. 이 교직원 협의에서, 교장은 선택된 주제와 모듈들을 살펴보고, 그 달의 교직원 활동들을 위한 특색과 방향을 설정한다.

5. 분과 협의회

■ 목적
- 소집단 중심의 연구와 토론을 제공한다.
- 각 모듈로부터 함축적 내용들을 고려한다.
- 활동적인 참가와 여러 분야를 포함하는데 도움을 준다.
- 프로그램을 실시함에 있어, 교직원들이 성공과 어려움을 서로 공유하기 쉽게 한다.

■ 주요 고려사항
분과 협의회의 목적은 학교 학습풍토 프로그램의 주제들 또는 관심사들과 관련된 소집단 학습과 토론을 제공하는 것이다. 이것들은 모듈들 상호간 제안들의 관련성 또는 실제적인 것을 고려하도록 하기 위하여, 격주로 정기 협의회를 갖도록 한다. 분과 협의회들은 교직원들의 구성 또는 모듈들로부터 나온 제안들의 적용에 초점을 맞추어야 한다.

교사들은 분과 모임을 형성하기 위한 최상의 방법들을 결정할 필요가 있으며, 일반적으로 과목이나 학년 수준과 같은 공통적 관심사에 의해 결정되어진다. 예를 들면, 초등학교에서는 학년에 따라 모임을 가지고, 반면 중학교에서는 아마도 부서나 과목에 의해 모임을 가져도 좋다. 분과 협의회가 구성되면, 회장이 선출되어야 하고 주 2회 모임을 위한 날짜와 시간들이 결정되어야 한다. BLT의 구성원들은 분과 모임의 의장으로 활동해서는 안되며, 이 집단에 참여는 하지만 이 집단의 논의를 이끌어가거나 지배하려고 시도해서도 안된다.

6. 보조 모임

■ 목적
• 교직원을 위한 지원을 제공한다.
• 정기적 프로그램 결과들을 평가한다.
• 프로그램 향상을 위해서, 보다 비공식적인 것에 근거를 둔 제안들을 제시한다.

■ 주요 고려사항
모듈들의 전과정을 통하여, 교사들은 제안된 활동, 기술 또는 업무를 수행함에 있어서 서로 도움을 주도록 고무된다. 이를 수행하기 위한 가장 쉬운 방법들 중의 하나는, 교사들이 보조 협의회들을 구성하는 것이다. 예를 들면, 같은 관리 집단의 두 명의 교사는 학교 학습풍토 프로그램 활동에 관하여 그 해 동안 함께 일하는 데 동의할 수도 있다. 이 합의는 대화를 용이하게 하고, 가치있는 지원조직으로 개발시킬 수도 있다. 교사들은 아마도 처음에는 서로 밀접히 활동하는 데 불편할지도 모르지만, 문제해결을 함께 하고, 공통의 목표를 향해 완벽한 협동을 하도록 격려할 것이다.

> **효과적인 학교에 관한 연구**
>
> 효과적인 학교에서, 교직원들은 지속적으로 전문적 개발과 동료의 학습 활동에 참여한다.

7. 시간적인 할애

■ 목적
- 모든 교직원의 정기적인 참여를 지원한다.
- 학교 학습풍토 프로그램에 지속적으로 전념(헌신)토록 한다.

■ 주요 고려사항
초기 예비교육의 결과로써 실행 모델은 네 가지 연구과제 기능들을 알 수 있게 한다. 각각은 월 1회의 교직원 시간을 요구한다. 각 참가자들은 학교 학습풍토 프로그램의 활동에 대하여, 매주 거의 한시간 정도 헌신할 것을 기대해야 한다. 실질적인 시간은 많거나 적을 수 있지만, 모든 교사들과 교장은 이 연구과제 활동들을 위한 시간을 할애하는 것이 기본이다.

8. 연구과제 실행 계획

학교 학습풍토 프로그램을 실행하기 위해 제시된 스케줄은, 〔그림 8.1〕에 나와 있고, 월 주제들과 1) BLT, 2) 전 교직원 협의회들, 3) 분과 협의회,

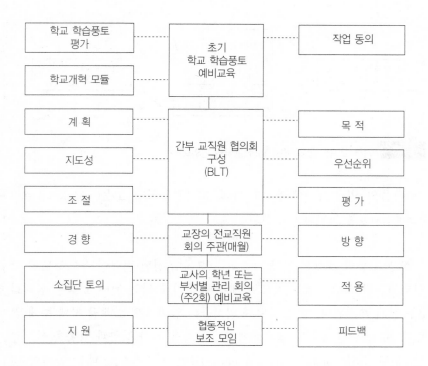

그림 8.1 학교 학습풍토 프로그램 실행 모델

4) 교직원 연수를 위한 활동들도 분명히 하고 있다.

   BLT의 활동들, 교직원 협의회 그리고 분과 협의회들은 매달 정해진 계획에 의해 행해져야 한다. 그러나 여유있는 교직원의 연수는 시간과 자금이 허락될 때에 현직 교직원의 계획이 잡히고, 한나절 또는 하루 종일의 시간으로 할 것이다. 현직 교직원들을 위한 것이라 여겨지는 주제들은, 모든 교직원을 위한 주요 실천활동을 나타내고, 학생들의 방과 후에 가장 잘 운영된다. 학교에서 이용할 수 있는 교사 연수와 관련된 시간의 양은 다양하다. 만일 필요에 의하여 여유시간까지 추가된다면 BLT에 의하여 재조정될 것이다.

   BLT는 교직원 연수를 위한 시간을 짜고 조정해야 할 의무가 있다. 초기 예비교육은 일반적으로 연초에 BLT에 의해 계획되고 수행되는데 반하여,

간부 교직원 협의회(BLT)와 교직원 협의회

그 다음의 연수 활동들은 그 외의 교직원들이나 고문(additional staff members)들을 포함하여야 한다.

실행 활동의 계획은 연구 과제의 노력에 조정된 접근이 용이하도록 고 안되어진다. BLT는 일반적으로 계획과 준비를 위해 월례 교직원 협의회 2주 전에 개최된다. 전 교직원 협의회들은 일반적으로 매달 첫째 주에 열 린다. 교장은 전 교직원 협의회에서 활동들을 위한 경향과 방향을 설정한 다. 분과 협의회(maintenance greetings)들은 일반적으로 매달 둘째와 넷 째 주에 열리고, BLT에 의해 제정된 그 달의 주제와 관련된 특별한 실천 관심사들을 다루게 된다. 제시된 계획표에서, 주제는 각 달과 관련된 것 임을 알 수 있고, 한 가지는 각 관리 협의회를 위한 것임을 알 수 있다(참 고 표 1.2).

9. 현재의 학습풍토

앞서 언급한 것과 같이, 모듈들에서 서술된 학교 학습풍토 프로그램의 개념은 분명 최상의 효과를 위한 개체로 여겨진다. 과정의 제시와 토론 계획표는 다음과 같이 구성될 것이다.

초기 예비교육

첫째 날 :

모듈 1-효과적인 학교 학습풍토

모듈 2-학습기대

모듈 3-조직, 역할 정의와 보상

모듈 4-집단과 능력별 편성

둘째 날 :

모듈 6-학습에 투여한 시간

모듈 9-학업성취 강화

모듈10-평가 자료의 사용

첫째 달 :

모듈 5-효과적인 수업

둘째 달 :

모듈 7-학교 규범과 학급 경영

세째 달 :

모듈 8-학생의 협동 학습

각 연구 과제 참여자들은, 초기 교직원 예비교육 몇 주 전에 학교 학습 풍토 모듈들의 완전한 세트(경향, 추세)를 받아야만 한다. 특히 모듈 1～4, 6, 그리고 9～10은 예비교육 이전에 각 참가자들이 읽을 수 있어야 하고, 그러한 과정들은 연수 2일 동안 제시될 것이다. 과정 5, 7 그리고 8은 예비교육에 이어지는 달에 세부적으로 검토될 것이기 때문에, 각 주제가 연구를 목표로 정해지는 달보다 먼저 읽어야만 한다.

각 모듈의 끝에 나타나는 활동들은, 모듈의 내용을 실행하는 방법들로 제시되어져 있다. 이 활동들은 단지 제시된 생각들을 실행하는 가능한 방법의 일부이다. 각 교직원들은 그들의 필요를 보다 더 많이 충족시킬 추가적 활동들을 개발하도록 용기를 북돋워 주게 된다.

9월 초와 학교 학사 일정 내내, 하나의 모듈이 매달 교직원에 의해 연구되고 토론되도록 설정되어야 한다. 분명히, 어떤 모듈들은 한 달에 결과를 얻을 수 없는 주제와 활동을 다룬다. 그렇지만 교직원들은 가능한 많은 활동들을 시작하고, 일시적으로 지속되는 활동들을 이후로 연기함으로써, 계획된 다음 주제로 이행할 것을 권한다. 몇몇 경우에 있어서는, 새 모듈이 연구되는 동안, 모듈의 불완전한 활동들이 계속될 수도 있다. 만약 그렇지 않다면 가능한 한 빨리 완성하지 못한 활동들로 되돌아가야 한다. 확정된 계획표에 의해 모듈들을 공부하고 활동들을 시작하는 것은, 일반적으로 학교 학습풍토 프로그램의 첫해 동안만 문제로 나타난다. 일단 모듈에 대한 이해를 하게 되면 계획에 필요한 것들이 많이 줄어들게 된다. 특별히 2년차에는 과정들을 학습하는 데 시간이 덜 소요될 것이고, 보다 많은 시간이 필요한 활동들을 위해 할애할 수 있을 것이다.

초기 예비교육에서는, 시간의 제한으로 인해 제시된 모듈들을 완전히 이해하지 못하기 때문에, 각 모듈의 일반적 이해가 이루어질 필요가 있다. 12월 초 그 해의 나머지 기간은, 초기 예비교육에서 제시된 모듈들과 관련되어 추진된 활동들과 연구과제의 실천 결과를 분리해야만 한다. BLT는, 12월초와 학교 학사 일정 내내 보다 많은 교직원 연구를 위한 모듈 주제들의 계획을 개발해야만 한다(제시된 실천 계획표 참고).

이 프로그램이 적절하게 실천되고 수행된다면, 향상된 학업성취의 결과를 낳을 것이라 확신한다. 그렇지만 각 구성원들이, 그들이 원하고 적극적 변화를 위해 기꺼이 일해야만 하는 상황에 동의해야 한다. 학교 학습풍토의 향상은 쉽지 않을 것이고, 사람들에게 변화를 요구하는 것이기 때문에, 최선을 다하기도 어렵다. 그러나 학업성취 향상에 고무된 교직원은 할 수 있다. 모듈들의 철저한 연구는 그 변화가 시작되는 데 필요한 이해와 안내를 제공할 것이다.

효과적인 학교 학습풍토

□ **주요개념 및 내용**
- 학교 학습풍토의 관련성
- 학교 학습풍토 측정
- 학교 학습풍토 개선

1. 학업성취의 가능성

우리는 경제적으로 빈곤한 지역사회에서 대부분의 학생들이 졸업과 동시에 대학진학 또는 강한 학구적 배경을 가진 직업 세계로 들어가는 상당수의 학교들을 발견할 수 있다. 또한 도시지역 사회의 현저하게 낮은 소득을 가진 일부의 학교들에서도 역시 졸업과 대학진학을 하고 있다. 그러나 그들 학교들은 규율, 폭력, 낮은 출석률 등의 문제를 안고 있는 경우는 유감스럽게도 그들 학생들의 대부분은 중요한 학구적 기술과 지식을 획득하는데 실패하는 낮은 성취수준을 나타낸다. 물론 거기에도 사회적 영향력을 갖는 중·상의 수입이 있는 학교들이 있지만 그들 역시 이러한 문제들을 겪는다. 그러나 저소득 도시지역의 경우에 그러한 문제가 집중되기 때문에 많은 교육자들과 일반인들은 공립학교에서는 효과적인 학습풍토를 제공할 수 없다고 잘못 알고 있다.

이러한 가정은 효과적인 교수와 학습센터가 되는 낮은 성취학교를 도와주려는 시도에 해가 되거나 그르치기 쉽다. 말하자면, 가정 또는 지역사회의 조건들은 학습에 장애가 된다. 학교는 그들 학생 집단에게 높은 성취수준을 형성시키는 효과적인 학습풍토를 창조할 수 있다. 높은 성취를 달성하는 낮은 수입의 소수 민족 학교들이 존재하며, 그들은 폭넓게 연구되어야 한다. 빈곤한 지역의 모범적인 학교는 Bloom에 의해 초기에 폭넓게 연구되었다. 그는 "… 세상의 어떤 사람이라도 학습할 수 있으며, 모든 사람들은 만일 과거 또는 현재 학습의 조건들이 적당하게 제공된다면 학습할 수 있다."는 것으로 연결시키고 있다. 이러한 "학습을 위한 적당한 조건"은 우리가 효과적인 학교학습풍토로 이미 알고 있는 것이다.

낮은 성취 학교에서 성공할 수 있는 학교 학습풍토는 무엇인가? 소득이 낮거나 또는 소득이 높은 환경의 어디에서든 발견되는 높은 성취 학교를 가능하게 하는 것은 무엇인가. 이 모듈에서는 효과적인 학교 학습풍토를 설명하고 기술한다. 그리고 그것의 수행을 위해 꼭 필요한 조건을 확실히 한다. 뒤이어 태도와 신념, 구조 그리고 효과적인 학교를 위해 없어서는 안될 효과적인 학습풍토의 수업 프로그램으로 더 크게 확대시킬 것이다.

2. 학교 학습풍토

풍토의 조건은 사회과학에 있어서 민감한 개념이다. 그것은 기후 연구에서 잘 사용된다. 풍토는 일반적으로 한 지역 내에 내재되거나 특성화된 상태를 언급하는 것이다. 그늘의 온도는 햇빛을 직접 받는 곳보다 낮으며, 그것은 전반적으로 덥고-추운 지수를 아는 데 유용하게 고려된다. 또한 일반적인 풍토에서의 기온은 그늘에서 열이 어떻게 작용하는가를 말하고 있다. 다시 말하면, 한 지역내의 기온은 매우 다양하며 그것은 Tampa, Montreal, Los Angeles, Seattle, 또는 그 밖의 지역의 일반적인 온도를 아는데 유용하다는 것이다.

사회과학에서는 유사한 풍토의 조건을 아프리카계 미국인(African-American) 어린이들, 즉 비교적 낮은 수입 때문에 "타고난 교육능력"에 대한 지역사회 내의 일반적인 인식처럼 지역사회 또는 조직 집단의 특징을 일반적인 사회 조건으로 언급한다. 어떤 지역사회의 풍토를 논함에 있어 흑인 어린이들은 선천적으로 장애가 아니며, 또 다른 지역사회의 풍토는 단지 추정된 생물학적 차이일 뿐이라는 것이다. 이것은 각 지역사회 내에 있는 사람은 누구나 동일한 사람으로 믿는다는 의미는 아니다. 오히려 풍토는 사회적인 풍조라고 언급할 수 있다. 비록 개념의 중요성은 관련되어 있다하더라도, 풍토는 학생들의 특별한 개인적 영향과는 별개이며 그것은 사회적 힘이 된다. 이러한 의미에서 볼 때, 풍토는 함께 공유하는 상호작용의 배경조건(기대, 규범, 가치 등)으로 구성된다.

예를 들면, 학교에서 학생에게 바라는 기대 풍토는 그들이 동료 또는 교사의 특별한 영향력에 저항하거나 강화할 준비를 하는 것이다. 만약 모든 학생들이 독서기술을 완성하는 학습을 할 수 있다면 학교의 전체적인 풍토이며, 따라서 교사는 남학생 또는 여학생 모두 학습에 장애가 된다는 견해는 단지 학생들이 적은 일부분을 학습할 수 있다는 것과는 관련이 없다는 것이다. 다른 한편, 만일 모든 학생들을 위해 높은 기대로서 학교풍토가 지원된다 하더라도 교사는 더 효과적이라 할 수 있는 저소득 학생들에 대해 높은 기대를 한다. 대부분의 교사들은 그들의 학생들에 대해 분명히 높은 기대를 갖지만 실망하게 된다. 이에 대한 한 가지 이유는 대규모 학교에서는 기대에 대한 대립적 풍토로서의 저항력이 있기 때문이다.

사회적 풍토란 용어로 조직체의 몇 가지 다른 사회적 특징을 설명할 수 있다는 것을 이해하는 것이 중요하다. 종종 대부분의 조직풍토는 조직의 성인 구성원들 사이의 인간관계의 본질에 대하여 언급한다. 또한 풍토는 학교내의 질서 또는 폭력의 정도를 언급하는 데 사용되기도 하였다. 비록 이 두 가지 풍토가 약간의 관련성을 가지고 있다 하더라도 그들은 그 풍토를 학문적인 기술과 지식학습에 가장 관련된 것이라고 기술하지 않을 것이다. 다시 말하면, 거기에는 많은 학교풍토가 있으며, 학교의 학문적인 성취수준을 설명하는 데 어떤 것들은 유용하지 않다. 우리는 학교의 학문적인 학습풍토에 관심을 갖는다. 그것을 지금부터 우리는 학습풍토라고 부를 것이다.

한 학교의 학습풍토는 학교사회체제제내의 확실한 영향력을 설명하는 데 있어서 필요하다. 사회체제에 대해 우리는 학교에서 일어나는 학습에 가장 관련되어 있는 학생, 교사, 교장, 학부모 그리고 다른 사람들 간의 관련성 형태에 관심을 가지게 된다.

학교 학습풍토를 요약하면, 학교 내에서 규범적인 태도와 행동 형태를 언급할 수 있다. 그것은 전체 학생집단의 학문적 성취수준에 영향을 미친다.

- 교사의 기대와 학생의 평가
- 학구적인 규범들
- 학습에 대한 무력감
- 역할정의
- 학습집단화 형태
- 수업실천

높은 학구적인 실행수준에서 나타나는 학교 학습풍토일 때, 학교는 효과적인 학교로서 우리의 조건 내에 있다. 효과적인 학교는 그들의 윤리, 인종, 사회경제적 지위 또는 지역사회의 경제수준에도 불구하고 학생들 거의 모두가 비평적인 학구적 기술과 지식에 대한 높은 수준을 완성하는 학교이다. 따라서 효과적인 학교는 태도, 신념, 규범, 역할정의, 구조 그리고 수업행동에 대한 분명한 형태의 상호작용을 포함하는 학습풍토를 가진다.

우리는 이들 요인 집단을 학교 이데올로기, 조직, 그리고 수업실행의 3개 범주로 묶었다. 이것은 미국, 캐나다, 영국 그리고 그 밖의 지역연구에서 폭넓은 범주에 기초한다. 비록 우리가 토론의 편리성을 위해 이들 3군집 속에서 효과적인 학교의 특징을 확인한다 하더라도 1군집도 없거나 또는 어떤 2군집의 결합도 학교가 효과적이라는 정도를 타당하게 설명할 수 있다. 오히려 이들 3군집의 요인들이 상호작용하여 전체적인 복잡성(복잡한 관계)이 학습성과를 일으킬 수도 있다. 다시 말하면 이들 3군집은 상호관련성을 가지고 있기 때문에 독립적이거나 또는 분리시킬 수 없다. 1군집의 변화는 다른 2군집의 변화를 일으키는 것이 가능하다(아마도 이들 군집들은 별개의 특징보다는 설명의 목적을 위해 더 유용하다. 왜냐하면, 군집들 간에 중복되는 것을 고려해야 하기 때문이다).

■ 학교 이데올로기

학교 이데올로기는 일반적인 신념, 규범, 기대 그리고 학교 사회체제의 특징에 대한 느낌을 언급한다. 신념은 거의 모든 학생들이 교사가 가르치는 것에 대해 학습할 수 있다는 것이며, 높은 학문적인 기술이 학생집단에게서 큰 부분으로 나타나는 하나의 결정적인 특징이다. 학생과 교직원의 수행기대는 학교의 폭넓은 규범 또는 성취의 기준이다. 그것은 학생들이 그들의 성취수준에 가장 직접적으로 영향을 주는 교직원과 학생, 부모의 규범을 수용하는 것이다. 학교의 교직원들이 학생들의 대부분이 배우는데 더디거나 배울 수 없다고 믿을 때, 학생들 가운데 성취 능력에 대한 높은 무력감이 있을 수 있다는 것을 많은 연구들은 지적하고 있다. 많은 학생들은 쉽게 성공을 포기한다. 학교가 이러한 느낌으로 특징지어질 때, 학교의 성취수준이 낮아질 것이라는 것은 명백하다.

학교는 많은 학생들이 학습부진아, 지진아, 특별한 관심의 필요, 빈약한 동기 또는 복잡한 개념을 학습할 수 없다는 것을 동일시하며, 그들 학교들은 대부분 노력이 불충분하고 이데올로기에 대한 기초로써 조직화된다. 한 학교에서 학생들 간의 차이는 학습기대에 있으며, 그곳에서는 높은 수준의 학습이 기대되지 않으면, 결코 높은 성취학교가 될 수 없을 것이다. 어느 정도 학교는 다양한 조건들을 창조해 나가야 하며, 그것은 성공보다는 실패에 대한 풍토가 강화되는 것을 피하기 위한 기대이다. 결국 이 책의 후속 모듈에서 논의되는 것처럼, 만일 학교의 교사진이 학생들이 실패할 것이라 행동한다면, 그들은 패배자를 산출하는 학교로 설계하고 있는 것이다. 학교의 교사진이 피하고자 노력하는 낮은 성취의 다양한 조건들을 무의식적으로 창조하거나 강화한다. 유감스럽게도, 많은 학생들은 실패를 위해 체계적으로 디자인된 학교에 대해 공격한다. 그들은 성공에 대한 실질적인 기회가 주어지지 않는다.

■ 조직 구조

학생들은 그들이 학교에서 학습할 수 있다고 믿어야만 한다. 불행하게도 이러한 신념은 충분하지 않다. 비록 높은 교사의 기대와 높은 수준에 대한 학생의 확신이 있다고 할지라도 효과적인 학교로 만드는 것은 충분하지 않다. 신념, 규범, 그리고 기대에 대한 긍정적인 이데올로기는 모든 학생들에게 학문적으로 숙달시키고, 효과적인 교수와 성공적인 학습 둘 다에 보답하는 조직으로 이끌어져야만 한다. 실패하는 학교에서 낮은 수준의 학생이 적은 숙제와 비교적 적은 요구로 보답 받는 것은 보기 드문 일이 아니다.

실패하는 학교에서, 교사들은 학교 전체의 성취 수준을 끌어 올리기 위해 보상을 주는 경우는 거의 없다. 이러한 기준은 저성취 학교가 낮다.

비록 좋은 의도일지라도 학교들은 종종 학습능력을 가정하여 학생들을 구분하여 구성한다. 그들은 학습해야할 것이 무엇인가도 없으며, 학생들이 학습할 수 있다는 가정이 무엇인지도 없다. 가정된 능력의 구분에 대한 가장 공통적인 방법의 하나는 학교들이 학생의 학습능력에 대해 교직원의 인식에 기초하여 다른 집단 또는 다른 분야, 다른 방법으로 학생들을 조직할 때 일어난다. 모듈 5와 다른 곳에서도 증명된 대학 진학준비반과 직업교육반, 대수학과 낮은 수준의 취업준비 수학, 그리고 독서집단의 일등과 중간 독서 수준 집단의 꼴찌는 오직 성공을 위한 다른 사람들과, 몇 명의 학생들이 어떻게 실패를 위해 집단화되는가에 대해 기록한 예이다.

학생들은 이러한 결과의 흐름(fashion) 속으로 집단화된다는 것은 명백하다. 많은 수의 학생은 학습할 수 없는 것으로 규정되며, 그들은 이러한 낮은 수준의 성취로 살아가야만 한다. 촉진된 집단의 학생들은 그들 집단 구성원들과 함께 높은 기대로 관련된 수행을 하기 위한 강화를 받아들인다. 유사하게, 낮은 집단에 있는 학생들은 높은 수준의 학습 실패에 대해 깨닫거나 대응한다. 실패에 대한 보답은 적은 숙제, 그들 행동에 대한 책임 축소, 비학구적인 노력의 수행에 용기를 주는 것을 포함한다. 낮은 기대를 수행하는 낮은 성취집단의 학생들은 그들을 위해 생각했던 것에 놀라지 않는다. 또한 이들 집단들은 교무실에서 편리한 희생자가 되며, 다른 사람들은 징계에 대한 주장과 다른 문제들을 끊임없이 설명한다.

한 학교의 조직적인 특징이 있는 한 실패에 대한 대응의 체제가 준비되며, 실패는 계속적으로 일어날 것이다. 효과적인 학교를 만들기 위하여 거의 모든 학생들에게 높은 수준의 성취를 기대해야만 하며, 학습에 대해 가정된 능력을 토대로 분리시켜서는 안 된다. 이것을 달성하기 위해서 모든 교사들은 높은 성취의 학생지도에 대한 책무성을 가져야 한다. 또한 교장은 모든 학생들에게 이러한 방법 속에서 학교 조직화를 위한 리더십을 제공해야만 하며, 교사들은 효과적인 교수와 학습으로 보답해야만 한다. 부연하면, 학생과 교사는 성공의 정당한 기회가 주어져야 한다는 것이다.

■ 수업실천

학교가 성공적인 학습욕구를 가진 학생들로 만들기 위하여 교사와 교장이 해야할 주요 사항은 신념을 확산시키는 것이다. 전체 학생들의 욕구는 중요하며, 욕구는 충분하지 않더라도 그들 학교의 조직과 이데올로기 둘 다 고려할 수 있을 정도로 형성시켜야 한다. 학생들의 욕구는 효과적인 수업실천으로 성공을 위한 기회 등을 지원해야 한다.

종종 학생들은 주제에 대한 학습욕구를 가진다. 그러나 부적당한 수업진행으로 방해받게 된다. 솔직히 학생들의 학습욕구는 완고하거나 비효과적인 교수방법으로 인해 손상된다고 말한다.

학생의 학구적인 능력에 대한 자아개념은 중요한 반면에, 학생들은 그들이 단순히 배울 수 있다고 믿기 때문에 가장 학구적인 주제들을 학습하려고 하지는 않는다. 학생들은 그들이 받아들일 수 있는 수업일 때 학습하며, 그들이 할 수 있거나 학습해야만 한다는 그들의 신념에 따라서 한다.

이 책의 모듈들은 이 점에 주목할 수 있도록 도와줄 것이다. 그들은 효과적인 지원을 약속하는 방법들을 제공한다. 학습과제수행시간(time-on-task), 자기 평가, 학생팀 학습(student-team learning)의 수업프로그램을 설계할 때 핵심이 되는 몇 가지 요소를 언급한다. 수업기술에 대한 이 모듈들은 학교를 통하여 높은 학생의 성취 속으로 학생들의 높은 기대들을 전이시키기 위한 틀(framework)을 준비하는 것이 필요하다는 것이다. 효과적인 학교 학습풍토 창조를 위한 이 모듈들은 핵심이 되는 가설(assumption)을 세우는 것이다.

효과적인 교사들은 학생들을 학습 임무에 몰입시켜 바르게 수업에 임하게 한다.

효과적인 학교에 관한 연구
학생성취에 대하여 만족스러워 하는 사람은 없다: 교육프로그램들이 학생들의 더 나은 공부를 위하여 변화되어야만 한다는 기대가 있다.

3. 효과적인 학교

최근까지의 연구는 학교가 가정배경요소의 영향을 넘어 학생의 성취결과에서 차이를 만들지 않는다는 것을 지적하는 것처럼 보였다. 인종과 경제적 지위는 가정배경의 지표로 몇몇 연구에서 사용되었으며, 학교간의 (School to school) 성취차이를 설명하는 것처럼 보였다. 그러나 더 최근의 연구는 학교가 가정의 사회경제적인 면과 인종의 특징을 넘어 학생의 성과에 차이를 만들고 있다고 지적한다.

가정배경특성을 극복하는 것 외에도, 연구문헌의 대다수는 학교는 그 학교가 속해 있는 지역사회와의 관계에도 불구하고 효과적일 수 있음을 보여준다. 학교내부에서 이루어지는 것의 대부분은 모든 학생들의 성공과 실패를 결정하는 것과 관련되어 있다. 효과적인 학교는 모든 유형의 지역사회 내에 존재한다는 것이 확실하다. 가장 빈곤한 지역 내에 있는 학교들이 실패할 것이 사실이라면, 왜 그러한 학교들에 대한 성공담들이 많이 있는 것일까? 학교들은 저소득 지역 내에서도 성취를 나타낼 수 있다. 의문은 '어떻게' 이다.

■ 효과적인 학교에 대한 윤곽
효과적인 학교에 대한 학교 학습풍토를 기술하면, 우리는 실질적으로

"이상적인" 학교를 그릴 수 있다. 비록 이것이 이상적인 모델일지라도, 몇몇 학교는 그들이 위치한 지역사회의 종류들이 다양함에도 불구하고, 대부분의 학교들은 높은 성취수준을 나타내며, 이 외형에 밀접하게 접근시킬 수 있다. 이 글의 목표는 이러한 외형에 밀접하게 할 뿐만 아니라 가능하게 조화시키는 학교를 창조하도록 돕는 데 있다.

효과적인 학교의 이데올로기
전문적인 교직원은 다음 신념과 태도를 갖고 있다.
- 모든 학생들은 학교의 목표를 학습할 수 있다.
- 모든 학생들은 높은 성취기준에 도달하는 것으로 기대된다.
- 교사들은 성공적으로 학교의 목표를 모든 학생들에게 가르칠 수 있다.
- 개인적이고 광범위한 학교의 성취검사와 실행평가는 학교의 성공에 대한 타당한 평가이다.
- 거기에는 학생의 노력과 좌절에 대한 무관심, 부정적인 태도, 비효과적인 실행 그리고 낮은 실행 속에서도 교직원의 높은 성취규범이 있다.
- 교직원은 그것이 필요로 하는 것이 무엇이라 할지라도 모든 학생들에 대해 높은 성취를 나타내고 행동하도록 한다.

학교 학습풍토에 대한 학생들의 인식
- 학생들에게 높은 성취를 기대하는 것은 학생들의 지각과 규범을 강화하는 것이다.
- 학생들은 학구적인 능력에 대한 높은 자아개념을 가지고 있다. 이것은 남학생 또는 여학생의 학습능력에 대한 학생들의 자기평가이다.
- 학생들은 학구적인 무력감에 대해 낮은 감각을 가지고 있다. 무력감에 대한 감각은 학교 내에서 차이를 만드는 것이라고 하는 생각이 학생들의 지각에는 없다는 것이다. 그리고 그것은 학습의 시도나 성공에 대한 체제 때문에 희망이 없다는 것이다(학생들의 높은 무력감은 낮

은 성취감과 낮게 동기화 된 것이다).

효과적인 학교의 조직구조

- 올바른 행동을 위한 역할기대는 성취의 조건들로 정의된다.
- "효과적인 교사"의 역할은 모든 학생들에게 높은 성취를 달성하는 것으로 정의된다.
- "훌륭한 학생"의 역할은 모든 성취자로 정의된다. 효과적인 교장의 역할은 모든 교사들의 효과적 수업과 학생의 성취를 위한 코치와 치어리더의 역할을 하는 수업 안내자이다.
- 리더십은 모두를 위해 공동의 목표를 창조하는 교직원과 공유하는 것이다.
- 학교 내의 보상구조는 성취에 집중되어 있다.
- 교사들은 모든 학생들을 위해 높은 성취를 나타내는 것으로 보상받고 평가받는다.
- 학생들은 높은 성취와 향상된 결과로 보상받고 평가받는다.
- 교장은 모든 학생들이 목표를 달성하는 높은 성취학교로 향상되는 것으로 보상받는다.

학생들의 층 최소화

- 추정된 학습능력, 인종, 사회경제적 지위에 의한 학생들의 이질 집단화라기 보다 가변성있는 이질집단화로 운영한다.
- 프로그램 평가와 수행평가는 학생수준들 사이에서 선발하고 서열을 매기는 것이라기 보다 오히려 수업의 필요와 학습의 진단을 위해 사용된다.
- 보충수업은 시험과 수행평가에 대한 진단으로 사용하는데 근거를 둔다. 보충수업은 편리함에 대한 이유로 이질집단이 아닌 학구적인 필요성에 토대를 둔 어린이 지지를 내포하고 있다.
- 보상교육과 특별교육 프로그램들은 학생들이 학년 수준에 "도달하

는"데 도움을 주는 것으로 설계되었으며, 규칙적인 교실에서 동등하게 행하도록 시켰다.

수업프로그램의 차별 최소화

- 공통의 높은 수업목표와 성취기대는 모든 학생들에게 확립시켜야 한다.
- 공통의 수업재료는 모든 학생들을 위해 사용되어야 한다.
- 공통의 역할정의(비교적 높은 수준의 학습을 위해 필수적인 기술과 지식의 완성을 포함)는 모든 학생들을 위해 진술되어야 한다.
- 약간의 차이는 학년 수준에 "도달하는" 준비를 위하여 필요하다. 그것은 범위와 지속력에 제한 받는다.

효과적인 학교에서의 수업실천

- 학교목표와 수업목표는 분리되어 정의된다.
- 학교목표의 최우선권은 모든 학생들의 수업목표 완성에 도달하는 것이라고 분명하게 진술한다.
- 모든 학생들에 대해 수업목표의 달성을 위한 기준, 그리고 그 기준들을 확실히 획득하기 위한 진행과정을 분명하게 정한다.
- 각 학년 수준을 위한 수업목표는 기초기능 성취에 대한 학교의 목표를 반영하여 확실하게 정한다.
- 전문적인 교직원은 모든 학생들을 위해 수업목표 달성에 대한 중요성을 수용하고 깨닫는다.
- 구조화된 효과적인 프로그램은 직접적인 수업에서 모든 학생들의 목표달성을 위한 완전학습전략을 구체화시킨다.
- 질서정연하고, 상대적으로 조용하고, 공부환경에 적용되는 환경(atmosphere)은 효과적인 학교와 교실 규율에 반영한다.
- 수업프로그램의 사용은 모든 학생들을 위한 "정규수업시간(academic engaged time)"으로써 전체 수업일수가 높은 비율의 결과이다.

- 학문적인 경쟁과 협력을 사용하여 동료의 학습과 동기를 조장시킨다.
- 강화의 법칙(reinforcement principles)을 효과적으로 사용하여 기대된 학생행동을 확립시킨다.

평가자료의 효과적인 사용
- 학생진보에 대한 감독행위, 학생에 대한 규칙적인 피드백과 진단을 포함하여 전달한다.
- 모든 학생들의 목표달성을 유지하는 정확한 기록이 요구된다.
- 진단 정보는 올바른 수업계획에 사용될 것이다.
- School-wide에 대한 자료는 학교의 수업프로그램을 향상시키고 평가하는데 사용될 수 있을 것이다.

4. 학교 학습풍토 문제 전문가 과정

교사나 그 외 교육관련 임원들이 변화를 원할 때조차 오래된 습성을 없애는 데는 어려움이 따른다. 그러나 개인의 힘만으로 어려운 변화는 종종 동료집단의 적극적인 도움으로 성취되어질 수 있다. 다양한 협동을 이루는 자조(自助)집단은 이러한 생각에 기초를 둔다.

변화를 위한 지원은 제2차 세계대전 당시 가정주부들의 식습관이나 요리 습관을 변화시키고자 노력한 Kurt Lewin의 시도로 거슬러 올라간다. 주부들은 외국에서 수입되어진 육류에서 즐겨먹는 부분을 우선시하지 않고 즐겨먹지 않는 부분, 예를 들면 육류의 뇌, 신장, 혀 등을 사용하도록 권해졌다. 이에 대해 다양한 방법들이 시도되어졌는데 대학 전문가들을 내세워 그것에 대한 강의를 하고 집집마다 방문을 했다. 결국 효과적인 방법은 공동으로 서로를 지원하는 주부 집단결정과정제도였는데, 그들은 그들의 목적을 달성하기 위해서 체크하고 직접 감독했다. 그룹기능에 있어 공통적인 태도와 행동에 대한 믿음은 그룹 개개인의 행동과 태도를 만들었다.

그러므로 학교 학습풍토에 비효과적인 학생들에 대한 규준과 믿음, 특히 소수인종과 가난한 학생들이 잘 배울 수 없다는 믿음은 그룹에 의해 자세히 검토되어져야 한다. 학생들을 분류하고 차별화 함으로써 기인되어지는 개별화된 교육과 그룹을 짓는 것과 같은 것은 집단에 의해 문제제기가 되어져야 한다. 그들의 신념과 행동을 변화시킴에 있어 사회적 도움 없이 개인에 의해 시도되어지기 때문에 이것은 종종 실패하게 된다. 만일 적극적인 개선에 대한 강화와 서로를 감독함에 있어 집단적 노력이 있다면 변화에 대한 문제제기나 노력은 보다 성공할 확률이 높아진다. 이것은 모든 학생들이 높은 학업성취를 가질 수 있는 효과적인 규범을 창조하기 위한 공동목적 수행에 대한 상호작용의 과정이다. 다음은 이러한 학교풍토 문제 전문가 과정의 본질적인 측면들이다.

- 학업성취에 관한 비효과적이고, 효과적인 태도와 행동을 확인할 것
- 이러한 요소들이 학업성취에 왜, 어떻게 관련되어져 있는가를 설명할 것
- 매일 이루어지는 일상적 교육과정에서 이러한 비효과적인 행동의 존재를 깨달을 것
- 이러한 행동들에 대한 정규적인 공개토론회를 만들 것
- 비효과적인 행동들을 변화시킴에 있어 그것의 개선을 보고하기 위한 그룹과 조사절차를 제도화 할 것
- 학업성취를 개선함에 있어 성공한 사람들을 인정하고 보상하기 위한 과정을 확립할 것

이러한 집단과정 유형은 동료들의 협동심이 그 기초를 이루는데 이러

한 협동심은 행동을 변화시킴에 있어 강력한 효과를 가진다. 그러나 학교 풍토 문제전문가 과정이 효과적이 되기 위해서는 임원들 사이에서 공식적인 수준으로 이루어져야 한다. 대화와 행동에 대한 비공식적인 감독은 교실, 복도, 사무실, 점심식탁에서 임원들이 만날 때 지속적으로 이루어진다. 이러한 비공식적인 과정은 다음 내용을 포함한다.

- 학교풍토 감독은 학교직원들이 매일 진행되어지는 대화에서 이루어진다.
- 집단은 학업성취에 대한 그들의 신념, 진술, 행동들에 대한 중요성을 깨닫게 된다.
- 그룹멤버들은 공동으로 바람직하지 않거나 비효과적인 태도, 말, 행동들을 감소시키고, 효과적인 행동을 보상한다.
- 이렇게 비공식적으로 진행되어지는 대화와 행동에 대한 모니터는 자세히 검토되어진 것들의 일부분으로, 마치 능력이나 학년수준별 모임 또는 공동의 지원처럼 쌍을 이룬다.

조사를 위한 공식적 모임과 비공식적 그룹행동에 대한 공동의 감독은 어느 하나만을 선택하여 시도한 것 보다 효과적이다. 그러나 진행되고 있는 기반에 기능하는 비공식그룹의 역동성을 얻는다는 것은 어려울지도 모른다. 정규적인 공식적 위치에서 그 과정이 설명되어지고 격려받는 반면 실제의 비공식적 감독은 자체적으로 생활에 생기를 북돋워주는 학습풍토 개선에 대한 교직원들의 수행으로, 자발적으로 서로를 비평하거나 보상하는 협정과 결부시켜 생각한다. 그 외에 사회적 훈련(기술)이 요구되어지는데 이는 비평이 한 방식에서 이루어지지 않도록 변화를 반대하는 것조차 감내할 수 있게 한다. 말을 하지 않거나 나쁜 것을 함축하는 것은 변화를 이끌어 내는데 있어 효과적인 방식이 아니다.

가장 중요한 물음은 "특정한 태도와 행동이 변화되어야 하는가?"이다. 조사기간동안 서로에게 질문되어져야 하는 물음은 어떤 것들이고 어떠한 활동이 비공식적으로 감독되어져야 하는가? 교사들, 교장, 그리고 그 외의 교육관련 임원들은 그러한 물음에 대해 얘기한다. "모든 학생들이 최대한 배우게 하는 데 있어 이번 주에 당신이 하려고 하는 것은 무엇인가?", "학생들이 그들 자신을 평가하는 데 영향을 미치게끔 당신이 오늘한 일은 무엇인가?", "다른 교사가 내년에 학생들을 맡아 가르칠 때 편견을 갖게끔 어떤 것을 말했는가?", "학생들의 성취와 그들의 능력에 대한 평가 기대에 있어 이 학교에서 언급되어진 것은 무엇인가?"

이러한 물음에 대한 보다 적절한 대답은 보다 완벽한 기준에서 확실하게 설명하는 것이다. 그러나 일반적으로 효과적인 학습풍토와 효과적인 교육에 행동과 태도가 일치하고 공식적으로 인정되는 점에 주목해야 한다. 반대로, 학생들의 학습능력을 부정적으로 반영하거나 높은 학업성취를 방해하는 행동은 더 많은 저항을 낳는다는 점에서 비난받아야 한다. 예를 들면, 어떤 교사가 공공연하게 그의 동료교사를 방해한다면 그들은 스스로 방어를 하고 프로그램을 포기하게 될 것이다. 칭찬하는데서 문제는 훨씬 줄어들기 쉽다. 그러나 임원들은 칭찬이 실제적인 행동을 개선하고 변화시키는 데 불확실하다는 것을 인정한다. 즉, 낮은 학업성취 또는 부정적인 태도가 계속되는 경우에도 칭찬하는 것은 개선을 방해하게 될 것이라는 것이다. 비록 바르게 수행되어지는 학교풍토 감독과정이 변화에 대한 강력한 동기를 생산할 수 있을지라도 그룹 내 모든 구성원들이 참여할 때 가장 효과적이 될 것이다. 불행히도, 교육문제에 있어 독자적으로 결정하는 교사 자치의 전통은 다른 사람을 비판하는 것처럼 인식되어지는 활동에 마음이 끌리지 않는 많은 교사들과 임원들에게 남아 있다. 이것은 아무리 민감하고 사려 깊은 사람이라 할지라도 다른 사람을 공공연하게 비판하는 것은 마음내켜 하지 않는다는 것에 의해 강화되어진다. 만약 다른 사람들의 정직한 평가에서 효과적이었다고 한다면 그 사람은 그러한 비판을 마음에 새겨야만 한다. 데이비 존슨은 그의 저서 Reaching Out(1995)에서 의견이 일치되지 않는 사람들, 심지어 상관과 부딪칠 때 그것을 위협해서라기보다는 도움으로 받아들이는 선상에서 어떻게 해야 하는가에 대한 조언을 하고 있다.

학습에 대한 기대

> ▣ **주요개념 및 내용**
> • 높은 기대−높은 학업성취
> • 교사 기대와 학교 학습풍토
> • 자기충족 예언
> • 기대의 향상과 학생 학습풍토
> • 기준과 규범적인 기대

1. 높은 기대−높은 학업성취

학생들은 교사가 학생들에게 기대하는 것들을 배우기 쉽다. 그것은 자기 충족예언의 본질이다. 학생들이 교사(teachers)가 갖고 있는 높은 기대(standard)를 인식할 때, 그리고 그 학교내 다른 교육자들(educators)도 역시 그들이 높은 수준에서 행동하고 성취할 것이라고 기대할 때, 학생들은 높은 수준을 성취하는 경향이 있다. 이런 높은 기대 풍토가 하나의 규범이라는 인식이 고착되면 효과적인 학교 학습풍토의 가능성이 높아진다. 한편, 학생들이 자기의 교사들과 다른 교사들이 일반적으로 그들을 무능하다고 생각하며 그들이 무엇을 하건 실패할 것이라고 믿을 때, 학생들은 낮은 수준으로 성취할 것이다. 만약, 학교에서 만연한 믿음이 실패(failure)라면, 실패는 학교가 만든 것이다. 요약하면, 학생들은 교육자에 의해 설정된 기대수준에 따라 상승하거나 실패한다. 그들은 예언들을 수행한다. 이런 의미에서, 학교는 학생들의 학업성취에 대한 요구 수준에 따라서 "우등생"이거나 "열등생"을 만들어 낸다.

많은 교육자들이 자기충족예언의 역할을 아는 반면, 그들의 태도와 행위가 학생들에게 주는 영향력이 중요하다는 것을 기억하고 있는 사람은 거의 없다. 이것은, 부분적으로 영향력을 구성하고 전이시키는 과정들이 대부분 무의식적이거나 잠재적인 성질이기 때문이다. 교사 기대의 타당성의 전제는 중재(mediation)의 영향/효과(affect/effect)에서 나타난다(Rosental, 1989). 이 이론은 다음과 같다.

> 학생의 지적수행을 위한 교사의 기대수준의 변화는, 학생에 대한 교사의 영향력과 학생을 가르치는데 있어 교사의 노력 정도가 얼마나 변화하였는가로 나타난다(Rosenthal, 1989).

이 모듈은 교사 자신, 다른 교사들, 그들의 학생들, 그 학생들의 동료들, 그리고 다른 사람들에 대한 교사들의 기대 사이의 관계를 탐구한다[그림 8.1] 참조). 또한 이 기대치들의 출처들도 검토된다. 이 모듈의 첫번째 부분은 교직원 집단과 학생 집단사이의 상호작용들에 초점을 맞춘다. 두 번째 부분은, 교사의 기대가 자기충족예언으로 되어 가는 과정을 다룬다. 이런 과정들을 이해함으로써, 교사와 다른 교육자들은 학생들에게 피해를 주는 부정적인 자기충족예언들을 피할 수 있어야만 한다. 마지막으로

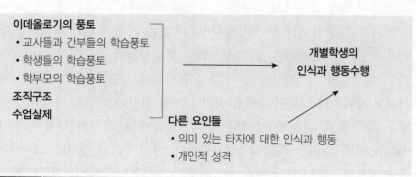

그림 8.3 | 학교 학습풍토 요소들

학생들이 그들의 학습풍토를 인식하는 방법을 개선하기 위한 제안이 제시된다.

2. 기대와 학생의 인식

이 책의 모듈2의 요점과 마찬가지로, 학교의 성인 교직원(staffs)들은 학교 학습풍토에 있어 제일 중요한 이데올로기적 효과(force)를 제공한다. 이 말의 핵심은, 교사와 학생에 관한 것뿐만 아니라 다른 교사들, 교직원, 부모와 학생들이 다른 사람들에 대하여 반응하는 방법에 있어, 교사 기대의 영향력에 관한 것이다.

교사들은 학습에 대한 학생 규범들과 관련하여 학생들에게 강력하고 직접적 영향력을 갖고 있다. 이것은 학습에 투여한 시간, 완수해야 할 과제, 얼마나 많은 학생들이 학습을 잘 해낼 수 있다고 생각되는지, 학생들의 행동양식 그리고 학생들이 교사로부터 추구하는 도움을 포함한다. 교사들이 학구적인 것들에 두는 가치를 평가하는 데 있어 한가지 중요하게 고려할 점은, 스포츠, 남녀 관계, 학부(faculty parties), 그리고 심지어 교사들 사이의 잡담과 같은 관심사들에 교사들이 얼마나 많은 우선 순위를 두는가 하는 것이다. 또 다른 강한 영향은 교사가 고등학교를 마치거나 또는 대학에 갈 수 있는 능력을 가졌다고 기대하는 학생의 비율이다. 이런 기대가 학교내에서 일어나는 학습의 성격의 분위기를 설정한다.

교수 집단의 기대는, 표면적으로 나타나지는 않을지라도, 학교의 기능적 목적이 되는 경향이 있다. 교사의 목적이 우선적으로 사회적 통제라면, -전체로서의 학교의 한 부분인 학문적 우수성은 물론-학문적 성취는 부차적이고 낮은 것이 될 것이다. 학생의 학업성취는 학생능력과 학습태도의 결과 이상이라는 것을 다시 주목해야 한다. 학생의 학문적 성취는 교수 집단에 의해 설정된 성취수준과 교사가 두는 수준의 우선 순위와 관계가 있다. 완전학습을 성취하기 위한 요구 수준을 설정함으로써, 학생들이 결과적으로 내면화하는 규범(norm)이 만들어진다. 간단히 말하자면 만약 성취수준이 교사에 의해 제시되면 학생들 스스로 이를 자신에게 요구하기에 이르게 된다.

학생들은 또한 학문 외적인 것을 중요시하는 학교에 있는 다른 성인들, 그들의 동료, 그리고 그들의 부모들에 의해 영향을 받는다. 유행, 운동, 음악, 데이트, 차, 심지어 약물과 폭력은 전통적으로 동료들이 서로를 평가하기 위해 사용하는 중요한 기준이다. 이런 동료의 영향은 종종 진가를 인정받지 못 함에도 불구하고, 학생으로서 학문적 성패는 대부분의 동료 집단들에게 여전히 중요하다(Vandell and Hembree, 1994).

학문적 성공이 쇠퇴함에 따라, 학문적 성취의 타당성은 학생들에 의해 중요성이 줄어든다. 다시 말하면, 학생들은 그들이 학교에 가는 이유를 안다. 학문적 기능들과 지식을 배우는 것이다. 그들이 학문적 성취에 우선 순위를 두는 방법은 분명히 다양하다. 친구들이 학문적으로 성공하지 못 할 때, 또는 그들의 학문적 과업이 현재와 미래의 목적과 관련이 없는 것 같을 때, 그들은 인정을 받기 위한 욕구를 충족시키는 다른 관심사로 눈을 돌린다. 그러나 효율적인 학교에서는, 모두를 위한 학문적 완성의 목표는 사회적 목표와 궤를 같이 한다.

어떤 학교 환경에서는, 높은 학업성취가 동료집단에 의해 방해를 받는다. 종종 이런 영향력 있는 동료들은, 최소의 성취로 "그럭저럭 해나가거나" 실패를 했던 바로 그런 학생들이다. 예를 들면, Closen(1992)은 도시 환경에서 "높은 학업성취를 얻고 있는 아프리카계 미국인 학생들이 욕을 먹거나 폭력행사를 당하기도 한다."는 사실을 알았다. 다른 한편, Clasen(1992)은 다행히도, 교사들과 교장들의 도움으로, 이런 우수성-소외감의 고리가 제거될 수 있거나 상당히 약화될 수 있다는 사실을 알았다. 그러므로 동료집단의 압력에 의한 것을 포함하여, 교사들은 분명히 다양한 방식으로 학생의 학업성취에 연결된다는 것은 분명하다.

교사 기대들과 평가들은, 교수의 양, 학생들과 상호작용 하면서 보내는 시간, 자료의 질, 그리고 어떤 학생의 행동에 대한 상벌의 사용을 다르게 함으로써 직접적으로 학생들의 학업성취와 관계를 가진다. 요약하면, 교사의 높은 기대는 양적으로나 질적으로 나은 교육(instruction)을 만들어 낸다. 반대로 교사의 낮은 기대는 결과적으로 낮은 교육과 관심을 만들어 낸다. 교사들 사이의 차이점과 학생의 학업성취를 위한 이런 차이점의 타당성은 수년간 많은 연구자들에 의해 잘 증명되어왔다(Cotton, 1995; Brookover, et al., 1979; Brophy & Good, 1974; Finn,1972; Rist, 1970).

최근에 더욱 잘 증명된 것은, 교사들이 개인적으로 뿐만이 아니라 집단적으로도 풍토의 성원(factor)으로 중요하다는 것이다. 교수풍토는 학생들의 삶에 있어 중요한 다른 것처럼 종종 개별 교사가 가르치는 것을 구체화한다(Brookover et al., 1979; Cotton, 1995). 풍토의 성원으로서 이런 교사의 기대들이 개별적으로 또는 집단적으로 학생들에게 얼마나 영향을 주느냐 하는 분석중의 하나가 자기충족예언이다. –영향/효과 전달 이론으로 그것은 이 모듈의 뒷부분에서 언급된다.

교사들은 또한 간접적으로 학생의 학업성취와 관련되어 있다. 규범, 기대, 그리고 학생집단들이 가지고 있는 태도는, 다른 사람들의 학생 인정 특히 교사들의 학생 인정으로부터 나온다〔그림 8.4〕 참조). 개별 교사들의 학생 인정, 그리고 집단으로서의 교사들은 학생의 학구적 수준, 학구적 무력감과 학구적 능력의 자아개념—학생 성취의 모든 중요한 요소들—과 관련되어 있다. 학생들의 활동에 있어 모든 중요한 요소를 초기연구에서 Brookover와 동료들은 학생 학습풍토의 한 측면인 학생의 학구적 무

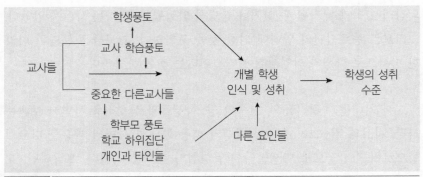

그림 8.4 교사 영향의 방향

력감이 학교의 성취 수준 변화를 절반 이상 설명한다는 사실을 발견하였다. 그리고 교사들은 직접적으로 학생의 학구적 무력감에 영향을 준다. 이 무력감은 특정 교사와 학생의 관계가 끝난 이후에도 오래도록 지속적인 영향력을 지닌다.

[그림 8.5]에서 보듯이, 上席(prior)의 교사 기대(집단적으로든 개별적으로든)는 교사의 평가방식에 영향을 주는데, 이 평가방식은 동료들에게 서로 영향을 준다. 그리고 간접적으로 학생평가, 학부모 그리고 학생들의 생활에도 영향을 준다. 이런 기대의 고리는 학교의 많은 다른 결과들에 영향을 미친다는 의미에서 중요하다.

학생들이 배움에 영향을 주는 데 있어, 교사 기대가 상당히 관련되어

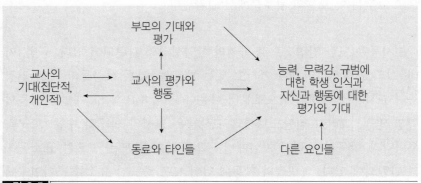

그림 8.5 교사기대와 평가

있다는 것에 대하여는 절대적으로 의심할 여지가 없다. 이 사실을 증명하는 많은 연구가 있다(Cotton, 1995). 그들은, 그들이 만든 교사풍토를 통하여, 영향의 많은 부분을 연구하였고, 특정 학생에게 직접적으로 작용하는 긍정적 또는 부정적인 의미 있는 타자들도 마찬가지로 연구하였다. 동료들 사이에 존재하는 학습에 대한 풍토뿐만 아니라, 학생의 개별적인 부모들과 동료들의 영향도 교사 기대에 의해 영향을 받는다.

3. 학생풍토와 학업성취

학교에서 학생 학습풍토의 가장 중요한 세 가지 종속변수는 다음과 같다. 1)학생집단에 의해 설정된 기대 또는 학문적 기준의 일반적 수준(즉 학구적 규범), 2)학구적 역할과 관련된 능력에 대한 학생집단의 자체 평가의 일반적 수준, 3)학생의 학구적 무력감 또는 효능의 일반적 수준이 그것이다.

학교 간에 다양한 변수가 많이 있고, 수많은 학생들에 대한 학교 내의 풍토 변수도 다양하다. 예를 들면, 전체 학교규범들의 몇몇 변화는 다양한 학생 친목단체와 교사 친목단체에서부터 일어날 것이다. 다시 말하면, 학년에 맞는 알맞은 규범, 숙제에 소요되는 시간의 양, 그리고 비학구적 활동과 비교되는 학업의 중요성이 학생 "집단"에 의해 다양하게 될 것이다(Brown and Steinbegr, 1991). 그러나 각 집단은 일반적 학습풍토와 학교에 있는 다른 학습풍토 변수에 의해 영향을 받을 것이다.

4. 학생의 개인적 특성

■ 능력에 대한 자아개념

학생의 학구적 능력에 대한 자아개념이 학업성취 수준과 관련을 가지고 있다는 자료가 있다. 그러나 이 관계가 반드시 그러한 것은 아니다. 아마 이것이 높은 자아개념이 높은 학업성취로 연결된다는 직선적인 관계가 아니기 때문일 것이다. 오히려 학구적 자아개념은 무엇을 배울 것인가 하는 학생의 개인적 결정에 있어 필요조건이지 충분조건은 아니다. 학습능력에 있어 어느 정도의 자신감은 계획된 학습을 촉진하는 데 필요하지만 앞으로 일어날 학습을 보장하지는 못한다. 이것은 낮은 학구적 자아개념을 가진 대부분의 학생들이 낮은 성취를 한다는 사실에 의해 증명된다. 그러나, 높은 학구적 자아개념을 가진 모든 학생들이 높은 성취를 이루는 것은 아니다. 학생들은 그들이 무언가를 배울 수 있다는 사실을 믿을지 모르지만, 믿지 않을 수도 있다. 다시 말하면, 학구적 능력의 적당한 자아개념은 앞으로 일어날 대부분의 학구적 학습을 위한 중요한 조건이기는 하지만, 능력에 대한 자아개념만이 그러한 학습을 보장하는 것은 아니다. 다른 요소들도 틀림없이 존재한다.

일반적으로, 능력에 대한 학생의 자아개념은 학교의 학습과 관련된 다른 개인적 특성과 어느 정도 유사하다. 자아개념들은 교사기대, 평가와 행동의 결과들이다. 교사는 학생들 능력에 있어서 학구적으로 성공할 학생들의 믿음에 영향을 주는 특별히 강한 요소이다. 왜냐하면, 〔그림 8.3〕에서 설명했듯이, 학생의 학구적 학습능력에 대한 부모와 동료들의 평가조차도 교사의 판단, 행위 등과 상관관계를 이룬다.

■ 무능력 또는 효능(Efficacy)에 대한 학생 인식

학생들이 학교에서 무엇을 얼마나 배워야 할 것인가에 대해 영향을 주는 학생들의 다른 특성들은 학구적 무력감(또는 효능)이다. 무력감은 절망감을 나타낸다. 이는 학생들의 학교조직은 자신들에게 무익하고 아무도 관심이 없으며 성공하려면 운이 좋아야 하며 무엇을 하든 학교에서는 실패만 있을 뿐이라는 생각을 강하게 경험했다는 것을 의미한다.

학생들은 이 무력감을 인종차별, 가난 또는 그들로서는 어쩔 수 없는 다른 조건의 탓으로 돌릴 수도 있다. 불행하게도, "조직"에 의해 희생당하고 있다는 감정들(feelings of victimization)은 집단에 의해 강화되기도 하는데, 이는 종종 개인을 더욱 무력하게 느끼도록 하는 방식이 된다.

성공의 기회들이 주어질 때조차도, 상황에 대한 개인의 인식은 집단적 사고방식에 의해 지나치게 왜곡되어 주어진 기회들이 간과되고 있다.

절망감은 높은 능력에 대한 학구적 자아개념을 가지게 되는 같은 시기에 일어날 수도 있다는 사실이 인식되어져야 한다. (몇몇 소수 학생들의 범주에서는 관찰되어져 왔듯이) 이 분명한 모순은 이론적 해석에 의해 설명되어질 수 있다. "나는 성적이 낮고 학교에서 잘해나가지도 못한다는 사실을 알아요. 하지만 그것은 내 잘못이 아니에요. 나는 할 수 있지만, 조직이 나를 못하게 해요."

요약하면, 낮은 무력감과 능력에 대한 높은 자아개념은 모두 높은 성취를 위한 필수조건들이다. 학생들은 그들 자신들을 믿어야 하고, 또한 그들이 속한 학교가 자신들을 도울 것이라고 믿어야 한다. 학생들은 배움을 위한 모든 노력이 학교에서 배우는 것과 평생에 있어서 배우는 것에서 중요하다는 점을 믿어야 한다.

■ 학생기준과 기대

사람들은 각자 다양한 역할에 있어서 자신의 일과 관계되어 만족시키는 도덕적 규범들을 가지고 있다. 이러한 규범과 더불어 우리는 자신을 위한 기대를 가지고 있다. 자신을 위해 학생들이 가지고 있는 학구적 기대와 도덕적 규범은 개인의 특성들과 매우 관련이 깊다. 이 학생의 기대와 도덕적 규범의 주요 근거는 무엇일까?

학구적 능력에 대한 학생평가와 학구적 무력감(또는 효능감)과 마찬가지로, 학구적 성취를 위한 그들의 도덕적 규범과 기대는 대부분 다른 사람들에 의해 영향을 받는다. 그들은 그들이 지닌 가치와 기대의 풍토, 다른 교사의 가치와 기대에 의해 영향을 받는다.

> **효과적인 학교에 관한 연구**
> 높은 기대는 반드시 강한 학습습관을 나타내는 요구를 수반한다.
> 연구 자료에 따르면, 학습습관과 교실행동의 중요성에 대해 강한 믿음을 가지고 있는 교사가 보다나은 교수방법들을 수행하고 보다나은 성취에 영향을 주는 것으로 나타난다.

5. 기준과 규범중심의 기대

중요한 논쟁점은 학구적 과제에 있어 학생의 능력을 평가하는데 사용되는 기준과 관련되어 있다. 그들의 학습하는 시도들이 성공적인 것인가, 아니면 무익한 것인가? 우리는 객관적 기준에 기초하여 성취를 판단하여야만 하는가, 아니면 그들의 노력을 다른 사람의 성취와 비교함으로써 성취를 판단하여야만 하는가? 모듈 6에서 논의되듯이, 객관적 평가에 의해 결정되는 것으로써 모종의 학구적 기능 숙달이 기대되는 학생들, 그리고 완전학습 방법에 의해 가르침을 받는 학생들은 유연성있는 지능과 능력을 보이는 경향이 있다. 그들은 보다 영리하고 숙련될 수 있는 객관적 증거들을 가지고 있다. 그들은 또한 진보적으로 보다 도전적인-학구적 위험을 감내하는-학습과제를 해결하려 시도하는 경향이 있다. 왜냐하면 그들은 앞선 노력들에서 성공의 증거를 가지고 있기 때문이다.

남들과의 비교를 통해 자신의 능력을 판단하려는 학생들에게는 이런 방식은 매우 어렵다. 성취 정도를 집단과 관련해서 평가하면 학습 기준은 성취되지 않을지 모른다. 한 학생의 성과가 집단의 기준을 앞지를 수도 있지만 여전히 완전한 성취에는 미치지 못 할 수도 있다.

예를 들어, 6학년 집단의 일반수준이 3학년 수준에서 수행되어진다면, 집단의 일반수준을 능가하고 4학년 수준에서 수행하는 개인은 절대적으로 숙달의 적당한 수준을 성취하는 것이 아니다. 이것은 그렇게 많은 학생들이 그들의 학교생활을 가까스로 마치고 사회에서 능력을 발휘하는 데 필요한 가장 기본적 기능조차도 결코 숙달할 수 없는 이유를 잘 설명해 준다. 성취집단의 일반수준에 기초하여 학생을 평가하는 것은-특히 집단의 일반수준이 낮다면-필연적으로 언어, 수학, 쓰기와 다른 중요한 기능의 숙달수준이 부적절한 학생을 낳게 한다.

성취의 객관적 수준에 기초한 완전학습은 집단의 일반수준을 끌어 올려 학습풍토를 방해하기보다는 강화하는 상황까지 만들 수 있다. 이것은 교사의 역할에 대해 중요한 시사를 한다. 교사가 학생에 대한 높은 기대를 가지는 것이 중요한 반면, 높은 기대만이 전부는 아니다. 교사는 학생이 성취의 장점을 판단하는 데 사용하는 특별한 그리고 객관적 기준을 전달하는 것이 필요하다. 그러한 객관적 기준이 전달될 때, 학생들은 진정한 승리감을 느낄 것이다. 능력에 대한 긍정적 자아개념은 증명된 기능들에 의해 강화된다. 그래서 평가를 위한 특별하고 객관적인 기준과 함께 높은 학생기대는 모두 효율적 학습풍토의 기초를 이룬다.

6. 높은 기대의 환상 깨뜨리기

객관적 기준을 참고하는 것보다 학교의 일반수준에 기초하여 성취기대를 갖는 데에는 위험요소가 있다. 이 위험은 여러분이 학생들을 실패한 학교를 졸업시킬 때, 대부분 졸업생들의 일반 성취수준이 낮아서 대학이나 심지어 낮은 기술직에서조차 필요한 기본적 기능들이 부족하게 될 때 분명해진다. 그들은 사회에서 요구하는 기능적 능력이 부족하지만, 이미 학교를 졸업해버렸다.

이러한 학생들과 부모들은 졸업한 다른 학생들과 학력에 있어 별 차이가 없다는 착각을 하고 있다. 그들이 보충교육을 받아야하는 가혹한 현실을 깨닫는 것은 대학에 가려고 하거나 직업을 구할 때뿐이다. 아마도 그것은 고용주, 부모, 교사 그리고 다른 사람들이 필요한 능력이 부족한 졸업장을 가진 사람들과 만나게 되면, 교육적 과오의 책임이 진실을 왜곡하는 이유가 된다. 사실, 교육적 과오의 핵심은 그들이 성공하지 못했을 때 성공했다고 잘못 믿게 만들어서 학생과 부모를 달래는 것이다.

높은 기대가 설정되었을 때, 그 기대는 성취의 객관적 평가에 바탕을 둔 것이며 진실되어야 한다. 이것은 거짓된 지식에 대한 보상은 아무것도 없어야 한다는 의미다. 성취기대는 모든 사람이 수긍할 수 있는 특별한 결과에 한정되어야만 한다.

■ 여타의 관련된 영향들

연구에 의하면 학교환경이 학생들이 부모들의 영향과 관계없이 학구적 성취에 영향을 준다(Coon et al., 1993).

부모의 높은 기대는 학교의 부정적 영향을 극복하는데 충분하지 못하다(Voelki, 1993). 그리고 교사의 기대는 학생의 읽기와 수학에 있어서 부모의 기대보다도 상당한 상관관계가 있음을 보여준다(Reynolds,1992). 학생의 성취에 교사의 영향이 부모보다도 훨씬 더 크지만, 부모는 학생경험에 있어 중요한 의미를 지닌다(stiller and Ryan,1992). 부모는 유희 역할만을 가지고 있기 때문에, 학생교육이 실패했을 때, 부모를 질책하는 것으로 학교를 용서할 수 있는 문제는 아니다. 부모의 지원이 거의 없거나 전혀 없는 상황에서도, 학생들은 여전히 학습을 다하도록 지도될 수 있다. 교사는 부모에게 지원에 대해 가르칠 수 있고, 교사들이 자신과 학생들을 위하여 올바른 기대를 가지고, 적절한 교육적 경험들을 공급함으로써 끝까지 책임을 다한다. 그 때문에, 부모의 지원이 적더라도 극복될 수 있다.

학생에 대한 교사의 기대감은 그러나 교사의 영향력의 중요성이 다양하지 않는다는 것을 의미하지는 않는다. 예를 들어, 교사기대는 초등학교에서는 특별히 강력한 영향력을 발휘하지만, 중·고등학생은 그들에게 피드백을 해주는 광범위하고 중요한 다른 것들에 어느 정도 의지하는 경향이 있다. 마찬가지로, 낮은 성취에 대한 교사의 기대는 중류층 학생들보다도 저소득층 학생들에게 더 큰 영향을 준다(Brookover et al.,1979). 특별히 미국태생의 저소득층 학생들이 대학을 가고자 한다면, 중류층 또는 사회경제적으로 상류인 백인 학생들보다도 교사로부터 더 많은 지원을 필요로 한다. 아마도 많은 교사들이 저소득층 부모들에게 자녀들의 주어진 앞으로의 현실에 대해 받아들이도록 하는 것 같다. 그래서 교사들이 가끔은 그들의 자녀에 대한 평가나 기대를 낮추게 하는 역할을 하기도 한다.

7. 자기충족예언

30년 전, 교실에서의 피그말리온 연구에서 Rosenthal과 Jacobson

(1968)은 학구적이고 "공부 잘하는 사람(bloomers)"이라 명명된 학생의 지능은 학급의 다른 학생보다도 더욱 향상되었다고 결론지었다. 이 학생들은 실질적으로 자신들이 "공부 잘하는 사람"이라는 사실을 몰랐고 무선 표집되었다. 그들의 지능은 확실히 향상되었는데, 이는 교사들과 그 학생들이 총명하다고 생각하고 특별하게 대우해 주었기 때문이었다.

비록 원래의 피그말리온 연구는 방법론적 배경에서 비판 받았음에도 불구하고, 이후로 이런 질문들 "교사기대수준이 정말로 학생성취수준에 영향을 주는가?(즉, 높은 교사기대가 실제로 높은 성취를 강화하고, 낮은 기대가 낮은 성취를 낳게 하는가?)"를 검사하는 많은 증거들이 축적되어졌다. 방대한 연구에 기반을 둔 그 답은 분명히 "그렇다"이다(교사기대의 관련성에 관한 많은 연구 논문의 많은 재검토가 있다. 1995년 Cotton이 쓴 효율적 학교 연구개관의 예를 보라). 그래서 교육자는 그들의 기대가 자기충족예언의 결과가 될 수 있다는 특별한 기제(機制; 메카니즘)를 알아 둘 필요가 있다. 이것을 알게 됨으로써, 교사와 교직원은 낮은 성취기대가 전달되는 것을 의식적으로 피할 수 있다.

■ 정의

자기충족예언은 입증되지 않은 것으로 시작되어 마치 진실인양 취급되어지는 예상된 결과를 낳는 과정으로 정의할 수 있다. 이어서 일어나는 행위들은 예언이 이루어짐을 확신시켜 주도록 유도된다. 마찬가지로 사람들은 하여금 그들의 원래 기대가 옳았음을 결과적으로 확신하게 된다. 교육에 있어서, 이 과정의 한 예는, 교사가 한 학생을 본래 학교에서 열등아라고 판단해 버리는 잘못된 기대이다. 이 평가 때문에, 그 학생에게는 다른 학생들보다 적정수준 이하의 교수가 이루어진다. 그 학생은 높은 수준에서 교육받은 학생들에 비해 다음 시험에서 낮은 성적을 나타낸다. 낮은 성취는 학생에 대한 원래의 왜곡된 기대를 확신시켜주는 것이다. 본질적으로, 교육자는 그들이 발견하기 위해 시도하고 있는 바로 그 상태를 창조하고 있다.

자기충족예언에 대해 몇 가지 일반화가 있다. 다음의 몇몇 경우, 약간 혹은 전부 동의할 수도 있다.

예언과 그로 인해 야기될 기제(機制; 메카니즘)는 모두 무의식적으로 이루어진다. 이 때문에 자기충족예언은 발견되거나 종식되기 어렵다.

기대는 종종 문화적 편견 혹은 상투적인 태도에 기반을 둔다(일반적으로 사람들은 미묘한 본성을 의식하지 못한다.).

자기충족예언은 집단과 개인 수준 모두 작용할 수 있다. 교육에 있어서 개인, 학급 전체, 학년 전체, 학교 전체가 그 희생물이 될 수 있다.

자기충족예언은 대개의 경우 작지만 지속적인 효과를 초래하고 누적적인 결과로 이어진다. 그래서 시간이 지남에 따라 이전의 왜곡된 판단에 근거하여 새로운 판단을 왜곡시키는 효과를 만든다. 특히 이 과정은 유아기에 시작될 때 사실로 확실해진다. 달리 표현하자면, 우리가 능력이며 태도라고 지각하고 측정하는 것들이 누적적이고 장기간의 자기충족예언의 효과가 되는 것이다.

많은 학생들이 단지 자신의 능력 이하인 낮은 수준의 학습만 할 수 있다고 판단되어진다.

한 집단구성원에 대한 부정적 자기충족예언을 지지하는 믿음은 다른 집단에서는 긍정적인 것으로 판단되어 질 수도 있다. 예를 들어, 몇몇 지역에서 최근 아시아에서 이민 온 학생이 높은 성취를 이루는 1/4정도의 아이들은 "대단히 공부 잘하는 학생"으로 보여진다. 다른 한편으로, 몇몇 사람들은 몇몇 다른 소수민족 학생들 사이에서 높은 성취를 이루는 것을 "건방지다"고 본다. 달리 말하면, 이중 기준이 존재한다는 것이다. 왜곡된 자기충족예언은 다른 집단뿐만 아니라 자신의 민족집단에서 개인에게 다가오는 것인지도 모른다.

■ 교사기대의 근거

교사들은 학생의 성적을 매길 때, 실제 성취수준보다 다른 많은 요소들을 고려한다. 성적과 성적 평점은 성취와 상관관계가 있지만, 외향적 관찰과 시험점수에 의해 측정되는 것과 마찬가지로, 한가지에 존재하는 변수의 절반 이상은 일반적으로 다른 변수에 의해 설명되어질 수 없다.

이것에 대한 많은 증거들이 있다. 예를 들어, 교사는 운동장에서의 혼란스러운 행동을 학생의 성적에 포함시킬 수 있다. 성적은 학구적 성취에 대해 주어질 수도 있지만, 품행에 대해 주어질 수 있다(Brophy and Good, 1986). 물론 교사가 성취를 평가하기 위해 사용하는 평가의 신뢰도와 타당성에 대한 의문이 있다.

교사가 성취에 대해 주는 평가 또는 성적을 이해하는 요점은 학생들의 반응이 교사의 효능감을 강화시키는가 방해하는가에 있다. 성취지향적이고, 의존적이고, 고분고분한 학생의 행동은 교사로 하여금 강화하게 만든다. 이러한 행동유형은 교실 통제를 위한 교사의 욕구를 충족시키고, 대부분 교사들의 이상적 학생상과 일치한다. 한편, 독립적이고, 창의적이거나, 제멋대로인 학생들은 대부분 교사들의 욕구를 충족시키지 못한다. 교사들은 종종 이런 "별종"의 학생들에 대해 낮은 성취기대를 가지고 있다.

물론, 교사들, 학교 관리자, 교직원들이 다양한 종류의 학생들에 대해 그와 같이 반응하는가에 대한 질문들은 수없이 많다. 이 질문들에 답하는 데 있어 두 가지 확실한 조건을 무시하지 말아야 한다. 일반적으로 사회를 특징짓는 전통과 믿음이 바로 그것이다. 연구 자료가 아무리 많이 수집되었다 하더라도, 연구의 조사가 사회일반의 문화적 믿음이나 가치에 반대된다면, 연구는 다수에 의해 거부될 것이고, 이는 연구가 얼마나 잘 수행되었는가와는 아무 상관이 없다.

한 집단으로서의 교육자들은 다른 집단들보다도 더욱 객관적이다. 그러나 대부분의 교육자들은 일반적으로 문화에 있어서 많은 정형(定型)을 반영한다. 교사가 아프리카계 미국 학생들이 육체적으로 또는 정신적으로 운동을 잘 해낼 수 없을 것이라고 생각되기 때문에 농구를 할 기회를 주지 않은 것이 아주 오래된 이야기는 아니다. 오늘날 그 전형은 없어졌지만, 다른 잘못된 오해가 있다. 몇몇은 사회적으로 개인적으로 우리의 학생들에게 해롭기까지 하다.

학생들에게 해를 주는 한가지 잘못된 오해는 지능의 본성에 관한 믿음이다. 많은 사람들은 잘못된 믿음을 가지고 있다 ;

1) 지능이 다차원적(다방면)이라기보다 일차원적(일면)이다. 2) 변화보다는 유전적으로 고정된 것이다. 3) 지능은 주어진 시간에 선택된 문제를 해결하는 능력이기보다 학습한 측정능력을 검사한 결과이다. 새로운 기능과 지식을 배우는 역량을 측정하기 위해서 현재의 능력을 사용할 수도 있지만, 명백한 것을 넘어서까지 그러한 측정이 옳다는 보장은 없다. 예를 들어, 어떤 사람의 수영을 관찰한다면, 수영하는 사람은 수영할 수 있다고 이성적으로 말할 수 있다. 주어진 시간에 수영할 수 없다고 해서, 그 사람이 수영을 결코 배울 수 없는 사람으로 결론지어서는 안된다. 그러나 많은 초등학생들은 그렇게 생각되어졌다. 어떤 학생들은 학교에서 돋보이지만 성적은 좋지 못한데, 어떤 심리학자와 교육자들은 이런 학생들이 지능이 낮다고 생각한다. 교육자와 지역사회가 그러한 편향된 관점들을 믿을 때, 학생들을 위한 올바른 학습풍토는 존재하지 않는다.

교육자를 비롯한 사람들이 지능이나 성취도 평가보다 다른 것에 의해 개인이나 집단의 학습 잠재능력을 부정확하게 평가를 할 수 있다. 이 단서들은 학습잠재력과는 상관없는 외모와 문화적 정체감이 될 것이다. 예를 들어, 교사들은 그러한 단서로써 복장, 몸차림, 말투나 가족사항 등을 학생의 학습능력의 지표로써 이용할 수 있다. 모든 교육자들은 그러한 단서들의 가능한 편견과 효과를 알 필요가 있다.

다음에 열거된 단서들은 연구자들에 의해 교육자들 사이에 편견의 전형적 원인이라 규정된 것이다. 이것들은 20여 년 전부터 연구의 검토를 거쳐 추천된 것들이다(Brophy & Good, 1974 Persell, 1977). 놀랍게도 오늘날에도 여전히 사용되고 있다. 우리는 이 단서들을 부당하게 대우받는 학생들에게 보다 낮은 기대를 부여하기 위해 사용하는 것을 경계할 필요가 있다.

성(性)

초등학교 소년들과 나이든 소녀들은 가끔 편향된 낮은 학구적 기대의 폐해자가 된다. 이것은 종종 소년들의 성숙과 나이가 든 소녀들에게 피해를 주는 성역할 분화에 있어 잘못된 믿음을 제공한다.

사회-경제적 지위수준

낮은 기대들은 일반적으로 낮은 수준의 임금과 낮은 교육을 받은 가정의 아이들 차지다. 직업과 부모의 거주지에 기반을 둔 지위는 종종 학생을 편향시키는 데 사용된다.

민족과 인종의 정체감

아프리카계 미국인, 히스패닉과 원주민 미국학생들은 다른 학생들보다 낮은 기대를 받는다. 아시아계 학생들은 높은 기대를 받는다.

학생에 대한 부정적 언질

다른 교사나 교장에 의한 부정적 언질은 종종 낮은 기대의 결과를 초래한다.

학교의 지위

시골과 빈민 학교들은 종종 도시 학교들보다 낮은 기대와 관련 있다. 민족, 인종 그리고 학교의 재정수준이 종종 그러한 편견의 요인이 된다.

외모

낮은 기대들은 유행에 뒤떨어지고, 값싼 재료로 만들어지고, 유명상표도 아니거나 보세점이나 할인점에서 산 옷차림과 관계가 있다.

말투

표준말이 아닌 경우 학생에 대한 낮은 기대를 가지는 원인이 된다.

단정함

낮은 기대는 일반적 비조직성, 서투른 글씨 또는 다른 지표들과 관계가 있다.

후광효과

학생의 과거 성취결과에 기준하여 지금의 성취를 예견하는 경향이 있다.

준비도

교사가 성장률, 지식이나 경험의 사전 결여가 현상들을 변화시키지 않고, 그래서 향상을 방해한다고 가정할 때 부정적 효과들이 있다.

좌석위치

낮은 기대는 일반적으로 교실의 측면과 뒷좌석에 앉은 학생들에게 전달된다.

경험있는 교사에 의한 사회화

경험많은 교사는 학생의 성취를 향상시키기 위해 노력하는 필요성보다 새로운 교사들에게 몇몇 학생들의 한계를 강조하는 경향이 있다.

학생의 행동

가난하고 비학구적 행동을 가진 학생들은 교사로부터 낮은 학구적 기대를 받는 경향이 있다.

교사 양성기관

교육대학의 몇몇 학부는 학생의 개인적 한계에 대한 미신과 관념을 갖고 있다. 이것은 대다수 학생에 대해 편향적인 낮은 기대를 낳게 한다.

교사 교육교재

몇몇 교재들 또한 개별 학생들이 학생에 대해 편향적인 낮은 기대를 강화하는 한계를 가지고 있다는 미신과 관념을 갖고 있다.

능력별(적성별)

학급편성과 집단분류 낮은 학구적 능력 편성집단에 있는 학생들은 당연한 이유로 거기에 편성되었다고 잘못 생각되어진다(즉, 그들은 능력을 제한 받고 중요한 지식과 기능들을 배울 거라고 결코 기대될 수 없다).

8. 교실 내에서 기대의 전달방식

앞서 우리는 자기충족예언이 예상된 기대와 일치하여 수업과 평가를 통하여 전달되어진다고 주장했다. 또한 같은 행동을 판단하는 이중 기준이 행동을 기대하는 이에 따라 일어날 수 있음을 지적하였다. 여기서는 교사가 학급이나 특정학생에 대한 모종의 기대를 전달하기 위해 사용하는 교실내 특별한 행동을 검토한다.

연구의 결과가 달라지지 않는 한, 이것들은 보다 낮은 기대와 관련된 수업의 양(즉, 더 적은 기회, 더 적은 과제와 투여시간)을 줄이게 되는 보기가 될 것이다. 많은 경우에, 교사들은 다양한 학생들 또는 학급들에 대해 그들이 어떻게 반응하는지 또는 학교마다 서로 다른 규범들이 어떻게 영향을 주고 있는지에 대해 의식하지 못한다.

기대는 다음에 영향을 준다.
- 정확한 대답에 대한 칭찬의 양과 질
- 학생이 실제로 받는 수업의 양
- 다루는 내용
- 다음과 같은 반응기회 요인
- 학생의 이름을 부르는 횟수
- 질문이 이루어지는 범위 혹은 정도
- 인지적 요구의 정도
- 교사-학생간 상호작용에 관한 학구적 비학구적 내용
- 언어적 비언어적 온정과 수용
- 비언어적 단서
  - 눈맞추기
  - 옆으로 다가오는 정도

　　- 긍정적인 고개짓(끄덕임)

　　- 웃음

　　- 신체적 접촉(예를 들면, 어깨를 토닥거리거나 포옹하기)

- 일반적 지지와 격려
- 교사의 보조와 자발적인 도움
- 기다리는 시간(교사가 질문을 하거나 다른 학생에게로 질문을 넘기기 전에 학생에게 주어진 시간의 양)
- 높은 수준의 학력평가-다음수준의 학습에서 성공하기 위해 충분한 기능을 습득하고, 고등학교를 마치거나 대학을 가거나, 직업을 위해 잘 준비되었다고 기대되는 학생의 비율을 반영한다.
- 실패 상황에서 학생의 재교육(즉, 학생이 바람직한 지식이나 기능을 배우기까지 세심한 관찰 혹은 탐색, 문제의 재진술, 단서주기 등)
- 평가에 대한 피드백과 학업에 대한 건설적인 비판
- 목적에 대한 지향성(낮은 기대는 비학구적 목적이 대부분 학생들에 대한 가장 적절한 목표라는 믿음과 관계가 있다.)
- 낮은 기대는 다음 내용의 증가를 초래하는 경향이 있다.
- 정적 언질이나 부정적 표현
- 훈육기법이 거칠어지고 벌에 의존하는 경향
- 정확하지 못하거나 부적절한 대답이나 행동에 대해 칭찬하거나 보상하는 것
- 학생이 정확하고 적절하게 반응할 수 없고 그래서 그 정도도 칭찬받아야한다는 믿음

　모든 학생들이 똑같이 자기충족예언에 영향을 받는 것은 아니다. 학생들이 교사들의 영향을 받는 정도는 교사가 의미 있는 사람으로서의 중요성과 관계가 있다. 학생의 나이, 부모, 그리고 동료 간에 인정되는 정도, 그리고 지역사회의 가치와 같은 모든 것들이 교사의 영향력의 정도에 영향을 미친다. 그러나 낮아진 교사기대는 질 낮은 수업과 학구적 성취의

낮은 수준의 결과를 초래하는 경향이 있다. 그 자체로, 편향된 행동들의 가능성이 있는 개별학습과 학습풍토를 검토할 필요성이 커진다.

■ 교사풍토는 학생풍토에 영향을 준다

처음의 세 모듈을 통하여 우리는 낮은 기대의 효과, 마찬가지로 높은 학생성취에 대한 높은 기대의 긍정적 효과를 강조하였다. 또한 교사의 기대와 학생성취사이에는 다양한 연결고리가 있음을 강조하였다. 이 직접적 연결고리는 학생의 기대를 반영하는 일련의 행동을 통하여, 열등 혹은 우등의 학생성취를 창조하는 데 있어 교사의 역할에 초점을 맞춘다.

간접적 관계 또한 교사가 자기충족예언들을 실현시키도록 가르칠 때 일어난다. 몇몇 학생들은 교사가 그들에게 낮은 기대를 한다고 생각할 뿐만 아니라 "자신들과 같은" 학생들은 학교에서 성공하기 어렵다고 믿는다. 교사들이 생각하듯 일반적으로 학생집단이 똑같이 낮은 성취를 기대하고, 교사들은 학생들이 더 나아지도록 도움을 주지 않는 상황의 일치가 발생하면, 학생들은 낮은 성취를 이룰 가능성이 더욱 높아진다.

학교에서 학생들의 무력감을 감소시키는 가장 효율적인 방법은 교사들이 개인적으로 뿐만 아니라 집단적으로 긍정적 자기충족예언을 확립하는 것이다. 이것은 모든 학생들이 학급 내에서 성공하기 위해 필요한, 객관적 성취수준에 기반을 둔 기능과 지식을 습득하리라 기대하는 것이 포함된다. 교직원-교장, 교사, 코치, 상담원 등은 "여러분은 배울 수 있고 우리는 여러분이 배우는 것을 볼 수 있을 겁니다."라고 전달해줄 필요가 있다. 이것은 부정적인 편견의 다양한 원인과 잘못된 판단의 전달이 행하여지는 것을 허락하지 않는다는 확신을 뜻한다. 성공적으로 수행된 학교 학습풍토는 모든 학생에 대한 수업의 실질적인 양과 질의 향상을 뜻한다.

그러나 높은 기대만이 모든 학생의 완전학습을 이룰 수는 없을 것이다. 기능과 지식이 교수-학습과정을 통하여 습득되어진다. 학생들이 바람직한 기술과 지식을 습득한다는 것은 학생들이 학습이 가능하다는 것과 학교가 그들을 가르치는데 전념하고 있다는 것을 나타내주는 것이다.

Module 3
학교 조직의 변화

각 학교는—모든 교장, 교사 또는 다른 교직원 구성원—학교에서 학생들에게 무엇을 가르쳐야하는지에 대해서 지역사회의 분위기에 어느 정도 영향을 받는다. 그렇다면 지역사회가 얼마나 많은 영향을 미치는가에 대한 의문이 있다. 만일, 지역사회가 학교가 학생들의 대학 진학률을 높여야 한다고 믿는다면 이 목표를 달성하기 위해 학교가 노력할 것으로 가정한다. 반대로, 만일 지역사회가 대부분의 학생들이 실패할 것으로 생각한다면, 학교가 대부분의 학생들에게 도움이 된다고 믿지 않을 것이다. 지역사회의 분위기가 학교의 운영에 절대적인 힘을 가진다고 생각하는 것은 잘못이지만, 지역사회가 학교 운영에 간섭한다는 것은 부분적으로 사실이다.

실제로, 지역사회의 기대와 학생성취 사이에 종종 통계적으로 상관관계가 있다는 것은 사실이다. 그러므로 학생실패에 대해 지역사회는 쉽게 비난하며, 비난하는 이유도 매우 간단하다. 지역사회가 그 학교의 학생들에게 낮은 기대를 갖고 있더라도, 학교는 높은 성취의 학생집단을 배출해야 한다는 것이다. 그 이유는 지역사회가 좀처럼 학교에서 학습하거나 가르치는 것이 무엇인지에 대해 많은 간섭(control)을 하지 않기 때문이라는 것이다. 다른 조직과 마찬가지로, 학교도 때때로 의도하지 않은 힘에 의해 그들 지역사회의 의도로 바뀔 수 있다.

학교의 교직원은 서로 다른 가치와 신념을 가진 지역사회와 학생들 사이를 중재하는 세력이다. 또한 지역사회는 모순된 분위기를 가지고 있기 때문에 교직원은 어느 편에도 설 수 없다. 예를 들면, 기회의 평등을 제공하면서, 학생들에게 주어진 기득권이라 할 수 있는 사회계급의 차이 또한 존중해야 한다면 지역사회는 상반되는 목표를 가지는 것이다. 그러므로 교육자들은 종종 지역사회의 기대에 부응할 수 있는 것은 무엇이며, 학교가 할 수 있는 것은 무엇인가를 깨닫는 것이 중요하다. 교육자들에게 있어서 학교의 목표나 어떻게 학교가 운영되는지에 대해서는 무력하지 않다.

그러나 몇 가지 문제는 학교 교직원이 그들이 무엇을 해야만 하는지가 불분명할 때 발생한다. 학교 교직원은 많은 목표들을 가지고 있기 때문에 그들의 학문적인 목표를 달성하려는 노력은 약화될 지도 모른다. 모순된 지역사회의 목표에 대한 노력과 유사하게 목표를 가진다는 면에서 칭찬할만 하다는 것이다. 그러나 교직원은 한 가지 목표를 성취하려면 또 다른 것을 희생해야만 한다. 분명히 자부심의 강화, 규율 문제의 축소, 부모와의 관계 호전, 약물교육(drug education), 윤리적 갈등 해소, 운전연습, 건강과 레크레이션 등의 목표들은 중요하다. 학교가 하위목표들을 우선하는 것도 중요하지만, 그것이 비록 가치롭다 할지라도 하위목표들은 학교의 본연의 임무에 간섭하지 않는 방법으로 시도되어야만 한다. 학교들은 효과적인 학교 학습풍토의 창조라는 본연의 목표를 가지고 있다. 목표가 없다는 것은 본연의 목표를 변경해야만 한다는 것이다. 다행스럽게도, 학교들은 비판적인 학구적 기술과 지식을 성취한 학생집단을 배출할 때,

비행감소와 비교적 높은 자부심을 가진 학생배출이라는 다른 목표들까지
도 달성할 수 있다.

이것은 하위 목표가 무의미하다는 것은 아니다. 예를 들면, 학문적 능
력과 신념에 대한 자아개념이 있는 한 성취에 대한 개인의 욕구가 있으므
로, 교사들은 기초기술과 지식을 학습하도록 부족한 것을 도와주어야만
할 것이다.

학생집단의 학업과정이 높은 수준에서 반대방향으로 전이되는 또 다른
예는 사용된 교수방법의 실제적인 성과는 보지 않고 평가할 때 발생한다.
수업에 대한 몇 가지 방법은 교사들이 의도한 것만큼 성과를 내지 못한다.
예를 들면, 개인화된 교수방법은 높은 성취학교와 긍정적으로 관련되지
않는 경향이 있다. 종종 어떤 교수방법은 신뢰성 있는 결과에 대한 고려
없이 학구적 기술과 지식을 당연한 결과로 여긴다. 특히 비록 가치로운
많은 수업방법이 있다고 할지라도, 비교적 낮은 학업성취수준의 학생집
단을 위한 시간투자는 모든 학생들에게서 훌륭한 결과를 얻기 위한 것이
다.

높은 성취를 하는 학생집단에 대한 발달 과제는 주된 목표와 보조활동
이 모든 학생들을 도와줄 수 있는 것에 집중되어야 한다는 것을 명확하게
이해하는 것이다. 그것은 전체학생집단의 수학, 과학, 사회연구, 언어기술
과 지식에 대한 성취이다. 우리는 상급학년에서 잘 적응할 수 있는 모든
교과목의 선수학습이 학급의 모든 학생이 최소한의 학습을 했는지를 아
는 것이 중요하다. 다시 말해서, 본질적으로 모든 학생들이 비교적 높은
수준의 기초기술과 지식에 대해 최소한의 성취를 획득하는 것이 중요하
다는 것이다. 모든 다른 목표와 행위들은 학교전체 학생들의 높은 성취수
준의 발달을 방해하는지 또는 기여하는지에 대한 기준으로써 거부되거나
받아들여져야만 한다.

이 책에 제시된 활동들은 매우 낮은 성취집단에 있는 학생들의 수준도 향상시킬 수 있다는데 대해 두려움을 없앨 것을 제안한다. 이미 학교내에서 훌륭히 성취되고 있다. 교실수업에서 "말이 적은(dumb down)" 것이 효과적인 학습풍토는 아니다. 오히려 그것은 특히 전체 학교 성취 수준이 낮은 많은 학교들에서 이미 존재하는 "말이 적은" 구조를 개선시킬 것이다.

효과적인 학교에 관한 연구

학생들의 노력을 방해하는 것은 (1) 학생들이 추구하도록 용기를 북돋아주고 그들이 시간과 경쟁하도록 하는 대다수의 비학구적인 활동 (2) 학생들이 최소한의 노력만 해도 보상하는 공공정책 (3) 운동선수(athletes)에게 특권적인 지위가 주어진다는 알 수 없는 메시지 (4) 비록 잘 의도된 교사의 교실수업이라 할지라도 학생들에게 무의미한 과제를 주거나 또는 교사들이 낮은 기대로 교실에서 학생들과 수업을 할 때이다.

---

1. 학교구조와 목표달성

조직의 목표달성에 장애가 될 수 있는 현상들이 모든 조직에서 일어나고 있다. 이것은 조직내 각 부서의 목표와 각 참여자의 개인적 목표를 포함한다. 모든 교장, 교사, 코치, 상담교사, 보조자(aide), 부모, 버스 운전기사 또는 학교와 관계있는 다른 사람들은 누구나 조직목표와 모순되는 개인적인 목표와 기대를 가진다. 이런 개인의 욕구는 권력, 건강, 종교, 경제적 또는 사회적 가치들에 대한 인식의 결과일 것이다. 예를 들면, 학교에도 여성들, 아프리카계 미국인(African-American) 또는 다른 사람들에 대해 기회가 평등하다고 믿지 않는 교사와 교장이 있다. 이러한 사례에서, 그 사람들은 이 메뉴얼에 설계된 목표달성을 촉진하는 행위를 하지 않을 지도 모른다.

다른 한편, 특히 많은 교육자들은 낮은 성취학교에서 그들의 상황이 불행하다고 믿는 이유가 있다. 교사들은 그들의 모든 학생들을 도와줄 어떤 기회가 있다고 생각한다면 교사들의 개인적 욕구를 억제한다. 대부분 교육자들은 열심히 일하며, 학생들을 위해 많은 희생을 한다. 학생들이 자진해서 받아들이면 교사들은 이 메뉴얼의 목표를 향해 앞으로 나아가는 데 실질적으로 차이를 만드는 것을 인식하고 도와줄 것이다. 불행하게도 교육자들이 잘못된 개혁의 주체였다. 교사들은 "그것의 모든 것을 보여주기도" 하며, 종종 실패하는 "새로운" 교수방법 속으로 동화되었다. 그러므로 많은 교사들은 학교 내에서 모든 학생들이 높은 성취를 하도록 도와줄 수 있다는 것에 냉소적이다. 잘못 고안된 개혁의 실패 때문에 교사의 태도와 행동은 쉽게 변화되지 않는다.

2. 교직원의 지각과 행동의 변화

교직원의 구조를 학교에서의 행동(교장들, 교사들, 상담교사들, 코치들 그리고 다른 사람들이 어떻게 학생들 앞에서 대응하는가 등)에서 어떻게 변화시켜야 하는가 하는 것은 쉬운 과제가 아니다. 그러나 만일 우리가 낮은 성취학교의 성취수준을 향상시키기를 바란다면 교직원의 지각과 행동은 변화되어야만 한다. 이것은 교직원들이 믿을만한 연구에 의해 제안된 변화가 실질적이라 믿고, 같은 상황의 다른 교육자들도 성공을 인식하고 도와준다면 이루어질 수 있다. 그럼에도 불구하고 모든 사람들의 신념이 전통, 이데올로기와 사회지원체제에 빠져 있기 때문에 문제가 있을 수 있다. 그러나 이런 체제는 교직원의 신념의 근원에 초점을 맞춘다면 변화될 수 있다.

신임교사와 다른 교직원들은 젊은 시절에 그들의 가족으로부터 그리고 대학에서 배웠던 학생들에 대한 신념과 태도를 형성시켜 처음 학교에 부임한다. 학창 시절의 기억들은 교사의 발전과 수업에서 분명히 두드러진다(Rothenberg, 1994). 그러나 교사로서 그들은 학생들을 어떻게 분류하고 반응해야 하는지에 대해 더 많이 배운다. 교사들은 학생들로부터 어떤 신념과 태도를 기대하도록 배운다.

교사의 사회화에 가장 큰 영향을 미치는 것은 학생집단의 능력별 학생 집단화 같은 실천을 통해 표현된 학교에서의 사회계층의 특징이다(5장을 보라). 학교가 학생을 집단화(성별, 인종, 사회적 지위, 가정된 지능에 의한)할 때, 그 집단화는 다른 교사기대와 다른 수업이 동반된다. 물론 교수(teaching)와 기대의 차이는 학생들이 학습한 차이의 결과이다. 아마도 학교의 다른 조직적인 특징 이상으로 학생들의 능력별 학생 집단화는 교사와 학생에게 비슷한 기대와 행동형태를 형성한다. 그리고 만약 우리가 모든 학생들에 대해 효과적인 학습풍토를 창조하려고 한다면 이러한 조직의 구조는 반드시 수정되어야 한다.

높거나 낮은 지적능력의 수준에 따른 집단화가 모두 의도적으로 일어나는 것은 아니다. 그것은 종종 비의도적으로 일어난다. 이유가 무엇이든 가정된 지적능력에 기초한 집단화는 엄격한 정신장애(mental impairment)를 제외하고는 극히 위험하다. 그것은 실패를 만드는 조건이다. 그리고 우리가 학교내에 만드는 실패는 학습에 실패한 사람 뿐만 아니라 우리에게 짐을 지우는 것이다.

사회경제적 지위는 많은 교사들이 학생의 능력을 평가하는 데 사용하도록 배워온 유일한 기준이 아니다. 미국 일부 지역의 몇몇 교사들은 모

```

국어가 영어가 아닌 Mexican-American 어린이가 학교에서 뛰어날 것으로 기대하지 않는다(Bonetari, 1994). 다른 예를 들면, 교사들은 소년들의 학구적인 성공은 능력과, 소녀들의 성공은 노력과 연관시켰었다(finnema. et al, 1991). 중요한 것은 학교에서 일어나는 것에 영향을 주며, 변화될 필요가 있는 교사기대에 많은 원인이 있다는 것이다.

### ■ 보상체제

때때로 교사들은 학교의 형식적/비형식적인 보상체제 때문에 그들의 기대를 배운다. 심지어 교사의 학생평가 조차도 지적능력에 대한 교사의 기대와 관련된다(Keneal, 1991). 그 결과는 교사기대의 이런 차이가 능력보다 낮게 평가되었기 때문에 비교적 높은 수업실천의 참여와 상호작용의 기회가 비교적 적어진다. 반대로 이런 학생들은 교사의 관심과 도움을 적게 받고, 점점 교실수업에서 점차적으로 물러나게 된다(Smy-Richman, 1989). 그러나 (문화적) 고정관념은 극복할 수 있다. 학교에는 소녀들, 히스패닉(Hispanics), 아프리카계 미국인, 그리고 빈곤한 백인 학생들이 부정적인 지적 고정관념(steretypes)에도 불구하고 학교에서 잘하는 예들이 많이 있다. 예를 들면, Bempechat는 African-American 어린이들이 편부나 편모의 지위 또는 빈곤층임에도 불구하고, 높은 학구적인 표준(standards)을 가진 학교에서 인정해줄 때 잘 성취한다는 것을 발견했다. 지적인 고정관념이 한 집단에 적용되는 것이 무엇이든지 하나의 보상체제는 고정관념을 연결하고 고정적인 기대를 강화시키기 쉽다. 교육자들은 이러한 문화적 고정관념을 거부해야 한다.

학습할 능력이 낮은 학생들을 가르치는 교사에게 보상을 주는 상황을 바꾸어야만 한다. 즉, 몇몇 특수교육(special education) 학급의 경우처럼, 거기에서는 교직원들을 교장이 괴롭히지 않으며, 매력적인 방을 가지고 있거나, 좋은 옷을 입거나, 능력집단에서 생활하는 것 같은 다른 칭찬할 만한 일을 하는 것에 대해, 교장들에 의해 긍정적으로 인식되는 사례들이
```

있다. 만약, 교직원들의 보상받는 행동이 높은 학생성취를 보장하지 않는다면, 또는 그 보상이 성취의 중요성을 제거하는 수단이 된다면, 교직원은 그들의 시간과 힘을 비생산적인 활동에 투자하기 쉽다.

보상은 교직원이 단지 높은 성취수준을 획득하도록 선발된 학생을 위하여 제공했을 때보다 모든 학생들이 높은 수준에 도달하도록 기여했을 때 주어져야만 한다. 교직원은 학교의 종합적인 성취에 의해 인식되어지고 보상이 주어져야 한다. 어떤 교직원도-비록 그것이 의도하지 않았다 할지라도-낮은 성취의 형태가 되는데 계속 보상이 주어져서는 안된다.

> **효과적인 학교에 관한 연구**
> 학교의 문화는 교사의 학교효과에 대한 지각과 밀접하게 관련되어 있다. 교장들이 영감을 제공하는 데 활동적으로 종사할 때, 교사들은 가르치는 일에 더 열정적이고, 학교 실천에 더 높은 수준으로 발달한다.

■ 교장의 역할

거의 모든 효과적인 학교의 문헌에서 학생이 높은 성취수준을 나타내는데 교장의 중요성을 강조한다. 이에 대해서는 의심할 바가 없으며, 아래 3가지를 준수하기를 바란다.

첫째, 교장의 위치에 있는 사람보다 다른 누군가가 변화를 위해 필요한 리더십을 제공하는 것이 효과적인 학교이다. 이는 수석교사(assistant principal), 수업안내자(instructional leader; 교장), 교장의 승인으로 리더십의 역할을 수행하는 영향력있는 교사이다. 비록 교장이 교육적인 리더십 역할을 수행하는 것이 더 쉽다고 할지라도 학교 조직의 다른 구성원들이 리더십을 촉진하는데 효과적일 수 있고 또한 그래야만 한다. 그들의 능력은 교장의 지시와 협력 아래 약간의 리더십의 책무성으로 사용되어져야 한다.

둘째, 그들은 많은 요구를 가지기 때문에 교장은 학생집단의 학습을 향상시키는 본연의 목표를 다른 데로 돌릴 수 있다. 그러나 모든 요구를 피할 수 있는 것은 아니다. 큰 실패(Catastrophes)는 단지 교장이 대응하는 데 따라 나타날 수 있다. 이러한 일이 일어났을 때 또 다른 학교에 영향을 미치는 사람들인 수업안내자들(instructional leaders)은 역할행동에 책무성을 가지고 대비해야만 한다. 이것은 교장이 리더십을 공유해야 하는 또 다른 이유이다.

셋째, 교장이 모든 학교에서 효과적이도록 행위해야만 하는 방법들을 모두 열거하는 것은 불가능하다. 그러나 효과적인 지도자의 한 가지 공통적인 특징이 있다. 리더십의 역할수행에 상관없이 교장은 중요한 변화 주체로 행동해야 한다. 학교가 효과적이지 않을 때 교장은 효과적이도록 리더십을 발휘해야하며, 많은 변화들에 대해 학교가 어떻게 대처하는 것이 좋은지를 알고, 그러한 변화가 일어나야만 하는 필요성을 주지시켜야 하는 것이다.

■ 수업 지도자로서의 교장

리더십의 역할은 효과적인 학교 학습풍토를 창조하는 것이다. 그러나 특별한 리더십의 형태는 필요한 임무를 성공적으로 수행해 내는 것보다 중요하지 않다. 효과적인 지도자는 각 학년과 각 과정의 특별한 학습 목표를 설정하는 일을 한다. 모든 조직의 구성원이 각 학년과 과정에서 무엇을 성취해야 하는지를 모른다면 교사와 다른 직원들은 다양한 방향으로 나갈 것이다. 안내자는 목표의 합의에 도달할 수 있도록 자극을 제공해야만 한다. 그러나 아무리 통찰력이 있는 안내자라 할지라도 중요한 목표를 모두 인식한다는 것은 불가능하다. 그러므로 성취 목표와 일치되는 모습을 볼 수 있는 리더십을 제공할 사람이 필요하다. 부연하면, 과정과 학급 목표에 대한 교직원들의 동의는 학교의 효과성을 충족시키고 평가를 위해서 필수적이라는 것이다.

각 수준에서 밀접하게 연결된 수업목표는 학생의 완전학습을 확인하는 기준이다. 우리는 표준화된(criterion-based) 기준들을 평가의 토대가 되는 완전학습(mastery learning)과 관련시켜야 한다고 믿는다. 목표는 다음 단계의 과정에서 필요로 하는 모든 지식과 기술을(선수학습을) 모든 학생들이 100% 학습해야만 한다는 것이다. 그 외에도 가르쳤거나 학습되어야만 하는 것이 어떤 것인지에 관계없이 이 목표는 그 학년 수준의 모든 학생들에게 해당된다. 이는 완전학습의 평가를 위한 기준이 모든 교사와 학생들에게 명백하게 전달되고 확립되어야 한다는 것을 의미한다. 더욱이 모든 교사들은 교육프로그램을 수행하는 데 필요한 수업자료와 자원을 가지고 있어야만 한다. 교장은 이러한 자료들이 유용한지 살펴보는 주요한 책무성을 가지고 있다.

교직원은 모든 학생들이 기준에 도달할 수 있도록 보장하는 효과적인 학교 학습풍토에서 진행되는 수업프로그램을 받아들이고, 효과적인 학교 풍토의 성취의 기준을 인정해야만 한다.

왜냐하면, 효과적인 학교는 각 학년수준, 각 코스의 모든 학생들을 위한 공통의 목표를 가지고 있다. 그러므로 시험 및 진행과정은 진단과 성취 모두에서 사용할 수 있도록 편리하게 중심에 위치해야만 한다. 교사들과 학교체제내의 다른 개인들은 이러한 시험과 진행과정의 발달에 기여할지 모르지만 누군가는(일반적으로 교장) 적절한 평가자료가 학습목표를 획득하는데 유용하다는 것을 확신해야만 한다. 부서장이나 다른 수업안내자들은 모든 시험과 평가자료의 개발(developing)을 지원해야 한다.

관찰과정에서 성취와 함께 기말고사 점수와 월말고사 점수의 누적을 참고로 하는 것은 수업프로그램 평가에 중요한 자료이다. 이는 대체로 각 교실, 각 학년 수준, 학교전체에 대한 기록을 유지시키는 것이다. 평가의 목적은 모든 학생들이 그들을 위해 설정한 목표에 대해 성취한 정도를 평가하고, 효과를 최대화하기 위해 해야만 하는 것은 무엇인가를 결정하는 데 있다. 이러한 활동을 위해 교장은 근본적인 책무성을 가져야만 한다.

학생들이 학습목표를 달성한 것을 보장하기 위하여, 교장 또는 수업안 내지는 각 영역별 수업에 대한 충분한 수업시간을 계획해야만 한다. 교사들도 이 계획에 참여해야 한다. 그러나 학교에서 교사와 다른 교직원들은 수업과 근무시간에 다른 활동을 하도록 요구받아서는 안 된다.

■ **변화 조력자로서의 교장**

교장 또는 다른 안내자가 변화행위자를 찾는 데 용이하게 해주는 여덟 가지 중요한 조건이 있다.

- 학생들도 효과적인 변화 행위자가 될 수 있다고 믿는다.
- 변화행위자가 되려고 노력한다.
- 교직원의 지지를 받는다.
- 효과적인 변화를 위해, 초점을 맞추고 계획된 현직연수 프로그램을 제공한다.
- 중앙행정부와 공공기관에서 지원을 획득한다.
- 긍정적으로 효과적인 학교 학습풍토에 기여하는 교직원의 성취를 강화한다.
- 무엇이 변화되어야 하고, 왜 변화되어야 하는지에 대해서, 교직원이 충분히 이해한다는 것을 확신한다.
- 변화행위자로서 행동하는 것에 대한 대가와 인식을 받아들인다.

과업수행의 합의점 도출 학습풍토를 변화시키기 위해서는 교장, 교사, 그리고 다른 교직원들로부터 위임(commitment)이 필요하다. 간부교직원 협의회는 프로그램 활동을 위해 각 교직원의 지위(position)에 대한 기본적인 책무성을 인식해야만 한다. 때문에 이것은 교직원에게도 기대를 형성시켜 과제에 대해 동의하도록 하는 것이다. 과업수행의 명확한 진술과 내용에서 서로간의 위임은 이 프로그램을 시작하기 전에 이루어져야만 한다.

각 학교의 자체 계획수립 만일 학교내 많은 학생들이 높은 수준에 도달하는데 실패한다면, 학교운영의 근본적인 변화를 필요로 하게 될 것이다. 그러나 바람직한 학습풍토를 창조하기 위해 필요한 변화를 만드는 과정은 간단한 공식처럼 진술될 수 없다. 각각의 학교는 다르다. 그래도 아직 높은 성취를 보이지 않는 학교에서 교장은 계획된 변화의 강력한 조력자가 되어야 한다. 즉, 계획을 만들고 계획의 실행에 필요한 변화를 일으키는 것은 교장의 필수적인 임무이다. 교장이 해야할 첫 단계는 학교의 변화에 있어 무엇이 필요한지를 인식하도록 도와주는 것이다.

간부 교직원 협의회 구성 필요로 하는 변화 확인은 교장과 교사를 포함하여 BLT의 형성과 운영에 의해 쉬워질 수 있다. 1장에서 BLT의 논의를 보라. 물론 BLT는 달성해야 하는 것이 무엇인지에 대해 명백하게 이해하고 그에 따라 전체 교직원의 노력으로 이루어져야 한다.

리더십의 발휘 대부분의 사람들은 변화가 이루어져야 한다고 결정하는 과정의 처음부터 전체 교직원을 포함시켜 학교체제의 변화를 생각해야 한다고 주장한다. 그러나 반드시 그렇게 해야한다는 것은 아니다.

어떤 변화가 필요하다는 것을 모든 사람이 동의한다면, 폭넓은 지원은 유익하다. 그러나 계획 초기단계에서 모든 사람에게 동의를 구하는 것은, 변화가 적거나, 변화가 불가능하게 된다는 증거가 있다. 의문과 호기심을 가지는 이들을 위해 이후에 현직연수를 가질 수 있다.

예를 들면, 학교 운영에 있어서 변화가 필요한가–만일 학교가 저성취 학교라면 변화는 필요할 것이다. 그러나 변화는 교장이 교사진(faculty) 가운데 다른 비형식적인 리더의 대표(cross-section)를 인정한다면 가능하다. 그 때에 교장은 비교적 많은 지원을 끌어낼 수 있는 선에서 적절한 타협이 이루어져야 한다.

전체적인 합의의 불필요 학교 전체 교직원들이 변화의 필요성과 필요로 하는 변화 유형에 대해 일치감을 갖는다는 것은 어려울 것이다. 그러나 만일 일치가 초기 단계에 이루어진다면, 봉급을 향상시키게 되거나 전체 학생들 사이에서 높은 성취를 촉진시킨다기 보다 오히려 직업만족을 향상시키는 일을 할 것이다. 직업만족은 바람직한 반면에, 이러한 만족이 학생들의 학습을 반드시 용이하게 하지는 않는다. 주요한 문제는 교사진 (faculty)이 나아가는 길을 충족시켜 줄 때 일어난다. 그러나 이것은 좀처럼 아주 낮은 성취학교에서는 일어나지 않는다. 그러므로 이 책에서 제시된 활동은 환영받을 가능성이 있다.

현직연수의 이행 말하자면 그것은 학교에서 교장 또는 다른 리더십을 가진 사람들이 현직교육연수에서 효과적으로 실현 가능하다면, 외부 전문가에게 도움을 얻기 보다 그들을 활용하는 것이 더 효과적이라는 것이다. 학습목표 달성을 위한 효과적인 현직교육의 지도에 대한 사례는 무엇이든 교직원에게 제공되어야만 한다.

모두에게 이해시키기 학교 조직의 모든 구성원들은 높은 성취 학교가 되기 위해 기본이 되는 태도와 신념, 실천에 대한 명확한 이해를 가지고 있어야 한다. 그것은 다른 현직연수자료나 이 책의 모듈에서 교직원들에게 주어진 것만으로는 충분하지 않으며, 높은 성취 학교에 대한 지식이 있는 다른 모든 자료를 참조해야 한다. 학교의 모든 교직원들이 학교 학습풍토를 어떻게 변화시킬지에 대한 이해 속에서 결정되어져야 한다. 그러나 특별한 프로그램을 어떻게 생산해야 하는지를 교직원이 이해한다고 해서 그 프로그램이 시행될 것으로 확신해서는 안 된다.

지역사회 지원 획득 학교 운영에 있어서 필요로 했던 변화가 결정되면 교장은 중앙행정부의 지원을 획득할 필요가 있다. 학교는 바람직한 학교 학습풍토를 창조하고 추구하는 것에 대해 보상을 받고 지원받아야 한다. 이러한 지원을 제공함에 있어, 중앙행정부(central administration)는 학교 조직에서 필요한 변화를 위해 노력하는 교장과 교직원을 인식해야 한다. 또한 교직원의 조화도 변화과정의 참여에 대해 인식되고 보상되어야만 한다.

교직원의 보상과 인식 효과적인 수업실천을 발전시켜 온 교직원은 학생집단의 실행수준을 향상시키는 데 있어서 그들의 성공을 인지해야만 한다. 그러나 교직원들에게 가장 높은 보상은 전체학생집단에 대한 높은 성취의 결과로부터 주어져야 한다. 한편, 이러한 성취는 교직원들에게 비교적 높은 직업 만족을 가져올 것이다.

충분한 시간계획 혁신적인 교육프로그램이 종종 논의되지만, 그들의 영향에 대한 정확한 평가결과를 얻는데 충분히 오랜 시간을 활동해온 것은 아니기 때문에, 운영에서 의도적인 변화가 계속되고 있다는 것의 확신을 통해 교장이 다음의 체제를 개발하는 것은 중요하다. 바람직한 변화에 대해 의도적으로 검사해야 하며, 이러한 검사는 2-3년 동안 계속되어야 한다.

주기적인 평가 평가는 신념, 태도, 기대 그리고 프로그램의 교육적인 실행이 진행되는 수업실천의 범주에서 결정되어야만 한다. 프로그램 리더는 관찰과 다른 방법들을 통해 바람직한 학교 학습풍토를 실천하는 범주에서 이루어져야 한다.

교직원에 대한 확실한 기대 부여 모든 학생들의 높은 성취를 위한 교직원의 기대는 학교의 사명에 대한 공식적 주장을 명확히 한다(2장을 참조). 또한 많은 비형식적인 형태의 기대들도 고려해야 한다. 그들은 현직연수와 사회접촉에 대한 다양성을 통하여 확립시켜야만 한다. 그러나 학교에서 형식적/비형식적 규범은 요구된 기대들에 대해 적당한 강화가 일어나지 않는다면 변화에 크게 저항할 것이다. 비형식적인 역할기대와 변화에 대한 전체 교직원의 행동, 보수체제에 앞서 모든 학생들의 지식과 기초기술 숙달을 위해 교수법을 강화할 필요가 있다.

3. 교직원 간의 리더십

학교가 체제로서 기능한다는 것을 잊지 않는 것은 중요하다. 교사들, 상담교사, 행정가들, 보조교사들(coaches), 사무관들, 학생들 그리고 다른 사람들, 이들 개인의 역할은 학교 학습풍토를 창조하도록 협력하는 것이다. 그리고 모든 개인들은 효과적으로 그들 자신의 역할을 수행하는 책무성을 가져야 하는 반면, 총체적인 학습풍토를 창조하는 데는 전체 교직원이 공통의 책무성을 가져야 한다.

대부분의 중등학교는 행정적으로 각 부서에 교육과정 기획, 절차, 예산에 대한 책무성을 가지고 있는 부서장(department heads)이 있다. 대부분의 초등과 일부 중등학교들은 부서장(department heads) 대신에 수업지도자(instructional leader) 또는 조정자(coordinators : 읽기 수업의 보조 등)라는 특수직이 있다. 부서장(department heads)과 수업안내자는 효과적인 수업프로그램의 유지와 발달을 위해서 리더십을 확립하도록 해야 한다. 부서장과 다른 안내자들은 학교의 성취수준을 향상시키는 기능과 의무에 있어 최후의 수단으로 고려되어야만 한다. 부서장과 수업안내자들을 위한 몇가지 핵심적인 책무성은 다음과 같다.

교육목표 설정과 계획 부서장(department heads) 또는 수업안내자는 학교에서 모든 학생들이 숙달할 수 있는 과정의 목표가 학년수준에 맞도록 해야만 한다.

수업정책의 실천 교육적으로 관련된 많은 의무들은 교장에게 위임되어 있으며, 다음 내용을 포함한다.

- 부서별 협의회 : 모든 학생들이 수업목표를 달성할 수 있는 문제와 활동들에 대해 초점을 맞춘다. 이 모듈의 전략과 제안(suggestions)에

대한 토론은 정규적으로 일어나야만 한다.

- 모니터(Monitoring) : 지도자는 학생의 평가와 기대가 높은 수준에서 유지될 때, 긍정적인 투자(input)를 할 수 있다.
- 수업프로그램 향상 : 부서장(department heads) 또는 수업안내자는 성취수준향상(학습달성, 더 많이 부여된 과제수행시간, 집단학습게임 등)을 위해, 그리고 성공적인 전달과 수업의 향상을 위해 중요한 책임을 져야한다.

보상 구조 확립 부서장(department heads)과 수업안내자는 학문적으로 조직된 보상구조(이 모듈에 기록된 "보상구조의 구축")의 형태가 학생들에게 전달되도록 기본적인 책무성을 확립시켜야 한다.

4. 상담교사

종종 상담교사들은 (학생의)교육과정 선택과 직업계획을 고려하여 학생을 배치하고 조언을 해야한다는 책무성을 가지고 있다. 이 책무성은 과정에서 학생을 배치할 때와 선발할 때 둘 다 해당된다. 책무성은 특히, 전체로서 학교의 성취수준과 관련되어 있다.

상담교사는 모든 학생들이 고등학교를 졸업하여 그들이 원하는 직업 또는 더 이상의 학교교육을 선택하는 데 동등한 기회를 가지는 것으로 보아야만 한다. 이 상담교사는 지위의 영향은 집단화 능력에 대한 우리의 지위와 관련된다. 만약 학생들이 능력별로 구분된다면, 상담교사들은 능력별 학급편성체제(tracking system)에 대해 강하게 반발해야 한다. 다음 모듈에서는 능력별 학급편성을 제거하는 문제를 다룰 것이다. 비록 능력집단과 관련된 문제들이 5장에서 설명되었지만 상담교사의 조언과 배치

기능에 관한 다음의 것들을 고려해야 한다.

  최대한의 기회 상담교사는 대학진학과 공업학교 진학에 자격을 주는 학생수를 최대화시키는 것으로 보상받아야 한다.

  의사소통기회 대학과 다른 방향의 고용기회 가능성에 대해서 학생들에게 전달하는 것은 필수적인 것이다 (이 장 뒷부분의 "부모와 학생의 의사소통"을 보라). 예를 들면, 고등학교에서 외국어 수업을 피하려는 학생의 결정은 특별한 대학진학에 필요한 것을 획득하는 데 있어 돌이킬 수 없는 장애가 될 수 있다. 이 태도의 결정이 의미하는 것을 학생과 그들의 부모 둘 다 알아야만 한다는 것이다.

  학생의 학습과정을 평가절하하지 말 것 성인과 마찬가지로 학생들은 종종 최소한의 저항의 통로를 필요로 한다. 학생들은 특히 행위에 대한 결과를 인식하지 못한다면 과제를 피하려는 욕구 때문에 비공식적인 열등학급에 들어갈지 모른다. 그러나 학생의 부모들은 자녀들이 열등학급에 들어가는데 저항하지만 결국 부모들은 결과를 알아차리게 된다. 기초학문의 기술과 지식을 숙달하는 대체물로서 사용된 교육과정에서의 "쉬운" 또는 "얼간이" 학급들은 위한 지식은 폐지되어야만 한다.

  학생의 배치 상담교사는 긍정적인 학생의 배치(palcement)를 요구해야 한다. 상담교사는 때때로 어떤 '어려운' 학급을 피하도록 학생들에게 조언하거나 또는 교사의 권고나 시험점수에 바탕을 둔 가치에 근거하여 잘못 편성시키기도 함으로써 학교 내의 비형식적인 능력별 학급편성에 기여한다. 이러한 일은 일어나지 말아야 한다. 한편 "너는 더 잘 할 수 있는 능력이 없어." 같은, 학생들에 대한 어떤 의사소통도 결코 일어나서는 안 된다.

  상담교사는 제한된 학생선택 대신에 체제를 개방하고, 학문적인 능력을 성취하도록 도와줄 수 있는 상담에 집중해야 한다. 이러한 상담활동은 대학 진학이나 직업선택에서 성공할 기회를 촉진하는데 도움이 될 것이다.

5. 교사역할

교장과 다른 교직원들의 영향에도 불구하고 효과적인 학교 학습풍토의 전달에 대한 책무성은 교사에게 달렸다. 그리고 수업프로그램이 전달되는 특별한 방법은—그것을 누가 제안했는지와 상관없이—교사들이 자신과 학생들에 대한 믿음에 강하게 영향을 받는다. 중요한 증거는 교사들이 그들의 역할을 보는 관점에 따라 차이가 있다는 것과 이런 차이는 학생의 성취수준을 다르게 가져온다는 것을 보여준다.

교사가 학생 모두에게 수업목표 달성을 강조하지 못했을 때 학교의 성취수준은 비교적 낮게 될 것이다. 그 의미는 명백하다. 가르치지 않으면 학습되지 않는다는 것이다. 교사는 그들 학생들의 높은 인지적 성취를 위해 노력하는 것보다 다른 일로 많은 시간을 보낸다. 교사들은 효과적이지 않더라도 그것을 성취하도록 가르쳐야 한다는 목표를 가지고 있다.

기초 기술과 지식을 모든 학생들이 성취했는지에 대해 교사들은 진단평가를 필요로 하게 될 것이다. 학생들이 처음 접한 것을 학습하지 않았으면, 학습할 수 있는 추가적인 기회가 주어져야 할 것이며, 이를 위해 재교육이 보장되어야 한다. 재교육이 이루어질 때, 지식과 기술에 대한 일반적인 핵심을 모든 학생들이 학습할 수 있는 가능성이 높아지게 될 것이다.

마지막으로 이 모듈에서 설명하고 있는 학교의 성취수준을 향상시키는 데 효과적인 교사는 교수기법(teaching techniques)이 능숙한 사람이다. 학생의 성취수준을 향상시키려는 교사들은 그 효과를 높일 수 있는 기준선(guideline)을 이 모듈에서 사용할 수 있다. 다시 말하면, 여기에서 주장된

성취방침(achievement orientation)은 교사들이 타당하게 보상을 받지 못
한다면 실현되지 않을 것이다.

6. 보충교육 담당 교직원

州와 연방정부 자금에 의한 보충교육 프로그램 운영은 일반적으로 학
교 내의 실패 위험이 있는 학생들에게 특별한 도움을 주는 것으로 계획된
다. 이 프로그램은 대부분 그 노력이 성공적이지 않지만 소수 프로그램은
매우 성공적이다. 다음에 오는 특징들은 효과적인 보충교육 프로그램의
특징이다.

■ 성취의 기준
성공적인 프로그램은 학생들이 나이에 맞는 학년 수준의 성취를 획득
하는 것이다. 이것은 "따라 잡는 것(catching up)"을 의미한다. 유감스럽
게도 많은 프로그램은 학생들이 정상적인 수준의 일부, 또는 기껏해야 그
수준 정도밖에 획득할 수 없다고 여긴다. 따라서 이 프로그램을 통해 학
생들은 결코 성공할 수 없으며, 미래는 더 요원해질 것이다. 이것은 능력
집단에서 실행될 때 특히 사실이다. 이 프로그램의 성공은 나이에 맞는
학년 수준에서 성취하거나 따라 잡는 학생의 비율로 측정되어야만 한다.

■ 보상체제
보상(reward)과 승인은 학생들이 그들의 연령수준에 맞는 성취규범을
얻을 때 교사와 행정가들에게 주어진다. 보상은 수준 이하의 수행이 이루
어지거나 또는 특별(보충)교육을 받는 숫자가 증가되면 중단된다.

■ 보충수업

효과적인 프로그램에서 보충수업은 정규수업을 보완하는 것이다. 학생들은 그들의 정규수업에서 배운 것을 이해하지 못하는 것은 아니다.

■ 재교육

효과적인 프로그램에서 보충수업은 정규 프로그램의 목표를 성취하도록 학생들을 도와주는 데 집중한다. 예를 들면, 뒤떨어진 학생들을 위한, 목표에 대한 재교육, 필수적인 기술에 대한 공부 또는 그 둘 다를 의미한다.

■ 협력

정규 프로그램에 대한 목표를 성취하기 위한 재교육의 필요성은 정규수업 교사와 보충수업 교사의 협력을 요구한다. 이것은 특정한 목표에 대한 학생성취 뿐만 아니라 목표에 대한 의사소통을 필요로 한다.

■ 학생성취를 위한 책무성

많은 비효과적인 프로그램들에서 학생성취를 위한 책무성은 보충교사와 정규교사 사이에 뒤섞여 있다. 우리는 정규수업 교사가 어린이의 학습에 책무성을 가져야한다고 제안한다. 보충 프로그램은 정규교사를 도와주는 것이다. 그것은 정규교사의 책임을 덜어주는 것이 아니다.

■ 수업장소

가장 비효과적인 보충수업은 특수교육을 위하여 학생들을 그들의 정규수업에서 이동시키는 것으로, "철수(pullout)" 프로그램에서 시작된다. 곧바로 분류의 문제가 결과에 영향을 미친다. 종종 이들 학생들은 특수한 읽기(special reading) 또는 수학수업에서 "꼭두각시(dummies)"라고 믿는다. 이러한 인식은 일반적으로 담임교사의 기대에 의해 강화된다. 이들에게는 수업에서 잃어버린 시간과 일반적인 독서와 수학에 둘러쌓인 스케

줄이 문제가 된다. 보충교사가 정규교사와 연계하여 나머지 재교육(extra reinstruction)을 제공하는 교실 안에서의 진행은 보충프로그램으로 진행된다. 이 형태는 낙인의 원인이 되는 문제를 줄일 수 있다.

■ 보조요원의 지원

연구에 의하면, 보조요원은 학생의 성취에 대해 낮은 기대를 가지고 지원하는 것을 종종 볼 수 있으며, 학생의 의욕을 감퇴시키는 것으로 그들의 역할을 인식한다(예를 들면, 학생들의 능력이 적기 때문에 학교에서 낮은 지위를 받아들여야 한다고 확신시키는 것이다). 효과적인 프로그램에서 보조요원의 역할은 모두에 대해 높은 성취를 강조하는 훈련을 제공하는 것이다. 그들의 활동은 아직도 목표를 마스터하지 못한 학생들을 강화시키는 데 집중하고 교사들을 위한 활동을 하거나, 그렇지 않으면 교수시간을 줄이는 것에 집중된다. 보조에 대한 인식과 보상은 모든 학생들이 학년수준에 도달하는 것을 도와주는 것에서 성공을 성취할 때만 주어져야 한다.

7. 특수교육 담당 교직원

특수교육 프로그램은 물리적으로, 정신적으로, 사회적으로 저하된 것을 고려하여 학생들에게 수업이 이루어지도록 계획되었다. 이들 학생들은 깊이 있게 들을 수 있는 능력이 저하되어 있으므로 특수방법들을 필요로 한다. 불행하게도 특수교육 프로그램은 종종 다른 사람들을 위한 적당한 지식과 기술을 가르치는 것이 아니라 이론적 근거로서 제공된다. 그러므로 모든 특수교육 프로그램에서 낮은 기대가 주어지는 것은 아니지만, 이런 위험한 발상은 삼가하여야 한다. 결국 우리는 특히 더 심하게 손상된 학생들보다 정신적으로 약화된 또는 감정적으로 약화되고 학습능력이 저하되고 주의력이 부족한 것으로 분류되는 학생들에 대해 관심을 갖는다. 이러한 학생들에게 적게 가르치려는 경향은 정말 위험하다. 이러한 경향을 몇 가지로 목록화 시킬 수 있다.

- 낮은 프로그램 목표에 기인하는 너무 낮은 기대
- "특수교육"에 있는 학생들에 대한 동료들의 부정적 인식
- 특별한 도움을 받고 나서 정규학생지위로 돌아가기보다는 특수교육 학생으로서 영원히 등록된 것으로 인식
- 저하된 학생들은 정규 학생들과는 차이가 있다고 보고 학생들과 함께 활동하기 위한 모든 일반적인 방법들이 비효과적으로 간주되고 완전하게 다른 방법들이 필요하다고 가정하는 "차이"라고 인식하는 증후군
- 정규 수업교사들은 단지 학생들이 특수교육 학생들로 동일시되었기 때문에 학생들을 가르쳐야 한다는 책무성을 "경감" 또는 "단념" 기능(The Writing off function)
- 동일시된 특수교육 학생들의 수가 유용한 결과를 충족시킬 때까지 확대되는 "수를 확대하는 경향"이 발생할 때, 더욱 더 많은 학생들이 의도적으로 특수교육 학생들로 동일시된다. 이것은 종종 정규 담임 교사가 그들 스스로 "문제" 학생들을 줄이려는 압력으로 나타난다. 州와 연방의 자금지원(funding)에 바탕을 둔 특수교육 학생의 많은 수는 지역학교가 프로그램에 학생수를 증가시키는 강력한 압력을 만들어내고 따라서 많은 양의 돈이 그 지역으로 들어오게 된다. 이것은 속임수이다.

효과적인 특수교육 교사들은 전체 학교 학습풍토를 향상시키기 위해 노력함으로써 부정적인 흐름과는 반대로 행동한다. 그들은 그들 학생들이 규범집단에서 얻을 수 있는 프로그램을 확립시킴으로써 이렇게 할 수 있고 정규 프로그램에서 효과적인 기능을 한다. 특수교육 교직원은 학생

들이 이러한 학급에 부적당하게 배치되지 않도록 분명하게 젊은이들을 위해 조언해야만 한다. 이것이 몇몇의 담임교사(regular classroom teachers)로부터의 압력에 저항하는 방법이다.

8. 수업외적 지원 교직원

학교는 조직의 초기 목표에 유용한 지원 서비스를 필요로 한다. 바쁜 일과(routine), 간이식당, 생계(maintenance) 그리고 사무원(secretarial clerical)의 절차는 무시할 수 없다. 그러나 이런 서비스가 학문적 활동의 노력 또는 학생의 시간을 감소시켜서는 안된다. 오히려 이런 필수적인 일과들은 학생의 학문적인 성취에 유용하도록 계획되고, 설계되어야만 한다.

효과적인 수업외적 교직원 행동의 핵심은 목표 배치에 대한 이전 논의와 일치하는 것이다. 즉, 보조교직원의 일과(routine)는 모든 학생들이 높은 실행을 성취하도록 구성이 되어야만 한다.

비학구적인 교직원에 대한 의미는 이중적이다. 첫째, 사무직, 버스 운전기사, 관리인, 그리고 다른 개인들은 일반적으로 예의 바르고 효과적인 태도로 그들의 역할을 실천해야만 한다. 만약 특별한 행동이 수업 시간을 빼앗는다면(점심시간과 버스 타기의 규율문제 등), 교장과 교직원은 더 이상 규율의 문제가 일어나지 않는 새로운 절차를 확립해야만 한다. 안전하고 질서정연한 학교는 비판적이다. 이는 모듈 8에서 논의될 것이다. 둘째, 지원 교직원은 그들의 역할이 학교의 교수기능을 지원하는 것으로 이해해야만 한다. 그들의 효율성은 학교가 자연스럽게 운영되고 방해받지 않는 학습을 허락할 것이다. 개인적인 지원은 이러한 효과로 인식되어야 하며 보상되어야 한다.

Module 4
집단구성과 능력별 학급편성

> **■ 주요개념 및 내용**
> • 집단 유형
> • 연구와 집단구성
> • 모든 학생들이 성공하도록 돕는 것
> • 학년 수준에 맞는 일반적 목표를 달성하는 법
> • 능력별 편성(Tracking)

학습할 수 있는 지적 능력에는 수준차가 있다는 가정하에서 이루어지는, 학생들의 집단구성과 능력별 학급편성은 날로 많은 비난하에서도 지금까지 전해져 오는 일반적 관행이다. 비록 능력별 편성이 유해한 결과를 가져온다는 증거가 명백함에도 불구하고, 교육적 · 정치적 · 사회적 전통들은 능력별 편성(tracking)의 관행을 야기하였다.

1. 능력별 편성

이 책의 초점인 교육적 수준(pedagogical level)에서, 우리의 관심사는 수학, 사회학, 언어, 그리고 과학의 핵심 영역에서의 지식과 기능의 발달을 가장 용이하게 해주는 학습풍토의 종류에 있다. 지적인 능력 집단구성(일반적으로 동질집단으로 일컬어지는)을 지지하는 사람들은, 우수아와 지진아들의 요구를 충족시키는데 이러한 집단구성이 필요하다고 주장한다. 게다가, 그들은 그러한 집단구성은 비교적 상대적으로 영구적인 근거(tracking으로 언급되는)에서 이루어져야 한다고 주장하는 경향이 있다. 가정된 학습능력과 교육과정의 계열들(tracks) 사이의 일치가 학생들의 좌절을 줄일 것이라고 주장되고 있다. 또한 지지자들은 낮은 성취자들이 높은 성취자들의 학습진도를 뒤쳐지게 할 것이고, 각 학생들은 비슷한 능력의 학생들과 학습할 때 좀 더 효과적으로 배우게 될 것이라고 믿는다.

비능력별 편성 학교(학생들의 이질적 집단구성)를 지지하는 사람들은, 가정된 능력수준에 기초를 둔 능력별 편성이 낮은 능력집단(열등반)에 있는 학생들에게 해가 되고, 반면에 높은 능력집단(우등반)에 있는 학생들에게도 도움을 주지 못한다고 믿는다. 또한, 비능력별 학생 편성을 지지하는 사람들은 능력별 편성은 공평성의 부족을 초래하고, 민주적인 가치들에 대한 위반이며, 학습 능력에 대해 낮은 자아개념을 갖게 하고, 낮은 능력집단의 학생들은 자신의 가치를 비하하게 된다고 주장한다. 많은 사람들은, 가정된 능력에 근거한 능력별 편성 프로그램은 두 가지 불행한 결과를 가져온다고 주장한다. 더 많은 학구적 실패와 높아진 인종적·사회적 계급간의 적대감을 강화시킨다. 질적 집단구성의 지지자들은, 능력수준에 의한 능력별 학생 편성은 비능력별 편성 학교보다—개인의 학력이 낮다는 것이 아니라—더 낮은 학력의 학교를 만들어 낸다고 주장한다.

수 십 년 동안의 연구 자료는 확실하게 비능력별 편성을 찬성하는 사람들을 지지한다. 연구 문헌의 대다수는 능력별 편성의 지속은 교육적·도덕적 근거가 부족한 부적절한 교육적 관행이라고 결론을 짓게 한다.

능력별 편성을 지지하는 경향의 연구는 매우 제한적이다. 단지 몇몇의 소규모 연구에서 연구자들은 높은 능력집단의 학생들에게 매우 사소한 성취증가가 있었으나, 낮은 능력집단의 학생들에게는 읽기, 수학, 과학, 사회 등의 핵심 과목에서 부정적인 결과가 나왔다는 것을 발견하였다.

높은 성취수준을 기초로 집단구성된 학생들에게 약간의 성취 증가가 있었다는 것은 단지 하나의 예외처럼 보인다. 이것은 때때로 운명적으로 "재능을 타고난" 학생들로 구성된 학급에서 일어난다. 예를 들면, 타고난 재능을 가진 9학년 학급의 학생들이 집단구성되지 않고 동등하게 높은 학력의 학생들과 비교했을 때, 수학의 대수에서만 약간 학력 증가를 보여주었다는 한 연구가 있다. 만약 "재능을 타고난" 프로그램에서와 같은 기회와 방법이 주어진다면, 우리는 낮은 능력집단의 학생들을 위한 잠재적인 증진에 대해서는 추측할 수 있을 뿐이다.

약간의 차이는 있지만, 재능을 타고난 학생들의 교실에서 그것도 완전히 이질적으로 집단화된 교실에서 발생하는, 이런 높은 성취자의 성취를 찬성하는 유형은, 재능 프로그램(gifted program)에서 제공되는 부가적인 공로(service)에 의해 설명되어져 왔다. 타고난 학생들의 재능을 극대화하려는 바람을 갖고 있는 대부분의 사람들은, 이러한 부가적인 서비스는 모든 학생들에게 제공되어야 한다는 것을 지금도 요구하고 있다. 그들 연구는 재능을 타고난 학생들과 높은 성취를 할 수 있는 제한된 잠재력을 가졌다고 여겨지는 사람들 모두를 도와주는 활동을 개발할 것을 강조해 왔다. The Schoolwide Enrichment Triad Model(전학교 심화 3단계 모델)은 아마도 이질적 학급의 재능을 타고난 학생들 뿐만 아니라 다른 학생들에게도 적용되는 프로그램으로는 가장 널리 사용되고 있다.

이것의 중요성은 타고난 재능이 있는 학생들에게 특별한 도움을 제공하는 것을 지지하는 사람의 상당수가 더 이상 능력집단과 능력별 편성을 지지하지 않는다는 것이다. 그러나 능력별 편성은 많은 학교에서 계속 실시되고 있다. 그리고 비록 지난 십 년, 아니 더 오랫동안 이전의 많은 저학력 학교가 능력별 편성을 하지 않고 그들의 학력 수준을 향상시켰을지라도, 능력별 편성은 여전히 주된 교육과정의 구조이다. 법원이 지난 30년 동안 능력별 편성을 반대하는 판결을 해왔지만, 능력별 편성은 여전히 널리 퍼져 있다(Hobson vs. Hansen, 1967; Berry vs. Benton Harbor, 1974).

왜 그렇게 많은 교사, 학교 행정가 그리고 지역사회의 사람들이 여전히 능력에 의한 집단이 학업성취를 높인다고 믿는가? 대답은 확실한 연구나 자료의 합리적인 설명에 있지 않다. 오히려 한가지 답은, 지금도 일반적으로 생각하고 있는, 학습능력의 본질에 대한 잘못된 가정이다. 다른 답으로는 기회, 권력, 부가 어떻게 분배되어져야 하는가 하는 미묘하고 잠재적인 이데올로기, 이전부터 유지되어온 관점들에 관한 감정적인 언질, 그리고 전통은 옳은 것에 대한 확실한 기준이라는 신념들이 있다.

능력집단구성에 대한 연구는, 모든 학생들의 성취수준을 향상시킨다는 점에서, 이 실행의 장점을 지지하지 않지만, 그 밖의 다른 중요한 것을 제안하고 있다. 능력집단은 아마 집단사이에서 사회적 계급의 구별을 유지하고 증가시키는 가장 중요한 방법 중에 하나일지도 모른다. 가난한 학생들은 함께 집단을 이루고, 이와 유사하게 경제적 이익을 받는 학생들도 집단을 이룬다. 요컨대, 능력별 편성은 경제적 집단 사이에 긴장과 갈등을 강화한다.

그러므로 집단 긴장을 줄이고 학교를 통해서 학업성취를 극대화하려고 하는 사람들은, 연구 문헌의 설명 이상의 것에 관심을 갖는다. 교직원과 지역사회 모두의 지지를 이끌어 내는 방법들 가운데, 교육자들이 어떻게 비능력별 편성학교(untracked school)를 충족시키는 과정을 어떻게 시작하는지에 관심을 갖는 것이다.

효과적인 학교에 관한 연구

능력에 따른 학생들의 집단구성은 우등생들에게 아무것도 못해 주는 반면에, 열등생의 학구적 전망을 더 악화시킨다. 게다가 능력 집단구성은, 능력별 집단은 학생들이 인종적·민족적으로 다른 집단의 어린이들과 원만한 관계를 맺을 수 있는 기회를 줄이는 것으로 나타난다.

2. 비능력별 편성

집단에 관한 교사들의 결정은 학생성취에 중요한 영향을 끼쳐 왔다. 예를 들면, 낮은 성취자들에게 보다 더 낮은 능력을 가르치고, 높은 학습자들의 능력을 자극하는 것이 교사의 역할이라는 믿음을 당신은 얼마나 자주 들어왔는가? 이 표현은—일반적으로 "높은" 그리고 "낮은" 학생들의 능력에 맞는 다른 학습목표를 설정한 결과로—종종 다른 연습과제와 경험도구의 사용을 통해서 실행된다. 게다가 교육방법은 혜택을 받은 집단의 학생들에게 더 유리하게 제공된다. 다른 기능들은, 다른 수업 방법에 의해 그리고 성취수준이 다른 학생들에게 적절하게 여겨지는 자료를 사용함으로써, 학생들에게 가르쳐진다. 그런 경우에 만약 교사가 능력이 다른 세 집단을 가르쳐야 한다면, 일반적으로 다음과 같은 세 가지의 교육과정을 준비할 것이다.

- 학생들 사이의 우위-열등의 태도를 확립하는 교육과정
- 학생 집단간의 성취도 차이를 증가시키는 교육과정
- 몇몇 학생들을 위한 낮은 등급의 성취 수준을 만들고 정당화한다. 또한 학급 구성원을 신체적, 정신적, 감정적, 사회적으로 분리하고 격리시키는 역할을 한다. 성취 잠재력이 감소되고, 잠재적 갈등 가능성이 증가한다.

기능 수준이나 사회적 지위가 다른 집단을 함께 집단화하는 것은, 불공평하며 불쾌한 비교는 학생들에 의해 이루어지지 않을 것이라는 것을 의미하지는 않는다. 그러나 그런 비교에 의해 만들어진 약간의 충격은, 학교나 학급에서의 인종차별로부터 일어나는 것보다는 훨씬 덜하다. 능력별 편성은 실질적인 이득 없이, 이런 문화 안에서 사회계급과 인종간의

심각한 적대감을 만들어 내는 인종차별의 한 형태이다. 낮은 능력집단 학생들에게는, 상대적인 능력 지위에 의한 직접적인 결과로, 문제 행동과 퇴학이 자주 일어나는 경향이 있다. 그리고 모든 교사가 알고 있듯이, 한 집단에 의한 비행은 모든 집단에게 부정적인 교육 결과를 가져온다.

3. 개별화 교육과 개성화 교육

학교는 종종 부모, 교육자, 사업가 그리고 관심있는 시민들로부터 학생들에게 개별적인 교육 프로그램을 제공하도록 요구하는 정치적인 압력(capital)을 받는다. 소위 개별화 교육은, 일부 또는 모든 학생들이 향상된 성취를 하도록 돕는 특별한 노력을 학교가 하고 있다는 것을 시사한다. 실제로 어떤 학생들의 향상을 보장하는, 각 학생들의 진보에 대한 검토 단계가 있다고 제안한다. 교육과정이 각 학생의 학구적인 역량과 한계(limitation)에 적합하기 때문에, 이러한 진보가 일어날 것으로 가정된다.

때때로 개별화 교육에 대한 주장은 학교에서 능력별 편성을 정당화하는데 사용된다. 특히, 낮은 능력집단의 학생들이 더 앞선 집단을 따라잡도록 하기 위해서는, 개별화된 도움이 주어져야 한다고 주장한다. 비슷하게도 더 앞선 수준의 학생들은 낮은 학생들에 의해 지체되지 않도록 하기 위해서는 개별화 수업을 받아야 한다고 주장한다. 학생들은 특별한 교육적 관심으로 인해 선발될 것이라고 암시하기 때문에, 그런 약속들은 모든 성취수준에 있는 학생들의 학부모들에게 분명한 설득력을 지닌다.

반면에 때때로 능력별 편성을 폐지했다고 주장하는 학교들도, 역시 개별화 교육을 제공한다고 말한다. 이런 개별화 교육은 능력에 의한 집단 구성과 같다고 주장한다. 따라서, 각 학생들에 대한 성취기대는 상대적인 집단지위에 의해 정해지기보다는 더 다양할 것이다. 집단이 정의한 표준

(criteria)보다 개인의 독창성이 학교의 교육수행을 지배하기 때문에 이것 또한 분명한 설득력을 지닌다.

그러나 그런 주장의 진실은 무엇인가? 개별화 교육을 제공한다고 주장하는 학교들이 실제로 그렇게 하고 있는가? 더 중요한 것은, 개별화 교육이 정말로 건전한 교육 실천인가? 개별화 교육이 언제 좋은 생각이며, 효과적인 학교 학습풍토를 창조하려는 학교의 노력을 언제 방해할지도 모르지 않는가?

그런 질문에 있어 문제가 되는 것은, 개별화 교육의 후원하에 학교가 실제로 행한 것을 검토한 연구가 거의 없다는 것이다. 게다가, 많은 공·사립 학교가 개별화 교육의 프로그램을 가지고 있다고 주장하는 것은 우리의 경험을 통한 것이지, 그런 주장이 교실 내의 관찰에 의해 증명될 수는 없다. 그러나 더 기본적인 관심은, 개별화 교육이 높은 성취의 학교를 만든다는 관점에서 바람직한가의 여부이다.

우리의 경험에 비추어 볼 때, 우리는 개별화 교육의 가정된 장점들을 거의 지지할 수 없다. 실제로, 개별화 교육은 종종 효과적인 학교 학습풍토를 만드는데 장애물이다. 실제로, 개별화된 보충 수업이 필요하고 바람직할 때가 있다. 만약 그런 도움이 일시적이고, 본래의 취지에 초점을 두고, 완전학습의 원칙에 의해 행해진 경우에는 특히 그렇다. 그러나 소위 개별화 교육은 종종 의심스러운 교육적 가정에 기초한다. 유용한 개별화 교육을 위해서 적절한 진단평가는 반드시 있어야 한다. 좀처럼 그런 시험이 적절히 이루어지지 않는다. 더 중요하게, 본래 개별화 교육은 모든 학생들을 위한 높은 기대의 일관된 경향보다는 학생들과 학부모들에게 성취기대의 방향을 시사한다. 필수적으로 개별화 교육은, 개인의 능력의 차이는 달라서 단지 선택된 소수만이 높은 성취를 할 수 있다는 잘못된 믿음을 강화시키는 경향이 있다. 그러한 전제는 기본적으로 효과적인 학교 학습풍토의 핵심 가정과는 정반대이다.

반면에, 효과적인 학교는 교육에 개성화된 접근을 증진한다. 개성화 교육은 몇가지 중요한 점에서 개별화 교육과 다르다. 학습목표를 달성하는

능력에 있어 개별적인 차이를 가정한 체 아주 다른 성취기대를 가지는 것
보다, 개별화 교육은 모든 학생들이 요구되는 것을 배울 수 있고 배울 것
이라고 가정한다. 이런 기대는 좋은 조언자 관계가 성립되는 친밀한 학습
풍토를 만들어 냄으로써 모든 학생들에게 전달된다.

그런 환경에서, 모든 교사들은 모든 학생들을 안다. 각 학생의 진보를
정기적으로 조언할 교직원이나 교직원 자문위원이 학생들에게 배당된다.
학급들이 소규모화되는 경향이 있어서, 학습 사회의 구성원들 사이에 좀
더 친밀한 관계를 강화한다. 간단하게 말하면, 학생들은 해야 할 것을 알
게 될 뿐 아니라 그들을 걱정하는 학습 사회의 구성원을 실망시키고 싶지
않기 때문에, 잘 수행하도록 동기를 부여하는 분위기가 있다. 정기적인
조언활동이 있고, 필요할 때 특별한 도움을 받고, 조언자-학생 관계가 일
반화된다. 학생들은, 제로섬(zero sum)게임에서 처럼 그들의 동료들을 경
쟁자로 보기보다는 학습목표를 성취하도록 서로서로 돕는 경향이 있다.
마지막으로 가치 있는 구성원으로 공동사회에 대한 소속감이 생기게 되
면, 학생들의 문제 행동은 최소화된다. 학생이 실행에 옮기는지, 기대에
맞게 수행하지 않은지를 감출 여지가 없고, 문제행동이 커지기 전에 바로
잡으려는 사람들이 있다.

그러한 개성화 교육을 더욱 촉진하기 위해서, 교사와 학부모 사이에 빈
번한 접촉이 이루어진다. 학생의 진전을 알려주는 전화와 가정통신문, 학
급을 관찰하고 야외 활동에 참여하라는 초대장, 그리고 다른 형태의 접촉
은 공동체 의식을 강화시킨다. 학생, 학부모 그리고 임원들 모두는 이와
같이 개성화된 환경에서 그들의 삶에 대해 효능감(sense of power)을 가
진다. 고립과 무력감으로부터 나오는 소외감은 학생, 학부모, 임원들사이
에서 줄어든다. 간단히 말하면, 학습 공동체 의식(a learning-rich esprit de
corps)이 나타난다.

심지어 대규모의 학교 안에서조차 교육에 개성화된 접근을 창조하는
것이 가능하며 바람직하다. 소수 집단이 구성되고 한 학기이상 공존하는
학교에 속하는 학교는, 개성화된 접근을 더 쉽게 한다. 이것은 협동학습

에 의해 더 강화된다(Johnson and Johnson, 1993). 조언관계와 공동체 의식을 통하여 표현된, 지속적인 높은 기대는 강력하고 효과적인 학교 학습 풍토를 유지하는데 도움을 준다는 것이 요점이다.

교사들이 학생들의 기능에 근거하여 학생들을 집단구성하는 모든 방법을 그만두어야 한다고 주장하지 않는다는 점을 우리는 중요시한다. 예를 들면, 학생들은 계산법을 배우기 전에 어떤 대수 개념의 숙달이 요구된다. 오히려, 교사들은 적절한 수업 실제를 위한─6장에서 요약되는─다양한 기술을 사용해야만 한다. 동질적 집단구성의 부정적인 효과와 목표 차별화는 수업목적을 위한 다음 집단 유형을 사용함으로써 피할 수 있다.

- 공통 목표에 대한 시작 수업에서는 전 학급 집단구성을 사용하라. 전 학급 수업은 집단구성의 기초적인 형태가 되어야 하고, 필요할 때는 다른 형태의 집단구성 형태에 의해 보충되어야 한다.
- 정규과정과 기능의 강화를 위해서는 이질적 집단구성을 사용하라.
- 교정학습이나 심화학습을 위해서는 일시적으로 동질적 집단구성을 사용하라. 이 집단 구성 유형은 확인된 공통적인 학생의 결함에 근거하여, 선택적으로 사용되어야만 한다. 그리고 그 집단은 단기적이어야 한다.
- 교정(corrective), 심화(enrichment) 또는 현장학습(extension learning) 과 전 학급 수업의 보충을 위해서는 개성화 수업을 사용하라.

우리는 이질적으로 집단구성된 학급에서 학업성취의 모든 다양성(변수) 이 사라질 것이라고 주장하거나 기대하지 않는다. 그러나 우리는 거의 모든 학생들이 어떤 정보와 기술을 습득할 것이라고 기대한다. 어떤 학생들은 다른 학생들보다 더 많은 것을 배우지만, 모든 학생들은 그들이 다음 높은 단계로 진급하기 위해서 그들에게 중요한 것이 무엇인지를 알게 된다.

위 집단 유형은 때때로 중첩되고 교실의 다양한 필요성에 적합하도록 조정될 수 있다. 이것은 일반적으로 학생의 성취를 극대화하고 교사의 교육적, 관리상의 관심사항을 알려주는 집단 결정의 중요한 골격이 된다. 우리는 가능한 효과적인 학급경영을 하면서, 능력집단구성의 부정적인 효과를 이질적 집단구성에 의해서 제한해야 한다. 이질적인 소집단과 팀들도 역시 동료수업, 동료모형, 동료강화를 통해 수업에서 동료문화의 결집을 촉진한다. 이 협동학습의 방법은(Dishon and O' Leary, 1994) 이런 점에서 특히 성공적으로 밝혀졌다.

학생 학습집단은 꽤 오랜 기간 동안 지속될 수도 있지만, 수업 집단은 영구적이기보다는 융통성이 있어야 한다(모듈 9). 특정한 목표를 가르치는 초기 단계에서 교사는 어떤 학생들은 한 영역에 대해 완전히 또는 그에 가까운 정도로 학습을 이미 습득한 학생들이 있는 반면에, 수업을 필요로 하는 학생도 있다는 것을 발견하게 될 것이다. 이와 같은 특별한 과제를 위한 집단은 동료간의 수업에서 긍정적인 규범을 이용할 수 있도록, 학습의 정도가 서로 다른 학생들을 포함해서 이질적으로 구성될 수도 있다.

동질 집단의 제한된 사용은 교정이나 심화학습을 위해서만 적절하다. 어떤 특별한 학습목표가 완성되면 이런 수업집단은 해체되고, 새로운 집단이 다음 과제를 위해 형성된다. 같은 학생들이 항상 "우수아" 또는 "지진아"가 아니라는 것을 연구결과는 증명한다. 따라서 수업 집단은 특별한 수업목표를 위해 형성되어야 하고, 우수아와 보통의 학습자들을 혼합해서 구성하고, 학급이 새로운 목표로 옮겨갈 때에는 해체되어야 하는 것이 필수적이다.

4. 학년 수준의 공통 목표를 달성하는 법

저학년에서 능력집단과 능력별 편성이 중등학교에서 발생하는 성취 불균형의 근간이 된다는 확실한 연구가 있다. 따라서 학교교육의 저학년에서는, 능력집단구성은 더 이상 운영하지 않는다는 것을 최우선적으로 확실히 해야 한다. 비록 과거를 되돌릴 수는 없지만, 많은 중등 학교들은 많은 손실이 발생하더라도 비능력별 편성을 위한 과정을 시작할 필요가 있다.

학생의 학업성취 차이는 시간이 지나갈수록 심화되는 경향이 있기 때문에, 학업성취에서 큰 차이를 보이는 학생들이 직면하는 문제는 초등학교 고학년과 중등학교에서 함께 생긴다. 예를 들면, 5학년, 6학년에서 1~2학년 수준의 책을 읽는 학생이 있을 수 있다.

교사들은, 학년 수준보다 낮은 학생들이 나이 수준에 적절한 기본적 기능을 습득하도록 학생들을 어떻게 가르쳐야 할까? 이와 관련하여 다음과 같이 제안한다:

- 만약 학년 수준의 기능이 선수학습을 요하지 않는 형태라면, 이질적 집단구성과 실천을 추천할 만하다.
- 학년수준 이하 수준의 학생들은 교정학습을 위해 동질적 집단을 구성할 수 있으나, 이질적이거나 전학급 수업에서 모든 학생들이 달성하도록 기대되는, 같은 학년 수준의 기능을 가르쳐야 한다.
- 학생들이 좀더 빠른 속도로 학습하는 데 도움이 될 수 있도록 학년수준에 꼭 필요한 기능을 선택적으로 가르친다. 동질적 · 이질적 집단구성 혼합방식이 사용될 수도 있다. 예를 들면, 일주일에 2일은 교정이나 강화를 위해 동질적인 집단을 사용하고, 3일은 공통 목표에 대한 집단 학습을 위해 이질적인 집단이나 전 학급수업을 사용한다.

학년 수준의 기능이 선수학습을 요구할 때, 집단과 학생들에게 일시적으로 일반적이고 필수적인 기능의 결핍을 보충해 주는 것이 필요할지도 모른다. 교정수업을 필요로 하는 학생이 항상 같은 것은 아니므로, 이런 형태의 집단구성은 융통성이 있어야 한다. 게다가 그것은 교정수업이 필요한 필수적인 기능에 한해서다. 우리는 학생들이 5학년 목표를 배우기 전에 2·3·4 학년 수준의 기초적인 교본과 학습교재를 차례로 배워야 한다는 것을 가정하는 것은 아니다. 결핍이 있다면, 학년수준 이하의 전 과정의 내용을 습득하는 것이 아니라 학년수준 성취를 목표로 한다.

우리는 이 모듈의 서두에서 능력집단 구성이 모든 학생들에게 적절한 성취수준을 만들어 주지 못해 왔다고 주장하였다. 더욱 아쉽게도 집단사이에 인종적이고 계급 대립이 가중되는 동안, 능력집단 구성은 종종 많은 사람들에게 학구적 실패를 가져다주었다. 마지막으로 능력별 편성은 최소한의 능력을 지닌 것으로 규정된 집단들 사이에서, 비교적 더 큰 규율의 문제를 조성하는 풍토를 만든다. 그런 문제는 점차로 전체 학교를 통해서 부정적인 결과를 가져온다.

능력별 편성이 지속되는 한, 학교는 모든 학생들이 바람직한 수준을 성취하는 효과적인 학습풍토를 만들어 낼 수 없다는 것이 우리의 관점이다. 능력별 편성은 본래 항상 학문적인 승자와 패자를 만들어낸다는 점에서 "제로섬" 게임에 해당된다.

능력별 편성 체제하에서, 시험은 문제를 진단하고 약점을 교정하기보다는 학생들을 선발하고 배치하는 데 사용된다. 능력별 편성체제하에서, 성취에 대한 집단 규범은 완전학습을 반영하는 객관적인 기준보다는 수행 기준을 확립하는 것과 관련된다. 이런 집단 규범이 사회에서 필요로 하는 최소한의 능력에 훨씬 못 미칠지라도, 많은 학생들은 집단 규범 수준에서 행동할 것이다. 능력별 편성 체제하에서, 학생들 다수는 (만약 그들이 첫 번째로 중도 탈락되지 않는다면) "나이에 맞게 나아가게" 될 것이고, 중등학교 졸업이 직업 선택이나 대학진학을 위해 필요한 핵심 기능 습득을 도와주지 못했다는 것을 발견할 뿐이다. 완전학습의 원리에 대조적인,

모든 능력별 편성은 효과적인 학교와 관련되어 있다.

효과적인 학교에 관한 연구

효과적인 학교는 새로운 개념과 기술을 소개할 때 전체-집단 수업을 사용한다.

Module 5

효과적인 수업

전체 학교 풍토는 학생의 학업성취에 역동적으로 영향을 미친다. 또한 각 교실에서 일어나는 장면은 풍토에 중요한 역할을 한다. 효과적인 학습 풍토를 만드는데 교실에서 일어나는 장면은 매우 중요한 요인이다. 모든 학생들에 대한 학문적인 성취를 향상시키는 노력은 모든 학생들이 학습하도록 도와주는 교실에서의 수업실천을 고려해야 한다. 이를 위해 교사들이 가르치려는 내용, 교실수업의 진행과정과 방법들, 그리고 학생평가 방법이 학교의 목표 사이에 긴밀한 협력이 있어야 한다.

1. 협력 방법

과정에서 가르치고자 하는 것과 학교에서 의도한 것은 조화를 이루거나 상당부분 중복되어야 하는 것은 분명하다. 만일 과정의 목표 또는 교사의 목표가 학교의 목표와 일치하지 않는다면 효과적인 학교가 될 수 없다. 또한 학생평가는 학교와 과정의 목표에 토대를 두어야한다는 것은 분명하다. 아직도 이러한 목표, 수업, 평가 사이의 긴밀한 설정은 이루어지지 않고 있다. 실제로, 많은 학교들이 교육과정, 수업, 평가가 서로 어떻게 관련을 갖고 있는지에 대해 명백한 진술을 하지 못한다.

이 모듈의 목표는 학생성취를 향상시키는 데 효과적인 몇 가지 수업방법과 교사행동을 검사하는 것이다. 여기에서 효과적인 수업방법으로 제시된 것은 실제 여섯 가지 적합한 수업방법의 조합이다. 이들 각각은 단독으로 사용했을 때에도 비교적 높은 성취에 기여했다. 서로 같이 사용되었을 때는 수업에 대한 포괄적인 접근형태를 이루어 각각의 성공적인 효과가 증가한다. 효과적인 수업의 구성 요소와 그것들의 기능은 다음과 같다.

완전학습 완전학습은 일반적인 조직과 구조 그리고 목표환경에 대한 것이다. 이것은 이 모듈의 후반부에서 기술 될 "완전성취기준"과 "교정-피드백"을 포함한다.

직접적인 수업 이것은 전체 학급을 완전학습 시키려는 수업상황에 사용되는 기술이다. 전체 학급수업(whole-class)은 교사에 의한 내용의 초기 제시와 통제된 실천기회를 포함한다.

과제부여 수행시간 효과적인 학교의 가장 중요한 특징의 하나는 학생들이 계획된 학습에 시간이 필요하다는 것이다. 이것은 모듈 7에서 논의될 것이다.

적절한 규율과 학급경영 학급경영과 규율에 대한 특징은 효과적인 수업이 일어나는 진행과정이 중요하다. 이것은 모듈8에서 설명할 것이다.

협동완전학습 동료들간의 협력은 모든 학생이 성공할 수 있는 방법을 제공할 것이다. 이 접근은 종종 강화의 도구, 수업의 수단으로서 사용된다. 이것은 모듈9에서 더욱 더 상세하게 설명할 것이다.

적절한 강화 비효과적인 수업의 대부분은 학생활동에 대한 상벌이 부적절하게 적용될 때 발생한다. 이것은 모듈 10에서 설명할 것이다.

2. 수업과 완전학습

최근에 다양한 학문분야의 집중적인 연구 경향은 효과적인 학교의 수업방법에 관심이 집중되고 있다. 이들 연구의 몇 가지는 수업활동의 전반적인 범위를 다루고 또 어떤 것은 과제수행시간과 같은 한 두 가지의 주요 요인에 제한하여 포함한다. 효과적인 학교와 효과적인 교수에 대한 연구는 초기에는 반대되었으며, 미미하게 학교와는 무관하다는 결론이 나왔다. 이러한 초기의 연구는 교사들이 근본적으로 모든 학생들에게 학문기술과 내용을 습득하도록 도와줄 수 있다는 신념을 갖게 했다. 그리고 지금은 성공적인 교사와 효과적인 학교에 대한 가능성을 증명하는 더 많은 연구와 연구방법이 나타났다. 수업방법과 행동의 일관성있는 조합과 높은 성취기대와 결부되면, 학생의 성취는 향상된다. 교사들은 확신있게 이런 방법들을 시도할 것이며, 그들 스스로 효과성의 정도와 실용성을 결정할 것이다. 최고의 결과를 얻을 수 있는 방법을 불만족스런 학생의 학습행동에 적용해야 한다.

■ 완전학습과 J곡선

능력에 대한 "정상 또는 종모양의 곡선(normal or bellshaped curve)" 분포 개념은 모든 학생들을 가르칠 수 있다는 교사들의 효능감과 학생에게 크게 피해를 끼치는 과오를 범했다. 만약 교사들이 학생성취가 이러한 곡선을 따라 이루어진다고 가정한다면, 대부분의 학생들이 낮은 수준을 제외하고는 학습할 수 없을 것이라고 기대된다. 그들은 각 학생집단으로부터 "우수아"와 "지진아"를 기대한다. 수준별과 학년별 실천은 학생들의 기대를 내면화하기 위한 이런 기대를 형성시킨다. 이런 편견의 한가지 결과는 종종 어릴 때 그들에 대해 부여된 부정적인 낙인이 내면화되는 경향이 많은 학생들에게 나타난다. 학생들은 그들 스스로 A, B, C, D 또는 F

라는 생각을 갖게 된다.

　정확하게 완전학습은 학습능력이 중요한 학문 기법과 내용이 "J" 곡선을 반영하는 있는 것으로 가정한다. 〔그림 6.1〕에서 볼 수 있다. 이것은 현재 과정의 결론부분에서 "J" 곡선의 꼭대기(high end)에서 거의 모든 학생들이 고려된 완전학습을 할 수 있다. 완전학습은 적어도 95%의 학생들이 충분한 시간과 알맞은 수업이 주어지면, 주어진 문제를 높은 수준으로 완전하게 학습할 수 있다는 것이다. 특별한 문제에 대한 "태도"는 최종성취수준에 대한 예언자로써가 아니라 새로운 문제(material)의 완전학습에 도달하는 데 학생들이 필요로 하는 시간을 가리키는 것으로 보인다. 학교에는 다양한 주제 영역(subject areas)에 따라 느린 학습자와 빠른 학습자가 있다. 그러나 학교에서는 시간의 차이는 중요하지 않게 생각하는 경향이 있다. 학생들이 필요로 하는 시간의 차이를 토대로 "부진한" 또는 "훌륭한" 학생으로 등급화되는 것은 아니기 때문이다. 수업시작 초기의 차이에도 불구하고 수업 끝에서는 거의 모든 학생들이 높은 완전학습 수준을 공유한다.

　가정 A, 단원 1을 90%의 학생들이 충분히 학습한다고 가정하면 전체 10%의 학생은 학습하지 못한다. 그리고 그 10%는 뒤의(단원 2-10) 어떤 단원도 충분히 학습하지 못할 것이다. 왜냐하면, 단원 1수준은 다음에 오는 모든 단원의 기초가 되기 때문이다. 단원 1을 충분히 학습한 전체 90%의 학생들 미래를 가정하면 그들 중 몇몇은 단원 2를 충분히 학습하지 못할 것이다. 예를 들면, 각 단원 뒤로 갈수록 더 많은 학생들이 단원 10수준까지 가면 방법적인 측면이 떨어진다. 그것은 단지 10%의 학생들이 충분히 학습하고 전체 90%의 학생들이 학습하지 못한다는 것이다. 만일 이들 학생들에게 총괄평가(summative test-단원 1에서 단원 10까지)가 주어진다면, 10개 단원 모두 균등하게 나타날 것이며, 성취곡선은 개인의 변화를 고려할 수 있는 정상분포에 접근하게 될 것이다. 10수준에서 저성취수준을 적어지면, 수준 1에서 성공비율이 증가하게 될 것이다.

그러나 가정 B(완전학습)도 또한 90%의 학생들이 단원 1을 충분히 학습했다고 가정하면, 전체 10%의 학생들은 학습하지 못한다. 그러나 이들 10%에게 단원 2수준으로 들어가기 전에 단원 1수준을 충분히 학습시키거나 또는 적어도 95%까지 교정학습(corrective instruction)을 제공한다. 이 과정은 각 단원마다 반복된다. 목표는 95%를 달성하거나 단원을 이동하기 전에 더 많은 학생들이 완전학습을 하도록 한다. A의 가정처럼, 동일한 총괄평가(summative test)를 사용하면 가정 B에서는 학생의 90%이상이, 가정 A 아래서 학생의 상위 10%처럼 동일한 성취수준에 도달하게 될 것이다. 결과는 "J" 곡선 분포이다.

서로 다른 "능력수준"은 종종 고정되었거나 또는 수정될 수 없는 걸로 가정되며, 완전학습 후의 가정은 적성이 변화하는 문제가 있다. 학생들이 어떻게 학습하는지에 따라 그들의 학습비율이 향상될 것이다. 예를 들면, 학생들은 과정의 시작에서 한 단원을 완전학습한 학생들이 3-4시간을 필요로 한다면, 과정의 마지막 단원을 완전학습한 사람들도 동일한 시간을 필요로 한다. 완전학습을 위해 조직화된 프로그램들에 대해 학생들은 학습에 필요한 시간과 학습한 시간 둘 다에 대하여 또 다른 하나와 더 유사하게 되는 경향이 있다. 효과는 누적적이다. 학습기술은 유지되며, 새로운 과정 또는 주제(subject)영역에서 전이된다.

완전학습 교실의 높은 실천(high-implementing)은 학생들의 80-90%가 기준목표에 토대를 두고 높은 수준의 과제를 수행한다. 동일한 기초자료를 사용하는 정상분포(bell curve)에 기초하여 교실들을 비교하면, 단지 20%가 전통적인 교수 조건 아래서 높은 수준에 도달하게 된다. 완전학습 수준의 학습목표를 반영하는 검사기준은 이러한 등급 구조로 변화한다. (정상분포곡선에서는) 등급 구조 대신에 항상 승자와 패자를 만들어 낸다. 그러나 ("J" 곡선에서는) 완전학습목표에 도달함으로서 거의 모두를 승자로 만들어내는 것이 가능하다.

완전학습은 동일한 목표, 자료 그리고 검사(tests)에서 교사의 협력으로 시간 초과, 체제로 사용될 때 가장 큰 효과가 있다. 이러한 체제로부터의 성취결과는 다른 방법들보다도 질적으로나 양적으로 차이가 있다.

3. 완전학습에 대한 연구

Benjamin S. Bloom 이후, 1968년에 처음으로 "완전학습"에 대한 주제(thesis)가 나타났다. 그들은 교수 도구로서 완전학습의 효과성에 대한 2천편 이상의 연구를 가지고 있었다. 실제로 가장 일반적인 연구과제의 하나는 교육심리학 분야에서 나타났다. 이에 대한 거의 모든 연구는 모든 교육수준별 완전학습이 유익하다는 것을 지지하는 것이며, Spanish, 과학, 수학, 컴퓨터 교양교육(literacy), 건강교육 등 이러한 주제(subject)에 대한 폭넓은 다양성(diversity)이 있다는 것이다.

또한 완전학습은 높은 학생위험, 무능력한 학생, 다문화적 학생, 그리고 학생들이 대학수준을 성취할 수 있는 것을 포함하는 폭넓은 범주의 학생에게는 사용될 때 효과적인 교수방법을 발견해야만 한다. 다시 말하면, 학생 특성의 차이는 완전학습성취에 약간의 차이를 만든다는 것이다.

특히, 완전학습을 통해서 나타나는 것은 무엇인가. 그것은 완전학습이 많은 다른 교수방법에 효과성을 향상시키는지, 그리고 협동학습, 개별화수업, 발견학습, 동료의 가르침 그리고 공통의 언어를 제한하지 않는지를 포함한다.

모듈 4에서는 학생의 무력감(sence of futility) 또는 효능감과 능력에 대한 학생의 학문적인 자아개념과 같은 사회심리학적 특성이, 학생들의 높은 성취를 위한 중요한 조건임을 논의했다. 학생들에게는 높은 성취로 나아가는데 중요한 조건이 있다. 완전학습은 학습할 수 있다는 자기 효능감(self-efficacy)이 학생의 성장에 효과적일 뿐만 아니라 성취를 향상시키기 위한 효과적인 수단으로 보고되었다.

완전학습에 대한 연구지원에도 불구하고, 완전학습기법의 사용은 아직도 제한되어 있다. 아마도 이것은 등급수준별 기법이 매우 늦게 나타났기 때문이라고 할 수 있다. 등급수준에서 모든 학생들이 성취할 수 있는 획득(getting)과제는 중압감(overwhelming)을 주는 것처럼 보일 것이다. 연구(Jenkins and Sileo, 1994)는 완전학습이 학생들의 "학습(catch-up)"을 도와주는데 효과적이라는 것을 증명했다. 그럼에도 불구하고, 완전학습은 폭넓게 사용되지 않는다.

완전학습의 사용이 이렇듯 한정되는 한 가지 이유는 많은 신규 교사들이 대학을 졸업할 때 이해가 부족하기 때문일 것이다. 사전교사교육 프로그램(preservice teacher education programs)의 완전학습개발의 영향에 대한 Guskey의 연구는, 1990년부터 1993년까지 발표된 9개의 교육심리학 교과서와 3권의 보충교재를 기초로 한 것이다. 그것은 Bloom's의 "완전학습"은 12권의 책 중 단지 5권을 인용한 것이다. 평균 600-700페이지의 교과서는 단지 2.5페이지가 완전학습 주제로 할당되어 있다. 이들 사전서비스 교육을 받은 교사들은 교과서의 설명이 한정되어 있고 부정확하게 들어 있다고 결론짓는다.

다른 한편, Guskey는 완전학습은 일반적으로 현직환경에 있는 교사들이 훌륭하게 받아들이고 있다는 것을 발견했다. 완전학습의 한정된 적용의 주된 이유는 타고난 능력수준에 대한 폭넓은 신념의 차이이며, 이에 더하여 분화체제를 유지할려고 하는 부모와 몇몇 교사들의 강력한 요구 때문이다.

효과적인 학교에 관한 연구

학생의 자기 효능감(self-efficacy)은 학생들의 학습에 도움이 될 수 있는 3가지 신념과 관련된다.

- 지능은 변화할 수 있다는 믿음
- 목표학습에 대한 개인적 수용
- 인지전략의 사용

4. 완전학습 단계

수업방법으로서의 완전학습은, 진행과정에 대한 완전한 이해와 교사들의 다양한 기능과 숙련을 필요로 한다. 완전학습은 연속적인 4단계의 과정이 있다. 이것은 완전학습시킬 수 있는 것은 무엇이며, 학생들이 알고 있는 것은 무엇인지를 정확하게 이해하여 완전학습을 사용하는 것이 효과적인 교사라는 의미이다. 이것은 산출평가뿐만 아니라 형성평가와 복잡하게 관련된 한가지 이유가 있다. 그것은 (모듈 10에서 논의될) 교사들의 중요한 수업기술에 있다.

완전학습 모델에 함축된 것은 small-step(아주 세부적인 단계로 학습하도록 프로그램화하는 것), 계속학습, 반복된 평가와 그들의 이행에 대해 학생들에게 피드백을 주는 것이다. 일관된 그리고 조정자(intermediate)의 피드백은 완전학습의 성공을 이해하는 데 열쇠가 될 것이다. 종종 진단평가 또는 형성평가는 학년과 코스의 평가를 위해 총괄평가(summative testing)에 포함시킬 것을 완전학습에서 요구한다. 또한 그들의 수행과정에서 학생에 대해 규칙적인 피드백은 학생의 동기를 요구한다. 수업방법으로써의 완전학습은 수업시작 전에 형성평가가 포함되어 있으며, 이것은 수정 활동이나 재평가보다 미래에 대한 평가로 본다. 우리는 완전학습의 4단계에 일반화를 넣어 5단계로 늘릴 것이다. 학생들이 이미 완전학습한 것을 다른 환경에서 다른 과제에 적용할 수 있을 때 일반화는 나타난다.

5. 효과적인 수업

효과적인 수업은 완전성취 수준에 도달하거나 능가하기를 바라는 기대를 가지고 전체 학급의 수업목표와 학년 수준 기법의 공통적인 목표를 가르치는데 근거를 둔다. 시작 수준(entry levels), 태도(학습에 필요한 시간), 학생들이 가지는 기대의 차이 때문에 몇몇 학생들은 완전학습에 도달하기 위한 교정수업과 여유시간이 필요할 것이다. 다른 학생들은 심화수업(enrichment instruction)을 필요로 할 것이다. 개성화된 도움이 실천, 피드백 그리고 재교육 단계에서 이루어진다. 그것은 일반적으로 학급에서 수업시작(initial instruction) 뒤에 주어진다. 초기 수업(Initial instruction)은 조심스럽게 계획되며, 전체학급을 위한 기대된 산출모델로 확립된다. 비록 외부에서 도와준다면-그리고 여기에서 기술된 조건 아래서, 학생들은 서로서로 도와줄 수 있다-그것은 진행과정 지도, 구조와 학습장소 그리고 계속성의 책임, 학생을 위한 최대한의 과제수행시간(time-on-task)을 제공하는 것은 교사에게 유용하게 사용될 것이다.

효과적인 수업에서 동기의 증가와 유지는 모든 학급 구성원들에게 빈번한 성공적인 경험을 제공하는 것이 중요하다. 그러나 기준이 낮거나 목표와 자료의 사용이 교실에서 학생의 연령등급(age-grade)보다 낮다면 또 행동에 대한 과도한 수용을 한다면 성공은 이루어질 수 없다. 차라리 학습목표가 달성되면 학생의 경험차이에 대한 "부분(bites)" 또는 작은 의미있는 부분으로 분리시키는 것이다. 이것은 필수적인 과정과 목표에 대한 구성기법으로써 과제분석이라고 부른다. 학생들의 만족은 그들의 성공에 있어 작은 "부분"의 완전학습으로부터 온다.

효과적인 수업은 훈련된 완전학습 설계자(indicators)를 필요로 한다. 교사는 빈번한 과정검사(progress test)의 결과뿐만 아니라, 모든 학생들의 언어적 피드백을 빠르게 수용해야 한다. 이 피드백은 학생들의 보충시간과 보충수업이 필요한 학생들을 확인하는 데 도움이 된다. 또한 피드백은 실천이 지나치게 이루어지는지 또는 학급에게 언제 새로운 과제를 부여해야 하는지를 알려준다는 점에서 중요하다.

■ 효과적인 수업을 위한 계획

그 과정에 대한 명확하고 측정 가능한 일련의 기능과 지식을 명확히 한다. 기획, 교수, 평가는 이들 목표와 모두 관련되어 있다. 이미 몇몇 학교와 지역은 코스 목표가 훌륭히 확립되어 있다. 만일 확립되어 있지 않다면 교사들은 협력하여 확립해야만 한다.

과정의 완전학습 실천기준을 확립한다. 예를 들면, 학생들이 다음 학년 수준에서 효과적으로 학습하기 위해서는 적어도 10명 중 8명(또는 20명 중의 16명)의 학생들이 완전학습을 해야한다고 믿는다면, 완전학습 실천기준을 80%에 둔다. 그리하여 교사의 목표는 모든 학생들이 도달하거나 또는 완전학습 실천기준인 80%를 초과할 것을 예측한다.

등급(grade)이 결정되면 학생의 완전학습을 위해 다양한 수준이 주어져야 한다. 예를 들면, 학생들이 과정을 마치면 완전학습 실천기준을 초과하거나 도달하면, 시간을 보내거나 교실참여수준의 다른 요인들이 있음에도 불구하고 자동적으로 A 또는 B가 얻어지는 것이다. 완전학습 실천기준에 도달하지 못한 학생들은 다른 요인들에 주목하지 않고 A 또는 B보다 낮은 등급으로 수용한다. 여기에서 그것은 중요한 이유는 등급과 과정에서 진술된 목표에 대한 학생의 학습수준이 성취되는지를 직접적으로 연결시키기 때문이다.

계속되는 과정의 목표진술은 쉬운 것에서 시작하여 가장 어려운 것으로 나아가며 언제든지 가능하다. 자연스런 학습의 진보를 위해서는 목표를 순서대로 정리할 때, 다음 목표를 위한 필수적인 기능의 확보가 요구된다.

학기 또는 1년의 교수목표 스케줄은 학교달력을 사용한다. 학생의 완전학습을 달성하기 위한 첫번째 목표를 위해 여유시간(extra time: 보충수업)을 활용할 수 있음은 물론이다. 몇몇 학생들은 첫번째 목표를 달성하기 위해 더 많은 시간을 필요로 하거나 또는 달성하는데 부족한 기능을 학습해야만 할 것이다. 이러한 여유시간은 과정의 초기에 계획되며, 과정에서 휴식은 뒤로 돌아가서는(backtracking : 이미 학습했던 것을 학습할 때는) 빠르고 부드럽게 진행되어야 할 것이다.

1주 또는 더 많은 주가 지속되면 "단원별" 학습목표를 분리시켜 계획한다. 각 단원은 1주 또는 더 많은 주의 과정목표에 초점을 맞추며, 초기의 전학급 수업(whole-class), 실천, 진단검사(progress testing), 교정/심화수업을 포함해야 한다. 이들 단원은 단순한 것에서 복잡한 과제로 분석하는 원리에 따라 완전학습의 주요목표에서 하위목표인 읽기를 포함시키며, 단계의 분리는 학생들을 완전학습에 도달하도록 한다. 단원은 주제 또는 확실한 지식집단에 둘러쌓여 구성되며, 학생들의 연령과 등급수준에 대해 적용한다. 교사의 이 방법은 최대의 내용 적용범위를 위해 계획되며, 풍부함이 추가되고, 완전학습 성취집단의 다양성 속에서 계획된다.

- 수업의 필요성, 수업 자료 수집을 위해 각 단원마다 초기에는 전학급 (whole-class) 수업을 계획한다. 교사는 활용과 기여를 위해 자료준비를 하고, 학급에서 제공하는 학생들의 학문적 행동모델이 되어야만 한다.
- 단지 학생들이 단원목표에 어느 정도 도달하였는가에 대해서도 간단한 검사 또는 진행과정에서 측정되어야만 할 것이다. 이것이 형성평가이다. 형성평가에서는 대부분 학생들의 실천부분을 고려해야 한다. 그것을 점수화하거나 기록할지라도 그것이 등급을 결정하는데 도움이 되도록 활용하지 않아야 한다.
- 단원목표의 완전학습을 측정할 검사를 개발하고 행한다. 이것은 학생들을 등급화하기 위해 사용되는 완전학습평가 또는 총괄평가이다. 완전학습 평가는 각 단원을 마친 후에 보거나 또는 학교의 평가기간과 일치하는 몇 개의 단원이 끝난 다음에 본다. 시험불안은 동일한

목표에 대해 낮은 수준의 실천평가를 갖게 하는 기회를 부여해 줌으로써 줄일 수 있다.

• 학습에 도달하지 못한 학생들에게 그 단원의 목표를 재교육시키기 위한 대안전략을 확립한다.

• 가장 빨리 완전학습에 도달하는 학생들을 위해 단원목표에 대한 심화및 확대전략을 밝힌다. 그것은 집단이 완전학습 목표 초과성취의 기회를 가지는 것으로써 빨리 완전학습에 도달한 학생들을 위해서 중요하다.

기록(Note) 진단평가 또는 사전 정보는 계획, 준비 그리고 학생들이 가장 필요로 하는 기능에 대한 시간 배분에 초점을 맞출 수 있도록 도와준다. 그러나 그것은 정보가 없거나, 적응에 대한 진보평가(progress test)의 활용, 코스의 진행과정에서 수업에 대한 수정을 위해 가능하다.

■ 학생오리엔테이션

학생에 대한 기대가 처음으로 전달되는 것은 "오리엔테이션" 기간이다. 교사들은 무엇을 말할 것인가 먼저 계획하고, 학생들 중에 가장 미심쩍어하거나 낙담한 학생들을 고무할 일련의 행동들을 계획해야 한다.

• 첫 수업에 들어 온 학생들에게 첫 수업의 목표를 제시한다. 글로 쓰고, 교실 벽에 붙이고, 또 그것들을 부모에게 보낸다. 이 정보는 목적과 조직 그리고 개인관리에 대한 학생들의 생각의 기초가 된다.

• 수업에서 설정된 완전학습 성취기준을 설명한다. 학생들이 모두 그 기준에 도달하기를 기대한다는 것을 학생들에게 이야기하고, 학생들에게 그 목표에 도달하게 할 추후 과정을 설명한다. 그리고 학습에 대한 개인적 · 집단적 책임과 학습에 요구되는 시간 및 집중력에 대하여 강조한다.

• 완전성취 수준에 도달함으로써 얻게 되는 A 또는 B와 같은 성적 등

급에 대해 학생들에게 알려준다. 학습과 성적등급 사이에 직접적인 관련이 있다는 것을 강조한다. 대부분의 학급에는 "커브식" 등급, 즉 적절한 실습과 교정수업을 받기 전에 등급 메기기 그리고 행동이나 다른 문제들 때문에 그들의 이전 학교생활에서 A나 B를 받아보지 못한 학생들이 있을 것이다. 만일 그들이 학습하려고 한다면, 그들이 A 또는 B등급을 획득할 수 있다 기대하게 하고 그 약속을 지킨다.

■ 초기 수업과 통제된 실천

공동의 목표를 위한 초기 수업은 교사에 의해 전체학급에 동시에 제공된다. "직접적인 수업(Direct Instruction)"의 분야에 대한 연구로부터 얻을 수 있는 몇 가지 성공적인 기술은 모든 학생을 높은 수준에 도달하도록 하기 위하여 여기서 사용된다.

- 교사는 수업목표(lesson objectives)나 자료 및 방법을 결정한다. 학생의 선택은 교사가 확립한 학습의 틀을 벗어나지 못하고 이루어진다.
- 학생들은 기대되는 것이 무엇인지를 알고, 또 완전하고 명백한 방향을 제시받게 된다. 교실은 조직적이고 과업지향적이 된다. 양질의 계획과 교사와 교직원 부분에 대한 관리를 통해 분열은 최소화된다.
- 교사는 학급을 위해 수업과 자료를 준비하며 적극적이고 계속적인 수업활동을 함으로써 과제의 수행을 위한 모델이 된다.
- 교사는 초기수업의 과제에 대한 직접적인 책임이 있다. 이 점에서 학생은 워크시트(worksheet), 텍스트, 또는 다른 수단의 이용을 통해 독립적으로 학습하는 것이 기대될 수 없다. 교사는 학습시키려는 것을 위해 실례를 들거나 설명하거나 또는 증명하는 방법을 제공한다. 복습시간은 교사의 교과에 따르도록 만들어지고, 교과내용과 일치된다. 자료와 활동 그리고 교사의 보충수업이 강화된다.
- 수업은 소단계로 진행된다. 각 단계는 마지막까지 구성되어지고 다음 단계로 넘어간다. 초기 제시(presentation)와 복습을 하는 동안, 교

사는 학생들에게 논리적인 순서와 수업 계열성의 핵심을 지적한다. 학생들은 의미를 파악할 수 있고, 그들 학습의 진전과 그들이 보다 큰 목표를 학습해 가는 기법과 관련된 것에 도움을 받을 것이다.

- 내용상 뒤따르는 수업을 통해 교사는 학급 내에서 질문-응답을 이끌어내고, 모든 학생들에게 응답할 수 있는 기회를 주어야 한다. 몇몇 전문가들은 학생들이 소홀히 하거나 체계적으로 고려하지 않기 때문에, 절차에 따르도록 해야 한다고 주장한다. Hunter(1979)는 학급에 질문을 던지고, 학생들이 옳은 대답을 생각할 수 있도록 몇 분을 기다리고 난 후, 개인이 응답하도록 하라고 제안한다. 교사는 다양한 집단에게 높은 수준에서 모든 학습 구성원이 참여할 수 있는 용의주도한 기법을 사용한다. 이때 피해야 할 행동은 응답을 위해 몇몇 일정한 지원자를 부르는 것이고, 이 때문에 학급의 나머지 구성원이 방관자가 되도록 하는 것이다.

- 교사는 문제의 다양한 난이도 속에서 학생들이 높은 수준과 중간의 성취수준에서 조화되는 것을 목표로 한다. 예를 들면, 교사는 소극적인 학습자들이 쉽게 응답에 참여하도록 해야 하고, 학생들이 보다 도전적인 질문을 하도록 해야 한다.

- 초기의 쉬운 수준에서는 사실에 관련된 질문은 아주 빠른 속도로 응답하도록 한다. 개인을 호명하는 사례의 대안으로서 전체집단(choral responses)을 대상으로 묻는 것이다. 나이든 학생도 성공적인 응답을 위해 종종 보다 많은 시간과 생각을 필요로 한다. 이 모듈의 핵심인 회상(recalling)은 계속적인 기법에 대한 것이다. 그것은 자유토론(free-ranging discussion)을 주목하는데 중요한 것이나 목표가 높은 수준의 기법일지라도 이 내용에는 적절지않다. 학생의 독창력은 다른 시대에는 격려되어졌으나 언어와 수학 기법의 교수가 핵심이 되는 동안은 아니었다.

- 학생들은 응답하도록 기대된다. 교사는 질문에 응답하지 못하거나 틀리게 응답하는 사람들을 조사해서 그들에게 응답할 수 있는 적당

한 시간을 주고 재진술하게 하거나, 물어본다. 올바른 생각과 반응의 모형(modeling)은 전체 학급구성원을 위해 중요하게 고려되어져야 한다. 이렇게 계획된 의견교환의 부가적인 이익은 학급과 개인을 위한 초기 교수의 효과성을 바탕으로 교사에게 빠른 피드백을 준다.

• 학생들의 응답에 즉각적이고 객관적인 피드백이 주어져야 한다. 학생의 오류는 그들이 반복적인 연습을 하기 전에 실제적인(matter-of-fact) 방법으로 교정되어야 한다. 오류가 개인에게 만들어지면 집단오류로 다루어야 하며, 따라서 전체 학급이 교정된다. 일반적으로 오류는 새로운 학습을 위해 불가피한 부분으로 취급되고 연습을 하는 동안 벌칙은 부과되지 않아야 한다. 이것이 학생의 불안을 줄이고 위험에 직면할 수 있는 용기를 준다.

• 칭찬은 적당히 사용해야 한다. 효과적인 교사는 옳은 응답과 마찬가지로 옳은 생각도 칭찬한다.

• 교사는 학생들이 다소 확장된 연습을 통해 각각의 본질적인 기법을 완전학습 했는지 확인할 수 있도록 계획을 한다. 학생들에게 그들이 기술을 학습한 후에 실천에서 실수가 없도록 하기 위하여 2-3번의 기회를 준다.

• 독립적인 자리배치, 학생학습팀 또는 소연구 집단에게는 신기술을 연습하거나 적용하기 위해 다음 기회가 주어진다. 교사는 교실주위를 돌아야 하고, 학생의 과제를 체크해야 하고 질문에 답해야 한다. 교사의 학급에서 계속적인 신호는 그들이 업무중(on-task)이라는 것이다.

• 보다 많은 연습이 필요한 학생 또는 학생집단을 위해서는 특별한 숙제를 필요로 한다. 숙제는 교사가 가르치기 전에 수업을 강화시키고, 낮게 동기화된 학생들이 낙담하지 않도록 관리하고, 언제나 체크하고 교정하도록 한다.

• 집단은 재교육(reinstruction)에 관해 합의를 보아야 하고 특수 기법 또는 집단 기법으로 이루어져야 한다. 그러나, 집단화는 학생들이

"저성취자"로 생각하지 않도록 융통성있게 이루어져야 한다. 또한 어떤 집단도 초기 수업에서 배제 되어져서는 안된다. 모든 교사의 제시(presentation), 연습, 피드백과 장학을 받아야 한다.

• 학급을 향상시키는 기법으로서 학생의 노력에 영향을 주고 동기를 활성화하기 위해 벽에 도표로 만들고 게시한다.

■ 피드백과 교정/심화수업

교정수업은 전통적인 수업에서 벗어난 가장 의미있는 시도의 하나이다. 교사들은 그것이 가장 어려우나 이행을 위해서는 최선의 보상이 필요함을 발견한다. 학습속도가 비교적 빠른 학생들에 대한 많은 코멘트는, 완전학습이 모두에 대해 가정되는 것이 아니기 때문에, 느린 학생에게 많은 이익이 있는 것처럼 보인다. 이것은 구체적으로 증명되어져야 한다. 학습의 오류는 그들이 혼합되기 전에 바로 잡아야 하고, 학생들을 위해 교육은 자기교정의 과정으로 시작해야 한다. 그러면 교사로서의 성공과 학습자로서의 성공을 증가시킬 것이다.

• 시작 수업과 통제된 실천 기회가 주어진 후에 학생들의 진보평가 또는 형성평가를 실시한다. 시험은 학생실천의 한 부분이란 것을 학생들에게 상기시켜라.

• 학생들이 단원목표를 완전히 학습했음을 결정하고 완전학습에 이르지 못한 학생들의 학습오류를 확인한다.

• 그들의 완전학습 수준을 학생에게 알려라. 시험은 점수화되어야 하고(그러나 등급을 위해 사용되어서는 안 된다), 학생들에게 돌려주거나 그들과 상의해야 한다.

• 목표에 도달한 학생들에게는 심화수업과 심화활동을 하도록 하고 새로운 방법이나 새로운 상황에 그들이 적응하는 것도 허용한다. 훌륭한 강화는 완전학습된 학생이 다른 학생들의 완전학습을 편안하게 도와 줄 수 있는 상황을 만들어준다.

• 여전히 완전학습에 도달하지 못한 학생들에게는 보충수업이 제공된다. 그들이 전체 학급이든 학생 개인이든 간에 교정은 항상 부가 시간, 실천, 참여와 대안적인 수업이 요구된다.

교정은 개별화된 원칙을 통해 이루어져야 한다. 교사는 학습오류의 본질을 결정해야 하고, 학생의 특별한 요구로서 지식 사용, 초기 교수와는 다른 형태의 보충수업을 적용해야 한다.

학생들은 다른 방법에서 단서의 반응을 나타낸다. 어떤 학생은 수업의 의미를 다소 빨리 접촉 · 조정하거나 또는 시범을 보고 들음으로써 다소 빠르게 파악한다. 각 목표에서 한 두 가지의 잘 선택되어진 대안적 전략을 제공하는 것이 가능하다고 해도, 교실에서 각 아동에 맞는 목표를 최선의 방법으로 사용하는 것은 분명히 불가능하다. 실천과 격려는 학생에게 학습할 수 있는 대안적 방법과 이러한 대안을 찾고 이용할 수 있도록 도와주고, 결과를 얻을 수 있게 한다. 만일 학생들에게 완전학습을 위한 보충수업을 제공하면 그들은 완전학습 성취를 얻게 될 것이다.

계획의 대안적 전략을 활용할 수 있는 자료는 풍부한 반면, 교사에게는 이러한 자료를 찾고 조직하는데 만성적으로 시간이 부족하다. 자료를 미리 사용해 보지 않으면, 그들이 필요로 할 때 사용할 수 없을 것이다. 여기에 교직원에 의한 협동적인 노력은 커다란 가치가 있다. 성공적인 전략과 자료의 "축적(stockpile)"은 해마다 짧은 시간에 향상되고 유지되도록 해준다.

교실 내의 보충수업의 관리 방법은 소집단 학습, 연습, 집단학습과 연습, 학구적 게임, 개인교수(동료의 가르침 포함), 주어진 숙제와 교실에서의 연습과 훈련 등이다.

• 완전학습이 되었다고 판단된 보충수업 후에 학생들을 재평가하라. 이상적인 학급은 전체 학생이 목표에 도달되도록 한 후 단원을 넘어간다. 바르게 관리된다면, 이것은 학급 노력과 학생 협동을 위한 강

력한 동기이다. 그리고 학급에 최고의 효과가 있을 때 교사는 진도를 결정해야 한다. 이 결정을 함에 있어서, 완전학습을 성취하기에 적당한 시간이 과정의 초기 부분에서 허용된다면, 학생들은 성취하지 못한 목표를 더욱 빠르게 학습하게 될 것이란 것을 상기해야만 한다. 연말 또는 학기말에 "과정의 학습 압력"으로 인하여 교사가 새로운 목표를 세운다면 완전학습되지 않은 학생들을 위한 보충수업은 새로운 수업과정으로 계속될 것이다. 이것은 종종 학년말에, 교사가 교육과정을 끝마치기 위해서 빠르게 진행할 때 일어난다.

대체적으로, 교사들은 다음 목표로 나아가기 전에 교실 내에서 적어도 90%의 성취를 목표로 해야 한다.

■ 완전학습성취 평가와 등급

• 수업 단원들에 대한 복습과 수료 후에, 목표에 대한 완전학습평가 또는 총괄평가를 실시하라. 평가들은 특정기간(Marking period)의 끝에 사용되거나 실시될 것이며 평가의 등급은 특정기간의 보고서 카드 등급을 위해 평균을 낸다.

• 완전학습 실천 기준에 따라 학생 등급은 과정의 시작에서 설정된다 (A 또는 B). 만약 등급이 참여, 출석률, 과제 완성(assignment completion), 시민정신, 또는 다른 영역들이 주어진다면, 그들은 완전학습 등급으로 분리시킨다.

• 성취결과 평가의 사용은 후속단원 또는 과정에서 수업을 향상시키는 것으로 계획된다.

■ 학습의 복습과 파지

Hunter(1979)는 학생들이 학습한 것을 유지하는데 도움이 되는 실천에 관해 광범위한 연구를 했다. 준비는 효과적인 수업에 필수적이다. 그것을 간단하게 재진술하면 다음과 같다.

- 의미

  학생들은 그들에게 의미가 없는 정보는 조금도 기억하지 않는다. 교육과정을 구조화하고 목표의 연속을 유지하는 것은 의미 있는 학습의 기초가 된다. 보다 적고 좋은 목표가 거대하거나 사소한 목표보다 효과적이다. 주요 개념에 집중하고, 중요하지 않은 세부사항은 건너 뛰어라. 주요 과정 목표에 관해 하부 목표 또는 교과내용을 관련시켜라. 이따금 학생들과 그들 자신의 삶과 관련된 학습의 목적이나 유용함에 대해 토론하라.

- 최초 학습의 정도

  맨 처음에 잘되지 않은 학습은 무엇이든 기억되어질 수 없다. 교사는 수업진행 전에 중요한 자료에 대한 학습의 정도를 평가해야 하고, 필요하다면 학급 또는 개인을 올바르게 교수하기 위해 재교육해야 한다.

- 우호적인 감정상태

  '난 그것을 할 수 있다'는 성취감은 학생들의 기억에 도움을 주고, 그들이 향상을 지속하도록 동기를 준다. 성공은 그것이 작을지라도 진실해야 한다. 불쾌감도 학생들의 기억을 도와주기는 하나, 교사들이 의도하는 것은 아니다. 회피행동(avoidance behavior)은 불쾌감에 대한 학생들의 일반적인 반작용이다.

- 긍정적 전이

  학생들이 과거 학습의 어떤 것이 새로운 학습을 익히는데 그들의 학습을 도와주게 될 때, 이것을 "정적 전이"라고 부른다. 이것은 사실보다는 일반화와 원리를 가르치는 새로운 교육과정의 목적이다. 선행학습과 후행학습간의 유사성과 관련성, 특히 학생들이 수업에 집중한다면 정적 전이에 영향을 준다. 반면에 부적 전이는 학생의 혼란으로 선행 학습과 그 결과로 인해 새로운 학습에 방해가 되는 것이다. 학생의 반응을 기대하는 교사들은 전이의 가능성을 잘 인식해야 한다. 예를 들면, 경험있는 수학교사는 8×4와 8×8 곱셈구구표에서 함께 가르칠 것이다. 또한 서로 유사하고, 관련이 있기 때문에 교사들은 "혼동 (scrambling)" 가능성과 학습방해 때문에 8×7과 8×9를 함께 가르치는 것을 피한다.

• 실천

어떤 새로운 학습을 시작함에 있어서는 연습시간(practice periods)은 자주 그리고 일정한 간격으로 해야한다. 이것을 집중법(집중적 학습 : massed practice)이라고 부른다. 이와 같은 연습기회는 장을 토대로 설명된다. 일단 자료가 학습되어지면, 연습은 계속되고 그 시간은 늘어난다. 이것이 분산연습(분산적 학습 : distributed practice)이다. 연속되는 목표에서 사용될 때는 교사가 선행학습의 기법을 돌아보고 참조하거나 재조명해야하며, 학생들에게 파지가 되도록 이행하게 한다. 만약 이전에 학습된 기법이 종종 나타나서 새로운 목표를 성취하는 데 적용되어진다면, 재조명과 실천은 교사에게 자연스럽게 주의를 환기시키는 것으로 나타날 것이다.

위의 요소들을 명심한다면 교사들이 학습에 대한 재조명 계획을 세우는데 도움이 될 것이다. 학생들은 학년 말에 더 좋은 '평가'가 나타날 것이고, 보다 효과적으로 후행학습을 익힐 것이다.

6. 선행학습과 교정수업

교사가 이 모듈에서 기술된 조건으로 대부분의 학생들에게 등급별 수준기능(grade level skills)을 완전히 학습하도록 하는 것이 가능하다. 그러나 중요한 기능 결핍이 광범위하게 오래 유지될 때는, 등급별 수준 기능의 완전학습을 방해하는 중요한 기능 결핍을 극복해야 하는 총체적 책무성을 교사가 혼자 떠 맡는 것은 아마 가능하지 않을 것이다. 학교나 지역의 인적 자원, 특히 보상교육 프로그램의 인사를 확인하여 동원해야 하고 계획된 기능은 필수적으로 다루어져야 한다. 이러한 것이 예외적인 경우라 할지라도, 등급수준별 목표에 대한 광범위한 보충수업은 이루어져야 한다.

교사는 등급수준별 목표의 완전학습을 방해받는 학생들 중에서 기능부족을 선별적으로 확인하고, 그 때 빠뜨린 필요조건을 가르쳐야 한다. 지금 그들에게 그런 문제가 조금이라도 있다면, 교사는 정규수업 시간에 다루어야 한다. 그들에게 많은 기능부족이 있다면, 교사는 교사재원, 학생교사, 보조자, 학부모 지원자, 학교나 지역사회 학습센터, 또는 개인교수로서의 상급 학생들의 도움을 필요로 한다. 담임교사는 학습할 기능을 설계하고, 진전을 체크하고, 결과를 평가함으로써 그 과정을 지도해야 한다.

학교 학습풍토의 향상에 부합하는 학생들은 보충수업을 받도록 하기 위하여 정규등급 수준의 언어 또는 수학수업에 선별 되지 않아야 한다. 만약 기능이 부족한 학생들을 완전학습 등급수준에 도달시키려면, 그들의 급우들이 비교적 훌륭한 학생이거나 같은 수준의 학생들로 구성된 정규 교실수업을 받도록 해야한다.

7. 실행가능성

교수방법은 쉽게 가르치는 것을 의미하는 것이 아니라 더 많은 성공을 만드는 것을 말한다. 실천(implementation)의 초기단계에서, 특별과제(extra work)와 시간계획을 필요로 한다. 시간을 저축하는 방법이 있다고 해도, 교실에서 학생들에게 실행할 수 있도록 도와주는 방법에는 어떤 특징이 있다. 예를 들면, 완전 학습의 주요 특징은 개별학습 지도 속에서 부족한 학생들을 이동시키는 것처럼 보인다. 이것은 필수기법을 달성하게 하고 학생의 학구적 효능감, 그리고 "배우려는 학습"에 기인한다. 이것이 점진적으로 진행되는 동안, 특히 중등수준에서는 느린 학습자들에게 필요한 특별 교수시간(extra teaching time)이 감소되어지는 경향이 있다. 학생들의 성취가 극단적으로 폭 넓은 범주를 가지는 것은(학생들 간의 편차가 크게 나는 것은) 대부분의 중등학교에서 언어와 수학에서 초기학습 결핍에 개의치 않고 내용이 확대되기 때문이라고 주장한다. 완전학습의 초기경험이 분명하다면 전체학습에서 가장 생산적이며, 어떤 연령에서도 양질의 수업이 제공된다면, 학습자는 좌절을 극복하고 본질적인 기술을 획득할 수 있다. 학생들이 새로운 학교에 입학할 때 느끼는 희망은, 중·고등학교의 출발점에서 완전학습을 시작함으로써 훌륭한 이점으로 작용할 수 있다. 명백하고 확실한 완전학습에 대한 즉각적인 보상은 학습에서 좌절한 학생을 다시 참여하도록 도와준다. 이러한 특수한 외적 자극은 학생들이 기능과 자신감을 얻는 것보다는 덜 중요하다.

  일반적으로, 완전학습 계획과 최선의 노력은 공통의 목표에 대한 全 학급수업(whole-class instruction)으로 진행되어야 한다. 개별화 수업 또는 다른 목표환경(goal-setting), 교실 내에서 다양한 집단을 위한 수업과 비교될 때 다른 중요한 시간을 저축해야 한다.

  이 접근이 학교 내에서 폭넓게 채택될 가능성의 열쇠는 교직원의 조화와 협동이다. 등급수준 또는 부서별 교직원, 교장의 지원과 어떤 자원 교직원은 노력의 복제(duplication)를 피하고, 다음에 오는 활동들이 공동으로 연결됨으로써 보다 나은 결과로 발전할 수 있다.

- 제자리에 있지 않다면, 수업목표를 확인하라.
- 가장 쉬운 것에서 가장 어려운 것이 연속되도록 목표를 정리하라.
- 교사들이 공통의 연중행사일람표(calendar)에 의해 움직이도록 교수목표를 계획하라.
- 수업계획은 완전학습 모델에 기초하라.

- 보충수업과 심화수업, 학생실천, 초기수업을 위한 지원 자료의 개발 또는 선택, 배치(arrangement)는 어떤 교사가 참여하더라도 빠르게 받아들일 수 있도록 만들어야 한다.
- 필요한 어떤 부가평가지(additional tests)의 개발 또는 선택.
- 선택된 등급 수준 목표에 대한 필수 기법의 확인과 그들에게 가장 필요한 수업 달성 계획.

8. 소집단 협동 완전학습

성취에 대해 학생협동이 중요한 증거는 자주 증가되는 것으로 나타나고 있다. 참가자는 공통 목표의 집단 학습을 강조하기 때문에, 완전학습이 서로를 도울 수 있게 하기 위해 학생들 사이에서 큰 의지로 진전됨을 발견한다. 집단 규범과 행위는 완전목표와 연결시키는 경향이 있고 협동 학습 기술로 강화시킨다. 이것이 어느 정도 사실이라면, 교사는 교실에서 많은 수업과 협력하게 될 것이다. 교사가 필요없거나 피로에 지치면, 서로 다른 날 만나서 학습을 시작하면 된다. 이에 대해 만일 교사들이 교실 수업에서 기초와 계속되는 부분을 학생의 팀학습으로 시키고 싶다면, 정규 팀학습시간 동안 어느 정도는 학생들에게 그들 스스로 하게 할 수 있다.

우리는, 교사에 의해 수업을 지원하고 강화할 수 있게 하기 위해서는 완전학습팀은 가능한 모든 곳에서 조직되어야 함을 언급하면서 결론 짓고자 한다. 우리는 학생팀이 주된 촉진자 역할을 하며 강화된 협동학습이 효과적인 수업에 접근하는 것이라고 생각한다. 교사는 학생들의 학업성취가 느리고 빠른 정도, 인종구성과 사회경제적 배경을 고려하여 4-6명으로 구성된 학생팀을 조심스럽게 선발해야만 한다. 팀은 교사로부터 제공된 자료를 사용하여 함께 수행함으로써 기초를 학습하도록 해야한다.

동료간의 협동행동을 가르치고 강화시켜야 한다. 교사는 각각의 학생들이 도와주고, 팀학습으로부터 도움 받을 수 있고, 게임 또는 퀴즈경쟁을 통한 수행의 기회를 가질 수 있는지를 보아야 할 것이다. 서로 다른 기능수준을 가진 학생들이 그들에게 부여된 자료로 편안하게 상호작용 할 수 있을 때, 규칙적으로 팀 수행시간을 사용하여 학습시키며, 교사는 개인, 소집단 또는 하나의 팀과 함께 교정 또는 심화수업을 할 수 있는 약간의 시간을 가져야 한다. 교정학습이 필요한 대부분의 학생들은 각 수업시간마다 6분에 상당하는 부가시간(additional hour)을 필요로 한다. 팀 학습수행 동안 보충수업으로 보내는 몇 분은 매우 효과적이라 할 수 있다.

Module 6

수업에 투여한 시간

1. 교실을 주도하는 힘

　　학생들은 그들의 학습과정에 실질적으로 참여할 때 가장 잘 배운다(학생들은 학습시간에 실질적으로 참여하게 될 때 최대의 성취를 이룬다). 학생들이 귀중한 시간을 수업을 기다리는 데, 행정상의 일을 처리하는 데, 동료들과 어울리는 데 그리고 학교에서의 무수히 많은 비교육적 활동 혹은 장시간의 많은 자습으로 시간을 낭비하는 것은 바람직하지 않다. 학습은 학생들의 참여가 필요한 활발한 과정이다(학습은 학생의 참여를 요구하는 활동과정이다). 학생들이 활발하게 참여하는 시간이 많으면 많을수록 학문적인 성취도 더욱 더 크다.

2. 교수-학습시간의 중요성

　교육자와 연구자들은 교수학습시간이 학습에서 절대적으로 필요하다는 것을 오랫동안 깨닫고 있다. 성취와 활발한 학습시간 사이의 직접적인 관계는 학생 개개인이든 집단이든 다 효력이 있다. 실질적인 학습시간이 다른 학급들간의 직접적인 성취에 효과가 있다는 것이 무수히 많은 연구에서 입증되고 있다. 계속해서 후원을 받은 초기 연구에서 보충수업이 필요한 학생들에 있어 완전학습과 비완전학습 간의 차이는 평균적으로 2주에 1시간 정도의 추가수업(과외수업)이라는 것을 보여주고 있다. 이것은 수업시간 당 6분에 해당된다(해당한다).

　이 모듈은 직접적인 수업활동에 쓰는 시간의 양을 증가시키는 데 초점을 맞추고 있다. 계획된 시간을 얼마나 많이 교수학습시간에 부여할 것인가에 대한 결정은 교사가 하는 반면에, 실질적인 학습시간을 늘이는 것은 교장과 교직원이 함께 참여해야 하는 과업이다.

3. 교수-학습시간

　이 모듈에서 쓰인 수업에 투여한 시간은 교수-학습시간에 전념한 시간의 양과 관련이 있다(교수-학습시간은 교수와 학습에 투입된 시간의 양을 일컫는다).

　이 시간은 주로 교사에 의해 결정된다. 이것은 1) 수업에 할당되거나 혹은 계획을 위한 시간(수업을 위해 배정되고 계획된 시간), 2) 실제로 수업에 부여된 시간, 3) 학생들이 학습에 실질적으로 참여한 시간이 포함된다.

수업참여(교수-학습시간)는 특별한 주제영역에서 수업을 위한 짜여진 시간과 같은 뜻은 아니다(즉, 배정된 시간을 의미하는 것이 아니다). 교실에서 수업과 학습에 쓰인 실제시간은 의도하거나 예정되었던 것보다 훨씬 더 적다. 예를 들어, 이런 일부시간은 어떤 수업시간에 필요한 부분이지만 이런 수업시간의 피해(손실) 중 많은 부분은 피할 수 있으며 최소화(극소화)할 수 있다. 대부분 학교에서 교수-학습시간을 손실시키는 심각한 요인은 규율문제에서 생긴다. 모듈 8에서 언급되는 것처럼 규율은 주로 행동에 대한 기대감, 그리고 학교사회체제에서 실행되는 역할기대의 일관성에 달려있다. 이런 기대감은 변할 수 있고, 만약 단위 학교가 학생행동에 대한 기대감을 상향조정할 작정이라면 그 기대감은 더 개선된 규율에 반영되어 나타날 것이다.

> **효과적인 학교에 관한 연구**
> 학생들이 적절한 학습활동에 참여하는 데 쓰인 시간의 양과 그들의 학업성취 사이에 밀접한 관계가 있음을 보여주고 있다.

4. 연구결과

여러 해를 거쳐 어떤 분야에서건 학생의 성취수준이 학습에 투여된 시간과 관련이 있다는 것을 입증하는 연구가 많이 있었다. 이런 관계에 분명하게 영향을 미치는 요소로 학생들의 장기결석과 지각이 있다. 학교출석은 학생들의 학업성취에 있어 변화의 중요한 부분을 차지한다. 결석하는 학생들은 일반적으로 수업을 적게 받고 학교에 나오는 학생보다 바라는 지식이나 기술교육을 적게 배운다.

수업시간의 기간 또한 학업성취에 영향을 미친다. 수업을 위해 계획된 시간의 양은 대부분 학교의 총수업 일수에서는 큰 차이가 없다. 대부분 학교가 하루에 5-6시간 정도 수업한다. 그러나 학교의 수업시간 배정 차이는 학업성취수준과 관련이 있다. 어떤 학교에서 2부제 수업을 할 때, 수업을 위해 배정된 시간은 다르고 그 결과도 물론 매우 다르다. 학교에서 배정된 총시간 수의 차이가 별로 없는 학교에서도 언어, 과학, 사회, 수학 수업에 배당된 시간양은 상당한 차이를 보인다. 이것이 학교사회체제의 한 기능이다. 여기에는 학생들이 무엇을 배워야 하는가를 생각하는 교사들의 기대감도 포함된다. 예를 들면, 교직원들이 학생들이 읽기와 수학에서 숙달단계(학년수준)에 이르지 못할 것 같다고 믿고 낮은 기대를 할 경우, 높은 성취를 기대하는 교직원이 있는 학교보다 시간수를 적게 할당할 것이다. 몇몇 학교에서는 다른 학교보다 직접적인 수업과 관련이 없는 활동에 더 많은 시간을 할애한다(즉, 조회, 학교전시회, 현장견학). 제2언어 프로그램으로 영어를 취급하는 학교의 학생들은 실제로 읽기 수업을 적게 받게 되고 결국 읽기 학습성취는 낮아진다.

교수-학습시간은 한 학교내에 다양한 그룹사이에서도 다르게 배정된다. 예를 들어, 대학진학 그룹의 수업시간이 취업반이나 다른 집단의 학생들이 받는 수업시간보다 더 많을지 모른다. 분명히 학생들을 여러 종류의 집단으로 구분함에 따라 적어도 몇 개의 집단에 대해서는 교수-학습에 배정된 시간양이 감소된다는 것이다.

비록 수업을 위한 시간을 배당한다고 해서 모든 시간이 교수-학습에 쓰일 수는 없지만, 수업시간의 대부분이 다른 활동에 쓰일 경우에는 높은 수준의 학습은 이루어지지 않는다. 과제투여시간이나 실질적인 학습시간을 기록한 연구에서 과제투여시간이 많으면 많을수록 성취수준도 높다는 사실을 일관되게 보여주었다. 역설적으로 독립적인 자습은 학생이 종종 과제에 임하지 않는 시간이다. 그러나 자습은 오늘날 대부분 교실에서 행해지는 주된 수업활동이다. 몇몇 제한된 자습은 유익할 수 있으나 그 시간동안 교사와 학생간에 직접적인 접촉이 없으면 학생들에게 학습과 무관한 활동을 할 기회를 제공하게 된다.

수업시간과 학업성취의 관계를 뒷받침 해주는 증거가 너무 확실해서 학생들의 학업성취를 향상시키고자 하는 학교에서는 교수-학습시간을 증가시킬 수 있는 방법들을 신중하게 모색해야 한다.

5. 학습투여시간과 다른 요인

교수-학습에 사용되는 시간량의 증가는 학습기대, 효과적인 수업, 규율, 학급경영을 포함해서 이 모듈에서 논의되는 다른 요소들과 밀접하게 관련되어 있다.

■ 출석과 지각

분명한 점은 결석하는 학생들은 출석해서 배우는 것만큼의 학문적 기능을 배우지 못할 것이라는 점이다. 출석률을 높이기 위한 효과적인 계획의 몇 가지 특징은 다음과 같다.

물론 이러한 계획들은 학생들이 잘 배우고 그렇게 학습한 것에 대해 실제적으로 보상을 받는 효과적인 학교 학습풍토와 잘 결합되어야만 한다. 아래에 약술된 프로그램은 지각률에 적용해서 실시될 수 있다.

- 높은 기대 높은 출석과 지각하지 않는 것이 중요하고 학교와 교사가 이를 바라고 있다는 것을 분명히 전달해야 한다.
- 절차상의 동의 장기결석과 지각에 대해 취해진 조치의 결과에 관해서는 보고 또는 점검같은 학교차원의 동의가 있어야 한다.
- 일관성 교장이하 교직원에 의해 짜여진 계획은 일관성 있게 적용되어야 한다.
- 부모사유서(결석계) 학교에 다시 돌아온 것에 대한 부모의 사과나

장기결석인 경우 의학적 보고가 있어야 한다.

- **결석에 관한 보고** 모든 결석에 관해서는 결석의 횟수와 이유를 포함한 정확한 보고가 있어야 한다.
- **학생상담** 학생이 다시 출석을 하면 학생에 대한 관심, 결석사유, 받지 못한 수업의 중요성, 출석을 잘 해야 될 필요성에 초점을 맞춰 학생과의 개인적인 상담이 이루어져야 한다. 학생들에 대한 감독(상담)은 결석일수가 늘어날 때는 더욱 강화해야 하는데 특히 정당한 결석이 아닌 경우 더욱 그렇다.
- **부모와의 접촉** 결석이 있을 경우 학생들을 위해 부모에게 연락하거나 상담하는 일이 이루어져야 한다. 이것은 학생이 문제아가 되기 전에 시작되어야 한다.
- **결석의 처리 절차** 문제학생들에 대한 결석처리 절차는 교육청의 법적규정에 따라 마련되어야 한다.
- **학급간의 경쟁** 높은 출석률을 위한 학급간의 경쟁을 위해 적극적인 학교의 동기유발(보상) 프로그램이 실시되어야 한다.

■ 퇴학과 정학

퇴학이나 정학을 당한 학생들에게는 학교나 혹은 지역사회내에 출석을 꼭 해야 하는 대안교육 프로그램이 있어야 한다. 과제투입시간은 특히 이런 위기에 처한 학생들에게 특히 중요하다. 학급간의 출석 경쟁은 학생들의 행동을 변화시킬수 있는 궁극적인 동료들의 압력(격려)을 이용할 기회를 제공한다. 이런 것은 장려되어야 한다.

무단결석과 심한 지각문제 때문에 학교에서 정학이나 퇴학을 당하는 것은 바람직하지 않다. 이것은 학교가 학생들의 목표를 무너뜨리는 것이다. 그러나 장기결석과 지각 같은 심각한 문제에는 학교내 정학이나 엄격한 규칙(감독)과 학구적 수업을 갖춘 대안학교 프로그램이 더 바람직하다. 대안학교나 학교내 정학(유기정학) 프로그램의 목적완성을 위한 보충교육이 이루어져야 한다.

몇몇 상습적인 문제아를 제외하고는 기대감(수준)과 출석에 관한 감시는 무단결석의 정도를 결정하는 주된 요인들이다. 학생들은 출석에 대한 존재가치를 인정받지 못할 때 수업을 거부하고, 그로 인해 주요한 교수-학습을 놓치게 된다.

■ 수업을 방해하는 학생들

다른 학생들의 학습시간을 심하게 망가뜨리는 학생들에 대한 대응방법에는 좋은 방법과 나쁜 방법이 있다. 다행히 모듈8에서 논의되는 바와 같이 교사가 다루기 힘든 학생들을 더 잘 다룰 수 있도록 도와주기 위한 자료와 아이디어는 많이 있다. 그러나 여러 이유로 일부 학생들은 교사와 다른 학생들에게 상당히 큰 부담을 준다. 이런 학생들에게는 잠시동안 급우들의 성취에 피해를 주지 않으면서, 자신에게 도움을 받을 수 있는 유기정학이나 외부의 대안학교 프로그램으로 보내져야 한다.

■ 자유시간

여가시간이 수업의 강화요인으로 주어지면 컴퓨터의 활용은 태만을 줄이는데 하나의 훌륭한 자극이 된다는 것이 밝혀졌다. 심지어 심한 문제학생에게도 컴퓨터 프로그램이 적절히 활용된다면 이것은 원하던 학습기능과 학습내용을 얻게 할 수 있다.

6. 시간 배정

교사들은 학구적 기능을 가르치는 데 배당된 시간량, 그리고 다른 수업과 비수업적 목적에 할당된 시간을 인식하는 것이 필요하다. 신중한 진행계획이 없이 다른 활동에 더 많은 시간을 쓰면 쓸수록 학구적 기능 습득에 이용할 수 있는 시간은 점점 더 없어진다. 예를 들어, 학교사회체제에서의 총 배정시간은 그 학교를 특징지으며 전체적인 조직형태와 관련이 있다. 개개인 교사는 이 조직에 그다지 많은 변화의 영향을 끼칠 수 없다. 이것은 교장의 지도력과 상위 부장집단의 협력과 더불어 전체 교직원이 참여하는 하나의 과정이어야 한다. 이것은 수업시간을 배정할 때 고려되어야 하는 사항이다.

수업시간의 배정에 대한 계획의 변화는 다음 학습단계로 넘어가는데 필요한 지식과 기능을 가르치는 출발점이 되어야 한다. 일반적인 학교수업 일정계획은 모듈6에서 설명된 것처럼 "주어진 시간에 달성해야 하는 요건" 특히 선수학습요건에 있어서 필요하거나 완전학습을 이루기 위해 보충지도가 필요한 학생들에게 초점을 두는데 도움이 된다. 학습개선을 위해 배정된 시간은 정규수업을 대체하는 것이 아니라 보충하기 위한 것이다. 이런 방법으로만 이 학습시간을 필요로 하는 학생들에게 체계적이고 많은 수업시간의 손실을 막을 수 있을 것이다.

학구적 수업을 위한 시간배당은 아래와 같은 방법으로 늘릴 수 있다.

등교일을 늘려 수업일수를 길게 해서, 수업시간 연장 혹은 정규수업일 이외의 수업활동(숙제, 과외수업)을 늘이는 것 즉, 수업시간을 증가시킨다.

비학구적 활동에 허비되는 시간을 줄이거나 없앰으로써 생기는 시간을 재구성한다. 배당된 시간을 늘리는 것은 어렵고 제한되어 있다.

교직원들이 배당된 시간을 잘 활용하는 생산적인 접근은 이용할 수 있는 어떠한 시간이라도 후회없이 쓰도록 관리하고 보호하는 일이다. 사업을 하는데 있어 돈이 필요한 것처럼 교사와 학생에게는 시간이 학습에 절대적이다. 오늘날 많은 학생들에게 누적된 학습결핍을 근절시키고 모든 학생들에게 높은 수준의 학업성취단계로 이끌어야 하는 어려운 임무를 가진 교사들은 가장 효율적이고 적절한 학습을 매 수업시간이나 수업일에서 짜내야 한다.

7. 할당된 시간의 관리

할당된 시간을 가장 효율적으로 활용하기 위해서는 교사와 교직원들은
아래와 같은 원칙을 기억해야 한다.

- 모든 학생들에게 높은 수준의 학업성취를 기대하는 것과 함께 교사
  는 학생들에게 생산적인 시간활용의 중요성을 인식하도록 모형을 만
  들어 발전시켜라.
- 배당된 시간내에서 교사들은 다음 세 가지 활동을 다루어야 한다.

  학구적인것(독서, 수학), 비학구적인것, 공동집회, 사회적 관계(신체
  적 활동), 그리고 비교육적인 것(이동, 기다림, 정리, 방해) 가능한 한 학
  문적시간을 최대로 하기 위해서는 비학구적 · 비교육적활동에 쓰이
  는 시간을 줄여라.
- 교장과 교사는 수업시간의 방해나 간섭을 아래와 같은 방법으로 지
  켜주어야 한다.

  수업을 위해 매일 최대한의 시간을 짜고 이를 지켜라.

  수업을 정시에 시작하고 종료하라.

  일반적인 전달이나 특별한 요청 때문에 수업이 방해받는 것을 피하라.

  수업시간동안 교직원과 학생을 포함한 방문객의 면회를 금지시켜라.

  수업시간 사이에 경과하는 시간을 줄여라.

  이동수업을 할 때 이동에 따른 시간을 줄여라.
- 출석확인, 수납업무 등과 같은 사무직활동 때문에 생기는 수업시간
  손실을 줄여라. 이를 위한 몇 가지 제안을 하면 ; 먼저 수업을 시작하
  고 학생들이 공부할 때 필요한 사무일을 하라.

  수업이 연기되지 않도록 다른 사람에게 사무적 일을 시켜라(학생,보조
  원, 지원자).

  사무활동이 잘되기 위해서 사무기술들을 간소화시켜라.

일과를 개발하라(일상적인 일들이 순조롭게 진행되도록 발전시켜라).

수업시간에 절대적으로 필요하지 않은 일은 미루거나 없애라.

수업시간을 깎아먹는 아침자습, 점심, 휴식, 그리고 등교길과 같은 특별한 활동에 배정된 시간을 줄여라.

같은 단계 수준에서 수학과 언어과목과 같은 내용을 다루는 공통적 수업계획 일정은 학급간에 조정한다. 공통적인 일정계획은 교사들로 하여금 그 계획에 따라 시간 배정을 하도록 해서 최대한의 수업효과를 가져오게 한다. 그리고 이는 또한 수업시간과정에서 교사가 필요한 모든 내용을 수업할 것이라는 확신을 주는데 도움이 된다.

교장은 종종 기초수업에 대한 학생들의 완전학습 수준을 확인해야 한다. 그리고 확인된 결과를 바탕으로, 교장은 교사에게 적절한 반응을 해야 하며, 이러한 과정은 학업성취에 대한 교장과 교사의 책무성을 강화시켜준다.

■ 학습시간 증가시키기

수업에 배정된 시간을 늘리는 것은 학생들의 과제투여시간이 자동적으로 증가할 것이라는 것을 의미하는 것은 아니다. 그러나 학습시간을 늘이면 더욱 큰 학생들의 학업성취를 가져온다. 재투여시간은 학생의 성취수준을 향상시키는데 가장 중요한 요소중의 하나이다. 실질적인 학습시간을 늘리는 것은 모든 교사가 가장 먼저해야 할 일이다. 교사가 학생들을 대신해서 학습할 수 없고, 법령에 의해 그렇게 할 수도 없지만, 교사의 태도와 기대 그리고 행동을 통해서 교실에서의 실질적인 학습의 양을 결정한다. 교사는 학생들이 무엇을 하고 있는지, 과제에 대한 학생들의 특성등이 어떤지를 알아야 한다.

학생들의 특성은 다음과 같다.

• 학습할 교과와 직접적으로 관련된 과제를 하는 데 많은 시간을 보낸

다.

- 주의를 기울인다(주의집중).
- 열정을 보인다.
- 부여된 과제를 열심히 한다.
- 기능을 검토하고 복습(연습)을 하는 데 많은 시간을 보낸다.
- 학습을 즐긴다.
- 종종 학습에서 성취감을 경험한다.
- 수업과제를 이해한다.
- 학생은 교사에게 수업한 결과를 보이고 싶어 한다.

주어진 배정시간의 한계 내에서 교사가 과제 투여시간을 늘릴 수 있는 방법은 많다. 학급에서의 학생에 의한 적절한 시간 이용 방법은 신중한 선행계획, 일관성 있는 관리, 집중된 수업과 학구적 시간 사용법에 관한 교사의 여러 가지 이용 방법의 계획에 달려 있다.

■ 수업계획

수업계획은 많은 연구에서 강조되어 왔다. 좋은 계획, 관리와 효과적인 수업은 상호의존적이라는 것은 여러 번 밝혀졌다. 우수한 교사는 결코 수업계획을 순식간에 하는 것이 아니고 미리 수업의 즉시적이고 장기적인 필요를 고려하여 계획을 세워둔다. 그는 언제나 학습목표를 간결하게 진술할 수 있고, 학생들이 그것에 일치하게 자신의 시간을 관리할 수 있도록 학급에 전달한다. 학생들은 교사가 얘기하는 요점이 무엇이고 그들에게 무엇이 기대되는지에 대해서 당연시한다. 학급에서 일어나는 토의나 질의응답은, 학생이나 교사의 그날 그날의 관심이나 흥미에 의존하는 것이 아니라, 학습된 내용범위 안에서 이루어진다. 교사에 의해서 선택 준비된 수업자료들은 필요에 따라 즉시 사용 분해될 수 있도록 준비되어야 한다. 훌륭한 교사는 시간을 낭비하지 않으며 예기치 않은 상황에 대처할 수 있게 계획을 세운다.

■ 수업외 활동계획

비수업적인 업무들은 학생들의 주의를 끌고 교수시간을 줄이며 수업계획을 방해한다. 그러나 기록보관 및 일반관리, 활동 및 장소의 이동, 방송으로 인한 중단, 학생들의 소란 등과 같은 방해요소에 소비되어지는 더 이상 줄일 수 없는 최소량의 시간이 있다.

교사는 수업시간에 대한 이러한 방해 앞에서 무력해 질 필요는 없다. 선행계획은 학생들이 교사가 나타날 때까지 줄지어 기다리거나, 여러 장소로 자주 이동하거나, 수업자료가 나누어지는 동안의 시간을 헛되이 보내거나 그들이 해야 할 일을 알기 위해 불필요한 질문을 할 필요가 없다는 것을 의미한다. 학급에서 의문사항이 발생하였을 때, 효과적인 교사는 무엇을 해야 할지에 대한 일련의 계획을 갖고 있다. 선행계획이 없으면 기다리거나 이동하는 시간에 문제학생들은 곤란한 일들을 일으킬 것이며, 이러한 일들이 수업시간에까지 연장되어 공부시간을 방해할 수 있다. 출석점검과 자료수집 등의 일을 하는 동안, 매시간이나 매일의 처음 시작 몇 분 동안이라도 적절한 과업을 수행할 수 있도록 계획할 수 있다. 이러한 방법으로 학생들로 하여금 그들의 시간을 잘 활용할 수 있게 능률적인 분위기를 조성할 수 있다.

이런 필요한 비수업적 활동을 계획하고 예상하는 데 있어, 수업시간에서 매일 몇 분씩을 절약하는 것이 성취에 중요하다는 것은 기억할 만한 가치가 있다. 수업 시간동안 교사에게 배우는 학생수에 따라, 교사가 계획한 몇 분은 학생들 시간으로 25배에서 150배까지 절약될 수 있을 것이다.

학교규범과 학급경영

> **▣ 주요개념 및 내용**
> • 규율과 학습풍토
> • 규율과 관련된 요인
> • 규율의 원리
> • 효과적 학교규율의 창조
> • 학급경영

1. 비행의 피해

교육자로서 그리고 시민으로서 청소년들의 삶이 폭력에 의해 둘러싸인 경우가 놀랄만하게 증가하고 있다는 것에 경각심을 느낀다. 많은 어린이와 청소년들의 일상생활에서 가장 소중한 환경 즉, 가정과 사회가 피해자로서 또는 가해자로서 폭력적인 행위가 일상화된 환경에 있다. 또한, 우리의 청소년들이 너무 많이 이러한 폭력에 노출되어 있는 것은 안전, 양육, 자원 그리고 신체발달의 기회를 제공하는 데 실패하고 있다는 것이다.

많은 연구 결과에 의하면 폭력적인 환경에서 성장한 어린이들은 어린이의 사회성 발달을 저해한다고 밝히고 있다. 이러한 폭력이 지속되면 비행성향이 확대되고 많은 젊은이들은 범죄의 구렁텅이에 빠지며, 약물남용, 교육실패, 절망, 비정상적인 위험한 삶에 빠지게 된다. 요약하면, 폭력적인 풍토는 아이들에게 심한 타격을 준다; 그들은 기본적으로 신뢰할 수 있는 시민의식을 위해 요구되는 적응능력의 획득에 장애가 된다는 것이다. 청소년의 순조로운 성장과 사회의 건강이 해를 입게 된다.

폭력과 관련된 다양한 문제를 규명하기 위해서 교육자들은 다음 사항은 필수적으로 이해해야 한다. 학교는 가정과 이웃의 환경을 직접적으로 바꾸는 능력이 거의 없다는 것을 이해하여야만 한다는 것이 그 하나이다. 가난, 실직, 그리고 개발은 이러한 조건들이 학생들의 태도와 행동을 학교에서 만든다 할지라도 학교의 직접적인 통제영역이 아니다. 그럼에도 불구하고 학교는 할 수 있으며 학생들이 느끼는 것, 생각하는 것, 그리고 학교 안 밖에서 행동하는 것에 대해서 영향을 미칠 수 있다. 학교는 학생들에게 영향을 미치는 유해한 것에 대해서 숙고하는 학교풍토를 창조하거나 실패함으로써 영향을 미친다. 적어도 학교에서 확실한 환경을 보장함으로써 긍정적인 영향을 미칠 수 있다. 이것은 불가능한 일이 아니다. 실제로 많은 폭력적인 이웃, 학교 그리고 지역사회센터들은 청소년들이 좋아하는 안전한 장소를 제공한다.

또 다른 방법으로 학교는 가정 또는 길거리에서 폭력에 부정적인 영향에 대해 중재를 시도하기 위한 학교차원의 시도가 확대되어 피해 당하기 쉬운 사람들을 위해 학교가 근간이 되는 조정방법이 나와야 한다. 지난 10년 동안 학교는 특수한 문제에 대해 학생상담과 동일시에 대한 진행이 국가를 통하는 것처럼 보였다. 더욱 더 많은 학교들은 동료집단의 프로그램을 돕고, 팀 중재의 위기, 갈등훈련해소, 집단 지원, 평가, 폭력과 비행이 관련된 문제들의 범위를 규정하는 반응의 규약(protocols)을 발달시켜 왔다. 아이들의 약물 남용, 청소년의 자살, 갈등, 갱 그리고 동료 폭력 행위 등 청소년 비행에서 성폭행까지 이르는 보다 더 효율적인 대응책 개발을 위한 노력은 교육계 내에서 하나의 운동이 되었다. 이러한 운동이 가치는 있으나 아직도 학생들의 학구적인 능력(competence) 개발이 적게 이루어진다. 연구는 학업성취도, 비행과 범죄간의 관계를 설명해준다.

예를 들면, Davis(1991) 등은 학업이 결여된 학생들은 점점 나이가 들어감에 따라 비행과 연루될 수 있는 위험이 크다는 것을 발견했다. 실제로 저학년에 학문적 성취가 낮은 사람은 청소년 때의 비행을 예언해 주는 가장 좋은 방법 중 하나이다. 다시 말하면, 모든 학생들에게 비판적인 학습기술과 내용을 완전학습시키는 것은 사회경제적 환경에 훌륭하게 적응하도록 그들을 도와주는데 필수적이다. 공중보건에 비유한다면 학교는 학생들의 지식, 가치와 기술, 그들의 비행성향을 감소시키고, 불건전한 기회에 저항하는 능력 향상을 "예방접종"하는 역할을 한다.

이러한 접종은 동료나 교사들과 같은 적절한 모델화를 통하여 간접 지도뿐만 아니라 정규교육과정과 같은 직접지도에 포함되어야 한다. 그들이 이 교육과정 내용에 대해서 토론하는 동안 공통적인 관점은 학교 학습풍토가 궁극적인 교육의 목표인 훌륭한 시민의식 창조를 위한 수단이 되어야 한다고 요구한다.

이러한 관점에서, 학교의 학구적 학습풍토는 훌륭한 시민의식을 기르는 목표와 직접적으로 관련된다. 학교풍토는 학업과목을 완전학습 시키는 결과이며, 또한 훌륭한 시민의식을 향상시키는 데 영향을 미친다. 훌륭한 시민의식의 핵심은-다른 사람의 권리와 정직을 존중하는 것-모든 학생들에게 기회가 제공되고, 학문과 다른 사회경쟁에 참여함으로써 그들의 적응능력을 설명하고 성취하는 방법을 번창시키는 경향이 있다. 이와 같이, 학문적 적응능력과 사회적 적응능력이 연결되어 학습되며, 다음으로 그들의 학교 학습풍토도 연결된다.

그러나, 학생들 가운데 학문과 사회경쟁 간의 비평적인 유대관계는 정도를 고려하여 의존하며, 교실과 학교수준에서 경험된 규칙의 특징을 확립한다. 효과적인 규칙이 없다면, 비록 학구적인 완전학습이 안된다 할지라도 훌륭한 시민의식의 가치를 주입시키지 않으면, 학생의 사회적 적응능력은 성취되지 않는다.

2. 규 범

의견일치를 고려하는 과정에서 한 가지 문제는 학교의 규범결여의 문제를 인식하는 것이다. 공적인 관심은 몇몇 교육자들이 파란을 일으키지 않도록 보완하는 데 있다. 몇몇 교육자들은 학교규범을 그들의 가장 중요한 문제로 인식한다. 규범에 대한 초점은 흔히 문제의 편협한 정의만을 끌어내어 문제발생 이유보다 증상 처리를 위한 해결 방법만 유도할 뿐이다. 슬프게도 압도적으로 많은 교육자들은 그들이 효과적인 규범을 만들기를 포기하고 통제를 유지하기 위한 강경한 징벌에 의지하고 있다.

다른 한편, 많은 공적인 의견에 반대하여 많은 학교들은 비교적 안정과 학습환경의 효과적인 규범을 제공한다. 사실 우리 도시의 가장 높은 범죄지역 중 몇 군데는 학생들이 그들의 가정보다는 더 안전하고 지역사회 센터로 여겨 그들의 학교를 찾는다. 저소득층에서 고소득층 지역에까지 그들의 환경에 대한 총체적인 관점으로 보자면 많은 학교는 비교적 안전하고 학생들을 위한 잘 훈련된 장소이다.

그러나 학교의 안전과 질서는 학습에 효과적인 풍토를 보장하기엔 충분하지 않다. 안전은 바람직한 학교 학습풍토에서 필요한 조건이지만, 모든 학생들이 비평적인 학문 능력에 대한 완전학습을 그 스스로 생산하지 않아도 된다. 안전과 질서가 영향을 주는 만큼 효과적으로 관리된 학교들이 많이 있다. 그러나 많은 안전한 학교들도 학생의 능력을 개발시키는 것조차 학교에서 실패한다. 아직도 학교들은 훈련이 필요하다. 학교들은 학급경영 수행과정에서 효과적인 교수를 용이하게 할 수 있는 질서를 만드는 것을 필요로 한다.

규범과 "학급경영"은 종종 내부적으로 변화시켜 사용할 수 있다. 우리는 다른 관점을 가지고 있다. 학교의 규범은 항상 다루어지는 문제이고 그 문제는 학급경영에서 사용되는 학교의 규범과 전문적인 기법을 반영하는 것이다. 예를 들면, 우리의 목적은 "규범"은 수업, 일상적인 과정 방해, 다른 권리에 대한 고려에 따라 태도를 반영하는 학생행동을 구분 지을 때 참고해야 한다. "학급경영"은 학생학습의 활동과 행동을 모니터하고 조정하고 계획하는 교사와 대면하는 전체적인 범주로 간주된다. 학교 풍토는 교직원의 집합적 학급경영뿐만 아니라 적당한 학생 행동을 향상시키고 규정하기 위한 규범과 폭 넓은 학교의 규칙을 통합시키는 것이다.

이 모듈에서는 학생의 과제수행시간(time-on-task)과 밀접하게 연결되지 않는 학교의 규범에 대한 문제를 검토한다. 왜, 어떤 이유로 몇몇의 교사들의 규칙이 행해져 왔는가를 느끼는 것은 신화, 부정, 자기충족예언에 대한 개념으로 규정될 수 있다. 우리는 성공적인 수업과 교사들에 의해 사용된 효과적인 학급경영의 원리와 기법에 토대를 두고 해법을 제시하며 그리고 문제들에 대한 윤곽을 잡을 것이다. 과제수행시간(time-on-task)과 성취는 학교 학습풍토의 관련성에 압력을 주게될 것이다. 이 모듈은 교사들간의 학급경영기술과 학교의 개선 활동(improving behavior)을 제시하는 것을 포함하고 있다. 이러한 핵심기법과 전략은 효과적인 규범이 요구되는 성취의 강화에 초점을 두고 있다.

3. 문제의 성격 규정

학교에 대한 우리의 일반적인 생각은, 학교는 점점 더 통제권를 잃고 있다는 것이다. 종종 학교에 대해 매스미디어는 권위에 대한 무례함과 폭력을 지적한다. 이러한 요소들은 일반적으로 학교체제에 대한 혼란을 가져오고 때로는 학교에 관련된 사람들의 안전과 복지를 파괴하는 위태로운 상황을 가져오곤 한다. 이러한 심각한 문제요소들은 학교규율에 관한 문제들 중 단지 한 부분에 지나지 않는다. 그렇다고 우리가 심각한 문제

행위들의 중요성을 경시하려는 것은 아니다. 심각한 분열이 존재하는 곳에는 반드시 파멸이 온다. 대부분의 교육자들이 알고 있듯이 학교교육의 공통적인 문제들은 규율이 종종 대단치 않은 방심의 잠재적 요소와 대부분 학급에서 발생하는 방해에 대해 계속된다. 그들의 문제에 대한 중요성은 그 문제 요소들의 성격상 겉으로 보기에는 무례한 행위(misbehavior)이며, 따라서 위험스러운 것은 아니고 결과적으로 무시해도 되는 것으로 생각함으로써 왜곡, 외면 당하고 있다. 그러나 이전에 그들의 사소한 나쁜 행동(misbehavior)이 효과적인 교육에 심각한 장애를 만든다.

대략 20년 전에 Jones는 직접적으로 과제수행시간(time-on-task)을 방해와 관련지었다. 그 때에 학급평균의 과제수행하지 않는 시간(time-off-task)이 45~55%의 정도(disruption)로 나타났다. 별로 대단치 않게 운영되는 교실에서 과제의 관여시간(time-off-task)의 비율이 의미하는 것은 대단하지 않다. 따라서 저소득 지역이나 도시의 여러 지역에 있어서 대다수의 학교들이 이러한 "규율의 문제"를 가지고 있다는 것을 고려할 때, 그 학교들에서 학생들의 학업성취가 낮다는 것은 별로 의아한 일이 아니다. 그들 학교의 학생들은 과제를 좀처럼 하지 않는다. 더욱이 교사의 압력과 정력은 효과적인 수업의 가능성에 대한 희망, 학습과정에 대한 계속적인 장애에 대한 대처와 관리를 시도함으로써 에너지를 소진시킨다. 따라서 좋지 못한 학교규율은 교사의 희생, 전체 학생의 낮은 성취수준, 그리고 아마도 더 심각한 폭력 행동 등과 관련된 문제의 결과일 수도 있다.

■ 신념, 신화, 자기충족예언

학교교육의 문제에 상당한 관심이 주어졌음에도 불구하고, 정당성이 약한 규율들이 많은 교사들의 삶에서 주요한 영향력을 행사하고 있다. 또한 많은 교육자들은 권위의 사용과 억압적인 통제 방법의 감소로 문제를 해결하기 위해 이루어질 수 있는 것이 거의 없다고 믿는다. 몇 가지 믿음은 유행하게 되었고, 가난하거나 도시의 아이들이 잘 학습하지 못한다고 주어진 이유와 매우 유사하다. 이러한 신화들은 훌륭한 규율은 교사의 통제와 책임을 능가한다는 신념을 강화시킨다. 이러한 신화들은 다음과 같다.

- 낮은 학업 성취, 낮은 사회-경제적 지위, 소수민족, 또는 감정적으로 불안한 학생들의 의미는 서로 다르다. 그리고 엄격한 제한이나 벌을 가하지 않고는 그들을 통제할 수 있는 것은 거의 없다.
- 일반적으로 학생들은 그들 가정 또는 사회의 관용적인 태도(permissiveness) 때문에 통제할 수 없다.
- 부모들은 학교에 대해 더 이상 기대하지 않는다.
- 부모들은 그들 자신의 아이들을 통제할 수 없다.
- 학교들은 학생들이 TV를 너무 많이 보는 부정적인 영향을 수정하는 데 소극적이다.
- 학교 주변 환경이 열악하면 향상될 수 없다.
- 학생들에게 적당하게 주어지는 징계의 경우는 학교의 결정에 달려 있다.

교육자들은 학교의 분열이 증가된다 할지라도 자기충족예언을 확립하는 신화를 믿는다. 이러한 믿음은 행동에 대한 낮은 믿음의 결과이다. 종종 "나는 어떤 차이를 만들려고 시도하는 것은 아니다. 이 학생들은 단지 들으려고 하지 않을 뿐이다."라는 말로서 반영된다. 교사들은 주의력 부족, 수업시간에 잡담, 학생들에 대한 결점으로서의 방해, 또는 그들이 그들 자신의 학급 경영 속에서 문제점을 찾을 수 있다라고 해석하고 있다. 그 결과로 교사들은 한가지 전술을 꾸준히 사용하지 않고 계속 다른 속임수(gimmick)를 시도한다. 끊임없는 단속으로 나타나는 새로운 계획의 연속적인 실패는 문제 학생들을 다루는 것이 희망이 없다라는 생각이 교사들의 머리 속에 각인될 것이다. 그러면 그 예언은 이루어지게 되는 것이며 학생들은 계속 방황할 것이다.

자기충족 예언, 부정적인 기대와 실패는 피할 수 없는 것이 아니다. 억

압적인 행위없이 긍정적이고 효과적인 규율(discipline)은 학생이 어떤 출
신인지와는 상관없이 모든 학생들에게 가능하다. 다음 장에서 이러한 주
장에 대한 증거를 제시할 것이다.

4. 규율의 원리

바람직한 교실 규율을 만드는 능력은 다음과 같은 몇 개의 원리를 떠나
서는 이해할 수가 없다.

• 학교 학습풍토는 학교에서 강조되어야만 한다. 학습과 성취가 우선
되지 않을 때, 다른 행동은 기본적인 목표달성의 노력과 시간을 허비
하게 된다. 본질적으로 학교 교육은 학습을 충족시키는 학교풍토의
측면보다 그 자신의 목적을 달성하게 하는 것이다.
• 학생들이 교육적 기법과 내용을 완전학습하지 못할 때, 그들은 성공
과 관심을 위해 만족스런 요구에 대한 다른 수단을 찾는다. 문제아는
우리가 이끌지 못하는 주로 학습장애를 가진 학생들이다. 교육 문제
는 주로 비교적 낮은 능력을 가지고 형성된 학생들에게서 일어나는
경향이 있다.
• 성취도가 높은 학교는 성실하고 훌륭한 행동을 하는 학생집단과 질
서가 있다.
• 효과적인 규율을 기르는 이러한 많은 과제들은 과제수행시간이 많아
야 한다.
• 나쁜 행실에 대한 조치(response)도 중요하지만 문제 이전에 교사가
필요로 하는 행위는 무능한 학급 경영자로부터 효과적으로 분리가
되어야 한다.

- 나쁜 행동을 용서하고, 학구적인 실패를 용서하는 것은 시간이 흐르면 흐를수록 문제가 더 심각해지는 결과가 된다.

요약하면, 효과적인 규율이란 학습과 성취에 대한 관계에서 분리될 수 없다. 학교와 교실의 학습풍토는 교육의 실천과 함께 진행된다.

5. 전반적인 학교 규율

이번 부분은 규율에 대한 효과적인 프로그램을 짜기 위한 틀(framework)을 보여준다. 그리고 높은 성취에 목적을 둔 학교의 성취 노력은 학급경영의 안내지침을 제공할 것이다.

많은 교육자들은 수업실천에서 규율에 대한 그들의 생각을 제한한다. 개인 수업을 게을리 하지 않는 동안, 우리의 접근은 효과적인 학교규율 프로그램의 중요성을 강조한다. 학생들은 휴식시간, 점심시간, 조회시간에 복도를 통과한다. 즉, 교육은 교실 바깥에서 일어나는 모든 활동들을 포함한다. 학교는 그들의 공통적인 활동에 대한 행동의 기준과 규칙을 가져야만 한다. 학교환경 속에서의 행동은 학급에 반영하는 규범을 창조한다. 심각한 문제는 종종 교실 밖에서 시작되며 그 여파가 교실 안까지 미친다.

그러므로, 교사진과 행정가들은 전반적인 학교의 기초 풍토를 질서정연하게 창조해야하는 책임이 있다. 리더십은 교장으로부터 나와야 한다. 즉, 학년별과 학과에 포함된 전체 교직원은 학생들의 학업성취와 학습풍토에 악 영향을 주는 학생 행동을 다루는 과정과 정책을 만들어 가야 한다. 다음에 나오는 문제들은 확실한 학교 정책으로서 착수되어져야 한다. 즉 무단결석, 장기결석, 지각, 성희롱, 싸움, 약한 학생을 못살게 구는 행동, 반항, 부정행위, 전혀 숙제를 하지 않는 것 등이다.

효과적인 학교의 규율에 대한 핵심은 교직원들이 갖는 기대의 수준과 일관성을 확립하는 것이다. 돌이켜보면, 교직원의 기대는 동료집단 규범을 형성하는 데 도움을 준다. 행동이 적절한 것인가 아닌가에 대한 판단은 그들이 학교풍토에 어떻게 영향을 끼치는가에 근거해야 한다. 많은 교육자들은 학습을 방해하는 행동에 대해 관대한 경우가 많다.

■ 학교 계획

규율을 정립하기 위한 학교 계획은 교실에서와 교실 밖의 행동 모두를 포함한다. 교실과 교실 밖의 근본적인 계획의 특징은 1) 특수하게 요구된 행동에 대한 확인, 2) 복종이냐 불복종이냐의 결과에서부터 부정적, 긍정적 결론, 교장에 대한 도전, 그리고 모든 학생들을 따르게 하는 최소한의 규칙의 수에 대한 구성원들의 합의이다. 그리고 그 규칙이 이루어지느냐 혹은 이루어지지 않느냐의 결과로써 어떤 일이 일어날 것인가를 밝힌다. 행동에 대한 교실 내의 규칙이 교실에서 마다 일관성이 있어야 하며, 각각의 교사들에게는 학교 정책을 어기지 않는 한 학생들의 요구를 수용하기 위해서는 교실계획을 수정할 수 있도록 허용되어야 한다.

■ 학교 계획을 설정하는 단계

- 교장과 함께 교사 대표 위원회는 전반적인 학교 규율 계획안을 개발한다.
- 계획안에 대해 반응과 제안을 할 수 있도록 전 교사진들에게 공개한다.
- 위원회는 기초 계획안(draft)을 준비한다.
- 전체 교사들에게 계획안을 제시하여 승인을 얻는다.
- 채택된 계획안은 특별 모임을 통해 학부형들에게 제시되며, 게시판이나 학부모를 위한 부모 안내 책자에 제시된다.
- 교장과 위원회의 교사들은 집단적으로 학생들에게 계획을 공개한다.

- 학생들과 함께 계속적인 토론을 통하여 교실에서 학생들을 지도한다.
- 특별한 규율 문제는 어떻게 지켜야 하는지에 대해 전체 교직원 모임이나 학년별, 교과목별 모임에서 정규적으로 토의를 한다.

■ 학교 계획을 통한 수행

일단 하나의 규율계획이 세워지고 학생과 부모에게 전달되면 끝까지 달성되어야 한다. 전반적인 학교 규율 계획은 모든 교사들에 의해 지속적으로 실행되지 않는다면 아무런 가치가 없다. 완전한 계획은 단지 학생들에게 요구하는 것 뿐만 아니라 교사들과 교장이 해야 할 것도 명백히 해준다. 강제적 시행은 필수적이다.

부정적인 규약을 사용할 때 문제행동을 해결하는 데 관여할 다른 사람들과 사전협의를 하는 데에 성공이 달려 있다. 예를 들어, 교사가 규율의 문제를 다루는데 있어 교장의 참여를 기대한다면, 이 중재는 수업 계획의 체계적 단계 중 하나로써 나타나야 한다. 교장은 교사들이 반항아들을 다루기 위해 따를 단계를 숙지해야 한다. 이러한 맥락에서 교사는 학교장의 동의에 따라 부당한 행동을 한 학생을 학교장에게 위임한다. 요약하자면, 교장의 중재는 다른 것과 마찬가지로, 교실 규율 계획의 한 단계이다. 마찬가지로 부모의 중재 요구에 대한 사항도 사전에 부모들에게 설명하여야만 한다.

■ 교사의 책무

- 학생의 행동을 주시하여 원하는 것과 필요로 하는 것을 결정하라.
- 행동에 대한 기대를 설정하라.
- 최소한의 학급 규칙을 설정하라.
- 학급훈육계획 수립 : 규칙, 부정적, 긍정적인 결과
- 계획에 대한 교장의 승인을 획득하라.
- 규칙과 시행가능성을 설명하여 부모에게 훈육계획을 복사하여 보내

라.

• 규칙에 동의하는 학생에게 긍정적 강화를 제공하라.

• 나쁜 행동을 한 학생들에게 부정적인 결과에 대한 계획을 실행할 때
  는 온화하게 끊임없이 끝까지 하라.

• 만일 분열이 계속된다면 계획과 결과를 수정하라.

• 기대, 규칙, 계획에 따라서 일관되게 주장하고 행동하라.

■ **교장의 책무**

• 학교규율계획을 검토하고, 수정하고, 승인하라.

• 교사의 책무 수행을 감독하라.

• 교사들이 그들의 계획을 수행하도록 그들을 지원하라.

  (학생들의 나쁜 행동을 줄이는 방법에 대해서 상세한 설명을 알려면 Moles,
  1989와 Gottfredson et al., 1993 참조)

위 요소들은 보다 효과적인 규율을 위한 체제이다. 아무리 철저한 계획
이라 할지라도 성공을 위해서는 일관된 수행을 필요로 한다. Canter &
Canter(1976)는 규율 문제에 반응하는 세 가지 전형적인 양식들을 밝히고
있다.

• **회피** 그릇된 행동이 사라질 것이라는 희망에서 그 행동에 관심을 갖
  지 않는 것. 그릇된 행동을 무시함으로써 교사들은 진술된 규칙들이
  타당한 행동의 실제 정의가 아니라는 것을 전달한다. 학생들은, 교직
  원들이 진행되는 것이 무엇인지를 알지 못 하거나, 주의를 기울이지
  않거나 그릇된 행동을 멈출 수 없다고 인식한다. 어떤 경우에 학생들
  은 교직원 중 한 일원이 화가 나서 교장을 부르거나 몇몇 다른 단호
  한 태도에 반응하는 점에서 인내의 한계를 종종 느끼고 그 상황을 곧
  통제한다. 그러나 그 단계는 긍정적인 학습풍토를 받아들이거나 또
  는 필요한 것이 무엇인지에 신경 쓰지 않는다.

- **행동의 처벌** 위에서 언급된 그 상황이 점점 확대되는 것에 대한 좌절 또는 이것이 더욱 번져 가는 것을 막기 위한 규칙강화의 수단으로서 학교들은 법률적인 해결에 의지하거나 외부의 안전요원을 사용할지도 모른다. 교사와 교장들은 언어의 남용, 비명, 위협 또는 신체적 처벌에 의존할지도 모른다.

- **확고하고 일관된 단정적인 반응** 효과적인 학교와 교사들은 규칙위반에 대해서 과격한 반응은 하지 않되, 즉각적으로 단호하게 대처한다. 이러한 굳고 단호한 반응을 위한 열쇠는 학생들은 배울 곳이 있고 학습을 방해하는 것은 용납하지 않는다는 것을 말과 행동으로 분명히 전달하는 것이다. 따라서 이론적 근거는 이와 같이 합리적이며, 방법은 온화하고, 차분하고, 확고하며, 그리고 가장 중요한 것은 변함없다는 것이다.

대부분의 교육자들과 지역사회들은 확고하고 단정적인 반응을 선호한다. 대부분의 규율 문제를 갖고 있는 많은 학교들은 이 점에서 실패하고 있다. 그러나 질서정연하고 긍정적인 학습분위기를 유지하는 학교와 학급이 있다는 것은 이 반응이 성취될 수 있다는 것을 보여주는 것이다.

6. 학급경영

학급경영과 학급규율은 학교의 제반 프로그램과 일치시킬 필요성이 있다. 이 부분은 특수한 시간절약 방법과, 규율을 개선하고 성취를 향상시키는 구조적 교수기술에 대해 기술할 것이다. 왜냐하면, 행동에 대한 일관된 규제를 시행하고 설정하는 원칙은 계속 논의되었기 때문이다. 학급경영에 대한 많은 부분이 시간운영에 집중되고 있다. 이것은 모듈 7의 수업에 투여한 시간으로 보충한다.

■ **시간절약 기법들**

다음에 오는 기법들은 운영과정을 향상시키고, 과제부여시간을 증가시키며, 문제행동을 예방하는 것을 보여준다. 그것은 효과적인 수업이 더 높은 성취를 가져온다는 연구결과와 일치된다.

계획과 준비 잘 짜여진 수업은 수업의 질을 향상시키고, 지루함과 산만함을 줄여 준다. 교구준비를 잘하는 것은 또 다시 모이거나 수업이 늦어지는 것을 방지한다. 즉흥적이 아니라 계획하여 가르쳐야 한다.

의도적인 변화 많은 시간이 한 교과 또는 다른 교실로 이동할 때 낭비된다. 교사들이 하나의 주제를 가지고 교실을 이동하거나 또는 학생들이 한 교실로부터 다른 교실로 이동함으로서 과제부여시간을 증가시키고, 문제행동을 줄일 수 있다.

조력자 학생을 조수로 사용하여 자료분배와 심부름과 같은 평범한 사무처리의 짐을 덜 수 있다. 학생 조수는 교사의 시간을 절약해 주고 개인적 책임감도 배운다. 조수가 되는 것을 많은 학생들은 보상으로 인식한다.

일상의 일 저학년 학생들은 입실, 퇴실, 집단 또는 팀의 이동, 연필 깎는 방법과 같은 하루의 일상생활이 진행되는 방법을 배워야 한다.

교실 형태 교실은 교실의 안과 밖의 이동이 쉽도록 배열되어야 하고 활동 공간을 보유해야 한다. 가구나 책상의 배열면에서도 교사가 학생에게 빨리 접근할 수 있도록 하는 것은 기본이다.

다양한 활동 시청각 자료, 교육용 게임 그리고 학습센터 등을 학생들이 수업 중간중간에 자유롭게 이용할 수 있어야 한다. 그리고 이러한 자료들을 충분히 이용할 수 있도록 가르쳐야 한다.

교실정돈 행정적인 일을 하는 동안 많은 시간이 소요된다. 수업은 그들이 교실에 들어오자마자 독립적인 자료와 계획(project)에 대한 몇 가지 형태를 진행할 수 있도록 수업에 대한 준비가 되어져 있어야 한다. 그럼으로써 수업은 학생들이 출석함과 동시에 진행될 수 있다. 예를 들면, 중등학교 교사들은 하루에 4-6번 정도 이러한 시간절약을 할 수 있다.

권태로운 시간 점심시간 전이나 귀가시간 직전에는 선생님과 학생들이 모두 피곤하고 시장하기 때문에 시간이 종종 낭비된다. 그러나 이런 시간이야 말로 교육용 게임이나 대화, 조용한 독서 그리고 집단반응 활동을 하기에 아주 좋은 시간이다.

■ 수업기법

이 연구는 수업하는 동안 사용된 어떤 기법이 과제수행시간을 개선시키고 규율의 문제를 예방할 수도 있다는 것을 보여준 것이다. 효과적인 학급경영과 비효과적인 학급경영의 가장 큰 차이점은 아마도 다음과 같은 예방 기법을 사용하는 교사들의 능력에 달려 있을 것이다.

전 영역에서의 인식 교사는 개인과 소집단 수업에 이르기까지 모든 수업의 활동을 인식해야 한다. 그리고 단체행동의 강화가 분열로 치닫는 나쁜 행동을 조정한다. 이는 학급에서 빈번히 행해지는 자세한 조사와 전체 교실에 대한 명백한 통찰력을 포함한다.

중복된 업무수행 숙련된 교사는 예를 들어, 집단학습을 지도하면서 개인 학생을 도와주는 것과 같은 동시에 한가지 이상의 일을 할 수 있는 능력을 가지고 있다.

주의집중력 학생활동에 있어서 단 한 가지의 목적만을 명확하게 설정하고 학생의 주의력에 대처하는 다른 활동을 금지시키는 것은 교사의 중요한 책무중의 하나이다.

지속적인 진행과 계기 계획을 짜고 변화를 주는 데는 교사의 세심한 주의와 사고의 지속적인 연속성과 일관성 있는 지도가 신중하고 질서있는 방법으로 나아가는 교육에 도움을 준다.

Jones(1979)는 시간을 낭비하는 일반적인 교실 행동 두 가지를 기술한다.

　자리앉히기　전체 수업만큼이나 자리에 앉아있는 시간의 비중이 크다. 2-3분 정도로 시간을 빼앗긴다. 따라서 앉는 일은 당면한 문제이며 보다 쉽게 하나의 일과처럼 여겨진다. 오히려 그것은 빈둥빈둥 노는 시간보다 학생들에게 더 중요한 것으로 인식되어야 한다.

　수업협력　도와주는 접촉시간은 1인당 평균 4분이다. 이 비율에서는 30분 내에 단지 7명의 학생만을 도와줄 수 있다. 학생들이 교사로의 배려로 도움에 의존하는 동안 다른 학생들은 관심에서 제외된다. Jones는 그들에게 20-30초를 절약하는 방법을 제안한다. 그 시간 동안 학생은 완성된 과제에 대한 보상을 받고, 다음 단계에 대한 암시를 받는다. 이렇게 하면 접촉 횟수를 늘일 수 있고 학생들은 독립적인 과제에 대해 보상을 받는다. 이 기법은 학습 부진아와 지진아에게 성공적임을 보여주었다.

　소집단 협동학습기법은 더 효과적인 자습과 도와주는 접촉을 늘이는 면에서 특히 도움이 될 수 있다. 소집단 협동학습은 학생들에 대해 더 많은 비율의 과제에 대해 시간을 더 효율적으로 사용한다는 결과를 낳았다.

　이것들은 학급경영기법의 한 사례일 뿐이다. 실제로 많은 다른 기술이 있을 수 있고, 숙련된 교사들에게서 엿볼 수 있다. 학급경영은 학문적인 기술이다. 자기평가, 동료교사와 교장의 관찰, 교직원회의, 시간활용 분석 등은 효율적인 시간 활용 측면에서 취약점을 발견하고 시정하려는 수단이다. 효과적인 교사들은 훌륭한 수업운영자이다. 가장 능력 있고 인기 있다 할지라도 운영기술의 필요로부터 자유로운 교사는 없다. 그들 역시 그러한 기법을 필요로 한다.

효과적인 학교에 관한 연구

현직 교사들을 고려하지 않은 학교경영은 좋지 않은 학습결과와 함께 결정 행위의 혼란(muddling-through)으로 귀결될 것이다.

협동 완전학습

1. 교실을 이끌어 가는 힘

모든 어린이들은 누구나 배울 수 있다는 믿음을 가져온 교육자들은, 학교를 능력별로 나누는 데 있어 사려 깊은 결정을 한다. 이는 효과적인 교육자들은 모든 학생들의 학구적 성취를 향상시킬 수 있고, 또 실질적으로 학생들의 태도를 향상시킨다는 설득력 있는 이유에 근거한 것이다. 교사들은 인종이나, 과거 학습수행, 소수민족의 지위나, 성(性) 또는 사회 경제적 배경에 상관없이 학생들에게 긍정적인 영향을 미칠 수 있다는 것이다. 효과적인 교육자들은 교실 밖 행동은 물론 학교를 능력별로 나누지 않는다. 또한, 능력별로 분리하는 것이 수업의 모든 영역에서 꼭 필요한 것은 아니라는 것이다(George, 1992 ; Oakes, 1985 ; Wheelock, 1992).

학급뿐만 아니라 학교에서, 제도적으로 능력별로 나누지 않는 것은 중요하며, 효과적인 교육자들이 교실에서 학생들의 능력을 이끄는 기술을 사용하는 것이 중요하다. 이에 대한 연구로서 '협동완전학습' 연구의 결과는 명백하다. 즉, 학생들이 동료집단사이에서 타고난 능력을 발휘할 수 있으며, 이질집단구성의 학생들에게도 교육과정은 성공적이라는 것이다. 다행히도, 지난 몇 년 동안, 수많은 협동 학습 자료는 모든 과목과 모든 학년의 교사(classroom teacher)들을–동료(peer)들의 능력을 이용하는 중요성을 강조하는 모든 것–위하여 발전되어 왔다(Harbison, P. et al., 1995).

2. 수월성 교육

교육자들은 종종 동료들의 능력(힘 : power)에 대해서 말하지만, 종종 이 능력을 끌어내는 데는 실패를 겪어낸다. 그래서 이 모듈은 모든 교실에서 강력한 재원인 학생들을 개발할 수 있게 하는 이론적 근거를 제시하게 될 것이다. 학생들의 힘은 태도, 행동, 그리고 다른 학생들의 행위를 강화하는 그들의 능력 그 자체에 있다. 일반적으로 학생 문화와 특별한 협동완전학습 집단은 학생 개인의 사회적이고 학구적인 행위를 형성하게 하는 강한 힘이 있다. 이는 나아가 학교 전체의 학업 성취 풍토를 향상시키게 되는 것이다.

우리들 대부분은 집단의 일원으로 받아들여지는 것을 중요하게 여기고, 동료와 집단 구성원들의 거부나 비난에는 민감하다. 마찬가지로, 칭찬이나, 좋아해 주는 것, 그리고 동료가 해 주는 다른 승인의 표시에도 예민하다. 사실, 이러한 것들은 집단이 "구성원들이 규칙을 지키도록 하게 하는" 방법이다. 만약 집단 구성원이 집단가치나 규범과 반대로 행동하거나 말하면, 그들은 부정적인 제재를 받기가 쉽지만, 집단 구성원의 공유된 가치와 규범에 의해 행동하고 동의하면 인기가 많아지고 좋아하며, 칭찬 받고 보상받기가 쉽다. 그래서 일반적으로 이러한 사회적인 통제를 사용함으로써, 집단은 지속하게 되고, 계속적인 행동과 태도의 유형을 형성하여, 매우 강력한 구성원의 행동을 "형성"한다.

어느 교실에서나, 학생들은 교우관계 집단, 공통 관심 집단, 소년 집단, 소녀 집단, 그리고 때때로 인종적(racial or ethnic)인 집단을 형성한다. 이러한 집단들은 다양한 목표를 추구하고, 공유된 가치를 가진다. 어떤 집단은 풍선껌 카드를 교환하는데 관심이 있고, 다른 집단은 스포츠나 연극, 또는 도당(gang)으로 존재하기도 한다. 극소수의 학생만이 학구적인 가치나 학습 강화를 위해 조직된다. 이러한 전통적으로 비학습적인 목적을 위해 조직된 학생집단이, 학구적인 학습과 적절한 사회적 기능을 강화시키는 익숙한 방법을 발견하는 것이 우리의 과제이다.

> **효과적인 학교에 관한 연구**
> 학급 교우간의 관계(friendship)를 증가시키는 것은, 성취의 향상과 정적인 관계가 있다.

3. 협동학습 모델

협동학습의 몇 가지 모델이 있지만, 그것들은 모두 어떤 목적과 방법을 가진다. 예를 들면, 그 모델들은 어떤 학구적인 기술과 지식을 배우는데 도움을 주는 팀으로 기능하며(보통 이질적으로 집단화된), 소집단의 형태를 취한다. Stahl(1994)은 협동학습의 다양한 형태에 따른 특성을 다음과 같이 요약하였다.

- 특정한 학생 학습 목표를 위한 분명한 설정(a clear set)
- 학생들은 목표를 위해 매진한다.

- 성공을 위한 동등한 기회
- 상호의존
- 일대일의 상호작용
- 사회적 상호작용
- 정보로의 접근과 과제해결을 위한 기회
- 필요한 충분한 시간
- 책임
- 학구적인 성공을 위한 일반적(공적 ; public)인 강화
- 집단의 반영(post-group reflection)

협동 완전학습은 학구적 성공에 대한 집단의 규범(norms)을 강화시키는 반면에, 개인적인 실패를 줄여주는 역할을 하며, 집단의 규범은 단계적으로 개인에 의해서 내면화된다. 협동학습은 일반적으로 교사의 교수(수업 ; instruction)를 보충하고, 또한 학생들이 자기 방식으로 정보를 발견하고 찾도록 계획되었다(Slavin, 1991).

Slavin(1991)에 의하면, 가장 일반적으로 연구되는 네 개의 협동학습 모형은 다음과 같다.

- 학생 집단학습(STL)
- Jigsaw
- 공동 학습
- 집단 조사

STL 모델은 집단보상과 개인 책임, 그리고 성공을 위한 동등한 기회를 강조한다. "팀은 부족한 보상을 얻기 위해 경쟁하지 않는다. 모든 (또는 none) 팀은 주어진 일주일 안에 기준에 도달할 수도 있고, 개인 책임은 그 팀의 성공이 모든 집단구성원의 개인학습에 의존한다는 것을 의미한다. 이것은 집단구성원의 활동이 서로에게 개념을 설명하는데 초점이 맞춰져

있고, 팀원 모두가 팀 구성원의 도움 없이 퀴즈나 다른 평가를 위해 준비가 되었다는 것을 말한다. 성공을 위한 동등한 기회는 학생들이 지닌 성취의 향상으로 그들의 팀에 공헌한다는 것을 의미한다. 이것은 높거나 평균적이거나 낮은 성취자들이 똑같이 도전한다는 것과 모든 집단구성원들의 공헌이 가치가 있음을 확신한다"(Slavin, 1991).

Jigsaw 모델(Aronson, 1978)에서, 학생들의 여러 팀은 함께 공부하고 서로에게서 배운 것을 공유한다. 교사는 "파나마 운하의 건설" 같은 일반적인 주제로 시작한다. 교사는 주제를 몇 가지 부분으로 나눈다. 한 팀은 운하 건설을 위한 정치적인 갈등을 조사할 수 있으며, 다른 팀은 경제적이고 건전한(health) 비용을, 또 다른 팀은 그 지역과 미국 사람들에게 있어 운하의 중요성을 조사할 수도 있다. 그리고 나서 각 팀은 다른 팀의 구성원들에게 가르친다. 각 학생들은 다른 팀의 학생들이 가르치는 것으로부터만 배울 수 있으므로, 집중하는 것과 다른 학생들로부터 배우는 것이 장려된다. 이 Jigsaw 모델은 Robert Slavin과 동료들에 의해 공들여 만들어졌고, 이 모듈의 후반부에 논의될 것이다.

집단 조사 모델은 다른 협동학습 방법을 사용하는 많은 교사들의 교수목록(레퍼토리)으로 조직되어져 왔다(Sharan, 1980). 이 모델은 협동적인 토론과 계획, 협동적인 자료 수집과 해석, 그리고 발견과 의미(implication)에 대한 협동적인 보고서 제출을 강조하는, 조사를 위한 팀을 강조한다.

Jigsaw 모델처럼, 학생들은 연구될 주제를 선택하는데 관여하고, 하위 주제를 다루는 팀으로 나뉘어진다. 마찬가지로, 팀은 개인적인 책임(임무)을 위해 조정되고, 마지막으로 각 팀은 학급에게 발견한 것을 제시한다.

공동학습 모델은 David Johnson과 Roger Johnson(1991)에 의해 발표되었다. 이 모델은 협동학습 운동에서 전통있고 비교적 인기있는 능력별 기록(popular track record)을 갖고 있다. 최근에, 이 권위자들은 공동학습 모델이, 학급이 협동적으로 구성되는 방법뿐만 아니라 학교가 협동학습을 수행하는 데 있어 교실을 효과를 이용하고 구성하는 방법까지 발전시켜 왔다(Johnson and Johnson, 1993). 그들은 현행의 큰 학교 안에 작은 학교를 구성하게 하여, 학급이 기본적인 학습 사회가 되도록 권장(favor)한다. 그들은 협동학습의 효과를 극대화하도록 학교를 재구성하기 위해서는 5단계를 거쳐야 한다고 주장한다.

- 각 학생들의 일일 학습시간의 60-80퍼센트를 차지해야 한다.
- 학생들과 교직원으로 구성된, 장기간에 걸쳐 협동하는 기본집단은 학생들이 학교를 처음 들어왔을 때 구성되어야 하고 졸업할 때까지 계속되어야 한다.
- 긍정적인 상호의존을 통해 소집단, 교실, 그리고 기본 집단에서 학생들의 활동 구성을 특징짓게 해야 한다.
- 대립을 건설적으로 해결하는 법을 배워야 한다.
- 기본적인 학습사회에서 역할을 다해야 한다.

학생들이 학교 안에 있는 동안 학생들과 같이 생활하는 3-6명의 교사와, 90-120명 학생들의 "기본적인" 학습집단을 만들어내는 5단계는, 협동 완전학습의 효과가 기존의 성공적인 효과를 극대화되기 위해서는 매우 중요하다. 그 목적은 학생들 사이에서, 그리고 학생과 교직원 사이에서의 관계를 지속하게 하는 것으로 큰 학교에서 많은 학생들이 느낄 수 있는 소외감을 줄이는 것이다.

학교 크기를 줄이는 것은, 협동학습이 적용되었을 때 교육으로부터의 소외와 소원(estrange)을 더 쉽게 줄이도록 한다. 그것은 개인적인 관계의 수를 늘리고, 더 많은 학생들이 좋은 시민이 되는 책임감을 느끼도록 한다. 공동체가 모두 서로 아는 학교라는 곳에 형성되었을 때, 학교의 경험은 개인화되며, 소속감은 강화된다. 이렇게 개인화된 학습공동체는 학생들을 도울 뿐만 아니라 소외와 허탈감, 교사들간의 변경(turnover)을 줄여준다.

또한 지속적인 교수 팀은 많은 다른 이점을 가진다. 학생들은 학생들끼리의 지속적인 관계가 필요하듯이 교사들과도 지속적인 관계가 필요하다. 지속적인 관계를 갖는 교사들은 1) 학습요구를 조사·분석하고, 2) 동기화하는 방법을 찾고, 3) 훈육(discipline) 문제를 방지하고, 교실을 관리하는 관례를 확립하고, 4) 특이한(unique) 문제를 푸는 데 효과적일 수 있다.

David Johnson과 Roger Johnson에게 협동학습 방법의 타당성을 강화시키기 위한 노력을 하도록 위임되었다. 큰 학교 안에서 작은 학교를 창조하는 것에 관해 좀 더 많은 연구가 이루어질 필요가 있다는 것을 확신하는 동안, 그들의 첫번째 보고서가 제출되었다. 그러므로 그들의 모델은 고려할만한 가치가 있다.

학교가 소규모의 기본적인 학습사회로 재건되는 것을 선택하든 아니든, 현재 모든 학교가 학생들을 능력별로 나누지 않는 것, 학생들을 이질적으로 집단화하는 것, 그리고 협동 완전학습 모델을 사용하는 것에는 나름대로 충분한 이유가 있다고 보고, 본 연구는 이 점을 매우 강조한다.

요약하면, 협동 완전학습에 관한 연구는, 이러한 모델 유형이 여러가지 이유로 가치 있고, 학교에서 학구적인 학습풍토와 모든 학생들의 학업성취를 향상시키는 것과 관계가 있다는 증거를 우리들에게 제공하고 있다. 예를 들면, 협동학습 기술은 학구적인 성취, 상호간의 관심, 학구적인 규범, 학교에 대한 긍정적인 태도, 능력에 관한 자아 개념, 그리고 일정한 시간에 완수해야 할 일을 증가시키는데 효과적이다. 이런 결과들은, 효과적인 학습풍토를 발달시키는 데 있어, 협동학습 기술의 중요성을 나타낸다. 협동학습의 모든 효과에 대해 더 많은 연구가 필요하지만, 그것은 가치 있는 도구인 것 같다. 모든 도구처럼, 요구되는 결과를 만들어 내는데 바르게 사용되어야만 한다.

4. 협동학습 과정

학생 집단 기법(technique)은 학급의 과제 구조와 보상 구조 모두를 변화시킨다. 학생들에게 주어진 보상은 전체적으로 팀의 성취(performance)에 기초한다. Slavin(1977)은 몇 년 전에 집단학습은 협동적인 과제 구조라고 불릴 수 있고, 보상 구조는 협동 보상 구조라고 불릴 수 있다고 주장하였다. 학생들이 집단 안에서 잘 수행(performance)함으로써, 집단동료에게 모범이 되고 긍정적인 태도와 바른 반응을 고무시켜 동료의 역할을 향상시킨다. 집단학습에 대한 연구는, 학생들은 서로서로 가르치고 배우는 상황을 더 좋아하고, 그 속에서 더 잘 배운다는 것을 보여준다. (Devin-Sheehan, Feldman & Allen, 1976).

반면에, 전통적인 교실은 개인적인 과제 구조(학생들은 독립적으로 일하거나 교사에게 듣는다)와 학생들이 서로 거의 도울 수 없는 경쟁적인 보상 구조(상대평가 ; grading on a curve)를 사용한다. 오히려, 학생들은 제한되어 있는, 좋은 점수를 받기 위하여 경쟁한다(Slavin, 1977). 사실, 상대평가에서 다른 학생들이 더 좋은 점수를 얻도록 돕고 격려하는 것은, 자신이 좋은 점수를 얻을 기회를 줄이는 것이다(모듈 6의 효과적인 수업을 보라). 이것은 어떤 학생들의 성공이 다른 학생들의 실패에서 진전된다는 "zero sum" 환경이 되는 경향이 있다. 각 학생들이 받는 개인적인 배려(attention)는 반드시 제한된다. 모든 학생들이 "A"를 얻을 수 없기 때문에, 학생들은 서로서로 경쟁한다.

학습 기능을 위해 구성된 활동은 연습, 동료 지도, 그리고 모델화를 위한 시간이다. 연습은 효과적인 교수를 위해 필수적이다. 예를 들면, 만약 그 활동이 철자 경기회(spelling bee)나 수학적 사실 연습(math fact drill)의 종류라면, 그 팀의 구성원들은 같이 연습하고 서로서로 가르치는데 상당히 많은 시간을 보내야만 한다. 개인교수는 동년배끼리의 연습, 모델링의 형태, 또는 나머지 집단을 위해 준교사의 역할을 하는 학생들 가운데 한 명으로 구성될지도 모른다.

동료 학습의 정확한 본질은, 학습의 역동성을 자연스럽게 발달시키기 위해서, 일반적으로 집단에 남겨질 수 있다. 이것은 집단의 내부 역동성을 방해하지 않고, 집단구성원들에게 더 효과적인 선택권(option)들을 준다. 만약 학습 활동이 학생들에 의해 중요한 것으로 인지된다면, 동료 강화 체계가 일반적으로 나타날 것이다. 그 날의 "학구적인 영웅들"은, 그들의 집단을 단체 경기와 승자 진출전(tournaments)에서 승리로 이끎으로써, 동료들에 의해 점점 더 많이 칭찬받고 추앙을 받게 될 것이다. 즉 동기, 흥미, 그리고 과제에 투여한 시간이 강화되는 반면에, 개인의 실패는 줄어든다.

동료 집단은 다른 성공들 뿐만 아니라 학구적인 성취를 보상할 것이다 (예를 들면 스포츠 성취). 다른 한편, 어떤 부정적인 강화는, 집단 점수를 낮추고 학습 과제의 집단 경쟁에서 뒤지는 집단 구성원들을 목표로 할 것이다. 이것은 교사에 의해서 부정적인 방법으로 해석되지 않을 것이다. 그러한 동료간의 강화는 집단구성원들이 더 열심히 일하도록 "동기화"하고, 그들의 성취를 증가시키기 쉽다. 좋은 스포츠맨 정신의 범위 안에 있는 한, 정적 강화와 부적 강화를 조정하는 집단의 활동은 허용되어야만 한다.

집단학습 모임은 교실의 규칙적인 일상 생활의 한 부분이 되어야만 한다. 이것들은 때때로 "어린이들에게 재미있는 것을 주는 것"으로 행해지는 활동이 아니다. 집단학습은 동료 격려, 학생들 사이의 긍정적인 사회적 관계, 학습에 적극적으로 참여하는 시간, 자아개념, 그리고 학구적인 성취를 극대화하는 교수방법이다. 집단활동이 교실 작용의 한 부분이 되었을 때, 그리고 주요한 과정 목표에 가깝게 묶여졌을 때, 학생의 성장은 일어나게 된다.

■ 집단 보상

아래에 묘사된 대부분의 협동학습 게임은, 집단 경쟁에 의존하고 있다. 집단학습 게임이 행해지기 위해서는, 교사들은 학생 또래문화에서 인기 있는, 상징적이거나 구체적(tangible)인 집단보상을 창조해야만 한다.

집단 보상의 중요성 대부분의 학생들은 상징주의, 언어 체제, 그리고 경쟁적인 집단 스포츠의 보상 구조와 접하고 있다. 집단 게임을 위해 학급을 조직할 때, 중성 스포츠 형태로 시작하라. 그리고 나서 모든 학생들의 성취 목표가 향상되었다는 것을 확신하기 위하여, 그것을 필요한 것으로 수정하라. 집단이름, 지위, 그리고 (이길) 가능성이 유사하게 구성한다. 집단 스포츠에 사용되는 것과 유사한 보상 체제가 사용되어져 왔다. 교사들은 경쟁의 여러 단계에서 우승 팀에서 다른 팀으로 옮겨갈 수 있는, 값싼 기념품(trophies)을 이용해도 좋다. 우승기(pennants or flags)는 집단 승리의 표시이며, 집단 지위를 강조하는 가정 통신문은 학생들과 부모들에게 매력적이다.

교사들과 교장들은 또한 확실한 보상을 사용할 수 있다. 학부모-교사 조직은 영화표, 운동경기 표, 또는 근처의 음식전문 레스토랑에서 사용할 수 있는 햄버거와 밀크쉐이크 쿠폰 같은 것을 위해 집단 포상으로 돈을 걸 수도 있다. 2등과 3등 집단 또는 향상을 보여주는 팀은, 때때로 그들이 노력하도록 하기 위하여, 좀더 낮은 보상을 받아야만 할 것이고, 학습 팀의 구성에서 어떤 팀도 계속해서 지배할 수 없게 하기 위해서, 때때로 팀 구성원을 교대(rotate)시켜야만 한다.

교실에서 분배에 대한 상징적이고 확실한 보상은, 즉시 이용할 수 있어야만 한다. 페넌트, 트로피, 쿠폰, 쟈켓 패치(jacket patches), 집단 사진, 포스터 그리고 표창 집회는 교직원이 적은 비용으로 이용할 수 있는 보상이다. 학생들은 또한 다양한 보상에 대하여 그들의 선호를 표시하게 할 수도 있다. 그러면 그들이 빈번히 선택하는 것은 "자유시간"이나 숙제가 없는 주말이다.

■ 시간과 집단학습

많은 교실에서, 전체 학급을 가르치는 교사는 한 번에 오직 한 명 또는 2-3명의 학생들과 상호작용할지도 모르며, 반면에 다른 학생들은 듣거나 따라 하기만을 기대된다. 다른 학급 구성원들이 학습에 참여하거나 교사-학생의 상호작용에 주의를 기울이는 범위에서의 학습은 활동적이고 생산적이다. 그러나, 만약 학생이 교사에 의해서 지명되지 않았을 때, 주의를 기울이도록 동기화되지 않는다면, 참여시간은 줄어들고 학습은 감소한다. 교사가 그들과 직접적으로 상호작용하지 않았을 때, 많은 학생들은 "무관심하게 된다"는 것이 현실이다.

잘 구조화된 집단학습은 과제 투여 시간의 문제에 대한 두 가지 분명한 이점을 제공한다. 첫 번째는, 경쟁을 위한 집단활동은 그들이 이용할 수 있는 모든 시간을, 학습내용을 열심히 공부하는데 사용하기 쉽다는 것이다. 즉, 학습 참여시간의 수준이 높게 된다는 것이다. 두 번째는, 실제 활동 기간동안 교사는 개인, 소집단, 또는 과제를 벗어나거나 방해하는 행동을 하거나 학습에서 이탈된 학생들이 없는 특별한 팀과 밀접하게 공부할 수 있는 기회를 가진다. 요컨대, 집단구조는 교정적이거나 심화적인 교육을 제공하고, 교사에게 뛰어난 수업 기술을 가지고 일할 수 있는 시간을 제공하면서, 교사의 교육적이고 강화적이며 관리적인 그리고 훈련적인 기능을 어떤 면에 집중할 수 있게 된다.

집단 게임(학습놀이) 효과적인 집단 게임은 몇 가지 기본적인 특징을 갖고 있다. 읽기와 수학에 관해서 상업적으로 미리 계획된 학습 게임이 있지만, 그 특징 중 어떤 것은 아래에 제공된 것들과 다르다. 예를 들면, 어떤 상업적인 게임은 동질적인 집단에게 반드시 "공정한" 경쟁을 하도록 제안하거나, 가장 잘 숙달된 구성원들에게만 경쟁을 하도록 허용했다. 이것은 효과적인 집단에 관한 연구와 대조적이다(모듈 5 참조). 모든 학생들이 높은 성취를 얻도록 하는 목표를 두고 있는 집단 학습의 요점은, 최고를 "선발하는 것"이 아니라, 각 학생들을 참가자와 승자로 만드는 데 있다. 그러므로 집단게임을 선택하고 발전시키는 데 있어, 기억해야 할 중요한 특징은 다음과 같다.

- 팀은 수업 시작을 위해서뿐만 아니라, 교사가 제시하는 보충수업을 위해서도 사용된다. 팀은 공통적인 학년 수준 목표에 맞게 활동한다. 학생들은 팀에서 스스로 학습하도록 기대되는 것이 아니라 실행하고, 연습하고, 공부하고, 적용하도록 기대된다. 또한 교사에 의해 제공된 학습목표와 내용에 대해 서로를 격려하고 교정하며, 개인적으로 가르치고, 도와주도록 기대된다.
- 팀은 기술과 지식면에서 이질적이어야만 한다. 집단구성원의 형성은 존재하는 친교 집단(friendship clique)을 강화하는 기능을 해서는 안된다. 교사는 학급을 학구적인 우열, 인종과 성, 그리고 바람직하지 않은 행동들을 방지하기 위해 여러 가지 방법으로 팀을 나눌 수도 있다. 교사는 학생들이 그들의 팀 동료들을 선택하게 하기보다는 팀을 선택 하도록 한다(학생들이 스스로 뽑는 방법은 그것이 나타내는 팀 스포츠와 유사하다는 점에서 호소력이 있을 수 있지만, 마지막에 뽑힌 구성원에게 자아존중감의 손상을 줄 수 있고, 또는 참여를 선택된 "친구들" 집단에 한정시킬 수 있다). 같은 학년수준의 팀 대 팀이나, 학급 대 학급의 경쟁에서, 경쟁 팀은 이질적이어야만 하고, 대체로 동등한 경쟁 팀과 겨루어야만 한다. 다시 말해서, 팀은 그들 스스로의 노력에 의해서 차이가 나타나게 해야 하며, 공정하고 동등한 기회를 가져야만 한다.
- 팀은 한 학기나 적어도 6주 이상의 시간을 함께 보냄으로써, 구성원들이 서로 알게 되고 신뢰하며 함께 잘 일할 수 있도록 해야 한다. 만약 교사가 신중한 선별을 했다면, 그는 팀 배정 관한 첫번째 진단 평가를 하지 않고 계속 앞으로 전진할 수 있다. 만약 팀이 너무 자주 형성되거나 재형성되고 빈번하게 "교체"된다면, 팀의 정신은 형성되기 어렵다. 출석을 잘 하지 않는 구성원이 있는 조가 생길 경우, 팀이 구성원의 손실없이 활동할 수 있게 하기 위해서 팀의 규모를 증가(5 대

신 6, 4 대신 5)시키는 지혜를 가져야 한다. 동시에 태만이나 결석은 팀을 경쟁적인 불이익에 처하게 하기 때문에, 구성원의 잘못은 집단 압력을 받게 할 것이다. 그리고 완전한 출석을 한 팀에게는 보너스 점수가 주어질 수도 있다.

• 모든 경쟁 이전에, 연습할 시간이 주어야져야만 한다. 학생들이 서로 서로 가르치거나 경기 자체의 상황에서는 사용될 수 없는 방법이 구 성원에게 집단압력으로 발휘할 때만, 동료 문화의 강력한 힘은 발휘 될 것이다. 팀은 같은 종류의 정보, 철자 목록, 수 현상(number facts), 또는 대회(contest)에서 필요한 학습 목표를 사용하면서, 구조화된 정 규 연습시간을 가져야만 한다.

• 동료간의 교수와 동료간의 격려가 학습에 영향을 미치는 것은, 집단 연습기간 중이다. 실제 경기나 경쟁은 학생들이 기능 수행을 향상시 킬 유인(誘因)을 제공하지만, 성취를 향상시키는 것에 가장 큰 공헌을 하는 것은 팀에서의 연습이다. 학구적인 과목에서 연습과 훈련은 필 요하지만 덜 흥미로울 수 있으므로 스포츠에서처럼, 내부적이고 외 부적인 보상이 주어지는 학구적인 대회는 학생들이 연습하고 향상되 도록 동기를 부여하게 될 것이다.

• 규칙들은 질서 있고 공정한 경쟁을 보장하도록 발전되어야만 한다. 협동적인 행동은 스포츠나 학문에서 즉시 배워지는 것이 아니라 점 진적으로 획득된다. 교수 학급 행동에서처럼, 이 교육은 적절한 행동 이 일상화될 때까지 매일 수행된다. 팀이 연습할 때 종종 팀과 같이 앉아 있거나, 교실을 돌아 다니며 팀이 어떻게 움직이는가를 관찰하 라. 그리하여 교사는 모든 협동적인 예를 강화하거나 행동을 도와서, 학급 구성원이 전원이 집중하도록 해야만 한다. 예를 들면, 처음 얼 마간의 몇 경기는 스포츠맨 정신과 행동에 기초하여 팀에 점수를 주 거나 감할 수 있으며, 특별한 트로피가 우수한 집단행동에 주어질 수 도 있다.

• 모든 학습 대회에서는 팀들에 대한 상징적 또는 구체적인 보상이 광

범위하게 사용되어야 한다. 과업완수가 학습에 중요하고 도구적이라는 것을 각 팀이 느껴야 한다(예를 들면, 학년 수준의 기초기능 완전습득). 그러나 메달이나 트로피같은 외적인 보상의 사용은, 동료 강화의 내재적 보상이 될 수 있다.

- 대회는 토론이나, 복잡한 동작, 또는 한 문제의 부분들로써 팀 전체 또는 팀 구성원들에게 묻는 말이나 글로 된 질문이 될 수도 있다. 교사들은 경기 유형이나 문제형태를 결정함에 있어, 몇 가지 요인들을 고려하고 균형을 맞추어야 한다. 예를 들면, 고학년 학생은 많은 목표로 '경쟁'할 수 있는 데 비하여, 어린 저학년 학생은 주의집중 시간이 짧다. 철자법이나 수개념처럼, 짧고 바른 대답들은 복잡한 문제해결보다 단순한 상황을 요구한다. 쓰기 대회로 모든 학생들이 답을 제시하게 하여, 실제 학습시간을 줄일 수 있는 반면에 말로 하는 대회는 더 많은 흥미와 동기를 부여할 수도 있다. 이러한 차별화하는 방안으로써, 게임 점수를 얻기 위하여 모든 학생들이 각 문제를 풀거나, 각 질문에 답하도록 유도하는 oral contest에서 '도전' 과정이 사용될 수 있다.

만약 최대의 학습효과를 거두려면, 모든 학생들은 개인 그리고 팀으로써 연습과 경쟁에서 자주 성공을 해야만 한다. 기억해야 할 몇 가지 점은 다음과 같다.

- 모든 팀 구성원들이 팀 학습에 공헌하도록 격려하라. 만약 교사가 단지 가장 나은 학생만이 다른 학생들을 도울 수 있다는 가정하에서 행동한다면, 팀 학습에서의 대부분의 잠재력은 상실된다. 예를 들면, 팀에서 가장 우수한 학생을 영원한 "팀장"으로 결정하고, 그들에게 의사결정과 숙제를 내주는 등의 큰 재량권을 준다는 것은 잘못된 것이다. 이것은 다른 팀 구성원들의 책임감을 줄이는 경향이 있고, 심지어 만약 팀장이 "교사"가 되기를 주장한다면 구성원들의 분노를

야기할지도 모른다. 팀장, 점수기록원, 정답 점검자, 교련 교관 또는 자료 수집가와 같은 역할은 팀 구성원들이 교대로 하여야 한다. 만약 종종 팀의 구조와 작용에 대처하는 능력이 빠른 학생뿐만 아니라, 느린 학생들에게도 기회를 준다면, 팀 구성원들의 능력과 자발성으로 느린 학생을 도와 학급을 놀라게 한다.

• 만약 계속해서 질문에 바르게 대답하지 못하는 학생들이 있다면, 문제의 난이도를 다양하게 하라. 어떤 대회에서도, 학생들은 대답할 질문의 종류를 선택할 수 있다. 예를 들면, 문제의 난이도가 가장 쉬운 단답문제형에서 "삼진"의 위험이 더 큰 홈런을 기록하는 가장 어려운 문제에 이르기까지 다양하게 할 수 있다. 학생들은 위험 수준을 선택할 수도 있고 나아가 팀 전체에 점수를 더할 수도 있다.

• 만약 발전의 징후없이 2주 동안 최하위에 남아있는 팀이 있다면, 그것은 아마도 그들에게 이길 수 있는 기회를 주기 위해 팀을 정비해야 할 것이다. 그 대안으로, 그 팀에게 그들의 경쟁에 도움이 되는 자료를 완전히 습득하는 방법에 대한 충고나 도움을 줄 수 있을 것이다. 그리고 교사가 연습 기간 동안 팀의 활동을 자세히 관찰함으로써, 팀이 안고 있는 문제를 파악할 수 있을 것이다.

5. 집단학습 놀이

■ "Bee"게임(철자 맞추기나 숫자계산 시합)

"Bee"는 모든 기능 수준과 연령층에서 수세대 동안 사용되어 왔던 고전적인 경기이다. 과거에는 "철자법 bee"같은, 각 학생들이 스스로 경쟁하던 개인 경쟁에 초점을 맞추어 왔다. 우리는 이것을 팀 형태로 수정되어야 한다고 주장한다. 학구적인 대회는 철자를 쓰는 것, 가감승제에서의 수현상과 같은 단답 학습훈련에 쉽게 적용된다. 관련자료는 실제 연습기간에 사용될 플래쉬 카드 또는 철자법 목록의 형태를 취할지도 모른다.

교사는 경쟁 중에 집단 구성원들에게 응답시간을 정해 놓고 질문을 한다. 바른 대답을 한 팀에게 1점을 주고, 잘못된 대답은 점수를 얻지 못한다. 각 팀은 경기의 초기에 교사에게 "순서"를 말한다. 이러한 형태의 변형은, 다음 팀에게 그 전 팀이 놓친 문제에 대답할 기회를 주고, "교정적인" 반응 같은 것은 2점을 준다. 경기를 쉽게 하기 위해서, 학생은 점수를 지키고, 질문이 미리 결정된 순서대로 질문이 개인에게 제시되는가를 확인해야 한다.

"Bee"는 철자법과 수 현상에 사용될지도 모른다. 그것은 빠른 말의 훈련이고, 많은 동시적인 상호작용, 갈채 그리고 집단 흥미를 동반할 수 있다. 그러나 고학년 학생들에게는 지필 평가로 쓰여질 수 있고, 같은 종류의 점수가 사용될 수 있다. 어떤 학교에서는 학생들이 그 단어를 말하게 하거나 프로젝트 용지에 문제를 풀게 하고 그리고 나서 대답을 OHP에 답을 쓰도록 하는데, 많은 사람들이 이러한 방법을 말로 답을 하는 것보다 더 편안해 했다. 프로젝트 용지는 여러 학생들과 점수 기록원이 칠판보다 더 확실하게 볼 수 있도록 하고, 각 경쟁자들이 끝났을 때 쉽게 지울 수 있다.

■ 집단게임 토너먼트(출처:The Johns Hopkins Team Learning Project)

지침 : TGT를 고려하는 학교는 읽기와 수학에서 학년에 적합한 학습목표뿐만 아니라 입문서와 지침서로 The Johns Hopkins Project를 살펴보기를 추천한다. 이것들은 연습과 경기 문제, 답안지, 점수판 등이 갖추어져 있다. 다음에 나오는 짧은 설명은 독자에게 이러한 기술을 소개하는 것이다.

TGT에서는 몇몇의 정해진 팀에서 각각 한 명의 구성원은 토너먼트를 위해 새로운 집단으로 들어가고, 거기서 자신의 팀이 점수를 가져가기 위하여 경쟁한다. 정해진 팀(standing team)의 각각은 동일하며 자극적인 자료로 공부하고, 모든 팀 구성원들이 그 경쟁을 준비할 수 있는 연습시간을 가져야만 한다.

게임은 탁자 가운데 있는 한 세트의 문제 카드를 사용한다. 학생은 섞여진 카드에서 한 장의 문제 카드를 뽑아, 질문을 크게 읽고 답을 찾도록 알린다. 탁자 주위의 다른 사람들은, 교대로 답에 도전하고, 잘못을 바로잡기 위해 검사할 답안지(또는 교사)의 일반적인 세트를 언급할지도 모른다. 맞는 답이나 맞는 도전은 1점을 얻는다. 정답을 제시한 학생은 질문 카드를 표찰로 보관한다. 게임은 일정한 시간동안 진행되거나, 모든 질문 카드가 사용될 때까지 진행된다. 경기의 끝날 때, 주어진 탁자에서의 개인적 지위는 전체 경기 점수에 계산된다. 이런 장소들은, 차례로 개인의 팀을 위한 팀 점수를 얻는다. 예를 들면, 4명의 경기자 가운데서, 탁자에서 이긴 사람은 처음에 8점을 얻고, 두 번째 사람은 6점, 세 번째 사람은 4점, 그리고 가장 낮은 점수의 구성원은 2점을 얻는다. 이 팀 점수는 학습에서 모든 탁자로부터 계산될 것이고, 팀의 서열 등에 응용된다. 모든 게임 참여자는 자신의 팀으로 조정된 점수를 가져간다는 것을 기억하라. 때때로 퀴즈는 정해진 팀의 점수를 갖는 경기로 대체될 수도 있다.

■ 낱말 채워넣기(출처 : The Johns Hopkins Team Learning Project)

Rutabaga는 각 학년 수준에서 (口頭의) 읽기 기능을 가르치는데 사용된다. 연습기간동안, 팀 구성원들은 서로에게 크게 읽어 준다. 경기 날에, 학생들은 TGT에서처럼 3-6명의 토너먼트 탁자에 배정되고, 그들의 팀에 점수를 가져가기 위해 경쟁한다. 학생들은 교대로 그들 앞에서 같은 읽기 자료를 가진 다른 경기자들에게 크게 읽어 준다. 읽은 학생은 "rutabaga"라는 단어를 자신의 단어로 대체한다. 놓친 단어를 채우는 첫 번째 경기자는 1점을 얻는다. 잘못된 추측일 경우 1점을 잃게 된다.

■ Jigsaw II(출처:The Johns Hopkins Team Learning Project)

Jigsaw II는 복잡한 학습과제를 조절할 수 있다. 각 팀 구성원은 비록 모든 팀 구성원이 자료를 읽었다 하더라도, 배울 자료의 한 부분에서 팀을 위한 "전문가"로 불린다. "전문가"는 배정된 부분을 연구하고, 같은 자료에 책임을 가진 다른 모든 팀의 전문가와 만난다. 전문가들은, 그들의 임무가 경쟁을 위한 준비로, 자신의 팀에 그것을 가져가서 가르치는 것이기 때문에, 자세하게 자료를 논의하고 그것을 잘 습득했다고 확신한다.

■ 스무고개

이것은 잘 알려진 게임의 팀 경기의 한 부분이다. 그것은 특별히 복잡한 추리 과제학습에 적합하다.

교사는, 팀들이 교사로부터 "예-아니오"라는 대답을 받는 일련의 질문들을 통하여, 찾아야 할 사람, 지역, 사물을 잘 알고 있다. 각 팀은 교사에게 질문 할 질문자를 확인한다. 팀은 질문을 교대하여 한 번에 한 가지 질문을 할 수 있다. "예"로 대답되는 모든 질문의 경우에, 팀은 점수를 얻는다. "아니오"라고 대답되는 모든 질문은 팀이 점수를 잃는다.

■ 학급간 경기대회

대부분의 팀 학습경기는 한 교실 안에서 일어난다. 때때로 교사는 다른 학급에 도전하기를 바라거나, 학년 수준 대회를 원할 것이다. 비록 다른 형태들이 고안될 수 있지만, 우리가 성공적으로 사용했던 두 가지는 아래에 간단하게 설명되었다.

• 승자 팀들의 경쟁 : 학년별 대회 일주일 전에, 각 학급은 학급 대회를 갖는다. 학급대회에서 이긴 팀은 학년 선수권을 위해 경쟁한다. 만약 그 대회가 체육관이나 강당에서 열린다면, 학급에 있는 모든 다른 학

생들은 관객일 수 있고, 승리하도록 그들 팀을 응원한다. 관객에 의한 응원은 때로 큰 효과(intensity)를 가져온다. 이런 상황 아래서는, 한 팀이 학급의 대표이고 학년의 챔피온이라는 강한 동기에 의해서 연습과 학습은 추진된다. 학급동료의 응원은 또한 학급의 사기와 자긍심을 증진시키는 강한 요소일 수 있다. 주의할 점은 이기는데 집착하여 어떤 학급은 그 학급에서 성적이 가장 우수한 학생들로 "대표팀"을 구성하려 하는 것이다. 이것은 이 장에서 설명된 팀 학습의 전체적인 역동성을 손상시킨다. 교사들은 그런 우발성에 대해서 스스로 단속해야한다.

- **팀 전체 경쟁** : 이 형태에서는 각 학급의 모든 팀이 경쟁한다. 이런 교내 방식은 모든 학생이 학급 경기(contest)에서 뿐만 아니라, 학년 수준 대회에서도 경쟁한다는 이점이 있다.

  5학급 각각은 5-6명의 성원들로 구성된, 다섯의 이질적인 팀들이 있다. 학년 대회 일주일 전 각 학급은 학급에서 등위를 정하는 학급 내 대회를 갖는다. 학년 대회 날에, 각 교실로부터 1등에 오른 팀을 한 교실에 모인다. 마찬가지로, 2등에 오른 팀은 또 다른 교실에 모이고, 3, 4 그리고 5위에 오른 팀들도 마찬가지다. 교사는 대회 전에 학습목표가 일치하게 포괄적인 문제들을 준비한다. 5개의 다른 학급을 대표하는 각 학급의 팀은, 한 교사의 지시아래 점수를 위해 경쟁한다. 팀은 마지막 점수(order of finish)에 의해 점수를 얻는다(예를 들면 10, 8, 6, 4, 2점). 팀 점수는 각 학급별로 합쳐지고, 점수가 제일 높은 학급은 학년의 최고 챔피언이 된다.

  모든 팀의 경쟁 체제는 관객이 없고, 모든 학생들이 참여자가 된다. 우리는 이 두 가지 방법 모두가, 학년 수준의 목표들에 관해 교사들이 공통적으로 작성한 계획을 수행한다고 생각한다. 교사들은 행동의 기준, 대회 규칙, 수상식 등을 결정하기 위해 공동으로 일한다. 한 교사는 그런 대회에서 얻은 수업기법과 공유된 생각이, 그의 가장 긍정적인 교직 경험이라고 말하기도 한다.

학업성취 강화

모든 학생들이 높은 기대를 가질 수 있는 효과적인 학교 학습풍토를 개발하기 위해서는 이러한 기대들과 함께 일관성있는 학생행동에 대한 동기부여를 통해 계속적으로 유지할 수 있는 강화기법을 이해해야만 한다. 다음에 소개되는 기법들은 학생들의 학습과 행동에 적용될 수 있는 일반적인 강화원리의 틀을 제공해 준다.

이 모듈에서는 사회적으로나 학구적으로 바람직한 학생행동이 가장 잘 나타나도록 하기 위해 적절한 강화 사용에 초점을 맞추고 있다. 즉, 강화의 원리와 가치, 보상 형태와 활용, 칭찬, 교실에서의 칭찬과 격려와 같은 것들을 가장 효과적으로 사용할 수 있는 강화의 특징들을 다룰 것이다. 또한 구두질문이나 서면을 통하여 적절한 강화를 시키는 실례를 제시하고자 한다.

1. 기본적인 강화의 원리

자 극 : 바람직한 학습상황을 만들기 위해서 높은 수준의 학구적인 기술과 지식의 성취를 이루도록 반응을 강화시켜야 한다. 학생들의 반응은 단지 학생들에게 어떤 것이 제시되었을 때 나타난다. 제시된 "어떤 것"이 바로 자극이다. 학생들에게 올바른 대답을 구하기 위하여 다음과 같은 학습과 관련된 자극의 예를 들 수 있다. 학생들에게 주어지는 자극의 예는 교과서의 연습문제, 단어 시험(받아쓰기), 또는 뺄셈문제 등이다. 또한 자극의 한 부분으로써 미소, 눈살찌푸림, 얼굴표정도 포함될 수 있다. 창조적인 교수기법에 관한 예시, 강의, 혹은 그 밖에 다양한 것들로 학생들에게 자극을 제시하고 또한 우리는 학생들에게 정보를 제공한다. 이러한 것들을 통하여 우리는 학생들로 하여금 올바른 대답을 이끌어 내기를 원한다.

여기에서 한 가지 명심해야 할 것은 학생들이 무엇을 질문했는지 알 수 있도록 명확하게 질문을 해야 한다는 것이다. 예를 들면, 뺄셈에 관한 문제를 낼 때 일반적으로 교실이 소란스럽다고 할지라도 그 질문이 정확하게 학생에게 전달되어야 한다. 받아쓰기 시험을 실시할 때도 불러주는 단어를 학생들이 이해할 수 있도록 하여야 한다. 구두로 제시할 때의 질문은 반드시 모호해서는 안 되며, 일반적으로 한 가지 이상의 정답이 나오지 않도록 분명하여야 한다. 우리가 학생들에게 제시하는 문제들, 질문들, 그리고 연습활동들은 학생들이 사전지식으로부터 관련 정보들을 구별해 낼 수 있게 하는 것들이 되어야만 한다.

반 응 : 반응은 주어진 질문에 대해서 학생들이 나타내는 "대답과 행동"이다. 학생에게 문제나 질문이 주어졌을 때 학생들은 구두나 서면 또는 명백한 행동으로 나타나게 된다. 교사들이 흔히 간과하기 쉬운 것 중의 하나는 반응이 맞거나 틀리거나, 또는 적어도 받아들일 수 있거나 받

아들일 수 없거나 둘 중 하나가 되어야 한다는 사실이다. 따라서 교사들은 학생들의 반응이 옳은지 그른지를 변별할 수 있어야 한다.

강 화 : 자극이 학생에게 주어지고 학생이 그에 대한 반응을 하였다면, 그 다음에 해야할 일은 무엇인가? 그것은 바로 교사들이 학생들에 의해 나타난 대답이나 행동에 대해 강화를 해주어야 한다는 것이다. 그러므로 교사들은 학생들에 의해 나타난 반응의 정확성을 확인한 후에 그 반응에 대한 강화를 할 것인가 하지 않을 것인가를 결정해야 한다. 강화는 그 성격상 긍정적인 것일 수도 있고 부정적인 것일 수도 있다. 긍정적 강화(때때로 보상으로 생각하는)는 학생의 반응을 증가시키는 원인이 되기 쉽다. 강화는 심리학적으로 접착제와 같다. 쉽게 사용할 수 있는 강화라 할지라도 학생들에게 심리적으로 응답한 것에 대한 강한 애착을 갖게 한다. 어떤 행동을 긍정적으로 강화시키려고 할 때, 그것이 옳든지 또는 옳지 않든지 간에 우리들은 그 행동이 반복되는 확률을 높이려고 하는 것이다. 때때로 교사는 틀린 대답을 강화시키기도 하고, 때로는 잘못된 행동에 대해 보상을 주기도 한다. 이와 같은 것은 교사들의 부주의로 인한 것이기도 하지만, 또한 교사들이 학업성취 수준을 우선적으로 생각하기보다는 다른 목적을 수행하기 위한 것으로 자각하기 때문이다. 이에 대한 하나의 예는 비록 학생들의 대답이 실제적으로 부적절하거나 서투르게 했을지라도 교사들이 학생들의 대답을 항상 받아들이고 따뜻하게 해주는 것이 가장 중요하다고 인식하고 행동할 때이다. 불행하게도 이러한 결과는 종종 학생들을 무의식적으로 학업성취가 낮아지도록 "학습"시킨다는 것이다.

부정적인 강화는 긍정적 강화의 반대개념이다. 때때로 우리는 학생들이 가치롭게 여기는 것을 제거함으로써 학생들의 행동을 자극시키기도 한다. 예를 들면, 만약 학생이 교사의 칭찬을 받는 것을 가치롭게 여기고 있는 경우에, 교사의 질문에 학생이 부적절한 대답이나 반응을 보인 경우에는 칭찬을 해주지 않는 것도 강력한 동기유발 요인이 될 수 있다. 이것은 가정에서 집안 일을 도우려 하지 않는 아이에게 전에 주던 용돈을 주지 않는 것과 비슷한 예라고 할 수 있다.

대체로 우리들은 "긍정적인 인간"이 되는 것을 좋아하기 때문에 부정적 강화의 사용을 피하려고 한다. 때로는 "자, 다시 한번 해봐. 너는 그것을 할 수 있을 거야."라고 격려해주면서도 "아니야, 틀렸어!"라고 말해주는 것이 학생으로 하여금 올바른 행동을 학습할 수 있도록 도와주기도 한다는 사실을 잊어버려서는 안 된다. 학생들에게 틀렸다는 사실을 지적하고 바른 반응을 할 수 있도록 격려해 줌으로써 학생들은 "나도 공부를 잘할 수 있다."라고 느낄 것이며, 그로 인해 더욱 더 바른 반응을 하도록 자극을 받을 것이다. 무분별하게 사용되는 강화는 그것이 어떤 것이든 학생의 학습을 방해하기 쉽다.

만약 강화물이 학생의 행동을 통제하거나 수정하는데 효과적이려면 그것은 반응직후에 주어져야 한다. 즉, 강화물은 바람직한 행동이 나타나기 전에 주어져서는 안 된다. 보상을 받는 개인이나 집단에게 보상이 주어지는 것은 단지 올바른 행동을 하였을 때뿐이라는 점을 명백히 인식하고 있어야 한다. 학교나 학급상황에서 이러한 행동에 관한 기대들은 학생들에 의해서도 명백히 인식하고 있어야 한다. 학생들은 학구적으로나 사회적으로 그들에게 기대되는 것이 무엇인가를 알고 있어야 하며 그리고 보상이나 제제(벌)는 모든 학생들의 기대에 일관성있게 행해져야 한다.

2. 보상의 유형

학교나 학급상황에서 주어지는 강화의 유형은 기본적으로 두 가지로 나누어 볼 수 있다. 그것은 물질적 보상과 사회적 보상이다. 물질적 보상은 과자, 자유시간 등이 대표적인데, 그것은 적절한 반응을 하였을 때 주어진다. 좀 더 복잡하고 세련된 보상의 방법으로는 토큰보상법이 있는데, 이는 학생이 바른 반응을 하였을 때마다 점수를 기록하거나 체크를 해 두었다가 나중에 실제적인 보상이 될 수 있는 물건으로 바꾸어 주거나 혹은 사주는 방법이다. 또한 물질적 보상은 상징적인 것일 수도 있는데 트로피, 旗, 우등상장, 증명서 등이 여기에 속한다. 학생들의 과제물에 별모양의 표시를 해주는 것도 역시 상징적 보상의 한 예이다. 이런 종류의 강화물을 사용함으로써 교사들은 학생의 성취결과에 대해서 교사가 만족하고 있다는 사실을 학생에게 전달하고 이러한 보상의 사용을 철회함으로써 학생의 행동에 대한 교사의 불만족을 학생에게 전달할 수 있다.

물질적 보상을 사용하는데는 몇 가지 문제점이 있음을 알아야 한다. 교사의 입장에서 볼 때, 그것은 경비가 든다는 점과 시간이 소모된다는 점이다. 또한 보상이 효과적이려면 학생이 보상에 대해서 무반응적이어서는 안된다. 어떤 학생들에게는 보상이지만 다른 학생들에게는 보상이 되지 않을 수도 있다. 교사는 학급 내에서 학생들의 행동에 가장 바람직하게 영향을 미칠 수 있는 물질적 보상이 무엇인가를 알아내기 위하여 다양한 종류의 물질적 보상을 시도해 보아야 할 것이다. 어떤 보상을 너무 자주 사용하거나 너무 오래 사용할 경우 그 효과가 없어지는 경우도 있다. 이 경우에 학생의 바람직한 행동을 자극하기 위해서는 물질적인 보상의 형태를 바꾸거나 혹은 그 사용을 줄이면 될 것이다.

흔히 사용되는 보상의 두 번째 형태는 사회적 보상이다. 교사나 학생의 동료들로부터 받는 칭찬은 유용한 강화기법 중의 하나로 인정되어 왔다. 칭찬은 비교적 사용하기가 쉬우며 행동에 즉각적으로 따르는 직접적인 발언이 강화물이 된다. 그렇지만 칭찬은 항상 강화물로서 작용하는 것은 아니다. 예를 들면, 어떤 학생들은 칭찬을 들으면 오히려 당황해하며 그것을 바람직하지 않은 것으로 여긴다. 교사들은 칭찬이 학생들에게 가치롭게 여겨질 수 있는 상황을 신중하게 받아들여야 한다.

내재적인 동기가 없을 경우는 사회적인 강화물과 물질적인 강화물 같은 외재적인 강화물들이 더 적절할 수 있다(Good and Brophy, 1994). 그러나 내재적인 동기(즐거움과 성취감)는 훨씬 지속적이고 강력한 동기유발 요인이 될 수 있다. 그러므로 교사는 학구적인 과업을 수행하는데 있어서 외재적 보상의 횟수를 점차 줄임으로써 학생으로 하여금 외재적인 보상으로부터 내재적인 동기로 전환할 수 있도록 도와주는 데에 관심을 가져야할 것이다. 학생들이 성취감에 관심을 기울이게 한다거나 "얼마나 기분이 좋으냐"라는 점에 관심을 기울이도록 한다든지, 학교학습을 사회의 직업이나 상급학교 진학문제와 관련시켜 주는 것 등은 이러한 전환을 가능케 하는데 사용될 수 있는 전략들이다.

위에서 언급된 것처럼 강화계획표는 효과적이며, 강화는 행동으로 이루어져야 한다. 그러나 교사의 칭찬은 잘못된 반응을 한 학생에게 칭찬되어졌을 때와 같이 종종 부적절하게 사용되어 왔다. 이러한 부적절한 칭찬은 학생들의 학습에 대해 낮은 기대를 가지고 있는 교사들에게서 종종 발견된다(Brookover et al., 1978). 때때로 교사들은 학생들을 수업에 참여시키기 위한 보상 또는 학생들의 용기를 북돋워주기 위한 시도로써 칭찬을 사용한다. 칭찬은 학업성취가 낮은 학생들에게 그들 자신에 대해 좋은 감정(자신감)을 가질 수 있도록 하기 위한 방법으로 많이 사용되어 왔다. 그러나 교사가 부적절한 칭찬을 하고 있다는 것을 학생들이 알았다면 그 결과는 학생들이 당황하거나 낙담하는 등 바람직하지 못한 결과가 나타날 것이다. 더욱이 부적절한 반응에 대한 교사의 칭찬은 교실에 있는 모든 학생들에게 일관성이 없고 혼란시키는 메시지가 될 수 있다.

전형적인 수업에서 칭찬의 또 다른 문제는 구체성이 결여되어 있다는 점이다. Anderson, Evertson, 그리고 Brophy(1979)는 학생들이 좋은 행동이나 올바른 대답을 했을 때 교사가 칭찬하는 것은 교사들의 학생에 대한 칭찬의 5%에 지나지 않는다는 것을 몇 년 전에 밝혀냈다. 다행스럽게도 이것은 변해져 왔다. 만일 그 상황이 변하지 않았더라면 이러한 수치는 받아들일 수 없을 정도로 더 낮아졌을지도 모르기 때문이다. 왜냐하면 칭찬은 학구적인 동기부여 또는 다른 행동을 학생들로부터 이끌어낼 수 있기 때문이다.

교사의 칭찬 효과를 줄이는 또 하나의 요인은 교사의 신뢰성의 결여이다. 다시 말하면, 칭찬의 언어적 내용이 비언어적 표현 행동의 지지를 받지 못하거나 심지어 그것과 상반되는 것이다(언행불일치). 학생들은 교사가 하는 말이 얼마나 진실하며 신뢰성이 있는가를 매우 잘 알고있기 때문에 진실하지 못한 것으로 여겨지는 칭찬은 종종 그 기능을 발휘하지 못한다. 불행하게도 문제 학생들은 더 나은 행동을 했을 경우에, 우등생이 받는 칭찬보다 더 많은 칭찬을 받고 있다. 아마도 이러한 경우에 있어서 교사들은 이들 학생들 서로간의 그들의 상호작용을 최소화하려고 한다. 이러한 방법에 있어서 칭찬은 바람직하지 못한 학습결과를 이끌어내는 경향이 있다.

교사들에 대한 연구들은 칭찬이 적절하게 사용되기만 하면 사회경제적인 수준이 낮거나 또는 학업성취가 낮은 학생들의 학급에서 학업성취 수준을 향상시키는 가장 효과적인 방법이라고 지적한다. 이것은 항상 학업성취가 높은 학생보다 학업성취가 낮은 학생들에게 학업성취 향상에 대한 교사의 칭찬이 보다 의미있는 것으로 나타났다. 그러나 학업성취가 낮은 학생이 어떤 반응을 하든지 칭찬해야 한다는 것을 의미하는 것은 아니다.

3. 강화의 빈도

교사들은 단지 학급 내에서 학생들을 돌보는 데에 많은 시간을 보낸다. 즉, 교사가 학생의 모든 반응에 일일이 강화를 할 수 있으리라고는 기대할 수 없다. Meacham & Wilson(1971)은 두 가지 일반적이고 효과적인 규칙을 제시하고 있다.

교사들은 학생들이 새로운 과제를 학습하고 있을 때 가장 강하게 강화를 해주어야 하며, 학생이 이미 충분히 학습한 행동을 계속할 때는 강화를 줄여야 한다.

바람직한 행동이 사회적인 행동이고 오래 지속되어야 할 경우 교사가 간헐적인 강화계획을 사용할 필요가 있다. 이러한 방법은 몇 번의 올바른 반응을 나타냈을 때 강화를 주는 방법(비율강화)도 있고 또는 일정한 시간 이 경과했을 때 강화를 주는 방법(간격강화)도 있다.

4. 학습상황에서의 몇 가지 사례

다음의 예는 앞에서 설명한 자극, 반응, 그리고 강화의 원리에 기초한 것으로, 이 예들을 통해서 앞서 논의한 칭찬의 원리들을 보다 명료하게 이해할 수 있을 것이다. 이 예들은 대부분의 수업장면에서 직면할 수 있 는 실제적인 것이다. 이 예들에서 주목할 점은, 특히 강화자로 교사만을 생각하기 쉬우나 동료집단 역시 위의 원리들에 따라서 동기를 유발시킬 수 있다는 사실이다. 적절한 행동을 유지하고 보존하는 데 있어서 동료집 단이 훨씬 더 강력한 힘이 될 수도 있다. 팀학습에서처럼 학급 내에서 학 생의 행동을 보상하거나 인정해주는 방법으로 집단이 동원될 수도 있다.

자극-질문 : 질문의 형태가 구두로 하는 것이든 문자로 된 것이든, 묻 고 있는 것이 무엇인지를 학생이 이해하고 식별할 수 있는 방식으로 질문 이 제시되어야 한다. 일반적으로 학생에게 제시되는 질문이나 학습자극 의 형태에는 두 가지가 있다. 첫번째 형태는 간단하고 사실적인 대답을 요구하는 형태의 질문이나 자극이다. 이러한 수렴적 질문은 학생이 알고 있는 사실이나 혹은 모르는 사실을 다룬다. 학생의 입장에서는 이러한 질 문과정은 본질적으로 기억의 훈련이다. 수렴적 질문의 예로 역사적인 연 대, 국가의 수도, 수에 관한 사실, 대통령의 이름 등을 묻는 것을 들 수 있 다. 이러한 질문은 흔히 "누가", "무엇을", "어디서" 등을 묻는 것이다.

이러한 질문형태에 있어서 명심해야 할 점은 동시에 두 가지를 묻지 말라는 것이다. 예를 들면, 우리 "Michigan의 초대 주지사는 누구이며, 그의 재임기간은 얼마입니까?"라는 식의 질문을 해서는 안 된다. 이중질문은 교사와 학생 모두에게 혼동을 일으키기 쉽다.

일반적으로 이러한 형태의 질문은 상당히 빠른 방식으로 제시될 수 있다(모듈 6, 효과적인 수업을 보라). 그러므로 만약 수량에 관한 구두훈련을 할 경우에 속도를 상당히 빨리 해야 한다. 마찬가지로 서답형일지라도 이와 비슷한 문제에 관해서는 많은 시간을 할애하면 안된다.

두 번째 질문형태는 학생들의 사고과정을 필요로 한다. 성격상 확산적인 질문은 누가, 언제, 무엇을, 어디서 등을 물을 뿐만 아니라 방법과 이유에 관한 물음까지도 포함한다. 이러한 질문에 답하는 과정에서 학생들은 보다 복잡한 사고과정을 거쳐 보다 복잡한 대답을 하게 된다. 어쨌든 수렴적 질문에 관해서 제시된 질문의 명료성과 대답의 명료성에 대한 지침들은 확산적 질문에 대해서도 마찬가지로 적용된다. 암기나 기계적인 학습에서와 마찬가지로 묻는 것이 무엇인지를 학생은 정확히 이해하여야 한다. 이러한 형태의 질문에서도 물론 기계적인 학습형태의 질문보다도 생각할 수 있는 시간적 여유를 더 많이 가질 수 있도록 느린 속도로 제시되어야 한다.

반응들–정답과 오답 : 학생이 침묵을 지키고 대답을 하지 않는 한, 학생의 반응이 옳은지 또는 받아들여질 수 있는 것인지를 쉽게 평가할 수 없을 것이다. 위의 논의에서 함축되어 있듯이 질문이 명확하면, 대부분 정답이든 오답이든 답이 있다. 명백한 사실기억에 관한 질문은 이런 종류에 속한다.

그러나 보다 복잡한 문제에 관한 질문의 경우에는 단지 적절한 답을 요구하는 것이므로 그 대답은 대체로 옳다 또는 대체로 틀렸다는 평가를 내릴 수 있다. 이런 경우에는 교사가 보다 정교한 피드백과 보다 세밀한 강화의 원리를 적용할 필요가 있다. 이 과정은 교사가 격려와 지원을 해주는 동시에, 학생의 답이 기본적으로 옳은지 틀렸는지를 확인시켜 주는 재

수업의 과정과 비슷하다.

　교사의 **피드백과 강화행동** : 학생이 무엇을 하든지, 맞는 대답을 하든 틀린 대답을 하든, 또는 전혀 대답을 하지 않든지 간에 교사의 입장에서는 상호작용적 반응이 필요하다. 학생이 반응을 하지 않는 상황을 잠시 생각해보자. 수학계산이나 직업훈련과 같은 단순한 사실을 묻는 질문일 경우에 교사는 학생을 격려해주고 바로 답을 말해주어야 한다. 그러나 질문이 복잡하여 논리적 사고과정을 포함하는 것이라면 교사는 학생이 대답을 생각해내도록 충분한 시간을 주고 학생이 답을 알고 있는지 모르고 있는지 확인해보아야 한다. 만약 복잡한 문제에 학생이 대답을 하지 않을 경우에 교사는 언제나 학생으로부터 정확한 대답을 얻어내도록 시도해야 한다. 이렇게 하기 위해서는 질문을 단순화시켜주거나, 다시 한 번 말해주거나 복잡한 문제를 여러 개의 하위 질문으로 나누어 제시할 수도 있다.

　만약에 학생이 틀린 답을 할 경우에는 어떻게 해야 하는가? 학습의 속도가 빠른 사실적인 질문의 경우, 교사는 대답이 틀렸다는 점을 지적하고, 맞는 답을 이야기해주고, 그 문제에 대해 다시 한 번 가르쳐주고 난 다음에 다시 한 번 질문해서 재교육의 과정을 거치거나, 다른 학생에게 물어볼 수도 있다. 자기가 대답한 답이 틀렸다는 점을 학생이 명백히 이해하도록 해야 한다. 그러나 이 과정에서 중요한 것은 이러한 정보가 학생에게 긍정적이고 교육적인 방법으로 제시되어야 한다는 것이다. 교사는 학생의 잘못을 점잖게 지적해 주고 정답을 말해 주면서 다음 단계로 넘어가야 한다. 학생이 부적절한 대답을 할 때마다 교사는 학생들이 실망하지 않도록 하며 부적절한 대답을 강요하지 않도록 각별히 주의해야 한다.

　"사고를 요하는" 질문에 대해서 학생이 틀리거나 대체로 틀리다고 할 만한 대답을 하였을 경우에는 어떻게 해야 할 것인가? 이 경우에는 보다 복잡한 과정이 교사에게 요구된다. 한편, 학생으로 하여금 올바른 대답을 할 수 있도록 정교한 피드백이 행해져야 하는데, 다른 어휘를 사용하여 질문을 다시 한다든지 질문 그 자체를 줄여서 묻는다든지 할 수가 있다. 교사가 추구할 수 있는 또 다른 전략은 학생에게 힌트나 조언을 제공해주는 것이다. 질문을 보다 작고, 보다 짧은 문제들로 쪼개는 것이 단순화 절차의 하나가 될 수 있다. 질문을 단순화하였는데도 학생이 바른 대답을 하지 못한다면 교사는 틀린 곳을 지적하여 주고 좀 더 공부하도록 조언을 해준 뒤에 다음 질문이나 혹은 다른 학생에게 넘어가야 한다.

학생이 올바른 대답을 할 수 있도록 "잠시 기다려주는" 전략은 질문을 "탐색하는" 과정의 한 부분이다. 학습이 부진하다든지 자신감을 갖지 못하는 학생들에 대해서는 이 행동이 특히 필요하다. 탐색은 격려해주고 지원해주는 태도로 이루어져야 하며, 이와 동시에 학생이 학습할 수 있다는 점과 또 학습해야 할 것이 무엇인가 하는 점이 분명히 전달되어야 한다. 앞에서 살펴보았듯이 학생들이 강화를 받아들일 것을 확신시키기 위해서 탐색이 필요하다. 교사가 과제를 완수하지 못한 학생들과 함께 하지 않거나 철저하게 조사를 하지 않는다면, 이 학생들은 그들의 학습동기와 바람직한 행동을 유지하게끔 하는 강화와 이러한 종류의 성공을 받아들이려 하지 않을 것이다.

이제 학생이 올바른 반응을 하는 상황을 생각해 보자. 명확하고 긍정적인 강화가 주어져야 한다는 것은 바로 이런 경우이다. 이때 적어도 학생자신이 바른 대답을 하였다는 사실만은 학생이 이해하도록 해야 한다. 달리 말하면 대답의 정확함이 시인되어야 하는데, 질문에 대한 정답은 이것이라는 점이 대답한 학생 자신뿐만 아니라 학급 전원에게도 명확히 알려주어야 한다. 이러한 형태의 강화는 칭찬을 보다 정교하게 사용하거나 물질적인 보상을 함으로써 보충될 수도 있다. 그러므로 교사는 사실적 질문에 대해서는 "아주 잘 했어.", "아주 정확해." 등의 말을 함으로써 즉시 시인을 해주고, 상당한 노력과 사고를 요하는 복잡한 문제에 대해서는 좀 더 길고 명확한 설명을 덧붙여줄 수도 있다. 질문의 난이도에 따라 칭찬의 수준이나 정도를 달리하며, 너무 자주 칭찬하여 칭찬의 효과를 감소시키지 않도록 해야 한다. 교사는 다양하면서도 개인에 따라 적합한 칭찬을 사용하도록 해야 한다. 따라서 모든 학생의 바른 대답에 "좋아."라고 말하기보다는 "아주 잘했어, 지호! 이제 그 글을 어떻게 쓰는지 아는 것 같구나." 하는 등과 같이 학생의 이름을 덧붙인다든지 학생이 나타낸 특정한 행동을 칭찬하여 줌으로써 칭찬의 사용을 개인에 따라 달리할 수 있다.

　서면제시에 의한 강화방법 : 흔히 교사들은 대화를 위주로 하는 학습상황 속에서는 강화를 빠르게 사용하지만 서면 훈련에 관해서는 그렇지 못한 경우가 있다. 이 경우에도 역시 강화의 원리는 같은 효력을 갖는다. 그러므로 학생들이 책상에 앉아 수학문제를 풀고 있을 경우, 교사는 교실 내를 돌아다니면서 틀린 곳을 지적해주며, 문제를 다시 해석해주고, 맞는 답은 시인해주고, 잘못을 지적해주며, 경우에 따라서는 칭찬도 해주어야 한다. 학생이 교사의 개입없이 혼자서 연습문제를 풀고 있다면 그들의 능동적 학습시간은 줄어들 것이며, 더구나 학생들은 자신의 풀이가 맞는지 틀리는지 알지 못할 수도 있을 것이다.

5. 교사용 체크리스트

학업성취 강화

■ 긍정적 강화

- 적어도 하루에 한 번 정도는 학급 내의 모든 학생을 긍정적으로 강화하는가?
- 바람직한 반응을 나타내면 즉각적으로 아니면 가능한 빨리 긍정적 강화를 주는가?
- 여러분이 기대하는 대로 학생이 올바르게 행동하였을 때 긍정적으로 강화를 주는가?
- 계획성 있게 긍정적 강화를 사용하는가?

■ 부정적 강화
• 학생 행동에 변화를 주기 위하여 부정적 강화를 사용하는가?
• 바람직하지 않은 행동을 저지하기 위하여 벌을 사용하는가?
• 부정적 강화제를 사용한 다음 학생에게 바람직한 행동을 주지시켜 주는가?
• 그렇다면, 긍정적 강화의 규칙적인 계획표를 사용하여 학생의 학업 성취의 바람직한 변화를 가져오도록 격려해 주는가?

■ 소 멸
• 바람직하지 못 한 반응이 새로 나타나거나 가끔 나타날 경우 당신은 그것을 무시해버리고 마는가?
• 의식적으로 무시해버려도 바람직하지 못한 반응이 사라지지 않을 때 부정적 강화를 사용하는가?
• 학생이 학습에서 나타나는 실수를 무시해버리는 것이 부적절하다고 이해하는가?

■ 계획표
• 학습의 첫 단계에서 강화의 규칙적인 계획표를 사용하는가?
• 학습의 연속적 상황에서 계속적으로 강화의 규칙적인 계획표를 사용하는가?
• 이미 학습한 행동의 유지를 위해 주기적으로 강화하는가?

■ 사회적 보상
• 학습에 노력을 더 기울이도록 학습활동을 제시해주고 한정시켜주는 데 있어서, 학생의 좋아하는 것과 싫어하는 것을 활용할 수 있을 만큼 충분히 학생을 알고 있는가?
• 학생이 가치를 가장 크게 두거나 가장 적게 두는 근거가 무엇인지를 결정할 수 있을 만큼 학생에 대해 잘 알고 있는가?

- 구두로 칭찬을 자주 사용하는가?
- 칭찬은 즉각적이고 한정적이고 진실한가?
- 교실 내에서 교사 자신이나 학생의 좌석을 의도적으로 배치함으로써 사회적 강화를 하는가?
- 긍정적 · 부정적 강화물로써 신체적 언어를 의도적으로 사용하는가?
- 긍정적 강화로써 학생들이 선택한 행동에 자발적으로 참여하도록 허락하는가?

■ 물질적 보상
- 바람직한 행동을 격려하기 위해 특별한 보상을 제공하는가?
- 특정한 행동만이 보상받고 그렇지 않은 행동은 보상을 받지 못할 것이라는 사실을 학생들이 명확히 이해하고 있다고 확신할 수 있는가?
- 단지 구체적인 방법으로 그들이 수행한 경우에만 학생들에게 보상을 주는가?
- 학생이 인위적인 강화방법에 의존하지 않도록 필요한 경우에만 가끔씩 물질적 보상을 사용하는가?
- 학생들로 하여금 물질적 보상에서 사회적 보상으로 전이되도록 시도하는가?

■ 학생에 대한 피드백 수행
- 학생의 과제물을 검토하고 즉시 돌려주는가?
- 모든 학생에게 자신이 행한 일의 수준이 어느 정도인지 명확히 인지시켜 주는가?
- 매일 모든 학생에게 그들의 행동에 대한 피드백을 제공하는가?
- 복잡하지 않고 쉽게 이해될 수 있는 피드백 언어를 사용하는가?
- 학생의 반응 중 특정한 잘못이나 올바른 반응 · 성취 등과 관련성이 있는 특정한 피드백 정보를 주는가?
- 동료집단으로부터 피드백을 받을 수 있는 기회를 제공하는가? (예를

들어 단체학습, 집단점검, 동료 개인지도 등)

■ 학생조사지

이름 : _____

교실에서 나는 어떠한 사람인가?

• 좋아하는 것은 _____

• 싫어하는 것은 _____

• 할 수 있는 것은 _____

• 할 수 없는 것은 _____

• 결코 하고 싶지 않은 것은 _____

• 대신 하고 싶은 것은 _____

• 어떻게 학습하기를 원하는가 _____

• 어떻게 하는 것이 더 좋은가 _____

• 실제로 잘 할 수 있는 것은 _____

• 실제로 화가 날 때는 _____

• 다른 사람에게 열광하는 경우는 _____

• 좋은 버릇은 _____

• 나쁜 버릇은 _____

• 내가 어떤 모습으로 변해지기를 원하는가 _____

• 다른 사람이 내가 어떤 사람으로 변화되기를 원하는가 _____

학생과 학교의 성취 평가

1. 평가의 유형

학생에 대한 모든 유형의 데이터는 중요한 의사결정—학생들이 배운 것과 관련된 결정, 그들을 도울 수 있는 방법에 대한 결정, 그리고 교실, 학교, 교육청에서 교육을 향상시키는 방법에 관한 결정—을 하기 위해 수집되어진다. 또한, 교실, 학교, 지역사회, 그리고 학생의 특별한 부분의 성취 상태를 전달하기 위한 요구사항들을 충족시키기 위해, 학생들에 관한 자료가 얻어진다. 이 모든 목적들 중에서, 자료의 유용성은 평가와 결정을 하기 위해, 무엇이 어떻게 수집되어졌느냐 하는 타당성에 달려 있다. 문제는 "우리가 해야 할 결정에 적합한 데이터를 수집했느냐", "우리가 데이터를 정확하게 분석했느냐"이다.

수집된 데이터의 타당성에 관한 판단은 실수하기 쉽다. 연구자들이 실수한 적이 분명히 있다. 그들은 교사들이 가르치지 않고 학생를 평가한 자료를 가지고 있으며, 또한 가르쳤던 중요한 정보를 누락시키는 것이 비교적 일반적이라는 점을 주목해 왔다. 바꾸어 말하면, 교사평가와 다른 유형의 평가들은 종종 그들의 수업과 일치하지 않는다. 그리고 때때로, 수업은 학교가 설정한 학습목표와 일치하지 않는다. 평가자료나 학생에 관해 수집된 다른 관찰물들이 수업내용과 일치하지 않는다면, 그 과정에서 무엇이 얼마만큼 학습되었는지에 관해 평가할 실질적 근거가 거의 없거나, 아예 없다는 것이 논지다. 과정이나 프로그램에서 학생의 학습평가를 위한 그러한 자료는 완전학습에서 인정할 여지가 없다.

교육의 효율성에 대한 평가와 다른 목표가 있다면, 교육과정 목표를 가르치지 않은 학생들에 관한 자료를 모으는 것이 정당한 경우도 때때로 있을 수 있다. 교육자와 교육권 밖의 교육자들도 기능, 지식, 태도, 그리고 프로그램을 계획하고 중요한 목표들을 선택하며 여러 가지 이유들에 있어서 학생들의 다른 특징이 있음을 알아야 할 필요가 종종 있다. 그러나 그런 데이터는 목표성취중의 학교 교육과정이나, 교사의 교실 수업의 효율성을 평가하는 단서는 거의 제공하지 못한다.

이 모듈은 학교와 학급에서 의도된 학생능력의 완전학습과 직접 관련 있는 데이터를 수집하고 평가하는 데 가장 큰 관심을 갖는다. 마찬가지로, 많은 학교에서 존재하는 여러 상황을 극복하는 데 관심을 갖는다. 이것은 적어도 시험이 교수의 효율성을 강화하는 데 무관하며, 최악의 경우에는 교육과정 목표를 가르치는 교사의 능력을 방해한다.

필기시험이 완전학습에 적당한 평가형태만은 아니다. 그러한 시험과 쪽지 시험(quizzes)은 많은 경우, 학습 형태를 결정하는 가치있는 수단이 될 수 있지만, 어떤 중요한 기능의 지식이 학습되어 왔는지를 거의 밝히기는 힘들다. 예를 들어, 만일 평가목적이 학생들로 하여금 워드프로세서로 기말 레포트를 작성할 수 있는가에 있다면, 워드 프로세서의 명령어를 알도록 학생들에게 요구하는 시험이, 워드 프로세서를 사용하는 학생들의 능력을 대변할 수는 없을 것이다. 오히려, 학생들이 컴퓨터로 생성한 문서를 쓰도록 하는 실기평가가, 워드 프로세서를 사용하는데 필요한 기능을 학생들이 얼마나 잘 숙지하고 있는가에 보다 큰 통찰력을 제공할 것이다.

교사들은 특별한 학습목표와 일치하는 대안적 평가 형태를 생각할 필요가 있다. 대안들 중에는 항목별 평가(rubrics), 실기평가(performance-based assessment), portfolios, 그리고 자기평가의 또다른 제한된 형태가 있다. 이것은 교사가 시험을 보지 않는다는 것이 아니다. 반대로, 학습된 제재에 바탕을 둔 시험과 쪽지시험은 평가의 매우 가시적인 형태일 수 있다. 학생의 성취도를 어떻게 평가하느냐 하는 결정은, 특별한 학습목표와 관련되어야만 한다. 사실, 적절한 학습목표는 그 목표의 성취를 평가하는 방향을 결정하고 제공한다.

2. 시험과 교육과정 목표

교육목표는 세 가지 기능을 수행해야 한다. 1) 학생들이 배워야 할 것들을 분명히 해야 한다. 2) 교사의 교육활동들을 안내해야 한다. 3) 목표에 대한 학생의 성취 평가에 방향을 제공해 주어야 한다. 교육목표를 평가할 때, 학생에 관한 정보를 수집하는 방법에는 두 가지가 있다— 일반적으로, 하나는 틀리지만, 다른 하나는 옳다. 교사는 시험을 목표로 삼을 수도 있고 시험에 나올 것들을 가르치도록 교실 수업을 조직할 수도 있다. 또는 시험은 수업하도록 의도된 것에 바탕을 둘 수도 있을 것이다. 교실 수업의 목표들과 관련있고, 더불어, 교육과정 목표와도 관련있는 시험이 발생될 것이라 예상된 것이다. 그것이 이루어진다면, "시험에 대해 가르치는" 것이 옳다. 만약 시험 내용이 교육과정과 수업목표들과 분명하고 명확한 일치점이 없다면, 시험을 대비해 가르치는 것은 부당하다. 평가의 도구로써 시험을 적절히 사용하는 것은, 수업에서 총합적 부분이다.

3. 시험시기

　환자가 몸이 불편하여 의사를 방문할 때, 의사가 하는 첫번째 일은 여러 번의 진찰이다. 이런 진찰은 환자의 안색, 말이나 행동으로부터 나올 것이다. 아마 의사는 환자에게 몇 가지 진찰을 실시할 것이다. 이 모든 데이터는 진단(diagnostic)을 위한 것이다. 진단이 이루어지고, 이런 진단에 근거하여 의사는 어떤 치료가 행해져야 될지, 그렇다면 그 치료의 특성이 무엇인지에 대해 권고를 한다. 처방이 제공되어지면, 의사는 일반적으로 그 치료가 의도된 대로 잘 듣는지 확신하기 위해 제2단계 진료 자료를 요구한다. 그렇지 않다면, 보다 나은 시약과 함께 다른 치료가 처방될 것이다. 분명히, 치료 전후에 진단 검사를 하는 목적은 환자를 도와 올바른 치료를 할 가능성을 높이기 위해서이다.

　의사가 환자를 치료하는 근본적 목적과 종종 관련이 없는 것을 수집하는 다른 유형의 데이터나 검사가 있다. 이것은 소위 스크리닝 검사(screening examination)라 불린다. 스크리닝 검사는 일반적으로 보험, 면허, 직업, 학점 등을 받기 위해, 사람들이 어떤 조건을 충족시킬 필요가 있을 때 일반적으로 행해진다. 이 검사는 의사의 치료에 영향을 주는 것이 아니다. 오히려 스크리닝 검사는 대부분 검사받는 환자의 상태를 검진하고 증거를 찾는 목적으로 행해진다.

　수업에서 완전학습 방법을 사용하는 학교를 제외하고, 교육에서의 시험은 전형적으로 스크리닝 장치(device)로써 기능한다. 과학과와 체육과 수업을 제외하고, 교사들이 학생이 아는 것과 모르는 것을 우선 알아보기 위해, 수업 전에 시험을 보는 경우는 거의 없다. 교사들이 수업 결손을 교정하기 위한 수업(instruction)을 하기 위해 진단평가를 적절히 사용하는 경우와, 다른 부가적 교육이 필요한지 알아보기 위해 다른 검사가 뒤따르는 경우는 거의 없다. 완전학습을 위한 수업은 진단검사를 필요로 한다.

학교에서의 스크리닝 검사가 일반적으로 결과 또는 총괄 평가로 불리는 반면, 진단평가는 일반적으로 과정 또는 형성평가로 불려진다. 형성평가의 목적은 수업이 진행되는 동안 교육을 안내하고 향상시키는 것이다. 교육에서 총괄평가의 목적은 학생의 특별한 기능, 지식, 또는 태도의 유무(presence or absence)를 알아보기 위한 것이다. 총괄평가는 그 프로그램에서 학생이 무엇을 배웠나하는 指標 다시 말하면, 프로그램 결과로 종종 사용된다. 형성평가와 총괄평가는 완전학습을 보증하는 데 의미가 있다.

■ 형성평가

대부분의 사전에서 Formative의 첫번째 의미는 '모양, 형태, 주형에 대해 영향(힘)을 가지는 것' 이다. 형성적이기 위해서, 학교의 대부분 시험처럼, 평가가 수업이 완료된 후에만 일어날 수는 없다. 형성평가는 시간상의 일련의 관찰이나 상태(phase)로 검사되어져야 한다. 수업 전에 일어나는 처음 관찰이 우선 나타나고, 처음 시험에서 나타난 능력의 유무에 바탕을 둔 교육이 뒤따르고, 교육의 성패를 알아보기 위해 재시험이 치러진다. 수업과 평가는, 의도된 능력이 학습될 때까지, 계속되어야 한다. 완전학습 프로그램에서 형성평가는 최소한 2주에 한 번은 행해져야 한다. 형성평가에서의 관찰은 같은 목표가 모든 학생을 위해 설정된다 할지라도, 수업에 의해 일어나는 정확한 개인 진단을 구성한다. 모든 학생들이 더 높은 단계의 다음 수업을 위하여 배운 중요한 수준의 목표들을 학습하는 학급에서, 새로운 목표들을 배울 수업에서 많은 변수의 필요성은 거의 없을 것이다.

형성평가 자료는, 그것이 수업단위의 마지막에 수집된 최종 자료가 아니라면, 등급을 매기기 위하여 사용되어서는 안된다. 이는 학습 동기유발의 실패를 불러올 것이다. 의사가 행한 진단 검사의 경우와 마찬가지로, 형성평가가 올바르게 행해질 때는 학생과 교사사이에 협동이 있다. 학생들은, 교사가 학생 자신들의 능력 결손에 대해 알게 되는 것과, 낮은 등급을 성취한 결과에 대해 걱정하지 말아야 한다. 학생들이 올바르게 실행한다면, 학생들은 교사가 높은 등급을 얻기 위해 요구되는 것들을 배우도록 부정적 정보를 사용한다고 기대할 것이다. 물론, 이것은 형성평가가 학생들을 등급화 하기 위해 사용되는 총괄평가와 일치한다는 것을 의미한다.

불행하게도, 형성평가는 학생들이 알고자 기대하는 것을 학생들에게 말하지 않고서, 교사들이 아는 것을 학생들이 배우도록 바라기만 하는 "반대의 관계"를 종종 형성한다. 육체적으로 아픈 사람이 의사를 찾아가서 그들의 병과 병의 원인을 알아내고자 원하지 않는다면 불행한 현실이다. 마찬가지로, 교육자는 학생들이 자신의 지식과 기능의 결손을 교사에게 숨기도록 하는 평가 양식을 사용해서는 안 된다.

■ 총괄평가

총괄의 어원은 합이다. 단어 "합계"란 용어처럼, 그것은 합을 얻는 행위나 동작이다. "요약"과 비슷하게, 그것은 성취에 대한 간결하며 종합적인 기술을 뜻한다. 총괄은 집합적 총합의 표현이다. 총괄평가의 종합은 특수 기능이나 내용에 대해 객관적 준거로 사용될 때, 종종 백분율, 확인된 능력의 퍼센트, 학습된 능력에 대한 태도 측면, 또는 등급으로써 표현되어진다.

학습동기 유발의 목적을 제외하고, 평가 과정의 내용이 학습내용과 적절하게 일치하고 유용한 수업 전후의 데이터와 상관이 있다면, 총괄평가의 절차는 프로그램의 효과성과 등급에 대한 평가와 어느 정도 관련성을 가질 것이다. 과정 내용을 담지 않는 총괄평가 과정이 유용할 수도 있지만, 과정 내용이상의 범위에 관한 프로그램이나 학생의 지위를 기술하는 경우에만 유용할 뿐이다. 예를 들어, 특별한 프로그램의 서비스를 받는 학생집단의 평가결과는 같은 프로그램의 서비스를 받지 않는 유사한 학생의 평가결과와 비교될 수도 있다. 두 집단의 집계된 수행력의 차이는, 학습 이전의 학생에 관한 적절한 정보가 있다면, 특별한 프로그램의 효과에 대한 하나의 추론적 지수가 될 수 있다는 것이다.

총괄평가의 결과를 사용함에 있어 중요한 점은, 과정 목표들과 같이 가

| 표 8.1 | 계획유형 |

형성평가 계획 : 완전학습 모형

시간 1	시간 2	시간 3	시간 4	시간 5
1차 형성평가	수업	2차 형성평가	선택수업	총괄평가 또는 3차 형성평가

총괄평가 계획 : 비완전학습 모형

시간 1	시간 2	시간 3	
수업	시험	다음 수업으로 이동	또는

시간 1	
시 험	의도적으로 시험과 관련없는 사전 또는 사후 시험 수업

르칠 필요가 없는 영역에서, 교실이나 학교에서의 집단을 위한 과정을 모니터링하는 것이다. 그러한 결과를 이용하는 것은 유익할 수 있고, 아마 교사와 행정가에 의해 시행될 것이다. 이런 평가 절차의 그러한 적용의 예는, 다음 질문에 답하는 것이 될 수도 있다 "수학발달이 남녀 학생이 같은가?" 이 질문에 답하기 위해서 교사들은 남녀 학생의 수학 점수를 따로 총계를 내어 보고, 결론을 왜곡시킬 수 있는 요인들을 조사하면서 결과들을 비교할 수도 있다. 교육자들이 학생에 대한 평가를 할 때, 가정 배경에 상관없이 모든 학생들이 중요한 기능과 지식을 습득할 정도를 결정하는 데 세심한 주의를 하는 것이 중요하다. 〈표 8.1〉에서 나타나듯이, 시험에 대한 계획과 학생에 대해 수집되는 자료의 다른 절차는, 완전학습과 비완전학습 모형과는 상당히 다르다.

■ 표준화 검사

MAT(Metropolitan Achievement Test), SAT(Scholastic Aptitude Test)와 같은 표준화 검사(Norm-referenced Test, NRT)가 국가적 평균성적과 비교하여 사람들의 상이한 성취수준을 확인시킬 수 있다 할지라도, 수업의 효

과를 평가하는 데 있어 그것들의 유용성이 의심스럽다. 종종 그 검사들은 지방교육 프로그램상 가르치고 배우도록 되어있는 것을 평가하지 않고 있다. 왜냐하면 그 시험문항들은 가장 뛰어난 학생과 가장 열등한 학생들 사이를 구분하도록 고안되었기 때문에, 표준화 검사 제작자는 대부분의 학생이 획득한 공통적 능력을 측정하는 검사 문항을 배제하려 한다. 또한 표준화 검사는 각 학생들의 점수가 급우들의 점수와 관련있는 그들의 성취에 좌우되기 때문에, 효과적인 협동학습의 가능성은 줄어든다. 또한 이러한 시험은 학생들이 완전학습 수준에 도달하는 것을 저해하는 특별한 문제를 노출시킬 수 있도록 고안되어 있지 않다. 따라서 그것들은 교사나 학교 담당자가 수업 프로그램을 개선하기 위해 사용할 수 있는 정보는 거의 제공하지 못한다. 하지만 그것들이 학교의 일반적 평가로 사용된다면, 그 검사가 측정하는 내용에 관한 다른 규범이나 국가적 규준으로 비교되기 때문에 유용하다.

■ 준거지향 평가(절대평가)

이 유형의 검사는 한 학생이 어떤 규준 집단에 어떻게 비교되느냐 보다는 목표로서 설정된 "특수한(particular)" 지식이나 기술을 습득했는지 여부를 확인하기 위해 제작된다. 그 검사는 특수한 상황에서 학생들이 성취한 것과 못한 것을 밝혀 준다. 준거지향 평가는 학습목표의 완전습득에 대한 지표를 포함하는 절대평가이다. 이 검사들에서 사용되는 문항들은, 목표 그 자체에서 요구되어진 일련의 학생기능과 맞아 떨어져야 하고 표준화 검사에서 보여지듯이 단지 대부분의 학생들이 그것들에 정확하게 응답하기 때문에 제거되어서는 안된다. 준거지향 평가는 실질적으로 학생들에게 가르쳐진 것에 대한 민감한 척도가 될 수 있다. 이러한 검사는, 학생에게 필요한 수업의 유형을 나타내기 때문에, 완전학습을 수행하는 데 중요하다. 또한 학생들이 후속적으로 더 높은 단계의 과제로 넘어갈 준비가 된 때를 지적해 준다.

■ 교사제작 평가

학기 또는 일년에 한두 번 시행되는 총괄평가 결과는 특정한 목표의 학생의 완전학습을 측정하기에는 불충분하다. 뿐만 아니라, 상업적으로 이용할 수 있고 교육과정의 목표와 일치하는 준거지향 평가는 거의 없다. 따라서, 형성평가를 위해서는 교사제작 평가는 물론 다른 유형의 평가도 발달되어야만 한다. 형성평가는 보다 짧은 기간동안 학습한 특정 목표들의 수업성취에 대해 지속적인 측정을 제공함으로써, 수업의 보다 많은 수정을 가능케 한다. 교사제작 평가는 서답형식, 구술형식, 또는 학생이 교사가 만족할 정도로 목표행동을 보여줄 수도 있다. 그러나 교사작성 형성평가는 학교의 목표를 충족시켜야 한다.

그래서 같은 학년의 교사는, 학년수준의 모든 학구적 과정에서 요구되는 기본적 기능의 완전습득에 대한 교수와 평가를 용이하게 하기 위해서, 가능할 때마다 교재와 형성평가 도구를 공통적으로 구성하기도 한다. 이것은 목표, 교사간의 자료와 평가, 그리고 학교 목표와의 제휴에 있어서, 신뢰도를 확보할 수도 있다. 또한 어떤 한 직원에게 부여된 직무부담을 덜어 준다.

교사작성 형성평가의 빈번한 사용은 여러가지 측면에서 유용하다. 첫째, 그것은 실천을 통해 학생으로 하여금 평가에 익숙케 한다. 둘째, 환류정보를 신속히 학생들에게 제공해 준다. 셋째, 그것은 학생들이 배운 것들을 드러내거나 자랑할 기회를 제공해 준다. 그러한 실연(demonstration)은 새로운 학습에 대하여 강력한 동기유발이 되게 함으로써, 배운 것을 종종 강화시켜 준다. 마지막으로 빈번한 과정 검사는 학생들이 총괄적인 완전습득평가, 즉 학년말 평가를 어떻게 하면 잘 치룰 것인가에 대한 불안감을 감소시켜 준다.

■ 항목별 평가, 실기평가, 포트폴리오, 그 외 다른 평가유형

항목별 평가는 교사와 학생사이의 잘 정의된 일련의 준거를 제공하기 때문에, 우수한 형성평가와 총괄평가 도구이다. 항목별 평가는 특별한 목표와 관련된 일련의 능력들(competencies)이다. 일련의 진술 형식에 있어서 종종 항목별 평가는 목표에 대한 각 구성요소가 충족되었는지를 결정하기 위하여 학생성취를 평가한다. 예를 들어, 학생의 구술 표현기능을 결정하기 위한 항목별 평가는 시선접촉의 유지, 청중에게 적당한 목소리의 크기, 청중의 반응, 청중의 반응에 따른 적절한 표현, 그리고 참석한 청중을 적극적으로 참여하도록 하는 것과 같은 진술의 면면들을 포함할 것이다. 물론, 이것들은 성공적인 구술 표현기능의 구성요소의 몇 가지 예일뿐이다. 그러나 학생들이 이런 각 기준이 열거된 항목들을 가지고 있다면, 교사들이 평가를 위해 사용한 기준을 알기 때문에, 평가를 위해 보다 나은 준비를 할 수 있을 것이다. 뿐만 아니라, 항목별 평가는 평가를 하는 동안 교사들이 무엇을 생각해야 할지를 알게 하는 데 도움을 주고, 실제로 평가를 훨씬 용이하게 한다. 교사는 간단하게 평가하거나 점수를 더하거나 뺄 수 있다. 목표들의 요소가 습득되었는지를 표시하기 위해, 또한 항목별 평가는 학습목표와 관련된 각 학생의 특별한 장점과 단점을 나타내기 때문에 학생에게 우수한 학습 모형을 제공한다.

실기평가는 보다 높은 학습수준의 목표들과 쉽게 조화되기 때문에, 대중성(인기; popularity)을 얻고 있다. 필기 시험은 학생들이 실제 지식을 가지고 있는지를 판단하기 위한 우수한 도구인 반면, 정보를 분석하고 종합하는 학생의 능력을 평가하기 위해 전통적 시험을 사용하는데는 많은 어려움이 있다. 예를 들면, 학생들이 개구리를 해부하는 목표가 있다면, 학생들은 평가로서 실제로 개구리 해부를 하는 감각능력이 형성된다. 종종 실기평가는 항목별 평가를 사용하여 학생들이 각 구성 기능을 알게 함으로써, 교사는 학생들의 학습 결손을 쉽게 진단할 수 있다. 실기평가의 형태는 세분화된 학습목표에 의존한다. 또한 그 목표들은 사용하는 실기평가의 방향을 제시하고 결정한다.

포트폴리오(일종의 스크랩)는 학습의 광범위한 실체를 반영하기 때문에 우수한 평가도구이다. 종종 포트폴리오는 학생의 학습노력물의 총합으로 설정되어지곤 한다. 예를 들어 창의적인 쓰기 과정에서, 과정의 처음부터 끝가지 학습의 복사본을 학생들이 가지고 있다면, 교사, 부모, 행정가, 학생들에게 그들이 그 과정을 통해 얼마나 진보했는지, 어떤 능력의 유무를 증명할 수 있을 것이다. 사실 학생들이 배운 것들을 그렇게 자주 깨닫지는 못한다. 포트폴리오는 구체적 증거를 제공해 준다.

반성은 학습의 중요한 일부분이고, 학생들이 진보하고 있는 방식에 대한 평가를 제공하기 위해 학생들에게 요구하는 것은 학생들 학습과정을 생각하는 방식과 그들이 학습하는 방식에 대한 많은 통찰을 제공할 수 있다. 신문, 포트폴리오, 항목별 평가, 자기평가 진술, 그리고 구술 회의를 포함하는, 자기 평가와 반성을 위한 다양한 도구가 있다. 자기평가 형식의 위험은 근본적으로 총괄평가에서 일어난다. 단순히 과정이 끝났을 때, 학생들에게 자신들의 등급을 매기도록 요구한다면, 자기자신에게 높은 등급을 주고자 하는 유혹이 높아진다. 그러나, 자기평가가 전 과정을 통해 주기적으로 사용된다면 그리고 등급을 점수화하지 않는다면, 보다 정확한 자기평가가 나올 것이다.

■ 비형식적 수업 평가

학생의 진보에 대한 계속적인 형성평가는, 교사에 의해 종종 비형식적으로 행해진다. 지필 평가가 사용되는 동안, 교실에서 널리 행해지는 상호작용은 대부분 교사의 교육적 의사결정 과정에 결정적(salient)이다. 학생들이 교육목표를 달성했는지 여부를 결정하기 위해, 효과적인 교사들은 학생의 구술적 반응, 얼굴 표정, 관심도, 그리고 다른 반응 등을 고려한다. 그런 단서들은 그 단원이 얼마나 잘 학습되었는지를 나타내는 중요한 지표들이다. 다시 말하면, 교사는 그들이 수업에 대한 학생의 반응정도를 고려할 때 비형식의 형성평가 유형을 사용하고, 그에 따라 수업을 수정시킨다. 이것은 청중의 판단에 따른 연출에 기반을 두고 행동을 수정하는 직업 배우들과 어느 정도 유사하다. 학교에서 그런 수업의 비형식적 평가들은 쪽지시험, 숙제, 그리고 다른 자료로부터 나오는 형식적 반응에 대한 중요한 부가물이다.

학생에 대한 교사의 비형식적 평가 중 가장 일반적인 유형에는, 학생에 대한 교사의 구두 질문이 있다. Morgan and Sexton(1991)에 따르면, 학생에 대한 교사의 질문은 다음과 같은 중요한 방식으로 학습을 강화시킨다.

- 수업에 학생들을 적극적으로 참여시킴으로써 학생의 관심을 촉진시킨다.
- 학생들이 자신의 생각을 명백히 하고 언어화하도록 격려함으로써, 보다 깊은 思考를 강화한다.
- 학생들이 급우들 앞에서 그들의 생각을 명확하게 표현할 기회를 제공함으로써, 동료 수업(peer teaching)을 용이하게 한다.
- 질문의 단서를 통해 요점을 강조함으로써, 중요한 요점을 강화한다.
- 교사로 하여금 문제를 진단하고 수업을 조절하도록 하는 즉각적 피드백을 제공한다.

이 과정의 영향을 극대화하기 위해, 교사는 자발적으로 응답하는 몇몇 학생들에게만 의존하기보다는 전 학생을 대상으로 질문을 해야 한다. 질문은 학생들이 답을 생각할 수 있도록 적당한 시간을 주고, 수업목표에 논리적으로 부응되어야 한다. 마찬가지로 질문은 단순한 사실적 질문에서부터 분석, 종합, 그리고 문제해결의 적용력까지 고른 난이도를 포함하는 것도 중요하다. 교사가 적절히 질문했다면, 뒤따르는 질문에 대한 학생의 반응을 알 수 있어야 한다.

그러한 질문과정 자체가 새로운 질문들을 발생시키기 때문에, 교사는 준비된 수업 계획으로부터 종종 빗나가는 경우를 준비해야 한다. 그러한 이탈은 종종 수업과정을 강화시켜 학생과 교사로 하여금 수업의 범위를 넘어서는 지식 안내를 계획하고 새로운 식견을 추구하게 하는 역할을 한다. 그러나 중요한 것은, 비공식적인 질문의 과정은 효과적인 학습풍토를 특징짓는 형성평가에 있어 중요한 도구라는 사실이다.

■ 평가기록 보관

수업의 향상이 결과에 의하면, 평가기록의 보관은 진보나 완전학습을 위한 평가의 필수 불가결한 부분이다. 그것은 교사에게 각각의 학생이 경험하고 있는 진보나 결손에 대한 학습과정 중의 객관적인 정보를 서면으로 제공하고 기억과 교사판단을 환기시키는 데 기여한다. 그것은 학생이나 부모, 필요하다면 다른 교사에게 정확하고 이해할만한 학업성취에 대한 피드백을 제공하기 위한 중요한 매개체이다.

어떤 교육청에서 사용하고 있는 컴퓨터 기록법은 평가결과, 특히 모든 학교의 평가 결과를 교사가 직접 기록하고 요약하던 것을 대신해 준다. 우리는 일반적으로 교실에서 더 자주 실시되는 평가를 중요시한다. 특히 이것은 학생의 실제적 학습의 일부로 거의 2주마다 실시되는 평가라든가 같은 교재에서 출제되었지만 점수를 매기거나 보고하기 위한 목적으로 사용되는 총괄적인 완전학습 평가로 일컬어진다. 결과는 일일 또는 주간 학습계획 그리고 학생의 숙제를 위해 사용되어진다. 우리는 두 가지 기본적 평가기록 보관 양식을 제시한다. 학생양식과 교사 양식은 〈표 8.2〉와 〈표 8.3〉와 같다.

컴퓨터 교육을 받음으로써 교사의 향상된 컴퓨터 사용능력, 교사의 평가기록 보관을 위해 "친근한" 소프트웨어의 상업적 사용을 통해, 교사가 글자를 쓰는 것과 함께 평가기록의 보관 업무는 훨씬 쉬워졌다. 학생은 또한 정보를 기록함으로써 참여할 수 있다. 이것은 학생들이 중요성이 증대되고 있는 기술문명에 있어 보다 민감하게 된다. 그리고 한 걸음 더 나아가서, 형성평가와 상호작용에 있어서 효과적이라는 것을 증명했던 연구 이후 많은 컴퓨터 프로그램이 발전되어 왔다.

어떤 경우든, 각각의 학생들은 과제 견본들, 프린트철, 완성된 숙제, 메모, 숙제 등을 관리하는 다른 것 또는 폴더, 공책이 있다. 이 폴더는 기본 과정의 목표들을 기록하고, 진보와 완전학습 평가의 결과를 기록하기 위해 단순한 형태를 취해야 하고, 또한 부모에게 알려지도록 사용되어야 한다. 견본은 〈표 8.2〉, 〈표 8.3〉, 〈표 8.4〉에서 볼 수 있다.

표 8.2	수학 성취와 관련된 평가기록 보관

이름 _____

시간 _____

(등급을 사용하지 마시오) 85% = 완전학습

전체 수 단원	과정 평가	날짜	완전학습 평가	날짜
(목표의 사용)				
곱셈				
1자리				
2자리				
3자리				
나눗셈				
1자리				
2자리				
구구단				
부등식				
>				
<				
=				
평균				
문장제 문제				
인수				
소수 인수				
인수 가지				
소수 인수분해				
최대 공약수				
배수				
최소 공배수				
확대 기수법				
로마 숫자				
법칙들				
교환 법칙				
조합 법칙				
배분 법칙				
함수				
기수				

| 표 8.3 | 교사 차트(견본) |

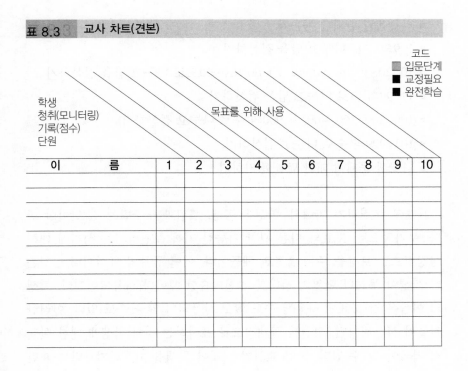

코드
▦ 입문단계
■ 교정필요
■ 완전학습

학생
청취(모니터링)
기록(점수)
단원

목표를 위해 사용

이 름	1	2	3	4	5	6	7	8	9	10

| 표 8.4 | 학부모 보고서(견본) |

당신의 자녀는 수학 수업에서 완전학습 단계에 있습니다. 무슨 뜻이냐고요? 그것은 학습의 각 단계에서 학생들이 복습 또는 학습할 기능을 말하는 것입니다. 각 기능은 수업에서 가르쳐지고, 등급을 매기지 않는 실기평가가 모두에게 주어집니다. 기능들을 습득한 학생(정확히 85%를 얻은)들은 그 기능을 확대하거나 적용할 수 있는 특별과제를 할 수 있습니다. 기능을 습득하지 못한 학생들은, 다른 과정을 통하여 배울 수 있는 두 번째 기회를 가지게 됩니다. 그리고 나서 마지막 시험에서 등급을 매깁니다. 종종 학생들은 특별한 기능을 완전히 습득하기 위해, 특별한 시간과 수업 외의 도움을 필요로 합니다.

아래에 기록된 것은 우리가 지금까지 노력해 온 단원입니다. 최종 시험에서 얻은 당신 자녀의 점수입니다. 85점이 완전학습이라는 사실을 기억하십시오.

단 원	자릿값	구구단	덧셈/뺄셈	곱셈
마지막 시험	75%	85%	95%	87%

우리는 지금 나눗셈 단원을 배우고 있습니다. 당신의 자녀가 복습하거나 학습할 기능은 다음과 같습니다.

- 나눗셈의 실제를 아는가?
- 1~9의 수로 나누고 답을 검산하기
- 10, 20, 30, 40, 50, 60, 70, 80 또는 90으로 나누고 답을 검산하기
- 11~99의 수로 나누고 답을 검산하기
- 100, 200, 300, 400 ⋯ 900의 수로 나누고 검산하기
- 101~999의 수로 나누고 검산하기
- 나눗셈 문제에 대한 답을 평가하기

나눗셈을 잘하기 위해서, 학생은 곱셈, 뺄셈과 구구법을 잘 알아야 한다. 부가적으로, 도표와 다른 관찰 가능한 기록 보관장치는 성취에 대해 상징적으로 보상을 주는 훌륭한 예들이다. 어떤 종류의 표식이나 상징은 한 학생이 목표나 단원의 하나를 완전학습할 때마다 사용되어진다. 학생의 이름은 각 도표에 사용될 수도 있고 사용되지 않을 수도 있다. 이러한 것들이 사용된다면, 성취를 공개적으로 표시하는 것이 학생에 대한 실질적 자극이 될 수 있다. 만약 교사가 이것이 학생을 고무하기보다는 혼란스럽게 한다고 느껴지면, 이름을 모두 제거할 수 있다. 이러한 도표는 완전학습을 향한 전체 학급의 움직임을 측정할 것이고, 개인은 여전히 사적으로 그가 학급에서 어떻게 비교되는지를 평가할 수 있을 것이다.

학생이나 교사뿐만 아니라 부모에게도 기본적 능력의 완전습득에 대한 학생의 진보 정도에 대해서 계속해서 정보가 주어져야 한다. 교사는 부모가 잘 이해하고 부모-교사간의 상담에서 토의를 쉽게 할 수 있는 형식으로, 그들 자녀의 학업성취에 대한 정보를 부모에게 제공해야 한다.

4. 평가의 질 개선

평가지(test)와 다른 유형의 평가(evaluation)의 질을 개선함으로써, 평가 결과가 학생들이 학습한 것을 나타내고 외적인 요인에 기인하지 않는다는 것을 확인할 수 있다. 어떤 형식의 평가라도 학생의 실질적인 지식 또는 기능의 타당한 척도가 되어야 하는 것이 중요하다. 예를 들면, 어떤 학생들은 평가가 실시되는 상황 속에서 마음이 편안하지 않아 좋은 점수를 못 얻는다. 소심함과 불안은 학생의 동기유발과 사고과정을 위축시킬 가능성이 있다. 더욱이 시험치는 방법에 대한 이해, 최선을 다하게 하는 동기유발, 그리고 시험의 중요성에 대한 이해 등에서 학생들이 동일하다고 가정할 수는 없다. 그러므로 평가가 기술적으로 건전해야 한다는 것이 중요할 뿐만 아니라, 평가 실시 상황 그 자체가 또한 무시되어서는 안 된다. 다음의 제안들은 모든 학생들이 그들이 갖고 있는 최고의 능력을 발휘할 수 있도록 준비를 갖추고 있다는 것을 확신시키는 데 도움을 줄 수 있다.

첫째, 교사는 그 평가가 중요하다는 것을 믿어야 하고, 이것을 학생에게 전달해야 한다. 그 형성평가가 학생들이 학습하는 것을 돕고, 그들이 수업 프로그램을 향상시키는 데 사용될 것이라는 점이 학생에게 전달되어야 한다. 등급화 되지 않은 형성평가 결과들은 빈번하게 연습의 일부로 구안되고, 학생들의 학습에 대한 피드백을 주기 위해 사용해야 하며, 그 결과가 학습의 최종 평가로 사용되어서는 안된다. 평가 결과를 설명하고 그것을 부정적으로보다는 긍정적으로 사용하고, 학생들이 평가를 치르는 경험을 많이 할 때 학생들은 일반적으로 평가에 대해 더욱더 편안해지고 평가를 잘 치를 수 있다. 둘째, 평가실시를 위해 사용되어질 것과 똑같은 형식으로 된 자료를 수업시간에 포함시키는 것이 중요하다. 이것은 그들이 그 평가문항에 충분히 익숙해야 한다는 것을 의미한다. 예를 들면, 평가지가 덧셈에 관한 수평적 형태(25+5=N)를 사용한다면, 학생들에게 이러한 형태를 가르쳐야 한다. 문항형식에서 학생들에게 아무런 놀라움이 없어야 한다. 이것은 일부 학생에게서 낮은 점수가 나타나게 할 것이다.

또 하나의 문제는 표준화 평가 도구의 유형으로 사용하는 컴퓨터용 해답지에 의해서 야기된다. 어떤 학생들은 그 자료를 모른다기보다는 정답을 잘못 기재함으로써, 그들의 좋지 못한 점수가 실수에 기인하기도 한다. 또한 이미 쓴 답을 바꿀 때에, 학생들이 완전히 지우지 못하거나 잘못된 연필 표시를 지우지 않거나 해서 더욱 낮은 평가 결과가 나올 수도 있다. 이러한 문제가 발생하지 않도록, 학생들에게 컴퓨터 해답지 사용의 형식과 방법을 가르쳐야 한다. 어떤 학교에서는 평가점수를 매길 뿐만 아니라, 평가지의 사용법을 가르치기 위한 독립형 스캐너를 구입했다. 이것은 모든 학생들이 올바른 기능들을 배울 수 있도록 각 교실로 돌려진다. 학생은 지시를 받아 평가를 치르며, 그것을 스캐너 안으로 집어넣는다. 그들이 답지를 잘못 매겼거나 지시를 따르지 않았을 때, 벨이나 부자가 울리며 평가지는 채점되지 않는다. 학생들은 즐거워하고 이런 수업은 영원히 기억될 것이다.

적당한 평가절차를 모르거나 불안정하고 시험형식에 익숙치 못해서 학생에게 불리하게 작용하는 것은 부당하다. 평가의 실시는 학교 당국과 관련된 일이므로, 평가 실시 기술이 잘 개발되었나를 살펴보는 것은 학교 교직원의 책무이다.

끝으로, 학생들에게 평가가 실시될 것이라는 것과 그것이 언제 실시될 것인가를 확실히 알려야 한다. 평가에 포함된 목표나 제재에 관해 재점검된 필요한 사항을 준비시켜 주어야 한다. 그러한 재검토는 동일한 비슷한 질문을 사용해야 한다. 만약 시험에 나타난 형태의 항목에 학생들이 익숙지 않다면, 평가는 타당성 있는 평가가 되기 어렵다.

완전학습에 있어서 점수를 매기고 최종적 결과로 사용되는 총괄평가와 형성평가는 사전에 정의된 준거 설정에 바탕을 두고 있다. 수업이전에 교사와 학생이 준거를 등급화하는 것을 완전히 아는 것은 매우 중요하다.

결국, 학생이 교육 목표를 습득하도록 기대된다면, 그들은 완전학습에서 나타내도록 요구되어지는 성취수준을 알아야만 한다. 예를 들면, 학생들이 두 자리 덧셈을 확인하는 목적이라면, 학생들은 그들이 시험을 치르는 방법이나 그들이 습득을 나타내기 위해 얼마나 많은 두 자리 덧셈 문제를 정확히 풀어야 하는지를 알아야 한다.

완전학습과 더불어, 개별 학생이 받은 점수는 다른 학생들의 비교에 바탕을 두지 않거나 참석, 출석, 시민의식, 또는 특별한 학생 성취와 직접적으로 관련되지 않은 준거와 같은 비완전학습의 고려사항들에 바탕을 두지 않는다. 학생 성취를 비교하는 준거지향 평가는, 완전학습을 반드시 가르치지는 않는다. 이런 형태의 평가는 선택된 제재에 관한 다른 평가와 관련되어, 학생들이 얼마나 잘 성취하는가를 나타낼 뿐이다. 한 학생이 가장 높은 시험점수를 얻었기 때문에 혼자 A 점수를 받는다는 것이, 우리에게 그 학생이 얼마나 많이 아는가에 대해 알려주기는 어렵다. 전 학급은 과정 목표를 달성시키는 데 실패할 수 있지만, 어떤 학급에서는 여전히 "A점수들"을 받을 수도 있다.

또한 정규분포곡선에 부가된 점수 할당(예를 들면, 10%가 A등급, 20%가 B등급, 40%가 C등급, 20%가 D등급, 그리고 10%가 F등급)은, 그것이 완전학습에 있어서 성취 준거를 충족시키기보다는 비교에 많이 바탕을 두기 때문에, 완전학습을 반영하지는 못한다. 모든 학생들이 높은 성취수준에서 과정 목표들의 습득(mastery)을 나타내는 한, 모든 학생들이 A점수나 B점수를 받는 것이 정당하다고 할 수 있다. 또한 습득이 달성되지 않는다면, 모든 학생이 성취하지 못할 수도 있다. 완전학습의 목적은 대부분 학생들이 성취의 연속선상 상위 끝부분에 있고, 대부분 학생들의 교육 목표도 완전학습을 나타내는 J곡선 형태이다.

완전학습 모형에서 점수를 매길 수 있는 함정 중의 하나는, 준거를 너무 낮게 둔다는 것이다. 준거 수준이 너무 낮아서, 거의 모든 학생들이 거의 또는 전혀 학습되지 않은 것도 습득을 할 수 있는 준거를 설정함으로써, 모든 학생들에게 A나 B점수를 주기가 쉽다. 습득을 위한 준거가 너무 낮게 책정될 경우, 모든 학생들이 A나 B점수를 받는다는 것이 성공적인 수업을 나타내는 지수가 될 수는 없다. 완전학습에서 성취기대 수준은 높아야만 한다. 완전학습을 나타내는 준거도 역시 높아야 한다.

5. 학교 프로그램 평가

학교 수업 프로그램의 효율성을 평가하는 책임은 교장과 교사들에 의해 공유되어야 한다. 학교장은 학교 프로그램 평가의 조장자가 되어야 한다. 이것은 학교장이 보고된 자료를 파악하여 그것을 교사와 의사소통을 하고, 그 자료가 기본적 능력에 대한 프로그램의 개선을 위해 이용되는지 유의해야 할 책임이 있다는 것을 의미한다. 더욱이 교장은 이러한 평가자료에서 주요한 기본적 능력의 결손이 나타날 때마다, 이것을 극복하기 위해 수업 수정을 지시해야 한다. 여러 교직원이 한 학교 내의 각각의 학생 집단을 책임져야 하기 때문에, 학교 효율성의 평가는 학교를 기본단위로 학교교육의 효율성을 점검하여야 한다. 한 학교의 직무수행의 질은 학생이 그 학교 프로그램의 구체화된 목표를 달성하는 정도에 의해 결정되어질 수 있다.

특히 기본적 기능을 가르침에 있어서 그 학교의 효율성을 평가하는 척도는, 학생 성취를 위하여 설정된 구체적 목표에 그 기반을 두어야 한다. 이것은 보통 구체화된 학년수준 기능의 백분율로 표시된다. 예를 들면, 어떤 해의 학교목표가 모든 학생이 적어도 학년수준 능력의 X%를 완전습득하는 것이라면, 이러한 목표에 대한 사후 시험 결과의 일치가 그 학교의 성공을 평가하는 기준이 된다. 하지만 완전학습 성취를 위한 학교목표가, 학생과 교사가 그것을 성취하기 위해 노력할 수 있도록, 그 학년도 초에 분명하게 정해져야 한다는 것은 매우 중요하다. 성취할 수 있도록 충분한 시간적 여유를 갖고 교사와 학생에게 전달되지 않는다면, 프로그램의 효율성을 측정하기 위하여 학교목표를 사용하여서는 안된다.

대안적 교육 프로그램에 있는 학생을 포함한 전체 학생이, 중요한 지식과 기능을 완전학습하도록 기대해야 한다. 단지 평균 수준의 보통 학생만이 학년 수준의 과업을 성취하는 것은 충분하지 않다. 모든 학생들은 명시된 수업목표에 관한 높은 성취수준에 도달하도록 기대되어야 한다. 이러한 학생들은 학교나 학급평가뿐만 아니라, 교육청 규모의 평가에 포함되어야 한다. 개개의 학교는, 모든 학생들이 다른 학생들을 위해 구체화된 목표를 성취하도록 책임을 져야 한다. 몇 교육청이나 학교의 실재는 평가를 통하여, 어떤 학생들은 학년 수준 목표의 완전학습을 달성하도록 기대하지도 않고, 달성할 수 있다고 믿지도 않으며, (아마도) 가르치지도 않을 것이다. 이러한 학생들에 대한 평가자료의 부족은 학교 효율성의 불완전한 청사진을 제공하여, 수업 프로그램 개선을 위한 노력을 저해한다.

결론적으로, 학생과 학교의 효율성에 대한 판단은 다양한 요소의 평가에 기초해야만 한다. 다시 말하면, 평가 기술의 다양화는, 신뢰성 있고 타당한 결과를 극대화하기 위하여 근본이 된다. 평가 결과로부터 나온 정책들은, 평가 항목과 절차가 수업과 일치할 때만 도움이 된다.

참고문헌

강태중, 학교효과 연구의 조망. 한국교육학회소식, 31(2), 1995.

김병성, 효과적인 학교개혁 실천묘듈개발연구. 한국교원대학교, 2001.

김병성, 교육연구방법. 서울: 학지사, 1996.

김병성, 효과적인 학교풍토의 이론과 실제. 서울: 학지사, 1995.

김병성, 교육과 사회. 서울: 학지사, 1994.

김병성, 학교 사회심리학. 서울: 양서원, 1991.

김병성, 학교중심 교사연수 과정개발. 서울: 교육과학사, 1990.

김병성, 교육사회학. 서울: 양서원, 1998.

김병성, 효과적인 학교론. 한국교육개발원, 교육개발, 1987, 9(3)

김병성, 학교학습풍토와 학업성취. 서울: 교육과학사, 1986.

김병성 외, 학교교육과 교육격차, 서울: 민족문화문고, 1985.

김병성 외, 도 · 농학교의 사회적 체제 비교연구. 연구보고 83-2, 한국교육개발
    원, 1983.

김병성, 교육격차의 관련요인. 연구보고 제138집, 한국교육개발원, 1981.

김병성, 학교의 사회적 풍토개선의 방향, 교육개발, 1981. 3(1), 46-52

김석수, 학교효과 결정요인과 학업성취와의 관계. 박사학위논문, 한국교원대학
    교 대학원, 1998.

성기선, 학교효과 연구의 이론과 방법론, 서울: 원미사, 1998.

한대동, 효과적인 학교에 대한 연구동향. 교육문제 연구소 논문집 7, 1991.

Achilles, C. M., & Lintz, M. N. Evalution of an effective schools intervention.
    AERA paper. San Francisco, 1986.

Airasian, P. W., & Madaus, G. F. A study of the sensitivity of school and program, effectiveness measures. Report submitted to the Carnegie Corporation, New York, Chestnut Hill, Mas: Boston Collage,1976.

Aronson, E., et al. *The jigsaw classroom*. Beverly Hills, CA: Sage, 1978.

Anderson, L. W., Scott C. C., & Hutlock, N. The effects of a mastery learning program of selected cognitive, affective and interpersonal variables in grades 1 through 6. Paper Read at Annual Meeting of the American Educational Research Association, San Francisco, April 1976.

Anderson, L., Evertson, C., & J. Brophy. An experimental study of effective teaching in first grade reading groups. *Elementary School Journal* 7/3(summer 1979): 193-223.

Anderson, L. W., & H. J, Walberg. (Editors). Timepiece: Extending and enhancing learing time. Reston, VA: National Association of Secondary School Principals, 1993.

Anderson, R. C. How to construct achievement tests to assess comprehension. *Review of Educational Research*, 1972, 42, 145-170.

Airasian, P. *Assessment in the classroom*. New york: Mcgraw-hill, Inc., 1996.

Averch, H. A., Carroll, S. J., Donaldson, T. S., Kiesling, H. J. and Pincus, J. *How effective is schooling? A critical review of research*. A rand educational policy study. Englewood Cliffs, NJ: Educational Technology Publications, 1974.

Baungert, R. L., Kulik, J. A., & Kulik, C. C. Individualized systems of instruction in secondary schools. *Review of Educaional Research*, 53, 143-58. 1983.

Bellenca, J.,. & R. Fogarty. *Designing professional developing for change: A systematic approach*. Palantine, IL: IRI Skylight Publishing Inc., 1995.

Bidwell, C. E. Nations, school districts and schools: Are there schooling effects anywhere? Paper read at Annual Meeting of the American Educational Research Association, Washington, DC, April 1975

Block, A. W. Effective schools: A summary of research. Research Brief. Arlington, VA: Educational Rearch Services, Inc., 1983.

Block, J. H. (Ed.), *School, society and mastery learning*. NewYork: Holt

Rinehart & Winston, 1974

Block, J. H., & Burans, R. B. Mastery learing. *Review of Research in Education*, 4, 3-49, 1970.

Block, J. H. (Ed.), *Mastery learning: Theory and practice.* New York: Holt, Rinehart & Winston, 1971.

Block, J. H., & L. W. Anderson. *Mastery learing in clssroom instruction.* New york: MacMillan publishing Co., 1975.

Bloom, B. S. *Human charateristic and school learning.* New York: McGraw-Hill, 1976.

Bloom, B. S. Hastings, J. T., & Madaus, G. F. *Handbook on formative and summative evaluation of student learning.* New York: McGraw-hill, 1971.

Bloom, B. S. *Human characteristics and school learning.* New York: McGraw-Hill, 1976.

Bloom, B. S. *Learning for mastery. University of California Evaluation Comment,* 1968, 1, 1-12

Borger, J. B., Ching-Lung Lo, Sung-Sam-Oh and Walberg, H. J. Effective schools :a quantitative synthesis of constructs. *Journal of Classroom Interaction, 20,* 12-17, 1984.

Brandsma, H. P., & Knuver, A. W. M. Organisatorische verschillen tussen basisscholen en hun effect op leerlingprestaties(Organizational difference between primary schools and their effects on achievement). *Tijdschrift voor onderwijsresearch, 13,* 1989.

Brookover, W., Beady, C., Flood, P., Schweiter, J., & Wisenbaker, J. *School social systems and student achievment: Schools can make a difference.* New York: Praeger, 1979.

Brookover, W. B., L. W. Lezotte. Changes in school characteristics coincident with changes in student achievement. East Lansing: Institute for Research on Teaching, Michigan State University, 1977.

Brookover, W. B., Schweitzer, J. H., Schneider, J, M., Beady C. H., Flood P. K., & Wisenbaker, J. M. Elementary school social climate and school achievement. *American Educational Research Journal,* 1978, 15, 301-

318.

Brophy, J. E., & T. L. Good. *Teacher-student relationships: Causes and consequences.* New York: Holt, Rinehart and Winston, 1974.

Brophy, J., & Good, T. L. Teacher behavior and student achievenent. In M. C. Wittrock(Ed.), *Handbook of Research on Teaching,* New York : Macmillan, 1986.

Cameron, J. M., & Tullock, G. The Calculus of Consent: Logical Foundations of Constructional Democracy. Ann Arbor: University of Michigan Press, 1965.

Canter, L., with M. Canter. *Assertive discipline: A take charge approach for today's educator.* Los Angeles: Canter and Associates, Inc., 1976.

Carroll, J. B. A model of school learing. Teachers College Record, 64, 722-33, 1963.

Carroll, J. B. The Carroll model, a 25-year retrospective and propective view. Educational Resercher, 18, 26-31, 1989.

Cohen, M. Effective schools: accumulating reserch findings. *American Education,* January-February, 13-16, 1982.

Cohen, G. *Designing groupwork: Strategies for the heterogen classroom.* New York :Teachers College Press, 1994.

Coleman, J. S., Campbell, E., Hobson, C., McPartland, J., Mood, A., Weinfeld, F., & York, R. *Equaility of Educational Opportunity.* Washington, DC: US Government Printing Office, 1966.

Collins, A., & Stevens, A. Goals & strategies of inquiry teachers'. In R. Glaser (Ed.), *Advances in instructional psychology,* H. Hillsdale. NJ: Lawrence Erlbaum Associates, 1982.

Cooley, W. W. Assessment of educational effects. *Educational Psychologist,* 1974. 11, 29-35.

Cotton, K. Effective schooling practice: A research synthesis 1995 Updare. Portland, OR: Northwest Regional Educational Laboratory, 1995.

Cronbach, L. J. Course improvement through evalution. *Teachers College Record,* 1963, 64, 672-683.

Davis, A. D. (Et al.), Language skills of delinquent and nondelinquent males. *Journal of Communication Disorders* 24/4 (August 1991): 251-66.

Devin-Sheehan, L. R. Feldman & V. Allen Research and Children Tutoring Children : A critical Review. *Review of Educational Research* 46/3 (Summer 1976) : 333-385

Dishon, D and P. O'Leary. *A guidebook for cooperative learing.* Holmes Beach, FL: Learing Publications, Inc., 1994.

Dougherty, K. After the fall: Research on school effects since the Coleman Report. *Harvard Educational Review, 51,* 1981.

Doyle, W. Effective secondary classroom practices. In m. J. Kyle (Ed.), *Reaching for Excellence: An Effective Shcools Sourcebook.* Washington, DC: US Government Printing Office, 1985.

Dyer, H. S. School factors and equal educational opportunity. *Harvard Educational Review*, 1968, 38, 38-56.

Edmonds, R. R. *A Discussion of the Literature and Issues Related to Effective Schooling.* Cambridge, Mass.: Center for Urban Studies. Harvard Graduate School of Education, 1979.

Fernandez, C. R. W. Espinosa, and S. D. *Factors perpetuating the low academic status of chicago high school students.* Palo Alto, California: Standford Center for Research and Development in Teaching. (R & D Memorandum 138). 1975.

Finn, J. D. Expections and the educational enviroment. *Review of Educational Research* 42/3. 387-410, 1972.

Firestone, W. A., & Wilson, B. L. Management and organizational outcomes: The effects of approach and environment in schools. AERA paper. Washington, D. C, 1987.

Flanagan, J. C., & Cooley, W. W. *Project talent : One-year follow-up studies.* Pittsburgh, Pa. : School of Education, University of Pittsburgh, 1966.

Fullan, Michael G. with S. Stiegelbauer. The new meaning of educational change. Teachers College Press, Columbia University, New York, 1991.

Getzels, J. W. A social psychology of education. In G. Lindzey & E. Aronson

(Eds.). *The handbook of Social Psychology*(2nd ed.), Volume 5. Reading, Mass.: Addison-Wesley, 1969.

George, P. S., & K. Rubin. Tracking and Ability Grouping in Florida: A Status Study. Sanibel : Florida Education Research Council, 1992.

Glaser, B. G., & Strauss, A. L. *The Discovery of Grounded Theory : Strategies for Qualitative Research.* Chicago: Aldine, 1967.

Glaser, R. The processes of intelligence and education. In R. Ebel (Ed.), *Encyclopedia of Educational Research* (4th Ed.). London: Collier-Macmillan, 1969.

Glass, G. V. Education of the disadvantaged: An Evalution Report, Titel I, Elementary and Secondary Education Act of 1965, fiscal year 1969. University of Colorado, 1970.

Glasman, N. S., & Biniaminov, J. Input-output analysis of schools. *Review of Educational Research*, 51 (4), 509-39, 1981.

Good, T. L., Biddle, J. E., & J. E. *Teachers makes a difference*, New York: Holt, Rinrhart, & Winston, 1975.

Good, T. L., & Brophy, J. E. *Looking in classroom.* New York: Harper & Row, 1973.

Good, T. L. and Brophy, J. School effects. In M. C. Wittrock (Ed.), *Handbook of Research on Teaching*, New York: Macmillan, 1986. 328-75.

Goodman, S. M. *The assessment of school quality*, Alberty, N. Y.: The State Education Department of New York, 1959.

Gordon, E. W. *Utilizing available information from compenstory education and surveys. Final Report.* Washington, DC: Office of Education, 1971.

Gray, J., McPherson, A. F., & Raffe, D. *Reconstructions of secondary education: Theory, myth and practice since the war.* London: Routledge & Kegan Paul, 1983.

Gottfredson, G. D., & D. C. Gottfredson. School climate, academic performance attendance and dropout. College Park, MD: Johns Hopkins University, Center for Social Organization of Schools, 1989.

Guthrie, J. Q. A survey of school effectiveness studies. *In do teachers make a difference?* Washington, DC : U.S. Government Printing Office, 1970.

Guskey, T. R., (et al.), Mastery learing in the regular classroom: Help for at risk student with learning disabilities. *Teaching Exceptional Children*, 27/2 (Winter 1994): 15-18.

Hanushek, E. A. Conceptual and empirical issues in the estimation of educational prodution functions. *Journal of Human Resources*, 14, 351-88, 1979.

Hanushek, E. *The value of teachers in teaching.* Santa Monica, California: Rand Corporation, 1970

Hara, Kimi T. A. *Cross cultural comparison of self-concept and value orientations of Japanese and American ninth grades.* Ph. D. dissertation, Michigan State University, 1972.

Harbison, P., et al., Incorporating Cooperation: Its Effects on Instruction in Beyond Tracking edited by P. Harbison and J. A., Pool Bloomington, Phi Delta Kappa Educational Foundation, 1995.

Hargreaves, D. H., & Hopkins, D. *The Empowered school.* London: Cassell, 1991.

Hauser, R. H., Sewell, W. H., & Alwin, D. F. High school effects on achievement. In W. H. Sewell, R. H. Hauser & D. L. Featherman (Eds.), *Schooling and Achievement in American Society.* New York: Academic Press, 1989.

Henderson Grace. *An analysis of self-concept of academic as related to social psychologocal variable comprising school climate in black and white elementary children with differential school settings.* Ph. D. dissertation, East Lansing, Michigan State University, 1973.

Heyneman. S. P. Influences on academic achievement: A comparison of results from Uganda and more industrialized societies. Paper read at annual meeting of the American Educational Research Association, Washington, D.C April 1975.

Hopkins, D. (Ed.) (1987). *Improving the quality of schooling: Lessons from the OECD International School Improvement Project*. London: Falmer Press.

Hunter, M. *Reinforcement theory for teachers*, El segundo, CA: TIP Publications, 1979.

Husek, T. R. Different kinds of evaluatin and their implications for test development. Paper read at Annual Meeting of the American Educational Research Association, Chicago, April 1966.

Husen, T. (Ed.), *International study of achievement in mathematics. A comparison of twelve countries. Volume II.* New York: Wiley, 1967.

Jencks, C., Smith, M. S., Ackland, H., Bane, M. J., Cohen, D., Grintlis, H., Heynes, B. & Michelson, S. *Inequality.* New York: Basic Books, 1972.

Jencks, C. S. Brown, M. D. Effects of high schools on their students. Harvard *Educational Review*, 1975, 45, 273-324.

Jensen, A. R. How much can we boost IQ and scholastic achievement? *Harvard Educational Review*, 1969, 39, 1-123

Johnson. D. W., & R. T. Johnson. *Learning Together and Alone: Cooperation, Competition and Individualization.* Needham Heights, MA: Allyn and Bacon, 1991.

Johnson, D.W., & R. T. Johnson. Cooperative Leanring: Using Gang Dynamics to Enhance Learning. School Intervention Report 6/3 (Spring1993): 14-19.

Kellaghan, T. Relationships between home environment and scholastic behavior in a disadvantaged population. *Journal of Educational Psychology*, 69, 1977.

Kellaghan, T. Measuring school effectiveness. In R Sumner (Ed.), *Monitoring national standards of attainment in schools.* Slough: NFER Publishing Co., 1977.

Keneal, P., (et al.), Teacher expectations as predictors of academic success, *Journal of Social Psychology* 131/2(April 1991): 305-06.

Lavin, D. E. *The prediction of academic performance.* New York Russell Sage Foundation, 1965.

Levin, H. M. A new model of school effectiveness *In do teachers make a difference.*, Washington, DC: U.S. Department of Health, Education, and Welfare, 1970.

Levin, H. H. Cost-effectiveness and educational policy. *Educational Evaluation and Policy Analysis*, 10, 51-69, 1988.

Levine, M. The academic achievement test: Its historical context and social functions. *American Psychologist*, 1976, 31, 228-238.

Levine, D. U., & Lezotte, L. W. *Unusually Effective Schools: A Review and Analysis of Research and Practice.* Madison, WIS.: National Center for Effective Schools Research and Development, 1990.

Lezotte, L. W., & B. C. Jacoby. *Effective schools; Practice that work.* Okemos, MI: Effective School Products, 1991.

Lortie, D. C. Observations on teaching as work. In R. M. W. Travers (Ed.), *Second Handbook of Research on Teaching.* Chicago; Rand McNally, 1973.

Madaus, G. F. A. cross-cultural comparison of the factor structure of selected tests of divergent thinking. *Journal of Social Psychology*, 1967, 73, 13-21.

Madaus, G. F., Airasian, P. W., & Kellaghan, T. The effects of standardized testing. *Irish Journal of Education.* 1971, 5, 70-85.

Madaus, G. F., Kellaghan, T. H., Rakow, E. A. and King, D. J. The sensitivity of measures of school effectiveness. *Harvard Educational Review*, 49, 1970.

Mayeske, G. W., & Beaton A. E. Special studies of our nation' s students. Washington DC: U. S. Department of Health Education and Welfare 1975.

McPartland, J. M., & R. E Slavin. Policy perspectives: Increasing achievement of at-risk students at each grade level. Washington, DC: W. S. Department of Education, 1990.

Medley, D., & Mitzel, H. Measuring classroom behavior by systematic observation. In N. L Gage (Ed.), *Handbook of Research on Teaching.* Chicago: Rand Mcnally, 1963.

Miles, M. B., Farrar, E., & Neufeld, E. Review of Effective School Programs.

Vol. 2 : *The Extent of Effective School Programs.* Cambridge, Mass.: Huron Institute (unpublished), 1983.

Miller, S. K. significant achievement gains using the effective schools model. Educational Leadership, March, 1985. 28-43.

Moles, O. C. (Ed.), Strategies to reduce student misbehavior. Washington, DC: U. S. Department of Education, Office of Educational Research and Development, 1989.

Morgan, N., & J. Sexton. *Teaching, questioning, and learing.* New York: Routledge, 1991.

Morrison, P., The bell shaped pitfall. *National Elementary Principal,* 1975, 54 (4), 34-37.

Mortimore, P., School effectiveness and the management of effective learning teaching, School Effectiveness and School Improvement 4/4(1993): 290-310.

Mortimore, P., Sammons, P., Stoll, L., Lewis, D., & Ecob, R. School Matters: *The Junior Years.* Wells: Open Books, 1988.

Mosteller, F., & D. D. Moynihan (Eds.), *On equality of educational opportunity.* New York: Random House, 1972.

Moynihan, D. D. Sources of reistance to the Coleman report. *Harvard Educational Review,* 1968, 38, 23-36.

Murmane, R. J. Interpreting the evidence on school effectiveness. *Teachers College Record,* 83, 19-35, 1981.

Neufied, E, Farrar, E., & Miles, M. B., *A review of effective schools research: The message for secondary schools.* Huron institute, Cambridge, Mass.: National Commission on Excellence in Education, 1983.

Oakes, J. *Keeping track: How schools structure inequality.* New Haven, Conn: Yale University Press, 1985.

Oakes, J. (et al.), *Multiplaying inequalities: The effects of rate, social class, and tracking on opportunities to learn math and science.* Santa monica. CA: Rand Corporation, 1990.

Page, R., & L. Valli, (Eds.), Curriculum differentitation: Interpretive studies in U.S Secondary Schools. Albany: State University Press, 1985.

Persell, C. H. & *Education and Inequality: The roots and results of stratification in America' s schools*. New York: The Free Press, 1977.

Pincus, J. Incentives for innovation in the public schools. *Review of Educational Research*, 1974, 44(1), 113-144.

Purkey, S. C., School improvement: An analysis of an school district effective schools project. AERA paper, New Orleans, 1984.

Purkey, S. C., & Smith, M. S. Effective schools: a review. *Elementary School Journal*, 83, 427-52, 1983.

Rakow, E. A., Airasian, P, W., & Madaus, G. F. Assessing school and program effectiveness: Estimating teacher level effects. *Journal of Educational Measurement*, 1978, 15, 15-22.

Ralph, J. H., & Fennessey, J. Science or reform: Some question about the effective schools model. Phi Delta Kappa, 1985.

Reynolds, A. J. Comparing measure of parental involvement and their effects academic achievement, *Early Children Research Quarterly 7/3* (September 1992): 441-62.

Reynolds, D., & Reid, D. The second stage: Towards a reconceptialization of theory and methodology in school effectiveness research. In D. Reynolds (Eds.), *Studying School effectiveness*. Lewes: Falmer Press, 1985.

Rosenshine, B. *Teaching behaviors and student achievment*. Slough: NFER Publishing Co., 1971.

Rosenshine, B., & Furst, N. Research on teacher performance criteria. In B. O. Smith (Ed.), *Research in Teacher Education*. Englewood Cliffs, N. J. Prentice Hall, 1971.

Rosenshine, B. and Furst, N. The use of direct observations to study teaching. In R. M. Travers (Eds.), *Second Handbook of Research on Teaching*, Chicago: Rand McNally, 1973.

Rosenthal, R., & Jacobson, L. *Pygmalion in the calssroom: Teacher expectation and pupils' intellectual development*. New York: Holt, Rinehart & Winston, 1968.

Rothenbreg, J. J. *Memories of schooling*. Teaching and Teacher Education,

10/4(June 1994): 360-79.

Rutter, M., Maughan, B., Mortimore, P., Ouston, J., & Smith, *A. Fifteen thousand hours: Secondary schools and their effects on children.* Cambridge, Mass.: Havard University Press, 1979.

Sammons, P., et al., Key charateristis of effective schools. :A review of school effectiveness research. (UK): University of London, International School Effectiveness Centers, 1984.

Satllings, J., & Mohlman, G. School policy, *leadership style teacher change and student behavoir in eight schools.* Final Report to the National Institute of Education. Washington, D. C. 1981.

Scheerens, J. *Enhancing educational opportunity for disadvantaged learners,* Amsterdam: North-Holland Publishing Company, 1987.

Schmuck, R. A. and Miles, P. A. *Group processes in the classroom.* Dubuque, Iowa: W. C. Brown, 1971.

Sharen, S. Cooperative learing in small groups: Recent methods and effects on achievement, attitudes and relations. *Review of Educational Research* 50/2 (summer 1980): 241-271.

Schweitzer, J. H. Charateristics of effective schools. AERA paper. New Orleans, 1984.

Slavin, R. E. Ability grouping and student achievement in elementary schools: A best evidence synthesis. *Review of Education Research*, 57, (1987): 293-332.

Slavin, R. E. Using students team learing, 3rd ed. Baltimore, MD: Johns Hopkins University, 1986.

Slavin, R. E. Mastery learning reconsidered. *Review of Educational Research* 60/2 (Summer 1990): 300-02.

Slavin, R. E. Synthesis of research on grouping in elementary and secondary schools. *Educational Leadership.* 45/1 (1988): 67-77.

Slavin, R. E. Are cooperative learning and untracking harmful to the gifted?. *Educational Leadership* 48/6(1991): 68-71.

Smey-Richman, B. Teacher expectations and low-achiveing students. Philadelpia, PA: Research for Ritter Schools, Inc., 1989.

Stahl, R. J. *Cooperative learning in social studies.* Reading, MA: Addison-Wesley Publishing Company, 1992.

Stalling, J. Effective elementary classroom practices, In M. J. Kyle (Ed.), *Reaching for excellence: An effective schools sourcebook.* Washington, D. C: US Government Printing Office, 1985.

Stuck, G. B., & K. P. White. Maximizing time to teach and time to learn. Raleigh, NC: North Carolina Educatoinal Policy Council, Chapel Hill, 1992.

Sweeny, J. Research synthesis on effective school leadership. *Educational Leadership,* 39, 1982.

Teddlie, C., & Stringfield, S. The Louisiana School Effectiveness Study. AREA paper. New Orleans, 1984.

Thorndike, R. L. *Reading comprehension education in fifteen countries.* Stockholm: Almqvist & Wiksell, 1973.

Toft Everson, S., Scollay, S. J., & Vizbara-Kessler, B. Application of the research on instructionally effective schools and classrooms: A study of an effective schools project impact at district, school, teacher and student level. AERA paper. New Orleans, 1984.

Vandell, D. L. and S. E. Hembree. Peer social status and friendship: Independent contributers to children's social and academic adjustment, *Merrill-Palmer Quarterly 40/4* (October 1994): 461-77.

Walberg, H. J. *Improving the productivity of American schools. Educational Leadership,* 41, 1984.

Weber, G. Inner-city children can be taught to read: Four successful schools. Washington, DC: Council for Basic Education, 1971.

Wheelock, A. *Crossing the tracks: How untracking can save America's school.* New York: New Press, 1992.

Wheelock, A. Alternative to tracking and ability grouping. *American Association of School Administrations,* Arlington, VA, 1994.

찾아보기

인 명

내 용

저자소개

김병성

■ 저자약력

서울대학교 사범대학 교육학과 졸업
서울대학교 대학원 교육사회학 전공
영국 Exeter 대학교 연구교수
미국 Michigan 주립대학교 교육사회학 전공(Ph. D)
한국행동과학연구소, 한국교육개발원 수석연구원
서울대 · 고려대 · 서강대 · 성균관대 · 이화여대 · 중앙대
외국어대 · 한양대 · 숙명여대 · 서울여대 · 경희대 강사
한국교육학회 이사 및 한국교육사회학회 회장 역임
미국 Michigan 주립대학교 교환 교수
현재 한국교원대학교 교수

■ 저서

학교교육과 사회적 성취(1982)/학교학습풍토와 학업성취(1984)/효과적인 학교학습풍토(1986)/교육사회학(1988)/학교교육과 교육격차(1988)/학교중심 교사연구과정개발(1990)/교육사회학 관련이론(1990)/한국사회 교육갈등(1990)/학교의 사회심리학(1991)/사회문화와 교육(1991)/증보 교육사회학 관련이론(1992)/교육학 총론(1992)/교육과 사회(1994)/효과적인 학교풍토의 이론과 실제(1995)/교육연구방법(1996)

학교효과론

2001년 9월 20일 1판 1쇄 발행
2004년 9월 10일 1판 2쇄 발행

지은이 • 김병성
펴낸이 • 김진환
펴낸곳 • 도서출판 **학지사**
120-193 서울시 서대문구 북아현3동 187-10 혜전빌딩 2층
전화 • 363-1333(대)/팩스 • 365-1333
등록 • 1992년 2월 19일 제2-1329호
http://www.hakjisa.co.kr
ISBN 89-7548-641-9   93370

정가 14,000원

잘못된 책은 바꾸어 드립니다.